SÜDSCHWARZWALD

MIT FREIBURG, BASEL, MARKGRÄFLERLAND

Ralph-Raymond Braun

INHALT

Hintergründe und Infos

Reiseziele im Südschwarzwald

Allgemeines
Reisepraktisches

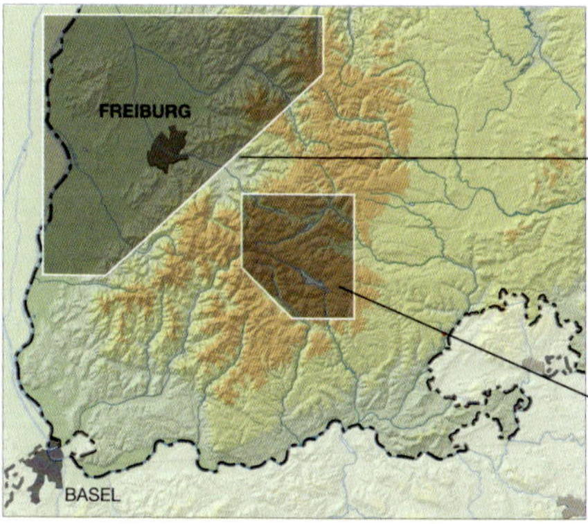

Freiburg
Breisgau

Hochschwarzwald

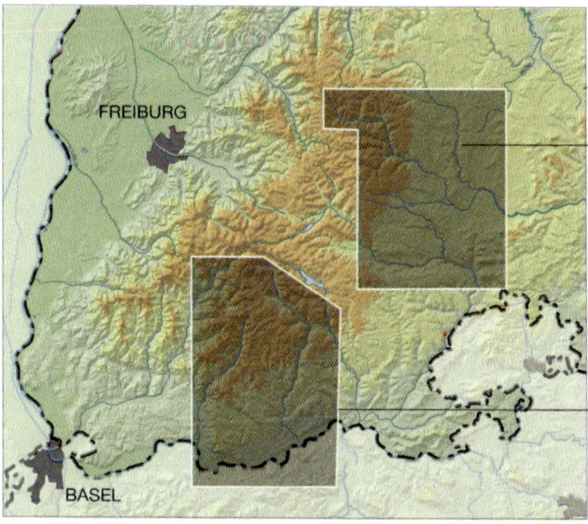

Baar

Hotzenwald

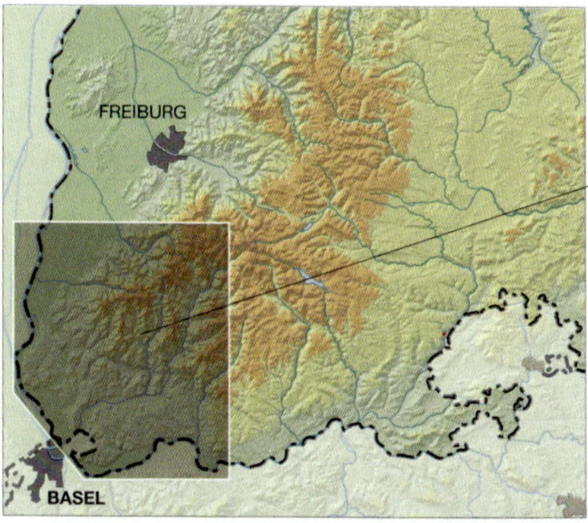

Wiesental
Markgräflerland

Basel

Text und Recherche: Ralph-Raymond Braun
Lektorat: Veronica Schön-El Baioui, Ute Fuchs, Christine Beil (Überarbeitung)
Redaktion und Layout: Mirko Graf
Titelfotos: oben: Exportschlager Kuckucksuhr (Ralph-Raymond Braun) unten: Feldsee im Hochschwarzwald (Christoph Berg)
Fotos: alle Fotos von Ralph-Raymond Braun außer:
Christoph Berg: 3, 17, 69, 83, 88, 118, 119, 173, 192
W. Hugenschmidt: 235
Bildarchiv Feldbergtouristik: 26, 31
Fremdenverkehrsamt Breisgau: 61
Kandertalbahn/Markus Dötsch: 23
Karten: Carlos Borell, Judit Ladik, Hans-Joachim Bode
Covergestaltung: Karl Serwotka

ISBN 978-3-89953-641-6

 Druck: Wilhelm & Adam, Heusenstamm.

2. überarbeitete und aktualisierte Auflage 2011

Verzeichnis der Touren

Kartenverzeichnis

Mittels GPS kartierte Wanderungen: Waypoint-Dateien zum Downloaden unter www.michael-mueller-verlag.de/gps/homepage.htm

Zeichenerklärung für die Karten und Pläne

- Autobahn
- Bundesstraße
- Hauptverkehrsstraße
- Nebenstraße
- Fußweg
- Wanderung (mit GPS-Punkt)

Höhenstufung

- bis 600 m
- 600-800 m
- 800-1000 m
- 1000-1200 m
- über 1200 m

- Berggipfel
- Höhle
- Aussicht
- Turm
- Hütte
- Quelle
- Seilbahn

- Information
- Parkplatz
- Bushaltestelle
- Sehenswürdigkeit
- Museum
- Kirche
- Schloss/Burg
- Schloss-/Burgruine

Was haben Sie entdeckt?

Haben Sie eine gemütliche Gaststätte gefunden, ein freundliches Hotel mit Atmosphäre, einen schönen Wander- oder Radweg?

Wenn Sie Ergänzungen, Verbesserungen oder Tipps zum Buch haben, lassen Sie es uns bitte wissen.

Ralph-Raymond Braun | Stichwort „Südschwarzwald"
Michael Müller Verlag GmbH | Gerberei 19
91054 Erlangen | E-Mail: rrbraun@michael-mueller-verlag.de

▲ Laufenburg am Hochrhein

Hintergründe und Infos

In Steillagen – wie hier bei Waldkirch – ist der Weinbau harte Handarbeit

Von der Sonne verwöhnt

Lange machte ich einen Bogen um den Schwarzwald, obwohl er doch sozusagen vor meiner Haustür steht. Im Schwarzwald kurte meine Großmutter und pflegten andere Altvordere in Kniebundhosen zu wandern. Beides ließ für mich nur den Schluss zu, dass es sich um eine ziemlich uncoole Gegend handeln müsse. Und dann hatte ich da diese Schwarzwalduhr, ein monströses Erbstück der Tante aus Lenzkirch, ohne Kuckuck zwar, doch mit donnernden Stundenschlägen, welche die Mädels, die ich heimbrachte, erst zu erschrecken und dann zu befremden schienen, und mit der sich keinesfalls Eindruck schinden ließ. Nein, der Schwarzwald war nun wirklich keine Liebe auf den ersten Blick. So reiste ich denn lieber in die Ferne als ins vermeintliche Land der Uhren und Kuren.

Heute aber bin ich vom Schwarzwald rundweg begeistert. Mein Einstieg waren Fluchten in die Höhensonne, wenn unten mal wieder seit Tagen die feucht-klammen Nebel waberten. Ich entdeckte, dass auch Noch-nicht-Rentner mit mir gerne in den Schwarzwald reisten, begann, Panoramawege und Fahrradabfahrten zu schätzen, die gute Küche in der auch für Reisebuchautoren erschwinglichen Preisklasse, den vorzüglichen badischen Wein, und lernte so allmählich eine unerwartet vielseitige Ferienlandschaft kennen. Denn der Schwarzwald als Urlaubsregion umfasst mehr als Deutschlands höchstes Mittelgebirge. Wie der Rahmen zum Bild gehören auch die sanft gewellte Hochfläche der Baar und die Sonnenterrassen des Hotzenwalds in dieses Buch, der Hochrhein, das Oberrheintal mit Markgräferland und Breisgau und damit auch die zugleich alte wie junge Universitätsstadt Freiburg sowie die Schweizer Kulturhauptstadt Basel mit ihren Museen und Kunstevents.

Erinnern Sie sich? Hier wohnte Professor Brinkmann.

Doch ich will Ihnen nicht nur die bekannten Highlights und viel begangenen Pfade vorstellen, sondern auch individuelle Ziele und eher verborgene Schätze. Gedacht ist dieses Buch für Allrounder, die heute wandern, morgen ins Museum gehen, übermorgen schwimmen und abends in die Cocktailbar. Etwas kurz kommt nur der Wintersport. Nicht deshalb, weil die Saison kurz ist und immer kürzer wird. Skifahrer und Snowboarder brauchen für ihre Loipen und Pisten einfach kein Reisebuch.

Bei der Recherche habe ich übrigens auf das Auto verzichtet und mich nur mit Bus und Bahn, zu Fuß oder per Rad bewegt. Der relativ gut ausgebaute öffentliche Verkehr erlaubte es mir, meine persönliche, durch Irland-, Zypern- und Ägyptenflüge belastete CO_2-Bilanz etwas aufzubessern. Wer im Schwarzwald übernachtet, bekommt mit der KONUS-Gästekarte sogar freie Fahrt in den öffentlichen Verkehrsmitteln. Bald 80 Gemeinden haben sich diesem wegweisenden Modell bisher angeschlossen.

Ob Ausflug oder Urlaub, eine gelungene Zeit wünscht

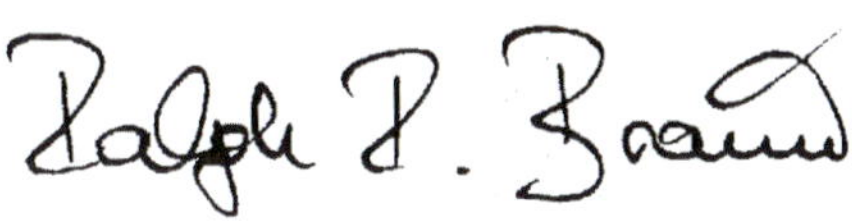

Der Dobelweiher, ein eiszeitlicher Karsee am Schauinsland

Geologie: Eine Landschaft entsteht

Granite und Gneise bilden das **Grundgebirge** und damit die ältesten Gesteinsformationen Südwestdeutschlands, die nur im Schwarzwald zutage treten. Anderswo werden sie von jüngeren Sedimenten überlagert, die im Hochschwarzwald aber durch Erosion abgetragen wurden.

Als ältestes Gestein haben die **Gneise** schon einiges durchgemacht. Ausgangsmaterial waren Sedimente aus der Erdfrühzeit. Diese gerieten im Zuge der assyntischen Gebirgsbildung vor mehr als 540 Mio. Jahren tief unter die Erdoberfläche und wurden dort unter hohem Druck und Hitze in Paragneis umgewandelt. Wo in diese Masse granitartiges Tiefengestein eingedrungen war, mutierte es zu Orthogneis. Bei dieser Metamorphose, die sich im Kambrium und Ordovizium (Erdaltertum) noch einmal wiederholte, wurden die Minerale zu den gneistypischen Parallelgefügen eingeregelt. Wo das Tiefengestein dieser Vergneisung nicht ausgesetzt war, sondern seine Gestalt beim langsamen Erstarren der Magma gewann, begegnet es uns als **Granit,** nämlich als silikatreicher Stein von grobkörniger Struktur, der oft Feldspat, Quarz oder Glimmer eingelagert hat.

Vor 360 Mio. Jahren, an der Wende vom Devon zum Karbon, wolbten sich die Gneise und Granite zum Variszischen Gebirge auf. Abtragungen dieses Gebirges finden sich als **Rotliegendes** (Perm) wieder. Auf dem so verebneten Grundgebirge lagerten sich im Erdmittelalter (vor 250–65 Mio. Jahren) zuerst nacheinander **Buntsandstein, Muschelkalk, Keuper** und die **Jurakalke** Lias, Dogger und Malm als Meeressedimente ab, bevor der Schwarzwald in der Kreidezeit dann wieder aus

Highlights

Cassiopeia-Therme in Badenweiler (→ S. 241): Baden wie die Römer oder Seine Durchlaucht verheißt Entspannung und Genuss. Gegen Aufpreis mit sanfter Verschönerung.

Basler Morgestraich (→ S. 267): Wenn die Fasnacht vorbei ist, kommt erst ihr eigentlicher Höhepunkt. Am Montag nach Aschermittwoch geben die Trommler und Pfeiffer in Basel das Signal, noch einmal in die närrische Glückseligkeit einzutauchen.

Johann Wanner in Basel (→ S. 267): Hier ist das ganze Jahr über Weihnachten!

Entdeckungspfad Belchen (→ S. 219): Für die Druiden ging die Sonne über dem Belchen auf. Erspüren Sie die Magie dieses Kraftorts auf einem Spaziergang rund um den Gipfel.

Blößling (→ S. 188): Der Gipfel ohne Straße und Seilbahn. Ganz zum Alleinesein.

Feldberg-Steig (→ S. 101): Der erste zertifizierte „Premiumwanderweg" im Schwarzwald. Nehmen Sie auf diese Tageswanderung den Feldberg-Ranger in der Hosentasche mit.

Freiburger Münster (→ S. 44): Trotz Zaha Hadid und Herzog & de Meuron – das Freiburger Münster bleibt das bedeutendste Architekturdenkmal der Region.

Kolben-Kaffee-Akademie in Freiburg (→ S. 42): Am Freiburger Martinstor wird der beste Espresso der Stadt ausgeschenkt.

Hinterzartener Moor (→ S. 91): Das größte Moor im Schwarzwald bringt geballte Natur im Detail. So viel Vielfalt ist selten.

Fondation Beyeler in Riehen (→ S. 280): Schon die eigene Sammlung zur Kunst der klassischen Moderne sucht ihresgleichen. Doch zu den Sonderausstellungen kommen Besucher aus aller Welt nach Riehen.

Europapark Rust → S. 65): 3,6 Mio. Besucher pro Jahr sprechen für sich. Nicht einzelne Attraktionen machen den Erfolg dieses Freizeitparks aus, sondern der gesunde Mix.

Sauschwänzlebahn (→ S. 151): Selbst unter Volldampf ist die Fahrt mit dieser Museumsbahn noch eine Übung in Sachen Entschleunigung. Und erlebnisreicher als der Transrapid.

Besucherbergwerk Schauinsland (→ S. 77): Das Aufregendste unter den begehbaren Bergwerken des Südschwarzwalds. Mit Führungen unterschiedlicher Länge und Unbequemlichkeit.

Schlüchtsee (→ S. 112): Das Naturfreibad am beschaulichen Schlüchtsee ist die Antithese zum Spaßbad.

Schwarzwälder Kirschtorte (→ S. 183): Wer sie erfand, ist heftig umstritten. Unstrittig ist jedoch, dass sie im Todtmooser Café Bockstaller am besten schmeckt. Denn über Geschmack lässt sich bekanntlich nicht streiten.

Adler in Weil (→ S. 256): Ein Gourmetrestaurant, das bodenständig bleibt. Hier bekommen Sie jenseits von Mode und Schnickschnack einfach nur gutes Essen.

Inka-Tapete in Weil-Ötlingen (→ S. 259): Die große, weite Welt ins Dorf geholt. Für mich war die Tapete im Café Inka eine der größten Überraschungen bei der Recherche für dieses Buch.

dem Meer auftauchte und so der Erosion ausgesetzt wurde. Spannungen in der Erdkruste verursachten im Eozän vor 40 Mio. Jahren den Einbruch des **Oberrheingrabens.** Die gleichen Kräfte wölbten das Grundgebirge auf und zerbrachen so die darüber geschichteten Formationen in einzelne, von Zugspalten und Zerrgräben getrennte Schollen, von denen die einen herausgehoben, die anderen abgesenkt wurden. Auch die Schrägstellung des geologischen Sandwichs, das zum Ostrand des Schwarzwalds hin abfällt, ist Folge dieser Aufwölbung. Vor 15 Mio. Jahren (Miozän) ermöglichte dann ein tiefer Bruch vulkanischen Schmelzen ihren Aufstieg aus dem Erdinneren: Sie bildeten den **Kaiserstuhl.**

Den letzten Schliff erhielt die Landschaft in der **Würmeiszeit.** Alpine Gletscher reichten durch das Aaretal bis zum Rhein und füllten sein Tal bis auf 550 m ü. d. M. mit Schotter und Geröll auf. Im Schwarzwald selbst war der Feldberg das Zentrum der einige Hundert Meter mächtigen Vereisung. Dieser Gletscher formte die muldenförmigen Trogtäler des Hochschwarzwalds, sein Schmelzwasser die Kerbtäler der Flussunterläufe. Unterhalb der Gletscherzone muss man sich eine Steppen- und Tundrenvegetation denken, die mit dem Abklingen der letzten Eiszeit allmählich bergauf wanderte. Dann kamen die **Bäume:** zuerst Kiefern und Birken, später die Haselnuss, und als sich das Klima weiter erwärmte, Eichenmischwald. Tannen und Buchen fanden dagegen erst vor rund 5000 Jahren das für sie passende Klima im Schwarzwald vor.

Flora und Fauna: Was kreucht und fleucht?

Der Schwarzwald ist mit 6000 km² Deutschlands größtes Mittelgebirge und zugleich das größte **Waldgebiet** Baden-Württembergs: Zwei Drittel seiner Fläche sind bewaldet, wobei der Waldanteil im Süden geringer ist als im Norden. Es dominieren Fichten, dann folgen mit weitem Abstand Tannen und Kiefern. Die monotonen Fichtenwälder, die mit den großflächigen Aufforstungen im 19. Jh. in Mode kamen und den Schwarzwald erst richtig schwarz machten, gelten heute unter Forstleuten als überholt, und so werden abgeholzte Fichtenbestände durch Mischwald ersetzt. An Laubhölzern, die im Südschwarzwald immerhin 30 % der Bäume ausmachen, finden wir v. a. Buchen, in den Tälern auch Eichen, Ahorn oder Hainbuchen. Im Herbst macht die Roteiche, ein Einwanderer aus Nordamerika, mit herrlich rotem Laub auf sich aufmerksam. In den tieferen Lagen der Hänge zum Rheintal fühlen sich Edelkastanien wohl, aus deren gegen Nässe und Fäulnis resistentem Holz gerne Rebpfähle gefertigt werden.

Ein Mitarbeiter des Vogelparks Steinen

Herbstspaziergang am Schauinsland

Vielerorts lassen sich auch **seltene Biotope** wie Nass- und Feuchtwiesen oder Moore und Karseen entdecken. Auf waldfreien Flächen auf dem Feldberg und in anderen Gipfelregionen siedeln allerlei Überlebende der eiszeitlichen Tundrenflora. Diese Pflanzen, zu denen etwa der Gelbe Enzian und der Alpen-Bärlapp zählen, sind durch Klimawandel und Freizeitaktivitäten besonders bedroht. Mit Prämien wird den Bauern das gelegentliche Beweiden der Borstgraswiesen schmackhaft gemacht, um so eine Verwaldung zu verhindern. Auch zur atlantischen Flora gehörende Pflanzen wie Ginster, Erika und Stechpalme sind im Schwarzwald gut vertreten, mediterrane Arten fühlen sich an sonnenreichen Lagen des karstigen Dinkelbergs und an den Lösshängen des Kaiserstuhls wohl.

Je abwechslungsreicher die Pflanzengemeinschaft, desto vielfältiger die **Tierwelt.** Über Tümpeln und Mooren tummeln sich farbenprächtige Libellen, in der Wutachschlucht sollen mehrere Hundert Arten Schmetterlinge vorkommen. In der Rheinebene, am Hochrhein und im unteren Wiesental finden Gänsesäger, Kormoran und andere Fischfresser einen reich gedeckten Tisch. An den Kiesgruben sind Flussregenpfeifer und Uferschwalben zu Hause, in den Auenwäldern am Rhein singen Nachtigall und Pirol. Die höheren Lagen des Schwarzwalds sind Lebensraum des sonst v. a. im Alpenraum heimischen Zitronenzeisigs. Die letzten Auer- und Haselhühner haben sich in Moorwälder zurückgezogen. Meise und Fichtenkreuzschnabel schätzen die Samen der Nadelbäume, an abgestorbenen Baumriesen hämmert der Specht. An Felsen und in Steinbrüchen finden sich Kolkraben und Wanderfalken. Als größere Säugetiere kommen Reh und Wildschwein vor, dazu Fuchs, Has und Dachs. An Feldberg und Belchen wurden vor geraumer Zeit Gämsen und Murmeltiere eingebürgert, deren Bestände sich gut entwickelt haben. Hirsche gibt es im südlichen Schwarzwald nur in einem winzigen Revier am Schluchsee. Als nach der Revolution von 1848 das Jagdprivileg des Adels fiel, wurde das vorher zahlreiche Rotwild binnen weniger Jahre völlig ausgerottet. Erst der Reichsjägermeister Hermann Göring ließ 1938 wieder Hirsche im Schwarzwald ansiedeln und die noch heute bestehenden Schutzgebiete ausweisen.

Rinder halten die Schwarzwaldbauern, in ihrer Mehrheit nur noch Nebenerwerbslandwirte, v. a. als Fleischlieferanten. Milchkühe sind dagegen zu arbeitsintensiv und brauchen Kraftfutter, das zugekauft werden muss. An heimischen Rassen überwiegt das Vorderwälder Rind, das zur Ertragssteigerung manchmal mit Charolais-Rindern gekreuzt wird. Das **Hinterwälder Rind** ist als Europas kleinste Rinderrasse zwar optimal an die Steillagen angepasst. Sein geringes Gewicht gerät ihm jedoch bei der Vermarktung zum Verhängnis, denn weniger Fleisch bedeutet weniger Ertrag. An den besonders steilen Hängen kommen Ziegen als „Böschungsmäher" zum Einsatz.

Naturpark Südschwarzwald

Deutschlands zweitgrößter Naturpark (www.naturpark-suedschwarzwald.de) ist mit 3700 km^2 etwa so groß wie Mallorca und reicht vom Hochrhein bis ein Stück nördlich von Villingen und Emmendingen. Auf seinem Gebiet leben etwa 500.000 Menschen, jährlich kommen rund 20 Mio. Gäste. Anders als ein Naturschutzgebiet, wo der Schutz eines Ökosystems im Mittelpunkt steht, soll ein Naturpark eine Kulturlandschaft bewahren und touristisch vermarkten. Manche sagen, der Naturpark sei 1999 nur deshalb eingerichtet worden, um die Forderung nach einem mit deutlich strengeren Schutzbestimmungen verbundenen Nationalpark auszubremsen. Mit den vom Land, von der EU und sogar von der ARD-Glücksspirale eingeworbenen Fördergeldern richtete der maßgeblich von seinen Gemeinden und Landkreisen getragene Naturpark Mountainbikestrecken und Loipen ein, er fördert die Direktvermarktung landwirtschaftlicher Produkte, betreibt Landschaftspflege und Umwelterziehung. Innerhalb wie außerhalb des Naturparks gibt es natürlich auch Naturschutzgebiete: Zu den viel besuchten gehören Wutachschlucht, Feldberg und Belchen; andere wie der Nonnenmattweiher oder das Bernauer Taubenmoos sind noch echte Geheimtipps.

Geschichte: Die Alemannen und der Wald

Mit dem Gallischen Krieg (58–50 v. Chr.) erreichten die **Römer** auch den Oberrhein. Wie Grabungsfunde aus Basel, Breisach und vom Ostrand des Schwarzwalds belegen, war das Gebiet damals von Kelten besiedelt. Der eigentliche Schwarzwald, von Tacitus *Abnoba* oder später *Silva marciana* (Grenzwald) genannt, war dagegen ein menschenleeres und unwegsames Gebirge. Auch als die Weltmacht im 1. Jh. ihre Grenze noch weiter gen Nordosten schob und zwischen Main und Donau den obergermanischen Limes baute, änderte sich daran nur wenig: Man baute zwar eine Straße durch den Wald und schürfte um Sulzburg und im Münstertal nach Silbererzen, doch an eine Besiedlung dachte niemand.

Im 3. Jh. überrollten von Osten her germanische Siedler, darunter die Neckarschwaben *(Suebi Nicrenses)*, den Limes und nötigten die römischen Truppen zum

In Badenweiler weilten schon die Römer im Bade

Rückzug an den Rhein. Spätantike Autoren nannten das aufgegebene Gebiet zwischen Limes und Rhein nun *Alamannia* und seine Bewohner *Alamanni*. Der Strom wurde zu einer Sprach- und Kulturgrenze – und blieb dies auch, als die Legionen Ende des 4. Jh. sogar vom Rhein abzogen: rechtsrheinisch die germanischen und noch heidnischen **Alamannen,** linksrheinisch eine romanisierte und bereits christianisierte Mischbevölkerung aus Kelten, Römern und später auch Franken.

Vielleicht waren es irische Wandermönche wie der Säckinger Klostergründer Fridolin oder Trudpert im Münstertal, die im 7. Jh. das Christentum auch auf das rechte Rheinufer brachten und vom Rheintal her die Besiedlung des Schwarzwalds anbahnten. Aus Einsiedeleien entstanden **Klöster,** und zu den Klöstern gesellten sich Dörfer. Eine St. Galler Urkunde nennt den „Svarzwald" 868 erstmals beim Namen. Die Höhenlagen oberhalb von 800 m wurden erst in der letzten Siedlungsperiode (12.–14. Jh.) erschlossen. Ein wichtiger Träger dieser späten **Rodungen,** die man an den Endungen „-schwand" oder „-ried"/„-rütte" erkennt, war das Kloster St. Blasien. Wer den Kampf mit dem Urwald und die harte Rodungsarbeit auf sich nahm, wurde mit der Freiheit von den üblichen Abgaben und Pflichten belohnt: Die Rodungsbauern waren persönlich frei und genossen eine beschränkte Selbstverwaltung, wenngleich ihr Grund und Boden der Herrschaft gehörte.

Doch mit zunehmender Bevölkerung geriet der Wald unter Druck. Holz wurde ja nicht nur von den Bauern geschlagen, die Felder und Weiden anlegen wollten. Auch der **Bergbau** verschlang ungeheure Mengen, dazu die Köhlerei und die Glashütten. Um 1 kg Glas herzustellen, brauchte man bis zu 2 m^3 Brennholz. Und dann erst die **Hammerschmieden** und Hüttenwerke. Sie standen zwar meistens unten im Tal, doch das Holz wurde ihnen zugeflößt. Oder die Stämme wurden bis nach Holland geschwemmt und dort zu Schiffen verarbeitet. Mitte des 18. Jh. waren die zugänglichen Wälder weitgehend abgeholzt und zu Busch- und Grünland geworden. Der

Burg Rötteln und der Zahn der Zeit

Mangel an Holz und die dadurch explodierenden Preise trieben die Schwarzwälder Glas- und Erzhütten in den Ruin.

Eine Wende brachte erst das badische Forstgesetz von 1833. Es verbot die Waldweide, um nachwachsende Bäume vor dem Verbiss zu schützen, und erlaubte nur noch so viele Stämme zu schlagen, wie gleichzeitig aufgeforstet wurden. Jetzt schlug die Stunde der heute so schwarzwaldtypischen Fichten und Kiefern: Schnell wachsend und anspruchslos, wurden sie bei den Aufforstungen bevorzugt. Mit dem Wald gewann auch der **Tourismus** an Bedeutung. Der Adel traf sich in Badenweiler zur Kur, 1863 wurde auf dem Feldberg der erste Gasthof eröffnet.

An den Rändern des Schwarzwalds war das **Hochmittelalter** (11.–13. Jh.) die große Zeit der **Burgen** und **Stadtgründungen,** mit denen edle Herren (die sich dabei nicht immer edel benahmen) Herrschaft und Besitz zu sichern versuchten. Die Zähringer gründeten Freiburg und hatten ihre Stammburg im heutigen Stadtteil Zähringen; über Wehr herrschten die Herren von Werrach und jene von Klingen, auf dem Staufener Schlossberg verschanzten sich die Herren von Staufen, die als Meier des Säckinger Stifts reich gewordenen Wieladinger hausten auf Burg Wieladingen, die Edlen von Rötteln stiegen als Vögte eines Basler Klosters zu Burgherren auf, und viele andere wären zu nennen. Doch wie im modernen Wirtschaftsleben fehlten dem einen Ritter die Erben, ging dem andern das Geld aus und setzte wieder ein anderer im Krieg auf die falsche Seite, sodass am Ende des Mittelalters im territorialen Flickenteppich des Südwestens drei größere Farbkleckse Kontur gewannen: das habsburgische **Vorderösterreich** (als dessen treue Verbündete im 18. Jh. auch die Fürstenberger zu Land und Ansehen kamen), die **Schweizer Eidgenossenschaft,** der sich Anfang des 16. Jh. auch Basel und Schaffhausen anschlossen, und als Kleinste unter den Großen die **Markgrafschaft Baden.**

Als Gegner Habsburgs war Baden ein natürlicher Verbündeter der Franzosen und profitierte von Napoleons Neuordnung (1803–1810) der territorialen Verhältnisse im Südwesten, bei der Vorderösterreich von der Landkarte verschwand. Das zum **Großherzogtum** beförderte Baden reichte nun vom Main bis an den Bodensee. Sahnehäubchen der Allianz war die Ehe von Napoleons Adoptivtochter Stephanie mit Großherzog Karl. Auch nach Napoleons Abgang orientierte sich Baden in Verwaltung und Gesetzgebung weiter am französischen Vorbild.

Alamannen oder Alemannen? Oder doch alles Schwaben?

Alamannen nennen die Archäologen – angelehnt an antike und frühmittelalterliche Quellen und in Abgrenzung zu den Romanen, der schon länger im Südwesten ansässigen spätantiken Restbevölkerung – eine germanische Bevölkerungsgruppe, die sich dort vom 3. bis 6. Jh. niederließ. Ob diese Alamannen identisch mit den Sueben waren oder sich zwischen Rhein, Main und Lech zu einem neuen Stamm formiert hatten, ist unter Experten umstritten. Ab dem 5. Jh. wurden beide Namen jedenfalls synonym verwendet, ab dem 10. Jh. Gebiet und Volk nur noch *Schwaben* genannt. Die Schweizer bezeichnen heute übrigens alle Deutschen als Schwaben.

Die *Alemannen* wurden v. a. durch den Dichter Johann Peter Hebel populär und sind die Domäne von Sprachwissenschaftlern und Volkskundlern. Der Begriff meint die Sprecher alemannischer Mundarten: Das Hochalemannische ist in weiten Teilen der Schweiz, im Sundgau, im Markgräflerland, am Hochrhein und im Hotzenwald verbreitet – typisch ist die Verschiebung des k im Anlaut zu ch, aus dem Kind wird ein *Chind* und aus dem Kopf ein *Chopf.* Hochdeutsche Mäuse mutieren zu hochalemannischen *Müüs.* Niederalemannisch wird im Elsass, in der Stadt Basel, im Breisgau und von der Baar über den Bodensee bis nach Vorarlberg gesprochen Die Breisgauer beispielsweise träumen von *schene Hiiser im Griene* (schönen Häusern im Grünen), ihre Mäuse sind *Miis.* Obgleich die Badener sich als „Alemannen" gerne von den Württembergern („Schwaben") abgrenzen, rechnen die Sprachforscher auch Schwäbisch zu den alemannischen Mundarten. Und damit die Sache nicht zu einfach wird, gibt es viele Historiker, die die Alamannen Alemannen nennen. Alles klar?

Nach dem Zweiten Weltkrieg wurde Baden geteilt. Nordbaden wurde mit Nordwürttemberg der amerikanischen **Besatzungszone** zugeschlagen, die Gebiete südlich der Autobahn Karlsruhe – Ulm kamen unter französische Verwaltung. Die Franzosen machten Freiburg zur Hauptstadt des Bezirks **Südbaden,** aus dem mit eigener Regierung, mit Parlament und Verfassung (1947) ein Bundesland wurde. Da die Amerikaner Nordbaden mit ihrem Teil Württembergs vereinigten, fühlten sich die Südbadener unter ihrem Ministerpräsidenten Leo Wohleb (CDU) nun als Nachfolger und Wahrer des badischen Gesamtstaats. Und waren strikt gegen den Zusammenschluss zum heutigen Bundesland **Baden-Württemberg,** wurden bei der Volksabstimmung 1951 aber von den zahlreicheren Württembergern überstimmt.

Klassizistische Pracht im Dom von St. Blasien

Kunst und Kultur

Architektur: Von der Römervilla zur Doppelhelix

Auf Fans der Antike und Freunde alter Steine wartet bei Basel die **Römerstadt** Augusta Raurica. Am Rande von Heitersheim haben Archäologen die Villa eines römischen Landguts freigelegt, Badenweiler und Hüfingen können mit römischen Thermen aufwarten.

Mit St. Cyriak (10. Jh.) hat das Städtchen Sulzburg die älteste noch vorromanische Kirche am Oberrhein. Als künstlerisches Highlight des Basler Münsters gilt der romanische Skulpturenschmuck eines Seitenportals. Ansonsten wurde es wie das Münster von Freiburg weitgehend im **gotischen Stil** gebaut. Spätgotische Schnitzkunst gibt's mit Hans Loys Hochaltar im Breisacher Münster zu sehen. Am Übergang zur **Renaissance** (Anfang 16. Jh.) leisteten sich die Basler ihr aufwendiges Rathaus; in Freiburg sind etwa das Haus zum Walfisch oder das Historische Kaufhaus Zeugen dieser Zeit.

Das **Barock** war im katholischen Schwarzwald die Blütezeit der Kirchen und Klöster. Baumeister Johann Caspar Bagnato (Altes Forsthaus, St. Blasien) und sein Sohn Franz Anton (Schloss Bürgeln) fanden in den Fürstäbten von St. Blasien spendable Auftraggeber, auch der Vorarlberger Peter Thumb (Klosterkirchen in Waldkirch, St. Trudpert und St. Peter, Bibliothekssaal St. Peter) setzte Maßstäbe. Aus dem Rahmen fällt der „Schwarzwälder Dom" in St. Blasien mit seiner klassizistischen Säulenvorhalle und der zur Bauzeit viertgrößten Kuppel Europas. Demgegenüber wirken die Gebäude von Friedrich Weinbrenner und seiner **Karlsruher Bauschule** (Rathaus Schopfheim, Synagoge Sulzburg) geradezu bescheiden.

Bedeutende **Architektur des 20. Jh. und der Gegenwart** steht im DreiLänderGarten und im Vitra Architekturpark in Weil am Rhein. Im benachbarten Basel wirkt das Büro Herzog & de Meuron. Seine Handschrift tragen so unterschiedliche Bauwerke wie das zentrale Stellwerk am Bahnhof SBB, das Fußballstadion St. Jakob oder der als höchstes Gebäude der Schweiz geplante Büroturm des Pharmakonzerns Hoffmann-La Roche.

Kunst: Wie viel Kultur verträgt der Mensch?

Basel und noch mal **Basel.** Die Stadt überwältigt mit einem schieren Überangebot an Kunst und Kultur. Ganz der Kunst des Altertums widmet sich das Antikenmuseum. Die Kollektion des Kunstmuseums, der ältesten und bedeutendsten öffentlichen Kunstsammlung der Schweiz, spannt einen weiten Bogen vom Mittelalter bis zur Moderne. Dem zeitgenössischen Kunstschaffen gehört das Museum für Gegenwartskunst. Im Museum Tinguely rattern und rotieren kinetische Apparaturen und Kunstmaschinen, draußen im Vorort Riehen zeigt die Fondation Beyeler Weltkunst der klassischen Moderne. Der „Schwarzwaldmaler" **Hans Thoma** hat in seinem Geburtsort Bernau ein eigenes Museum, einige Bilder der Menzenschwander Porträtisten und **Brüder Winterhalter** sind im Kurhaus St. Blasien ausgestellt. Einen großen Bestand an mit dem Schwarzwald verbundenen Gemälden hat das Freiburger Augustinermuseum. Die **Glasfenster** des Freiburger Münsters sind eine Klasse für sich. Dass auch in neuerer Zeit beeindruckende Glaskunst entstand, beweisen die Kirchen von Rickenbach (Emil Wachter) und Bad Krozingen (Georg Meistermann).

Folklore: Hart am Kitsch

Erwarten Sie bloß nicht, dass Ihnen an jeder Ecke eine Schwarzwaldmaid mit **Bollenhut** über den Weg läuft. Der breitkrempige Strohhut mit seinen elf roten, kreuzförmig angeordneten Wollebollen gehörte nur in Gutach, Kirnbach und Reichenbach zur Sonntagstracht unverheirateter Mädchen, die damit schon aus weiter

Hauptsache Kuckuck

Ferne so auf sich aufmerksam machten wie ein Auerhahn mit geschwollenem Balzkamm – nach der Hochzeit waren dann schwarze Bollen Pflicht. Populär wurde der Hut durch die Großherzogin Luise von Baden (1838–1923), gebürtige Preußin und Kaisertochter, die sich in der Sommerfrische gern in Gutacher Tracht zeigte und auch auf Postkarten abbilden ließ. Den endgültigen Durchbruch des Bollenhuts brachte das *Schwarzwaldmädel* (1950), der erste deutsche Nachkriegsfilm in Farbe. 16 Mio. Zuschauer sahen damals die perfekt inszenierte Idylle um das von Sonja Ziemann gespielte Bärbele.

Neben dem Bollenhut gilt die **Kuckucksuhr** als das Schwarzwald-Symbol schlechthin. Auch diese „Tradition" ist relativ neu und v. a. ein Exportschlager (heute häufig genug „made in China"). Wer die erste Kuckucksuhr kreierte, ist umstritten. Mit seinem einprägsamen, mechanisch relativ einfach zu erzeugenden Zwei-Ton-Ruf konnte der Kuckuck jedenfalls leichter Karriere als Stundenansager machen als etwa der viertönige Hahn oder gar die Lerche. Das heute typische Uhrengehäuse, wie es in großer Auswahl etwa bei Brunner in Titisee auf Souvenirjäger wartet, geht auf den sonst mit Eisenbahnbauten beschäftigten Architekten Jakob Friedrich Eisenlohr (1805–1855) zurück. Eisenlohr klebte auf das Standardmodell eines großherzoglich-badischen Bahnwärterhäuschens ein Zifferblatt – und gewann mit dieser Bahnhäusleuhr einen Wettbewerb für zeitgemäßes Uhrendesign. In den *Museumsbauernhöfen* (Klausenhof in Herrischried, Resenhof in Bernau, Schneiderhof bei Schopfheim, Kaltwasserhof im Münstertal, Schniederlihof am Schauinsland) findet man vielleicht ein Wetterglas, doch keine Kuckucksuhr.

Schwarzwaldidylle am „Hüsli"

Auch das **Schwarzwaldhaus** entging der romantisierenden Verkitschung nicht. Beispielhaft sei das Grafenhauser Hüsli genannt, das als Ferienhaus einer Berliner Kammersängerin gebaut und zuletzt vom Schwarzwaldklinik-Professor Brinkmann bewohnt wurde. Über alle regionalen Varianten hinweg typisch ist das weit heruntergezogene Walmdach, früher aus Schindeln oder Stroh, das Mensch, Tier und Vorräte vor Wind und Wetter schützt. Allenfalls der Sockel ist gemauert, ansonsten besteht das echte Schwarzwaldhaus aus Holz, wobei für einen mittelgroßen Hof in der früher üblichen Ständerbohlenbauweise etwa 300 Stämme gebraucht wurden. Im Laufe der Zeit wird das Holz steinhart und dunkelbraun, ja fast schwarz, ein hübscher Kontrast zu den roten Geranien, mit denen die Fenster und Laubengänge gern geschmückt werden. Vielerorts kann man die alten Schwarzwaldhäuser bei Ferien auf dem Bauernhof noch hautnah erleben.

Nostalgiezug der Kandertalbahn

Reisepraktisches

Anreise und unterwegs vor Ort

Mit dem Auto: Noch führt glücklicherweise keine Autobahn durch den Schwarzwald. Zur Anfahrt muss man von der A 5 Karlsruhe – Freiburg – Basel oder der A 81 Stuttgart – Villingen – Singen auf eine Bundesstraße abbiegen. Die B 31 Freiburg – Donaueschingen ist die wichtigste West-Ost-Verbindung durch den Wald, während die B 500 und die B 317 Weil am Rhein – Titisee-Neustadt die Region von Süden her erschließen.

Bahnstrecken im und um den Südschwarzwald

Breisgau-S-Bahn: Freiburg – Breisach und Freiburg – Waldkirch – Elzach (Elztalbahn)

Dreiseenbahn: Titisee – Feldberg – Schluchsee – Seebrugg

Hochrheinbahn: Basel – Bad Säckingen – Waldshut – Singen

Höllentalbahn: Freiburg – Hinterzarten – Titisee – Neustadt – Löffingen – Donaueschingen

Kaiserstuhlbahn: Gottenheim – Endingen und Riegel – Breisach

Kandertalbahn: Haltingen – Kandern

Münstertalbahn: Bad Krozingen – Staufen – Münstertal

Rheintalbahn: Karlsruhe – Offenburg – Freiburg – Bad Krozingen – Müllheim – Weil am Rhein – Basel

Ringzug der Hohenzollerischen Landesbahn: u. a. Tuttlingen – Immendingen – Blumberg und Villingen – Donaueschingen

Schwarzwaldbahn: Offenburg – Triberg – St. Georgen – Villingen – Donaueschingen – Singen

Wiesentalbahn: Basel – Riehen – Lörrach – Schopfheim – Hausen-Raitbach – Zell

Wer den Abstecher nach Basel macht, kauft am Autobahnzollamt für 40 CHF eine *Jahresvignette* oder verlässt die A 5 an der Ausfahrt Weil am Rhein und fährt die letzten Kilometer über die B 3, die parallel zur Autobahn nach Basel führt.

Mit dem Bus: Den Busverkehr im Schwarzwald besorgen weitgehend die DB-Tochter SüdbadenBus SBG (www.suedbadenbus.de, viele Specials wie WanderBus Wutachschlucht oder RadBus Hotzenwald) und in deren Auftrag fahrende Partner. Da die Bahnhöfe manchmal einige Kilometer außerhalb der Ortschaften liegen, sind auch Zugreisende für den Weg vom und zum Bahnhof auf einen Bus angewiesen. Mit dem *SBG-Freizeit-Ticket* darf man an Wochenenden und Feiertagen jeweils einen Tag das gesamte Netz befahren. Der *7-Tage SüdbadenBus-Pass* erlaubt an sieben aufeinanderfolgenden Tagen beliebig viele Fahrten. Wie die anderen Fahrscheine sind diese Tickets bei den Busfahrern erhältlich. In den Randstunden und auf wenig nachgefragten Strecken ergänzen *Anrufsammeltaxis* (AST) den Busverkehr. Sie fahren zu im Fahrplan festgelegten Zeiten, doch nur dann, wenn man seinen Fahrtwunsch vorher telefonisch mitgeteilt hat.

Die Gebiete der **Tarifverbünde** decken sich weitgehend mit den Kreisgrenzen. Im Kreis Waldshut sorgt der *Waldshuter Tarifverbund* WTV (www.wtv-online.de) für einheitliche Tarife. In Lörrach hat man es mit dem *Regio Verkehrsverbund Lörrach* RVL (www.rvl-online.de) zu tun, dessen Fahrkarten bis nach Basel gelten. Um Villingen-Schwenningen kauft man Tickets des *Verkehrsverbunds Schwarzwald-Baar* VSB (www.v-s-b.de). Der *Regio-Verkehrsverbund Freiburg* RVF (www.rvf.de) umfasst neben der Stadt Freiburg gleich zwei Landkreise, nämlich Breisgau-Hochschwarzwald und Emmendingen. In allen Verbünden gilt auch das Baden-Württemberg-Ticket der DB.

Freie Fahrt im ganzen Zielgebiet hat, wer beim Einsteigen in Bus oder Bahn die **KONUS-Gästekarte** (www.konus-schwarzwald.info) vorzeigen kann. Diese geben etwa 80 Gemeinden ihren Übernachtungsgästen und führen dafür einen Teil der Kurtaxe an die Verkehrsverbünde ab.

Fahrrad in Bus und Zug

Generell gilt: In Nahverkehrszügen einschließlich S-Bahn können Sie Ihr Fahrrad mitnehmen – vorausgesetzt natürlich, es gibt genug Platz im Zug. Im Bus, wenn es nicht gerade ein Fahrradbus mit speziellem Anhänger ist, liegt die Entscheidung, ob das Rad mitdarf oder nicht, beim Fahrer. Die Chauffeure der SBG zeigten sich gewöhnlich großzügig. Anders die Lenker privater Busunternehmen: Da gibt es welche, die lassen selbst in einem gänzlich unbesetzten Linienbus kein Rad mitfahren.

In den Landkreisen Lörrach (RVL), Villingen-Schwenningen (VSB) und auf der Rheintalbahn fährt Ihr Rad am Wochenende und Mo–Fr ab 9 Uhr gratis mit. Beim Freiburger Verkehrsverbund ist das Rad ab 19 Uhr umsonst; vorher müssen Sie eine zusätzliche Erwachsenenfahrkarte lösen. Im Kreis Waldshut brauchen Sie eine WTV- (3 €) oder DB-Fahrradtageskarte (4,50 €).

Ermäßigungen

Oberrheinischer Museumspass: Für etwa 130 € bekommen zwei Erwachsene mit bis zu fünf Kindern ein ganzes Jahr lang freien Eintritt zu rund 190 Museen zwischen Mannheim und Schweizer Jura, im Schwarzwald und in den Vogesen. www.museumspass.com.

Hochschwarzwald Card: Sie bekommt, wer im Gebiet des Tourismusverbands Hochschwarzwald, also in Neustadt-Titisee und seinen Nachbargemeinden,

Alles bereit für die Ausflügler

wenigstens zweimal übernachtet (Doch Vorsicht! Nicht alle Hotels und Zimmervermieter machen bei diesem Programm mit). Die Karte kostet nichts und erlaubt zum Beispiel freie Fahrt auf den Skiliften der Region oder freien Eintritt ins Badeparadies Titisee. Mehr dazu unter www.hochschwarzwald-card.de.

Die **SchwarzwaldCard** (www.schwarzwaldcard.info) bietet an drei frei wählbaren Tagen kostenlosen Eintritt zu rund 150 Attraktionen. Ob sich das bei einem Preis von rund 30 € (mit Europapark 60 €) lohnt? Sie müssten die Tage ziemlich voll packen, um die Karte auszunutzen.

Gästekarte Konus Plus: Sie soll in Zukunft die SchwarzwaldCard in das Konus-Modell (→ S. 24) integrieren, also die für Übernachtungsgäste freie Fahrt in Bus und Bahn um freien Eintritt zu den Attraktionen ergänzen. Während beim herkömmlichen Konus- Modell inzwischen fast alle Schwarzwaldgemeinden mitmachen, ist die Resonanz auf Konus Plus bisher eher verhalten. Bei Redaktionsschluss war noch nicht klar, welche Kommunen teilnehmen werden, welche Vergünstigungen die Karte schließlich bringen wird und ob sie wie geplant 2012 die SchwarzwaldCard ablösen wird. Infos unter www.schwarzwald-tourismus.info.

Essen und Trinken

Mit seinen vielen Gourmetköchen und Sterne-Restaurants gilt der Südwesten als Schlemmerecke Deutschlands. Doch auch einfache Landgasthöfe, Vesperstuben und die nur saisonal geöffneten Straußenwirtschaften der Winzer bescheren Gaumenfreuden. Kaum eine Speisekarte verzichtet auf typische Schwarzwälder **Spezialitäten** wie geräucherten Schinken und Speck. Forellen oder ein Schneckensüpple waren früher beliebte Fasttagsspeisen. Wer's deftig mag, wird an den üppigen Schlachtplatten, an Sulz (gebratene Kutteln), Schäufele (Schweineschulter) und Brägele (Bratkartoffeln) Geschmack finden. Der Herbst ist die Saison der Wild- und Pilzgerichte, dazu vielleicht Sunnewirbele, ein mit Speckwürfeln und Brotcroutons angemachter

Feldsalat. Im Frühjahr kommen die Feinschmecker ins Rheintal, um den frischen Spargel zu genießen. Und das ganze Jahr über hat der Bibbeleskäs (Kräuterquark) Saison, dessen Name daran erinnert, dass die Bauern früher junge Küken (Bibbele) mit Quark anfütterten. Spätzle heißen in Baden „Knöpfle" und sind deutlich kürzer und runder als die schwäbische Variante. Zum neuen Wein wird ein gehaltvoller Zwiebelkuchen serviert. Auch die schwäbisch-badischen Dinnele, wie der Flammkuchen genannt wird, und die Wähe als sein etwas dicker belegter Verwandter passen zum Wein. Als Dessert genießt die Schwarzwälder Kirschtorte Weltruhm. Weniger kalorienhaltig, doch nicht weniger schmackhaft ist der Kirschplotzer (Kirschkuchen).

„Sürpfle muesch, nit sufe", also schlürfen statt saufen, empfiehlt die Volksweisheit als die anständige Art des **Weingenusses,** doch auch auf diesem Weg kann man sich, es dauert nur etwas länger, eine gehörige Portion Alkohol zuführen. Dazu trifft sich der Badener, Nichtraucher eingeschlossen, auch gerne mal im Stehen und im Freien: Weinfeste, Stadtfeste, Suserfeste, Verkostungen aus gegebenem Anlass, die Fasnacht, ja selbst der Weihnachtsmarkt (Treffpunkt Glühweinstand) geben Gelegenheit zu einem und noch einem Gläschen in geselliger Runde. Im Markgräflerland ist es v. a. der Gutedel, ein Alltagswein mit milder Säure und geringem Alkoholgehalt, der den Gaumen verwöhnt, während am Kaiserstuhl die Rebsorten Müller-Thurgau und Blauer Spätburgunder vorherrschen. So bekannt wie der Wein sind auch die **Obstbrände** von Schwarzwald und Rhein, allen voran das Chriesewässerli (Kirschwasser), daneben Zwetschgenschnaps und Himbeergeist, das Obstwasser von Äpfeln und Birnen, der Tresterschnaps oder der aus Topinamburknollen gebrannte Rossler.

Guten Appetit

Lesetipp: Cornelius und Fabian Lange (Hrsg.): *Keine Angst vor Wein.* Ein witzig geschriebenes Einsteigerbuch in Sachen Wein. Mit praktischen Übungen.

Familienurlaub

Besonders um urlaubende Familien bemüht sich die kleine Gemeinde Grafenhausen (→ S. 110) mit einem vielfältigen Freizeitangebot für Kinder. Doch auch Lenzkirch, Titisee-Neustadt, Schluchsee, Todtnauberg und Feldberg wurden vom Tourismus-Marketing Baden-Württemberg als familienfreundlich ausgezeichnet (www.familien-ferien.de). Viele Schwarzwaldbauern bieten Ferien auf dem Bauernhof. Einige Dutzend Höfe, allen voran das Gasthaus Zum Hof am Schauinsland haben sich auf Reiterferien spezialisiert. An Attraktionen eignen sich für Kids besonders:

Puppenhausmuseum in Basel (→ S. 279): Etwaige, angesichts der Puppen, Kaufläden

Schiibefier und Morgestraich: Die andere Fasnacht

Am ersten Sonntag der Fastenzeit, dem Funkensonntag, begrüßt man in Sulzburg den Frühling mit dem Scheibenfeuer (Schiibefier), nämlich brennenden Holzscheiben, die talwärts gerollt werden. In Maulburg (Wiesental) pflegt man diesen Brauch schon am Samstag, die Bernauer lassen gleich mehrere Feuer vom Fasnachts- bis zum Funkensonntag brennen. Anschließend könnte man dann zum Morgestraich nach Basel fahren, mit dem am Montag nach Aschermittwoch die dreitägige Basler Fasnacht beginnt – für viele Alemannen der letzte närrische Anlass, bevor der Häs, also das Narrengewand, und die schaurigen Masken bis zur nächsten Saison eingemottet werden. Ganzjährig Saison hat dagegen das Fasnachtsmuseum in Bonndorf.

und entzückenden Teddys entstandene Begehrlichkeiten befriedigt der Museumsshop.

Zolli in Basel (→ S. 275): Im Basler Zoo kann man gut und gern einen ganzen Tag verbringen.

Wichtelpfad am Feldberg (→ S. 100): Wo steckt Anton Auerhahn? Postbote Ferdinand muss ihm einen Brief aushändigen und macht sich zusammen mit dem Feldbergwichtel auf die Suche.

Coaster und Zauberweg am Hasenhorn (→ S. 227): Für die Kleineren eine zauberhafte Bergwanderung und für die Größeren eine rasante Abfahrt auf der schienengebundenen Sommerrodelbahn.

Burg Rötteln bei Lörrach (→ S. 254): Für Ritter und Burgfräuleins.

Steinwasen-Park in Oberried (→ S. 78): Eine Kombination aus Tier- und Freizeitpark, mit Sommerrodelbahn und Flugsimulator.

Europapark Rust (→ S. 65): Deutschlands größter und beliebtester Freizeitpark.

Bergwelt-Rolling am Schauinsland (→ S. 77): Action und Abenteuer für Kinder ab 12 Jahren bei der Talfahrt auf dem Hightechroller.

Vogelpark Steinen (→ S. 211): Highlights sind die Affenbande und die Greifvogelschau.

Action Forest in Titisee (→ S. 97): Ein Hochseilparcours durch die Baumwipfel.

Schwarzwaldzoo in Waldkirch (→ S. 71): Kleiner Waldtierpark mit heimischen Tieren, Streichelzoo und Spielplatz.

Feste und Veranstaltungen

Januar: *Vogel Gryff* – Stadtfest in Kleinbasel.

Ende Januar/Anfang Februar: *Schlittenhunderennen* in Todtmoos und Bernau.

Februar: *Hornschlittenrennen* in Menzenschwand.

Die ganze Region feiert *Fasnet*. Als besonders närrisch gelten Waldkirch und das Elztal. Höhepunkte sind am Schmotzige Dunschtig („Schmutziger Donnerstag") und am Rosenmontag. Zum Finale gibt's am Sonntag *nach* Aschermittwoch im Markgräflerland die *Burefasnet* mit Bergfeuern und brennenden Holzrädern. Unmittelbar danach fährt man zum *Basler Morgestraich*.

April bis Oktober: Im Rahmen der *Aktion Offener Winzerkeller* laden die Kaiserstühler Winzergenossenschaften abwechselnd an jedem Wochenende zur Weinprobe und Kellereibesichtigung. Dazu kommen die *Winzerhocks* (Weinfeste) der Dörfer.

Erstes Wochenende im Mai: *Donaueschinger Drachentage* (nur in ungeraden Jahren).

Fronleichnam: *Blumenteppiche* und *Trachtenprozessionen* z. B. in St. Peter, Glottertal und Hüfingen.

Sonntag vor dem 25. Juni: Reiterprozession *St.-Eulogi-Ritt* in Lenzkirch.

Ende Juni bis Mitte Juli: *Zeltmusikfestival* mit Musik und Kleinkunst in Freiburg-Mundenhof.

Juli/August: *See- und Sommernachtsfeste* am Titisee und Schluchsee.

Stimmen-Festival mit Solisten, Gruppen und Chören in Lörrach.

Mitte Juli bis Ende August: Dienstags und samstags *Domkonzerte* mit hochkarätiger Besetzung in St. Blasien.

Mitte August: *Sommerskispringen* auf den Adlerschanzen in Hinterzarten.

Dritter Sonntag im August: *Schneflertag* in Bernau mit Demonstrationen alter Holzhandwerkskunst.

Vorletztes oder letztes Wochenende im September: Mittelalterliches Stadtfest *Stages* in Staufen.

Erster Samstag im Oktober: *Viehabtrieb* im Münstertal und in Oberried.

Drittes Oktoberwochenende: *Donaueschinger Musiktage* mit zeitgenössischen Klängen.

Dezember: *Weihnachtsmärkte* in Basel, Freiburg, Schönau und andernorts.

Information

Jeder Ferienort im Schwarzwald hat seine Tourist-Information, bei der man Prospekte und Unterkunftsverzeichnisse bekommt und die auch Zimmer vermittelt. Die Adressen finden Sie in den Ortskapiteln. Zentrale Anlaufstelle ist die **Schwarzwald Tourismus GmbH (STG)**, Ludwigstr. 23, 79104 Freiburg, ✆ 0761/2962271, www.schwarzwald-tourismus.info. Weitere nützliche Internetadressen sind:

www.heilbaeder-bw.de: Hier erhalten Sie Informationen zu Thermen, Kuren und Wellness in Baden-Württemberg, dem „Bäderland Nr. 1".

www.winterland-bw.de: Die Seiten für Wintersportler. Mit Schneewetter und Links zu Webcams.

www.frsw.de: Umfangreiche, thematisch und geografisch sortierte Datenbank zu Tourismus, Vereinen und Branchen. Gut, wenn Sie etwas Spezielles suchen, doch kaum für den schnellen Überblick geeignet.

www.naturpark-suedschwarzwald.de: Die Seiten des Naturparks, u. a. mit Adressen von Hofläden und bäuerlichen Direktvermarktern.

Klima und Reisezeit

Der Schwarzwald ist das ganze Jahr über eine Reise wert, doch Hochsaison ist noch immer die sommerliche Ferienzeit von Mitte Juni bis Anfang September. Gerade Familien besuchen dann gern die im Gegensatz zur Ebene angenehm kühlen Höhenlagen. Auch über Pfingsten und an den vorsommerlichen Brückenwochenenden haben die Wirte alle Hände voll zu tun. Das späte Frühjahr und der frühe Herbst sind die Zeit der Wanderer sowie der Jungen und Älteren, die keine schulpflichtigen Kinder (mehr) haben. Trotz geringer Durchschnittstemperaturen und hoher Niederschläge ist der Schwarzwald eine von der Sonne gesegnete Landschaft. So mag sich Ihringen am Kaiserstuhl mit dem Prädikat „Deutschlands wärmster Ort" schmücken, in punkto Sonnenscheinstunden muss es jedoch dem hoch oben im Schwarzwald liegenden Höchenschwand den Vortritt lassen. Dies liegt an den im Herbst und Spätwinter häufigen Inversionswetterlagen. Dann sammelt sich im Rheintal und im gesamten Voralpenland Kaltluft, die von einer darüberliegenden Warmluftschicht am Abfluss und Austausch gehindert wird. Die Grenze zwischen den beiden Luftmassen liegt gewöhnlich zwischen 700 und 900 m ü. d. M., sodass im Hochschwarzwald strahlendes Wetter herrscht, wenn unten die Nebel wabern. So sind Herbst und Winter die Zeit der sonnenhungrigen Tagesausflügler aus dem Rheintal. Und das ganz besonders in jenen Orten, die mit Liften und Loipen Wintersportler anlocken können – vorausgesetzt, das Wetter spielt mit.

Kurtaxe

Fast alle Gemeinden verlangen von ihren Gästen eine Kurtaxe von 1–3 € pro Person und Nacht, die von den Hotels und Zimmervermietern auf den Übernachtungspreis aufgeschlagen wird. Mit dieser vom badischen Markgrafen Christoph I. 1507 erfundenen Abgabe finanzieren die Gemeinden ihre Kurgärten, Veranstaltungen, Schwimmbäder und andere Einrichtungen, die irgendwie mit dem Fremdenverkehr in Verbindung gebracht werden können. Im Gegenzug bekommen die kurtaxepflichtigen Gäste eine Gästekarte und mit dieser am Ort ermäßigte Eintritte, Liftfahrten und dergleichen Vergünstigungen bis hin zur kostenlosen Benutzung von Bus und Bahn (→ KONUS-Gästekarte, S. 24).

Sport und Freizeit

Baden und Wassersport

Zum Segeln, Surfen, Rudern, ja sogar Tauchen ist der Schluchsee die beste Adresse. Für Badefreunde hat der Schwarzwald mehr zu bieten als nur die herkömmlichen Freibäder mit mehr oder minder großem Spaßfaktor. Da sind etwa die Thermal- und Solebäder am Hochrhein und im Markgräflerland. Viele Bäder, Kurhäuser und Hotels haben auch Wellnessoasen, Beautyzentren und Saunalandschaften eingerichtet. Ruhesucher entspannen sich in Naturbädern etwa am Windgfällweiher bei Lenzkirch, am Nonnenmattweiher im Kleinen Wiesental oder am Grafenhauser Schlüchtsee. Titisee wird ab 2011 mit der ultimativen Erlebniswelt Badeparadies ganzjährig Gäste anlocken.

Gleitschirmfliegen und Ballonfahren

Vom Kandel, Schauinsland, Zeller Blauen, Belchen und von Startplätzen im Wiesental schwingen sich Gleitschirmflieger in die Schwarzwaldluft. Das Paragliding ist mehr Hobby als Kommerz und wird v. a. in Vereinen gepflegt (Infos unter www.frsw.de/gleitschirm.htm). In Schönau gibt es eine Flugschule für Gleitschirmflieger (www.skymaster-paragliding.de). Ballonfahrten über Freiburg, Schwarzwald und Kaiserstuhl können Sie beim Team Norbert Blau buchen (www.ballonflug.com).

Klettern

Der Schwarzwald ist kein Hochgebirge, doch Kletterfelsen gibt es allemal. Im Südschwarzwald ist etwa das Schlüchttal ein traditionsreiches Klettergebiet. Schon seit Kaisers Zeiten wird hier am Schwedenfels und an der imposanten Tannholzwand geklettert, am Hagebuchfelsen kommen auch Anfänger auf ihre Kosten. Freiburger Kletterer treffen sich am G'fäll und meinen damit den Gefällfelsen auf der Gemarkung von Oberried. Im Todtnauer Kletterpark verdirbt leider der Straßenlärm das Naturerlebnis.

Infos zum Thema bei www.igklettern-suedschwarzwald.de und www.dav-felsinfo.de.

Als **Hochseilgarten**, der neben Gruppen auch gezielt Familien, Paare und Einzelgäste anspricht, empfiehlt sich der Action Forest in Titisee (www.action-forest.de).

Radfahren

Noch sind die Fußgänger in der Überzahl. Doch die Biker holen auf. Und haben, da eine Generation jünger, bei nicht allzu waghalsigem Fahrverhalten auch die längere Lebenserwartung. Längst hat sich der Schwarzwald auf die neue Zielgruppe eingestellt und z. B. für **Cross-Country-Fahrer** das längste zusammenhängende Wegenetz der Welt geschaffen. Ein blauer Radler auf gelbem Grund weist den Weg durch Wies und Wald. Hütten erweitern ihr Vesperangebot um Spaghetti und erlauben, das teure Rad mit aufs Zimmer zu nehmen. Was den Wanderern der Westweg, ist den **Mountainbikern** das *Bike Crossing Schwarzwald* (www.bike-crossing-schwarzwald.info), nämlich eine 450 km lange Route von Pforzheim an den Hochrhein, zu der eigens ein Tourbuch mit Karten und Routenbeschreibung erschienen ist. Auch der *Schwarzwaldradweg* Karlsruhe – Lörrach führt über mehrere Etappen durch die vielseitige Landschaft des Südschwarzwalds. Für **Downhiller** gibt es am Schauinsland und Kandel rasante Singletrails und im *MTB-Funpark* am Todtnauer Hasenhorn tolle Übungsstrecken. Und die gemütliche Sonntagnachmittagsrunde für **Tourenfahrer** und Familien mit Kindern? Da empfiehlt sich der nahezu ebene Kaiserstuhlradweg. Oder man fährt mit Zug und **Fahrradbus** (www.suedbadenbus.de → Spezial-Linien; siehe auch *Anreise und unterwegs vor Ort*, S. 23) zu den hoch gelegenen Orten und rollt dann mühelos auf Panoramastrecken abwärts.

Tourenvorschläge samt GPS-Daten findet man bei www.schwarzwald-bike.de. Auch die beiden beim Bielefelder Verlag erschienenen **Mountainbike-Landkarten** des Naturparks Südschwarzwald schlagen Routen vor und verzeichnen zudem Steigungen und Gefälle. **Fahrtechnik-Training** und **geführte Touren** bietet BiTou in Staufen, Ballrechter Str. 4, ✆ 07633/808866, www.bitou.eu.

> Nehmen Sie **Rücksicht** auf Wanderer. Zumal die Fußgänger meist auch das Recht auf ihrer Seite haben, denn Radfahren ist auf markierten Wanderwegen in Baden-Württemberg nur dann erlaubt, wenn der Weg mindestens 2 m breit ist.

Wandern

Die liebste Beschäftigung der Schwarzwaldurlauber ist seit eh und je das Wandern. Oberste Instanz ist hier der Schwarzwaldverein (www.schwarzwaldverein.de), der über 23.000 km Wanderwege betreut – mehr als der halbe Erdumfang. Damit sich keiner verirrt, sind die Wege markiert. Dabei hat das neue **Wanderleitsystem** die früher verwirrende Vielfalt der Kreise, Rauten und Balken auf wenige Basics reduziert. Rote Rauten markieren die drei großen **Fernwanderwege** West-, Mittel- und Ostweg, die den Schwarzwald von Pforzheim südwärts durchziehen. Noch ein Dutzend andere prominente Routen, etwa der Querweg Freiburg – Bodensee, haben ihre eigenen Symbole. Etwa 200 regionale Wanderwege sind einheitlich mit blauer Raute ausgeschildert, alle übrigen Routen bekamen gelb.

Wer den Wanderzeichen folgt, kommt irgendwann an eine Kreuzung oder Gabelung mit **Wegweiser.** Dieser verrät im Regelfall den Standort, die Höhe über dem Meeresspiegel, die Entfernung zum nächsten Wegweiser, zu markanten Punkten, Sehenswürdigkeiten, Orten und ganz unten zu einem Fernziel mit Bus- oder Bahnanschluss. Auf dem Papier ein narrensicheres System, bei dem sich niemand mehr verlaufen kann. In der Praxis gibt es jedoch besser und schlechter beschilderte Gegenden. Und auch mal Wegweiser, bei denen man rätselt, auf welchen Weg sie denn nun eigentlich zeigen. Eine gute Wanderkarte ist also weiterhin unerlässlich.

- *Wanderkarten* Das Landesvermessungsamt Baden-Württemberg (www.lv-bw.de) bietet vier **Freizeitkarten** im Maßstab 1:50.000, die die gesamte Region abdecken, nämlich die Blätter 505 (Freiburg), 506 (Titisee-Neustadt), 508 (Lörrach) und 509 (Waldshut-Tiengen). Noch detailgenauer sind die Karten im Maßstab 1:25.000, 1:30.000 oder 1:35.000, die es aber nur für einzelne Gebiete gibt. Hier konkurriert die von den örtlichen Tourist-Informationen herausgegebene Serie „Auf Schusters Rappen" mit den Blättern des Landesvermessungsamts.
- *Wanderungen online* Über www.wanderservice-schwarzwald.de können Sie sich, nach Gemeinden oder namhaften Wanderwegen sortiert, **Luftbilder von Google Earth** mit eingezeichnetem Wegenetz anschauen. Noch sind Maßstab und Handhabung verbesserungsfähig und lassen sich die Bilder nicht ohne Weiteres ausdrucken, doch zur Orientierung und Vorbereitung ist das Programm hilfreich.
- *Wandern mit GPS* Einige der in diesem Buch beschriebenen Wanderrouten wurden mit GPS aufgezeichnet. Diese Daten können Sie von der Homepage des Verlags (www.michael-mueller-verlag.de/gps) kostenlos herunterladen. Auch einzelne Tourist-Informationen bieten mittlerweile GPS-Daten an.

> Auch bei Schnee muss man im Schwarzwald nicht aufs Wandern verzichten. Viele Ferienorte bieten inzwischen geführte **Schneeschuhtouren** an und verleihen die dazu notwendigen Gehhilfen.

Wintersport

Sofern denn Schnee liegt, dreht sich im Winter alles um den **Skisport.** Pisten und Loipen für Snowboard, Abfahrt und

Im Frühtau zu Berge …

Langlauf gibt's mehr als genug, besonders konzentriert am Feldberg, der dank seiner Höhe die meisten Schneefälle abbekommt. Aus dem Rahmen des Üblichen fallen die abends beleuchtete **Rodelbahn** von Lenzkirch-Saig hinunter nach Titisee und der **Coaster** am Todtnauer Hasenhorn, ein Zwitter aus Rodel- und Achterbahn, in dem man auf Schienen bergab rast, also schneeunabhängig und auch in der wärmeren Jahreszeit.

Übernachten

Die Spitzenhotellerie der Grandhotels ist im und um den Schwarzwald z. B. mit dem Freiburger Colombi, dem Hinterzartener Adler, dem Les Trois Roi in Basel und dem Römerbad in Badenweiler vertreten. Am anderen Ende stehen die Jugendherbergen (www.djh.de), die Häuser der Naturfreunde (www.naturfreunde.de), die schlichten Quartiere mancher Berghütten (www.schwarzwaldverein.de) und die Campingplätze (www.camping-lcbw.de). Ferien auf dem Bauernhof kann man über die Datenbank www.urlaub-bauernhof.de nach unterschiedlichen Regionen und Kriterien suchen. Die Seite www.schwarzwaldfuehrer.de bringt zu fast jedem Ort eine Auswahl an Unterkünften der verschiedensten Art, die mit Text und Bild, doch ohne Preise vorgestellt werden. Auch im Internetzeitalter lohnt sich ein Blick in die Gastgeberverzeichnisse der lokalen Tourist-Informationen, denn hier findet man oft auch günstige Pauschalangebote und die Ferienwohnungen im jeweiligen Ort. Noch immer kann man im Schwarzwald in Privatunterkünften oder Pensionen für weniger als 50 € ein Doppelzimmer mit Frühstück bekommen, auch Ferienwohnungen für die ganze Familie sind schon zu diesem Preis zu haben.

Die im Buch genannten Übernachtungspreise beziehen sich, wenn nicht anders angegeben, auf ein Doppelzimmer (DZ) mit Frühstück für zwei Personen, doch ohne Kurtaxe. Die Preise wurden im Jahr 2010 recherchiert.

Reisepraktische Informationen zur **Schweiz** finden Sie unter Basel auf S. 260 ff.

▲ Die Schwarzwälderin: in der Heimat tief verwurzelt

Reiseziele im Südschwarzwald

Freiburg

210.000 Einw., 278 m ü. d. M. (Münsterplatz)

Die Lage zwischen den Ferienregionen Elsass und Schwarzwald sowie seine Altstadt mit dem „schönsten Turm auf Erden" machen Freiburg zu einem Anziehungspunkt für Touristen aus aller Welt. Ihr Toskanaflair mit lauen Nächten verdankt Deutschlands südlichste Großstadt föhnartigen Fallwinden aus den Schwarzwaldtälern.

Pflichtprogramm für jeden Gast ist der Besuch des Münsterplatzes mit einer der prächtigsten mittelalterlichen Stadtkirchen Süddeutschlands. Der autofreien Altstadt merkt man kaum an, dass sie im Zweiten Weltkrieg großenteils zerstört und später weitgehend im alten Stil rekonstruiert wurde. Auch ohne die Stadtmauern ist der mittelalterliche Grundriss noch gut zu erkennen, ein Oval, durchschnitten von zwei sich nahezu rechtwinklig kreuzenden Hauptstraßen. Beim Altstadtbummel stolpert man leicht über eine Freiburger Eigenart: die Bächle, welche durch beinahe jede Gasse plätschern und putzige Gemütlichkeit stiften. Das von einem Seitenkanal der Dreisam gespeiste Netz der offenen Wasserrinnen stammt ursprünglich aus dem Mittelalter und diente einst dazu, den Unrat fortzuschwemmen und bei einem Brand Löschwasser an Ort und Stelle zu bringen. Beim Wiederaufbau nach dem Kriege erinnerte man sich der längst zugeschütteten Rinnen und erneuerte sie. Dass, wer hineintritt, eine/n Freiburger/in heiraten muss, ist ein Gerücht. Dass mancher Trunkenbold sich hier schon den Knöchel verstauchte, trifft jedoch zu.

Die behauptete Vergreisung Deutschlands ist auf den Straßen, Grünflächen und anderen Laufstegen der Universitätsstadt nicht zu spüren. Doch jung ist nicht gleichbedeutend mit hip. In Freiburg hat Funktionskleidung Vorrang vor Eleganz.

Trends werden anderswo gesetzt und kommen an der Dreisam, wenn überhaupt, erst verzögert an. Provinz eben. Doch wer einmal in Freiburg war, kommt gerne wieder. Mancher langjährige Freiburgbewohner entwickelt eine Weltsicht, welche die Menschheit nur noch in die Gruppe derer einteilt, die schon in Freiburg wohnen, und jener, die noch hinwollen (der Höhenflug von Grundstückspreisen und Mieten spricht dafür, dass diese Sicht nicht ganz aus der Luft gegriffen ist). Kritiker sprechen dagegen von einer Wohlfühlfalle.

Freiburg
Karte hinterer Umschlag

Geschichte

Freiburg ist eine Gründung der **Zähringer.** Diese stammten vom mittleren Neckar, waren vom 11. bis 13. Jh. neben den Staufern und den Welfen eine der führenden Adelsfamilien im heutigen Baden-Württemberg, brachten es mit dem Silberabbau im Schwarzwald zu beträchtlichem Vermögen und expandierten Richtung Rheintal und Schweiz. Seit 1091 hatten die Zähringer oben auf dem Freiburger Schlossberg eine **Burg.** Die gemeinhin recht zuverlässigen Annalen des Augustiner-Chorherrenstifts im elsässischen Marbach berichten, noch im gleichen Jahr habe Herzog Bertold II. die Stadt gegründet. Andere meinen, erst Bertolds Sohn Konrad sei es gewesen, der mit Zirkel und Lineal um die Kreuzung des Handelswegs von Basel nach Frankfurt mit der Ost-West-Achse von Breisach ins Höllental eine Stadt planen ließ und ihr 1120 das Markt- und Stadtrecht verlieh.

1218 starb die Zähringer Hauptlinie aus. Freiburg ging an die Grafen von Urach, die sich später **Grafen von Freiburg** nannten. Doch Freiburger Bürger und Freiburger Grafen verstanden sich schlecht. Meist ging der Streit ums Geld und darum, wer denn nun das Sagen hatte. Um die ungeliebten Herren loszuwerden, zerstörten die Bürger schließlich die Burg, kauften sich 1368 vom Haus Freiburg frei und unterstellten sich sogleich dem Schutz der **Habsburger.** Für die nächsten Jahrhunderte bis zur Auflösung des Heiligen Römischen Reiches (1806) gehörte Freiburg damit zu **Vorderösterreich.** Das hatte Folgen.

Hier schlägt der Stadt die Stunde

Auf der Habenseite steht die Gründung der **Universität** (1457) durch Erzherzog Albrecht VI. Nach der Rudolphina in Wien war es die zweite Uni in den habsburgischen Landen. Dank der Landesherren blieb Freiburg auch in den Wirren der Reformation der katholischen Sache treu, und die später den Jesuiten übergebene Universität wurde

Das Colombischlössle – gestern Staatskanzlei, heute Museum

ein Bollwerk des Katholizismus, während die Konkurrenz in Tübingen, Heidelberg und Basel die protestantische Lehre pflegte.

Weniger erfreulich für die Freiburger war, dass sie mit der Zugehörigkeit zu den Habsburgern auch in deren Kriegshändel verwickelt wurden. Im **Dreißigjährigen Krieg** sank die Bevölkerungszahl nach mehrmals wechselnder Besatzung und den damit verbundenen Plagen von 14.000 auf 2000 Seelen. Danach wurde die Stadt Zankapfel zwischen den Habsburgern und den über den Rhein drängenden **Franzosen** und gehörte mal den einen, mal den anderen. Mit Napoleons Flurbereinigung kam Freiburg dann zu Baden und wurde bald auch Sitz eines Erzbistums. 1827 konnte der vormalige Münsterpfarrer Bernhard Boll als erster Erzbischof ins Münster einziehen.

Machen wir einen Sprung in die jüngste Vergangenheit. In den 1970er Jahren wurde die Universitätsstadt im Zuge der Auseinandersetzungen um das bei **Wyhl** geplante Atomkraftwerk zu einem Zentrum der **Alternativkultur** und **Umweltbewegung.** Heute sind diese Kräfte in der Mitte der Gesellschaft angekommen. Was dem Stuttgarter die Kehrwoche, ist dem Freiburger die Mülltrennung. Mit Dieter Salomon bekam Freiburg als erste deutsche Großstadt ein bündnisgrünes Stadtoberhaupt. Der neue Stadtteil Vauban mit seiner energie- und flächensparenden Bauweise gilt als Vorzeigeprojekt, in der Solarbundesliga steht die Breisgaumetropole in der Spitzengruppe. Als problematisch gelten dagegen Freiburgs öffentliche Finanzen. Wenig Industrie, viele Studierende und viele schlecht bezahlte Beschäftigte des öffentlichen Dienstes sorgen für geringe Steuereinnahmen und eine fürs Musterländle außergewöhnlich hohe **Verschuldung,** welche die Stadtspitze zuletzt – sehr zum Verdruss der Bürgerschaft – mit Verzweiflungstaten wie dem Verkauf der städtischen Wohnungen und der Schließung von Museen in den Griff zu bekommen versuchte.

Information

- *Vorwahl* 0761
- *Information* **Tourist-Information**, im alten Rathaus, Rathausplatz 2–4, 79098 Freiburg, ✆ 3881880. Mo–Fr 8–18 Uhr (Juni–Sept. bis 20 Uhr), Sa 9.30–14.30 Uhr (Juni–Sept. bis 17 Uhr), So 10–12 Uhr.
- *Freiburg im Internet* **www.freiburg.de** und **www.fwtm.freiburg.de** führen zum Tourismusportal der Stadt.

www.fudder.de: Wie lief das Russisch-Abitur? Warum wurden die Altglascontainer nicht geleert? Und was ist los in Freiburg? Konsequent multimedial und interaktiv richtet sich „Fudder" mit lokalen News an die Jugend der Stadt. Für ihre „gelungene Kombination von ",vor Ort' und ‚tagesaktuell'" bekam die Website den Online Award des renommierten Adolf-Grimme-Instituts.

Freiburg Karte hinterer Umschlag

Unterwegs in Freiburg

- *Mit dem Auto* Das Auto sollte man lieber abstellen. Wer über die A 5 kommt, verlässt die Autobahn bei der Ausfahrt Freiburg-Mitte und steuert einen der *P+R-Plätze* Paduaallee oder Bissierstraße an, wo man auf die Straßenbahn ins Zentrum umsteigen kann. Vom Schwarzwald auf der B 31 kommend, bieten sich keine P+R-Plätze an. Hier fährt man notgedrungen bis vor die Altstadt und vertraut sich dort dem Parkleitsystem an. Die Schlossberggarage beispielsweise hat rund um die Uhr geöffnet, andere *Parkhäuser* schließen nachts ab 2 Uhr. Fürs Parken zahlt man tagsüber rund 1,50 €/Std., für einen ganzen Tag 20–25 €, Details zu den einzelnen Parkhäusern unter www.parkinfo.com. Eine Liste der Behindertenparkplätze findet man unter www.freiburg-fuer-alle.de.

> Mit **Freiburg für alle** hat die Stadt ein Internetportal (www.freiburg-fuer-alle.de) und einen gleichnamigen, 120 Seiten starken Stadtführer speziell „für SeniorInnen und alle, die sich über barrierefreie Angebote freuen". Das Büchlein gibt's bei der Tourist-Information.

- *Mit Bus und Tram* Die **Freiburger Verkehrs AG** VAG (www.vag-freiburg.de) betreibt im Stadtgebiet rund 20 **Buslinien** und 4 **Straßenbahnen**. Diese haben am Bertoldsbrunnen ihren zentralen Knotenpunkt. Tickets gibt's an den Automaten in den Stadtbussen und -bahnen, an vielen Haltestellen, bei der Tourist-Information und im VAG-Shop Salzstr. 3. Die Einzelfahrt kostet 2,10 €, das 24-Std.-Ticket 5,30 €. In den Nächten von Freitag auf Samstag und Samstag auf Sonntag ergänzen Nachtbuslinien im Stundenrhythmus und Sammeltaxis das Angebot.
- *Mit dem Fahrrad* 450 km Radwege und das flache Rheintal (oder für manchen die Herausforderung des Schauinsland?) machen Freiburg zur Fahrradstadt. Mit dem **Mobile** gibt es gleich hinter dem Bahnhof eine Fahrradstation, die deutschlandweit Ihresgleichen sucht. Auf dem Parkdeck können Pendler ihre Räder einstellen, es gibt *Leihräder* (15 €/Tag), einen Fahrradladen mit Reparaturwerkstatt und eine *Mobilitätszentrale*, deren Spektrum vom Ticketverkauf über die Fahrplanauskunft bis zum Carsharing geht. Mo–Fr 9.30–18 Uhr. Wentzinger Str. 15, ✆ 2927600, www.mobile-freiburg.com.
- *Mit dem Velotaxi* Fahrt für 2 Pers. im Stadtzentrum 2,50–5,50 €, auch Stadtrundfahrten sind möglich. ✆ 0172-7684370, www.fahrradtaxi-freiburg.de.
- *Stadtführungen* Erlebnistouren sind angesagt, und statt des dozierenden Studienrats geleiten Entertainer und Schauspieler durch die Stadt. Führender Anbieter und „offizieller Partner der Stadt" ist **Freiburg Kultour**, Rathausplatz 2–4, ✆ 2907447 www.freiburg-kultour.com.

> **Freiburg für Kinder**
> Ein spezieller **Kinderstadtplan** will Acht- bis Zwölfjährigen helfen, sich selbstständig in der Stadt zu bewegen, die für sie interessanten und wichtigen Orte wie Spielplätze, Bibliotheken, Museen, Sportmöglichkeiten und dergleichen zu entdecken und zu erreichen. Den Plan gibt's für 3,50 € bei der Tourist-Information.

Historix-Tours hat die britische Tradition der Ghostwalks nach Deutschland gebracht. Für 7 € gibt's Führungen wie „Leichen, Pest und Spukballaden" oder „Henker, Huren,

Lasterleben". Termine im Internet. Wallstr. 3, ✆ 0179-1160722, www.historix-tours.de.

Sportliche Stadtführungen gibt's bei **Freiburg Aktiv** (im Mobile, ✆ 2023426, www.freiburg-aktiv.de). Gästeführer und Lauftrainer Fernando Schüber zeigt seine Stadt beim „Sightjogging". Wenn nicht der Schlossberg, so mag der Preis dieser 60-Min.-Tour dem einen oder anderen Seitenstechen bereiten – 1 Pers. 60 €, jede weitere 20 €. Günstiger sind die samstagvormittäglichen Stadtführungen per Nordic Walking.

Allerlei (siehe Karte Umschlagklappe hinten)

• *Autovermietung* **Jacobi** (ADAC-Partner), Lörracher Str. 49, ✆ 478090, www.jakobi-autovermietung.de.

• *Einkaufen* **Sandalenwerkstatt**, in einer ehemaligen Bäckerei machen Heinrich Assies und Andreas Thilo mit Sandalen und anderen Schuhen nach Maß müde Füße wieder munter. Vor allem der ausgereifte Klassiker Modell Mexico (270 €), solide, gesund und mehr robust als elegant, eignet sich als Geschenk für nostalgieverklärte (männliche) Exilfreiburger. Mo–Fr 15–18 Uhr. Talstr. 9, ✆ 701177, www.sandalen.com.

Morganarama, ein höchst origineller Kaufladen mit hübschen, schrägen Unikaten für den kleinen Konsumhunger. Kultige Taschen, kitschige Bildchen, schriller Schmuck und andere dekorative Aufhübscher – alles handgefertigte Einzelstücke. Mo–Fr 11–18 Uhr, Sa 12–16 Uhr. Bertoldstr. 12 (Hinterhof), ✆ 2853736, www.morganarama.de.

Langenbeck, sie wohnen stilvoll im Altbau? Und bestellen lieber bei Manufactum als bei IKEA? Dann sind Sie auch potenzieller Kunde von Langenbeck. Ob Fensterolive mit schwarzer Porzellanhandhabe, Drückergarnitur in Art déco oder eine Jugendstiltür, bei Langenbeck gibt's die vor dem Abriss noch schnell entnommenen „Organe" und Accessoires alter Bauten – diese ausnahmsweise gar komplett (derzeit im Angebot: „Eisenfachwerk-Brücke, 19. Jh."). Di–Fr 14–18.30 Uhr, Sa 10–16 Uhr. Gerberau 6, ✆ 2921880, www.langenbeck.com.

Haus der badischen Weine (11), in der Alten Wache werden über hundert Weine verschiedener Winzer aus der näheren und weiteren Umgebung verkauft. Fast alle stehen auch zur Verkostung bereit. Mo–Fr 10–19 Uhr, Sa bis 16 Uhr. Münsterplatz 38, ✆ 202870, www.alte-wache.com.

• *Feste und Spektakel* Das **Zeltmusikfestival (ZMF)** beim Mundenhof-Tierpark im Südosten der Stadt ist mit seiner Mischung aus Zeltstadt, Natur und Kultur eines der ältesten Zeltfestivals in Europa. Ein Kulturmarathon aus über hundert Veranstaltungen, die alle Generationen und Genres zu bedienen versuchen. Ende Juni bis Mitte Juli, Programm unter www.zmf.de.

Weinfest: Anfang Juli verstellen die Zelte der Winzer und Weinhändler den Blick aufs Münster. Leicht angetrunken werden auch Sie das Fest mit anderen Augen sehen. www.freiburger-weinfest.de.

Freiburger Literaturgespräch: Zwölf Schriftsteller präsentieren dem Publikum an zwei Tagen im Nov. ihre Texte. www.freiburg.de/literaturgespraech.

Weihnachtsmarkt: Alle Jahre wieder mit Glühwein, Schupfnudeln und viel Kitsch. Doch der Badener, zumal aus vormals habsburgisch-katholischen Landen, ist nicht allzu wählerisch, wenn es um einen Anlass zum geselligen Alkoholgenuss im Freien geht.

> **Lesetipp**: Ein unheimlicher Mann mit einer Kapuzenjacke erregt die Aufmerksamkeit des Freiburger Professors Alexander Kilian: Er macht sich Sorgen, schließlich ist vor Kurzem das Kind eines Kollegen entführt worden. Als Kilian mit seiner kleinen Tochter Corinna einen Ausflug in einen Wildpark bei Freiburg macht, ist auch sie plötzlich wie vom Erdboden verschluckt ... *Der Kapuzenmann*, ein Freiburg-Krimi von Renate Klöppel, erschienen im Piper-Verlag. Die Autorin (www.renate-kloeppel.de) hat noch weitere Krimis mit Lokalkolorit veröffentlicht.

• *Medien* Platzhirsch unter den Tageszeitungen ist die **Badische Zeitung (BZ)**. Ihrem Haus entstammt auch die kostenlose Sonntagszeitung **Der Sonntag**. Mittwochs erscheint die BZ mit dem Veranstaltungskalender „Ticket". Auch die Website www.badische-zeitung.de listet Termine – oft kann man gleich per Mausklick die Tickets bestellen.

Das gratis in Hotels und Gaststätten ausliegende Kulturmagazin **Freiburg aktuell** darf sich „offizieller Partner der Freiburg Wirtschaft, Tourismus, Messe GmbH & Co. KG" nennen. Zehnmal im Jahr erscheint das Stadtmagazin **Chilli** (www.chilli-freiburg.de) mit Artikeln und Kulturterminen. Das kostenlose Magazin **Frizz** (www.frizz-magazin.de), früher hieß es „Freizeit & Kultur", hat sogar ein Internet-TV-Programm – Lesefähigkeit ist hier also nur begrenzt erforderlich.

• *Sport* Beim **Morgenlauf-Treff** geht es Mo/Mi/Fr ab 6.45 Uhr 1 Std. joggend durch den Asphaltdschungel. Wahlweise 5, 8 oder 10 km. Treffpunkt Mobile. www.lauftreff-freiburg.de.

Dümpeln und Schwimmen ist im **Eugen Keidel Bad**, dem größten Thermalbad der Stadt, möglich. Mit Saunalandschaft. 4 Std. 12 €, mit Sauna 18 €. Tägl. 9–22 Uhr. An den Heilquellen 4 (zu erreichen mit dem Auto über die Autobahnausfahrt Freiburg-Süd oder mit dem Bus 35 E ab Munzinger Straße), www.keidel-bad.de.

Übernachten/Camping (siehe Karte Umschlagklappe hinten)

Colombi (5), Freiburgs vornehmste Hoteladresse liegt am Rand der Altstadt und wird vom Inhaber geführt. Die auf zwei verbundene Gebäude und sechs Etagen verteilten Zimmer sind mit Stilmöbeln und teilweise Antiquitäten eingerichtet, die Bäder mit Blümchenkacheln ausgestattet. Überwiegend älteres Publikum. Der Service entspricht dem Preisniveau, der Wellnessbereich lässt dagegen Wünsche offen. Eigene Tiefgarage. DZ 250–275 €. Am Colombipark, Rotteckring 16, ✆ 0761/21060, 📠 31410, www.colombi.de.

Hotel am Stadtgarten (2), Freiburgs erstes Designhotel will mit klarer Formensprache, extravaganter Einrichtung und modernster Technik v. a. Geschäfts- und Individualreisende ansprechen. 34 durchgestylte Zimmer mit viel Leder, Holz und Stein in Braun, Rot- und Grüntönen. Wohnzimmermöblierte Café-Bar-Lounge mit Straßenterrasse. Die Zimmer im älteren Gästehaus auf der anderen Straßenseite sind farbenfroh und preiswerter, doch weniger schick und etwas hellhörig. DZ 90–165 €, Stellplatz 8–12 €. Karlstr. 12, ✆ 0761/2829002, 📠 2829022, www.hotelamstadtgarten.de.

Hotel Am Rathaus (9), historisches Ambiente in zentralster und trotzdem ruhiger Lage. Viele nette Kleinigkeiten wie die Minibibliothek auf den Zimmern, DVDs und Hörbücher an der Rezeption, Skype-Telefon und WLAN-Radio machen dieses inhabergeführte Nichtraucherhaus zu einem kleinen Juwel. DZ 110–160 €. Rathausgasse 4–8, ✆ 0761/296160, 📠 2961666, www.am-rathaus.de.

Best Western Victoria (7), ein super Stadthotel in ruhiger, bahnhofsnaher Lage. Zimmer mit Teppich- oder Parkettboden, teilweise allergikergerecht. WLAN, Wandradio im Bad. Bademantel-, Fahrrad- und PC-Verleih, Kinderbetreuung, tolle Cocktailbar. Sehenswert ist das „Erlebniszimmer" im Stil einer Mittelmeerlandschaft. Das Haus ist zudem vorbildlich in puncto umweltschonender Hotellerie. DZ 80–120 €, Frühstück

Altstädtische Gemütlichkeit

extra, Stellplatz 9–10 €. Eisenbahnstr. 54, 0761/7207340, 20734444, www.victoria.bestwestern.de.

Schwarzwälder Hof (16), Nähe Münsterplatz. Die lebensgroße Statue der Hermine bewacht den stattlichen Treppenaufgang des schon etwas älteren Hauses. 70 Betten in Zimmern unterschiedlichen Komforts, von „basic" („Ein Bett, ein Tisch, ein Stuhl", dazu TV, fließend Wasser und teilweise Dusche) über „classic" bis (im Gästehaus Konviktstraße) „modern", alle in Brauntönen puristisch gestylt und mit Laminat- oder Parkettboden. DZ 75–100 €. Herrenstr. 43, 0761/38030, 3803135, www.shof.de.

Hotel Garni Alleehaus (28), Gründerzeitvilla mit 20 recht unterschiedlich eingerichteten Gästezimmern. Frühstück im Wintergarten. DZ 85–100 €, Stellplatz 9 €. Marienstr. 7, 0761/387600, 3876099, www.hotel-alleehaus.de.

Caritas Tagungszentrum (4), soweit nicht von Tagungsgästen gebucht, steht das Haus auch anderen Reisenden offen. Funktional eingerichtete Einzelzimmer mit Dusche, WC und Telefon, doch bewusst ohne TV oder Radio. Auch einige wenige Doppelzimmer. Teeküche, Tageszeitungen. EZ 50–55 €, DZ 75–80 €. Wintererstr. 17–19, 2001801, 2001802, www.fak-caritas.de.

Schützen (30), ein historisches Gasthaus 10 Gehminuten östlich der Altstadt. Kleine, doch neu ausgestattete und gemütliche Zimmer in warmen Farbtönen, mit Kunst, Pflanzen und schmiedeeisernen Betten. Üppiges Frühstücksbuffet, schöner Biergarten. DZ 80–90 €. Schützenallee 12, 0761/705990, 7059919, www.schuetzen-freiburg.de.

B&B Villages Hotel (1), Low-Budget-Hotel einer französischen Kette im Industriegebiet Nord. 80 Zimmer mit Bad, die Einrichtung schmucklos und aufs Nötigste reduziert: Bett, Tisch, Stuhl, Schrank, TV. Alternativ zum einfachen Hotelfrühstück laden in der Nachbarschaft McDonald's und Co. zum Morgenessen ein. Nachts Automaten-Check-in. Parkplatz. DZ ohne Frühstück 55 €. Tullastr. 87 (Bus 24/25, Haltestelle Badenova), 0761/557730, www.hotelbb.de.

Black Forest Hostel (25), preiswerte Schlafplätze neben einem rauschenden Bach unterhalb der Weinberge. Gute Stimmung und nettes Personal. Küche für Selbstversorger, Gepäckaufbewahrung, Fahrradverleih, Klavier und Werkbank. Bett ohne Frühstück 18–27 €, DZ 60 €. Kartäuserstr. 33 (Tram 1, Haltestelle Oberlinden), 0761/8817870, 8817895, www.blackforest-hostel.de.

Jugendherberge Freiburg (26), am Waldrand hinter dem Fußballstadion und damit weit außerhalb des Zentrums. Zur Straßenbahnhaltestelle läuft man 10 Min., um dann ca. 20 Min. ins Zentrum zu fahren. Das Haus hat rund 400 Betten in 100 Zimmern, überwiegend Vier- und Sechsbettzimmer, alle mit Waschbecken. Je zwei Zimmern sind Dusche und WC zugeordnet. Im Keller befindet sich eine kleine Bar mit TV, Spielmöglichkeiten und Getränkeautomaten. Bett 20–25 €. Kartäuserstr. 151 (Tram 1, Haltestelle Römerhof), 0761/67656, 60367, www.jugendherberge-freiburg.de.

Camping Möslepark (29), Begegnung mit der Natur, aber doch auch in der Großstadt (3 km ins Zentrum). Stellplätze auf einem von Bäumen beschatteten Wiesengelände. Fahrradverleih, WLAN. Mietwohnwagen und Indianertipi (8 Betten), keine Dauercamper. Zum Platz gehören auch ein Restaurant mit einfachen Fremdenzimmern und die Saunalandschaft Waldkurbad. 2 Erw. inkl. Zelt 20 €, Ende März bis Ende Okt. geöffnet. Waldseestr. 77, 0761/7679333, 77578, www.camping-freiburg.com.

Camping Hirzberg (27), ein Wiesenplatz mit schönen alten Bäumen etwa 1,5 km östlich des Zentrums. Minimarkt mit Café, Gasthaus mit Biergarten nebenan. Fahrradverleih, Mietzelte und -wohnwagen. 2 Pers. mit Zelt 20 €. Ganzjährig geöffnet. Kartäuserstr. 99, 0761/35054, 289212, www.freiburg-camping.de.

Essen & Trinken (siehe Karte Umschlagklappe hinten)

Colombi (5), serviert klassische Hochküche, die sich seit bald 30 Jahren verlässlich ihren Michelin-Stern verdient, in etwas steifer Atmosphäre mit arriviertem Publikum. Zur Kostprobe bieten sich die recht günstigen Mittagsmenüs an (bis 30 €). Feine Kuchen gibt's im Tagescafé Graf Anton, wo man sich, gleich am Hoteleingang, am Auftrieb der feinen Kundschaft ergötzen kann. Abends setzt sich das Schauspiel in der Pianobar fort. Am Colombipark, 21060, www.colombi.de.

Enoteca (24), die zwei Lokale am Schwabentor setzen seit 20 Jahren die Messlatte für italienische Küche in Freiburg – und sie setzen sie ziemlich hoch. Man hat die Wahl zwischen dem halbwegs preiswerten Trattoria-Keller mit knapper Karte, auf der v. a. Vorspeisen, Pastagerichte und wechselnde Klassiker stehen – ideal für Kino- und Theatergänger, denn die Küche der Trattoria schließt erst kurz vor Mitternacht. Schräg gegenüber geht es im nüchtern-eleganten Premiumrestaurant gediegener und teurer zu. Nur mittags gibt es hier günstige Tagesessen. So Ruhetag. Gerberau 21, ✆ 3899130, www.enoteca-freiburg.de.

Trattoria Tizio (6), die 1-a-Lauflage und ein guter Ruf lassen draußen wie drinnen die wenigen, eng gestellten Sitzplätze schnell voll werden. Leichte, frische und kreative Küche in italienischem Ambiente, Meister Angelo Pellegrini ist Trüffelspezialist. Antipasti von der Theke, wechselnde Tagesgerichte, ein Desserttraum ist das Pannacotta mit echter Vanille und Fruchtsoße. Trüffelgerichte rund 35 €, andere um 15 €. So Ruhetag. Rathausgasse 35/Ecke Rotteckring, ✆ 2925711.

Omas Küche (31), mit ihrer Gründerzeitbausubstanz aus Villen und gehobenen Mietshäusern ist die Wiehre heute ein bevorzugtes Wohnquartier für urbane Aufsteiger mit WG-Vergangenheit: Freiburgs grüne Mitte. Die trifft und spiegelt sich auch in Omas Küche, einer zum Bistro mutierten Eckkneipe mit Biergarten. Zu essen gibt's Traditionsgerichte wie Schnitzel, Sauerbraten und allerlei Variationen vom Feldsalat, aber auch Putenteile und Wildlachs werden verarbeitet. An imageprägenden Eigenheiten fielen auf: der Wickeltisch auf der Herrentoilette, ein Postservice, der Verleih von Lesebrillen. Sonntags Brunch. Hauptgericht 8–16 €. Kein Ruhetag, Küche bis mindestens 23 Uhr. Wiehre, Hildastr. 66, ✆ 78686, www.omas-kueche.de.

Brennessel (8), im Stühlinger ist Freiburg, was die Hundekot-Häufigkeit angeht, ganz auf Berliner Niveau. Also schnell von der Straße in die Kneipe. Die Brennessel bietet in die Jahre gekommene WG-Atmosphäre, große Portionen zu moderaten Preisen und manchmal etwas zu laute Musik. Zur Happy Hour kosten die Spaghetti Bolognese gerade mal 1,80 €, Nachtschwärmer werden bis 0.30 Uhr mit Flammkuchen gesättigt. Tägl. ab 18 Uhr. Stühlinger, Eschholzstr. 17, ✆ 281187, www.brennessel-freiburg.de.

Greiffenegg-Schlössle (23), ein Ausflugslokal über dem Schwabentor, dem seine Vergangenheit als biedermeierlicher Alterssitz

Stadt der Fahrräder?

des letzten k. u. k. Statthalters nicht mehr anzumerken ist. Das Restaurant wie auch der Biergarten im Schatten mächtiger Kastanien leben v. a. vom Logenblick auf die Stadt. Vergessen Sie abends den Pullover nicht, hier oben kühlt es schneller ab als unten im Asphaltdschungel. Hauptgericht 20–30 €. Kein Ruhetag. Schlossbergring 3, ✆ 32728, www.greiffenegg.de.

Markthalle (20), in Freiburgs Fressgasse wird die Stadt kulinarisch global und klassenlos. Feinschmecker und Fast-Food-Fans, eilige Mittagspäusler und Flaneure laben sich hier an Spezialitäten aus aller Welt, mal gehoben, mal in fetttriefender Imbissqualität, dargeboten an rund 20 Ständen. Mo–Do 8–20 Uhr, Fr–Sa bis 24 Uhr. Am Martinstor, www.markthalle-freiburg.de.

Löwe (18), eine Legende unter Freiburgs Studentenlokalen, preiswert und deftig. Der Löwe tischt Schweinshaxe, Leberle, Maultaschen und dergleichen auf, und das bis 3 Uhr in der Früh! Kein Ruhetag. Herrenstr. 47, ✆ 3688990, www.hotelloewen.eu.

Webers Weinstube (32), angehende wie geprüfte und manchmal auch doppelsinnig fertige Akademiker besuchen das Weber gern zu fortgeschrittener Stunde. Mancher Leber

Freiburg
Karte hinterer Umschlag

Am Weg zur Uni lauert der Müßiggang

bringt das etwas Entlastung vom Alkoholstress, denn hier werden bis 2.30 Uhr warme Speisen zu günstigen Preisen serviert. Mo–Fr 12–15 Uhr und tägl. ab 18 Uhr. Hildastr. 35, ✆ 700743, www.webers-weinstube.de.

Litfass (14), Studenten- und Künstlerkneipe mit Bluesrock und viel Atmosphäre auf kleinem Raum. Ein bisschen angestaubt (Graffiti-Zitat: „Platz frei, wenn Stammgast stirbt"). Preiswerte Spaghettigerichte und Salatteller. Bei schönem Wetter auch im lauschigen Hinterhofbiergarten. Tägl. ab 11 Uhr. Moltkestr. 17, ✆ 25148.

Café Jos Fritz (15), tagsüber Café, abends Kneipe. Das Lokal im Hinterhof der gleichnamigen Buchhandlung ist Treffpunkt für alle, die sich als irgendwie links einschätzen, und das sind in Freiburg ziemlich viele. Auch Konzerte, Ausstellungen, schwullesbische Abende und andere „Freitagsbesonderheiten". So bis 19 Uhr, sonst bis nach Mitternacht. Spechtpassage, Wilhelmstr. 15, www.josfritzcafe.de.

Café Capri (22), eine museumsreife Institution mit Blick auf das Treiben am Augustinerplatz. Seit der Eröffnung (1983) scheint sich kaum etwas verändert zu haben. Das auch schon zu literarischem Ruhm gekommene Eiscafé ist Treffpunkt von Schachspielern und Zeitungslesern, die zwischen FAZ, Micky-Mouse-Heft u. v. m. wählen können. So bis 19 Uhr, sonst bis nach Mitternacht. Gerberau 30/Ecke Augustinerplatz, www.cafe-capri.de.

Kolben-Kaffee-Akademie (19), in einem früheren Uhrmacherladen gleich neben dem Martinstor. Innen Stehplätze, Selbstbedienung und meist proppenvoll, an warmen Tagen auch Tische auf der Straße. Fünf Kaffeesorten in verschiedensten Zubereitungen (auch Schoki und Ovo), lekkere Kuchen sowie Baguettes und Sandwiches erhältlich. Tägl. bis 18 Uhr. Kaiser-Joseph-Str. 233.

Feierlings Biergarten und Hausbrauerei (21), ein passender Name! Naturtrübes Bier blubbert im Kupferkessel, der Biergarten mit seinen Kastanien und dem knirschenden Kies ist in der Altstadt konkurrenzlos. Vom Essen jedoch sollte man nicht zu viel erwarten. Tägl. 11–24 Uhr, Fr/Sa bis 1 Uhr. Gerberau 46, www.feierling.de.

Oberkirchs Weinstuben (12), gemütlich und zünftig mit altbadischem Stubencharme. Gute Weinauswahl zu fairen Preisen, badische Küche. So Ruhetag. Münsterplatz 22, ✆ 2026868, www.hotel-oberkirch.de.

> Unter http://mittagsgerichte.fudder.de können Sie die täglich aktualisierten **Mittagstischangebote** von etwa 30 Freiburger Lokalen abrufen.

Am Abend (siehe Karte Umschlagklappe hinten)

• *Bars* **Jackson Pollock Bar (10)**, trinken und tanzen, dazu ambitionierte Kunst- und Diskursprojekte. Die Bar mit langem Tresen, Action-Painting und wenigen Sitzpolstern. Dienstags schwingen Latinos und Möchtegern-Latin-Lovers das Salsa-Tanzbein, freitags steppt der Bär zur Beatmusik. Ab 19 Uhr, Mo Ruhetag. Theaterpassage, Bertoldstr. 46, www.jacksonpollockbar.com.

Kagan (3), nächtlicher Jungschickeriatreff (Dresscode: Herren gepflegt, Damen sexy) mit edlen Preisen und tollem Blick, denn die mit Marmor, Glas und Edelstahl gestylte Lounge ist im 17. Stock eines Hochhauses, die Disco gar noch einen Stock drüber. Sonntags Brunch. Lounge Di–Sa ab 18 Uhr, Dancefloor Do–Sa ab 22 Uhr. Bismarckallee 9, www.kagan-lounge.de.

• *Clubs* **Crash (17)**, die in den 80er Jahren aus einem autonomen Jugendzentrum entstandene Kellerdisco ist bis heute ein Ort für Subkulturen wie Gothics, Punks und Metaller. Und damit ist das Crash auch ein Stück städtischer Sozialpolitik (was nicht ausschließt, dass die Betreiber einen guten Schnitt machen). Mi–Sa ab 22 Uhr. Schnewlinstr. 7, www.crash-musikkeller.de.

Drifters (17), sozusagen die Beletage über dem Crash und Kultclub für elektronische Musik. Do–Sa ab 23 Uhr und zu Konzerten geöffnet. Schnewlinstr. 7, www.drifters-club.de.

Jazzhaus (13), schon von Miles Davis persönlich beehrter Musikkeller in einem schönen Ziegelgewölbe mit subventionierten Konzerten (nicht nur Jazz) und Discobetrieb. Schnewlinstr. 1, www.jazzhaus.de.

• *Kinos* **Kandelhof** (Herdern, Kandelstr. 27), **Friedrichsbau** (Kaiser-Joseph-Str. 268–270) und **Harmonie** (Grünwälderstraße 14–16) sind Spielstätten für anspruchsvolle Filme und präsentieren ihr Programm gemeinsam unter www.friedrichsbau-kino.de. Die Friedrichsbau-Cineasten organisieren auch das **Freiburger Filmfest** im Juli (www.filmfest-freiburg.de).

Auch das **Kommunale Kino** im alten Wiehrebahnhof (Urachstr. 40, www.freiburger-medienforum.de) versteht sich als Programmkino.

Den Mainstream bedient **CinemaxX** (Bertoldstr. 50/Ecke Moltkestr., www.cinemaxx.de).

• *Klassik* **Konzerthaus**, Konrad-Adenauer-Platz 1, Abendkasse ✆ 3881552, www.konzerthaus.freiburg.de. Hier spielt mit dem **Freiburger Barockorchester** auch das bekannteste Musikensemble der Stadt.

• *Kulturzentrum* **E-Werk**, unter einem Dach die Ateliers Bildender Künstler, Schulen für Tanz, Schauspiel und Musik, das Kammertheater „Kiew" und das experimentelle Theater „Die Schönen der Nacht". Am Wochenende oft auch Konzerte und Partys, und eine Kneipe gibt's natürlich auch. Stühlinger, Eschholzstr. 77, www.ewerk-freiburg.de.

• *Theater* **Theater Freiburg**, ein Dreispartenhaus mit Chor und philharmonischem Orchester. Ein schwerer Tanker also, den die Stadt, wie ihren Fußballclub, gern in der Ersten Liga spielen sähe und gleichzeitig mit Sparzwängen lähmt. Bertoldstr. 46, ✆ 2012853, www.theaterfreiburg.de.

Wallgrabentheater, hier werden v. a. Stücke des 20. und 21. Jh. gespielt, im Sommer auch draußen im Rathaushof. Legendär sind die Loriot-Abende des Bühnenveteranen Heinz Meier. Rathausgasse 5a, ✆ 25656, www.wallgraben-theater.com.

Theater im Marienbad, Kinder- und Jugendtheater mit toller Spielstätte im früheren Volksbrausebad des Glasermeisters Felix Thoma. Marienstr. 4, ✆ 31470, www.theater.marienbad.org.

Galli-Theater, Märchen-, Mythen- und Clowntheater für Kinder und Erwachsene. Theaterchef Johannes Galli gilt auch als Erfinder des Businesstheaters, bei dem Großfirmen mit maßgeschneiderten Stücken ihre Botschaften zum Personal und zur Kundschaft bringen. Haslacher Str. 15, ✆ 441817, www.galli.de.

Alemannische Bühne, eine Vollblut-Laientruppe bringt Volksstücke und Komödien in Mundart auf die Bühne des ehemaligen Feierling-Gebäudes. Gerberau 15, ✆ 39229, www.alemannische-buehne.de.

Theater am Martinstor, Kleinkunst-Spielstätte für freie Gruppen. Ein Dauerbrenner sind die Shakespeare-Interpretationen von Bernd Lawrenz. Kaiser-Joseph-Str. 237, ✆ 23511, www.theater-martinstor.de.

Vorderhaus in der Fabrik, Kabarett und Kleinkunst sowie „Gigs für Kids" auf der Bühne des soziokulturellen Zentrums Fabrik. Herdern, Habsburgerstr. 9, ✆ 5036544, www.vorderhaus.de.

Sehens- und Erlebenswertes

Freiburgs kompakte Altstadt entdeckt man bequem zu Fuß. Zwar beginnen die meisten Stadtführungen am Rathaus, doch wir begeben uns gleich mitten hinein ins Zentrum der Stadt, zum Münster Unserer Lieben Frau, dessen 116 m hoher Turm noch immer die gesamte Stadt überragt. Es kommt einem Wunder gleich, dass dieser schon im Mittelalter vollendete Turm die Wirren der Zeiten und damit auch die Bomben von 1944/45 überstanden hat.

Das Freiburger Münster

Baugeschichte: Schon in den frühen Jahren der Stadt stifteten die Zähringer an der Stelle des heutigen Münsters ein Gotteshaus. Anhand des im Boden gefundenen Grundrisses und einzelner noch erhaltener Skulpturen, z. B. eines jetzt im Augustinermuseum ausgestellten Löwen oder des Tympanons im Südportal, wird dieses Münster I noch ins 11. Jh. datiert. Der letzte Zähringerherzog Bertold V. (reg. 1186–1218) ließ diese Kirche nach dem Vorbild des Basler Münsters erneuern und vergrößern. Bis zu Bertolds Tod waren das bis heute erhaltene spätromanische *Querschiff* mit der Vierungskuppel sowie ein Chor fertiggestellt. Die neuen Stadtherren, die Grafen von Urach, brachten auch einen neuen Stil. Statt nach Basel blickte man nun nach Straßburg und übernahm von dort die Formensprache der französischen Gotik. Dieser gemäß entstanden *Langhaus* und Turm. Der bekam 1258 mit der drei Tonnen schweren „Hosanna" seine erste *Glocke*, die seit eh und je freitags um elf geläutet wird und deshalb auch „Knöpfleglocke" heißt, denn dann stellt die gute Hausfrau das Wasser für die Knöpfle auf den Herd. Die fünfzehn anderen Glocken des heutigen Münstergeläuts wurden erst 1959 geweiht.

Der schönste Turm auf Erden?

Während viele große Kirchen des Mittelalters erst Jahrhunderte später vollendet wurden, war das Freiburger Münster mitsamt dem üppigen Skulpturenschmuck der Fassade und den prächtigen Wasserspeiern bereits um die Mitte des 13. Jh. fertig. Besonders bewunderten die Zeitgenossen den *Turm* mit seinem filigranen Maßwerk. Der Basler Kunsthistoriker Carl Jakob Burckhardt (1818–1897) nannte ihn gar den „schönsten Turm auf Erden". Gut getarnte Bleianker halten die Konstruktion zusammen. Die Bürgerschaft, die inzwischen vom Landesherrn die Verantwortung für das Gotteshaus übernommen hatte, hätte es nun dabei bewenden lassen und sich ihres Meisterwerks erfreuen können. Doch da war noch der spätromanisch antiquierte *Chor.* Größer, schöner und moderner sollte er werden, und so engagierte der Rat den Baumeister Johannes von Gmünd aus der Architektendynastie der Parler für einen Neubau mit Chorumgang. Nach einem frühen Modell von VIP-Logen konnten die reichen Familien der Stadt die Fenster und die Kapellen im Chor stiften und sich damit hier einen privaten Andachtsraum mit Grablege sichern. Aus Geldmangel schleppte sich das ambitionierte Projekt dahin. Erst 1513 konnte der neue Chor geweiht werden. Vom Turm aus sieht man, dass seine Achse ein paar Grad von der des Langschiffs abweicht. Mit einer Renaissance-Vorhalle (1620) am *Südportal* wurde der Bau im Wesentlichen abgeschlossen.

Mittelalterliche Glasmalerei im Münster

Ausstattung: Schon das *Hauptportal* und die Vorhalle überwältigen mit der Fülle und Farbenpracht ihrer Figuren. Hauptthemen des *Tympanons* sind das Leben Christi und das Weltgericht. In der Mitte der unteren Reihe greift bei der Seelenwaage ein Teufelchen nach der für zu leicht befundenen Seele. Darüber frohlocken links vom Gekreuzigten die Erlösten und werden rechts die Verdammten in Ketten dem Höllenschlund zugeführt. Auch die *Seitenwände der Vorhalle* mahnen die Kirchgänger zu einem frommen Leben: so das dankbare, weil leicht zu erkennende „Gleichnis von den klugen und törichten Jungfrauen", wobei die fünf klugen mit ihren erhobenen Lampen zur Linken stehen und die nachlässigen gegenüber. An der Nordwestwand reicht der „Fürst der Welt", also Luzifer, in Gestalt eines galanten Verführers (über dessen Rücken freilich das Gewürm kriecht) seinem weiblichen Pendant „Frau Begierde" eine Rose. Ein Bocksfell signalisiert das teuflische Wesen der Dame.

Wie verteilt man Christus und die zwölf Apostel auf die vierzehn *Pfeiler* von Langschiff und Vierung? Mit Paulus als Lückenfüller. Gemeinsam tragen sie die Kirche. Viele *Fenster* sind noch mittelalterliche Originale. Im Langhaus wurden die meisten von den Zünften gestiftet und sind anhand von Symbolen leicht zuzuordnen: die Brezel am Fenster der Bäcker, die Schere an jenem der Schneider usw. Aus der Reihe fallen an der Südwand die Fenster der schwerreichen Familie Tulenhaupt (mit Bergbaumotiven) und, links daneben, das Märtyrerfenster mit schauderlichen Folter- und Hinrichtungsszenen.

Prunkstück des Münsters ist der zentrale *Flügelaltar* (gemalt 1512–1516) aus der Werkstatt des Dürer-Schülers Hans Baldung, gen. Grien. Geöffnet zeigt er die „Krönung Mariens", die vier Weihnachtstafeln des geschlossenen Altars erzählen mit „Mariä Verkündigung", „Heimsuchung", „Geburt Christi" und „Flucht nach Ägypten" die Menschwerdung Gottes. Auf der Rückseite ist die „Kreuzigung Christi" dargestellt. Auch der Flügelaltar der Universitätskapelle (auf der Südseite des Chorumgangs) kann sich sehen lassen: Seine Bildtafeln werden Hans Holbein d. J. zugeschrieben.

• *Öffnungszeiten* **Münster**: Außerhalb der Gottesdienste Mo–Sa 10–17 Uhr, So 13–19.30 Uhr, *Führungen* (2 €) durch den Münstermesner tägl. 14 Uhr. **Chor**: Ostern bis Anfang Nov. Mo–Sa 10–11.45 und tägl. 13–16 Uhr (Sa nur bis 15.30 Uhr); im Winter nur Sa; Eintritt 1 €. **Turm**: Mo–Sa 9.30–17 Uhr, So ab 13 Uhr. Aktuelle Zeiten unter www.freiburgermuenster.info.

Münsterladen: Mo–Fr 10–18 Uhr, Sa bis 14 Uhr. Information zu den Münsterführungen, Verkauf von Literatur, Postkarten, CDs, ja sogar von demontierten Steinen der Münsterfassade. In der Alten Münsterbauhütte, Herrnstr. 30 (hinter dem Chor).

Die **Neue Münsterbauhütte** (Schoferstraße) und ihr Lapidarium sind nur im Rahmen von Führungen zu besichtigen. Auskunft im Münsterladen.

Werfen Sie beim Verlassen des Münsters durch das Hauptportal noch einen Blick auf den rechten Strebepfeiler des Turms. Hier sind die Freiburger Elle, das Kornmaß und die rechte Brotgröße eingemeißelt. Letztere schwankte allerdings mit den Jahren. Wie man sieht, ging es der Stadt anno 1317 eher schlecht: Da wurden besonders kleine Brötchen gebacken.

Lesetipp Adolf Wangart: *Das Freiburger Münster im Rechten Maß*. Im Münsterladen erhältlich.

Munsterplatz

Beginnen wir die Runde links vom Münsterladen. Wo in der **Alten Stadtwache,** heute das „Haus der badischen Weine" (→ S. 38), mancher Rausch seinen Anfang nimmt, war früher die vorderösterreichische Ordnungsmacht zu Hause. Arkaden schützten die Wachsoldaten vor Wind und Wetter. Mancher hat an den benachbarten Strebepfeilern des Münsterchors sein Graffiti hinterlassen. Bessere Möglichkeiten, sich selbst zu verewigen, hatte der Bauherr des **Hauses zum Schönen Eck:** Johann Christian Wentzinger, vielleicht der bedeutendste Freiburger Künstler des 18. Jh., blickt als Büste vom Balkongeländer. Im Haus residiert nun das Museum für Stadtgeschichte (→ S. 52).

Das **Historische Kaufhaus** wurde 1520–1532 unter dem Münsterbaumeister Lienhart Müller für die Stadt als Handels- und Stapelhaus mit Festsaal erbaut. Mit fast lebensgroßen Statuen (von links) des Kaisers Maximilian, Philipps des Schönen, Karls V. und von dessen Bruder und Nachfolger Ferdinand ehrte die Stadt die damals führenden Habsburger – ein Loyalitätsbekenntnis in den aufsässigen Zeiten von Bauernkrieg und Reformation. 1814, nach dem ungeliebten Übergang an Baden, wurde die Fassade zusätzlich mit Bildern und Inschriften zum Habsburgerdenkmal gemacht. Doch den Wiener Kongress beeindruckte diese Geste wenig, und er beließ Freiburg beim Großherzogtum Baden.

Im 1953 wiederaufgebauten **Haus zum Ritter** feierte und tagte dereinst die Breisgauer Ritterschaft. Im 19. Jh. wurde es die erste repräsentative Residenz der Freiburger Erzbischöfe, heute ist hier die Domsingschule untergebracht. Die Nordwestecke des Platzes wird vom missratenen Bau des Kaufhauses **Breuninger** und von der immerhin unauffälligen Rückseite des **Basler Hofs** (→ S. 51) beherrscht, der im Krieg bis auf die Grundmauern ausgebrannt war.

Freiburg
Karte hinterer Umschlag

Münstermarkt und Münsterwurst – mit oder ohne?

Im Mittelalter diente der weitläufige Platz um das Münster als Friedhof, heute findet hier der Münstermarkt statt. Dabei stehen auf der Nordseite des Platzes traditionell die Bauern und andere Erzeuger aus der Region. Auf der Südseite werden die Non-Food-Angebote präsentiert. Und auf beiden Seiten gibt es die „lange Rote“, eine etwa 35 cm lange Variante der im gesamten schwäbisch-südbadischen Raum verbreiteten roten Bratwurst, die in Freiburg Kultstatus genießt und neben dem Münsterturm zum Wahrzeichen der Stadt wurde. Wofür wohl gleichermaßen die Tourismusbranche und kochfaule Studenten der noch pizza- und burgerlosen Wirtschaftswunderjahre verantwortlich sind. Als Erfinder der „langen Roten“ gilt Bäckermeister Föhrenbach, dessen Enkel heute Meier's Wurststand betreiben. Er beantragte 1949 die Erweiterung seines Marktsortiments um heiße Würste, die anfangs noch „kurze Rote“ waren und gebrüht wurden. Heute bieten fünf Stände die in ein Brötchen eingeklemmte Münstermarktwurst, wobei die Anbieter auf der Nordseite jeden Monat die Plätze wechseln, damit jeder einmal an die umsatzstärkste Poleposition nahe beim Münsterportal kommt. Die Verkäuferfrage „Mit oder ohne?“ gilt der Garnierung mit glasig geschmorten Zwiebelringen. Wer „a Brüni“ (eine Braune) verlangt, gibt sich als Landei aus der näheren Umgebung zu erkennen und bekommt doch eine Rote. Die auf dem Markt gar nicht so seltenen Schweizer bestellen das Ding als „Cervelat“, auch die oberschwäbisch-allgäuerische Titulierung als „Schübling“ wird an den Wurstständen verstanden. Womit nicht behauptet werden soll, an den Münstermarktwurstbuden gebe es Rote und nur Rote. Wer die partout nicht abkann, bekommt auf ausdrückliches Verlangen auch eine Weiße. Mit oder ohne.

Anders als seine Nachbarn blickt das 1970 rekonstruierte **Kornhaus** mit der Giebelfront zum Münsterplatz. Sein Original war als Kongresszentrum und Fürstenherberge für den Freiburger Reichstag (1498) geplant, wurde aber erst fertig, als der Reichstag schon vorbei war – der Kaiser soll sich über seine Ersatzunterkunft bitter beklagt haben. Außer für repräsentative Empfänge diente das Kornhaus gleichzeitig als städtischer Kornspeicher und sogar Schlachthaus. So war bei Festen immer für Nachschub gesorgt. 1770 wurde das Kornhaus zum ersten Theater Freiburgs.

Stadtrundgang

Verlassen wir nun den Münsterplatz am Durchlass neben dem Münsterladen, der übrigens in Freiburgs einzigem mittelalterlichen Altstadthaus mit sichtbarem Fachwerk eingerichtet ist. Unter der kleinen Grünfläche am Eck zur Herrenstraße starben im Zweiten Weltkrieg zahlreiche Menschen, als eine Sprengbombe ihren Kellerschutzraum einstürzen ließ. Hinter den Kastanien und der Büste des Theologen und Volksschriftstellers Alban Stolz steht die **Konviktskirche.** Sie gehört zum Collegium Borromaeum, dem **Priesterseminar** der Diözese. Gegenüber an der Schoferstraße waltet das **Erzbischöfliche Ordinariat** hinter einer neoromanisch garnierten Natursteinfassade.

Die **Konviktstraße** mit ihren Bistros und Edelboutiquen gilt als gelungenes Beispiel der Altstadtsanierung. Sie mündet auf das **Schwabentor,** das seine Gestalt im Stil norddeutscher Stadttürme erst zu Beginn des 20. Jh. bekam. „Dörfer haben Dächer, Städte haben Türme“, so der Leitspruch des ehemaligen Oberbürgermeisters (1888–1913) Otto Winterer, der früh das touristische Potenzial Freiburgs erkannte und seine Stadt gern zum alldeutschen „Pensionopolis“ vermögender Privatiers gemacht hätte. Über dem Schlussstein des Torborgens zieht sich das *Dornenmännle* einen Dorn aus dem Fuß und ermahnt so, auf dem rechten Weg zu bleiben. Darüber das Bild eines schwäbischen Salzkaufmanns. Schon vor der Stadtgründung wurde hier auf einem alten Handelsweg Salz transportiert. Wir folgen den Straßenbahnschienen stadteinwärts auf den Platz **Oberlinden** mit einer barocken Brunnenstatue im Schatten einer alten Linde. Der **Rote Bär** beansprucht, Deutschlands ältestes Gasthaus zu sein, und legt zum Beweis seine lückenlos bis ins 14. Jh. zurückreichende Wirteliste vor.

Ein bäriges Wirtshaus

Am ockergelben **Augustinermuseum** (→ S. 52) geht es links auf den sanft abfallenden **Augustinerplatz,** dessen große Freitreppe sich nach der Sanierung zu einem Treffpunkt der Jungen und Junggebliebenen entwickelt hat. An lauen Sommerabenden, von denen es hier ja reichlich gibt, unterhalten Pantomimen, Feuerschlucker, Gitarristen, Bongospieler und andere mehr oder minder kunstfertige Kleinkünstler und Sich-zur-Schau-Steller ein Publikum. So ist der Platz auch eine Schaubühne Freiburger Toleranz. Punks samt ihren Tölen finden hier ebenso ihre Nische wie jene abendlichen Treppenhocker, die weder Fast Food noch ein Tannenzäpfle zur Hand haben.

Das Schwabentor – Durchgang auch für Badener

Am Feierling-Biergarten vorbei geht es hinunter zum **Gewerbekanal,** einem Seitenarm der Dreisam, und auf die **Insel.** Neben der Brücke lugt tatsächlich ein **Krokodil** aus dem Wasser. Doch keine Angst, es ist aus Schwarzwaldgranit und somit ungefährlich. „Mit breitem Maul, doch nicht vom Nil ... Sieht euch und uns und denkt sich viel“, erläutert die Tafel. Wir sind nun in der Schneckenvorstadt, einem mittelalterlichen Gewerbegebiet außerhalb der Stadtmauern, wo die brandgefährlichen Schmiede, die stinkenden Abdecker, Gerber, Färber und dergleichen zugange waren. Sie hätten sich wohl nicht vorstellen können, dass aus ihrem Arme-Leute-Viertel mal ein Klein-Venedig-Idyll würde, das Besucher in schwärmendes Staunen versetzt und zu Schnappschüssen veranlasst. In die alte Ölmühle ist ein Goldschmied eingezogen, die Sichelschmiede wurde zur gastronomischen Touristenfalle. Sahnehäubchen des **Adelhauser Neuklosters** (→ Naturmuseum, S. 52) ist ein beschaulicher Platz mit Kastanien, Brunnen und Kirchlein. In den vormals bescheidenen Häuschen der **Fischerau** haben sich nun Galerien, Antiquariate und Ethnoläden niedergelassen.

Wie das Schwabentor wurde auch das um 1202 gebaute **Martinstor** bei der wilhelminischen Stadtverschönerung aufgestockt und ragt nun bis zur Spitze des Dachreiters stolze 63 m empor. Überraschender als das Bild des heiligen Martin ist die McDonald's-Werbung am Tor: Ganz anders als die üblichen Schriftzüge der Fast-Food-Kette prangen hier nur schlichte, einfarbig schwarze Lettern, wohl so zur Schonung des Stadtbildes verordnet.

Im Kontrast zum historisierten Turm wurden nur wenige Jahre später in der Nachbarschaft des Martinstors ein paar schöne **Jugendstilhäuser** gebaut. An der Ecke Löwen-/Niemensstraße stützt ein Flöte spielender Pan zwischen entblößten Schönen den Balkon. Das kolossale **Opelhaus** (Kaiser-Joseph-Straße/Ecke Holzmarkt) prunkt mit Erkern, Türmen und von steinernen Locken umflossenen Giebeln.

Auch die Universität bekam in der boomenden Gründerzeit neue Gebäude. „Die Wahrheit wird euch frei machen“, heißt es in goldenen Lettern auf dem roten Sandstein der Westfassade des **Kollegiengebäudes I** (KG I). In dieser ersten Adresse der deutschen Philosophie ging Edmund Husserl dem Wesen der Dinge auf

Freiburg
Karte hinterer Umschlag

den Grund und dozierte Martin Heidegger in alemannischer Mundart über die Sprache als Haus des Seins. Am Eingang grüßen Bronzefiguren von Homer und Aristoteles, über der Tür lesen wir, farblos zwar, doch als Relief deutlich sichtbar, „Dem ewigen Deutschtum“. Auf der Ostseite und in krassem Kontrast wurde dem KG I ein im Unijargon **KG III** abgekürzter Stahlbetonbau angeklotzt, dessen Eingangsbereich die ehemalige Außenwand des KG I integriert. Vor dieser Wand und unter der Treppe kauert und trauert eine Gruppe schwarz gewandeter Skulpturen.

Haus zum Walfisch

Der nach den studentischen Widerständlern **Weiße Rose** benannte Platz auf der Rückseite des KG III ist das Herz des Campus. Viel Waschbeton, etwas Rasen und ein paar Plastikstühle. Auf der Nordostseite des Platzes duckt sich der nach den Kriegsschäden neu aufgebaute **Peterhof,** der den Brüdern des Klosters St. Peter (→ S. 73) als Stadtresidenz und später als Studentenwohnheim diente. Am Peterhof und den Studentencafés vorbei findet man auf der anderen Seite der Bertoldstraße die barocke, nach dem Krieg rekonstruierte **Universitätskirche** und die einst als Jesuitenkolleg gebaute **Alte Universität.** Gegen den Widerstand von Stadt und Universität holte Erzherzog Leopold V. im Zuge der Gegenreformation 1620 die Gesellschaft Jesu (Jesuiten) nach Freiburg.

Freiburgs Oberbürgermeister und der Gemeinderat arbeiten im **Neuen Rathaus.** Dieses besteht aus zwei miteinander verbundenen Renaissancehäusern, die 1896–1901 völlig umgekrempelt und mit größeren Fenstern, Balkonen sowie Erkern und neuem Innenausbau ausgestattet wurden. Bei Staatsanlässen wie der Fasnet zeigt sich der Bürgermeister auf dem Balkon, über dem jeden Tag Schlag zwölf ein Glockenspiel erklingt. In farbenfrohem Rot präsentiert sich das ebenfalls aus mehreren alten Häusern zusammengefügte Alte Rathaus, in dem Bürgerbüro und Tourist-Information zu Hause sind. Durch die Gasse zwischen beiden Rathäusern kommt man zur Gerichtslaube, dem ältesten Profangebäude Freiburgs. Um 1300 gebaut, wurde es zunächst als Ratsgebäude von Stadtrat und Stadtgericht für ihre Sitzungen genutzt, dann aber 1498 vom Kaiser als Tagungsort des Reichstags in Beschlag genommen – sehr zum Ärger des Rats, der in andere Gebäude ausweichen musste; und zum Ärger der Delegierten und Potentaten aus dem Reich, für deren Treffen das Haus viel zu klein war. Erst Mitte des 16. Jh. wurde es aufgestockt und bekam seinen charakteristischen Staffelgiebel.

Zurück zum Rathausplatz. Auf der Ostseite steht die **Martinskirche** des ehemaligen Franziskanerklosters, auch Abschnitte des Kreuzgangs blieben erhalten. Als Brunnenstatue wacht Klosterbruder Bertold Schwarz über den Platz. Ihm wird die Erfindung des Schießpulvers zugeschrieben. In der Franziskanergasse lohnt sich ein Blick auf zwei schmucke Häuser im ansonsten neugotischen Gebäudekomplex der Sparkasse. Das 1531 erbaute und 1778 komplett renovierte **Haus zum Pilgerstab** mit einem kunstvoll geschmiedeten Tor diente einst als Lehrgebäude und Wohnheim für arme Theologiestudenten. Nach 1845 beherbergte es ein Wohnstift für alleinstehende Adelsdamen. Das dunkelrote, vom kaiserlichen Schatzmeister Jakob Villinger 1514–1516 gebaute **Haus zum Walfisch** war als Alterssitz für Kaiser Maximilian im Gespräch, der aber, vermutlich an Darmkrebs, unerwartet früh starb. Statt des Kaisers wohnte 1529–1531 der aus Basel vertriebene Erasmus von Rotterdam im Haus. Blickfang ist der elegante Erker mit seinen Wasserspeiern.

Auf dem Rückweg zum Münsterplatz überqueren wir die vom Martinstor kommende **Kajo,** wie die Freiburger ihre Kaiser-Joseph-Straße nennen. Die heimeligen und regensicheren **Arkaden** sind kein mittelalterliches Relikt, sondern eine heute sehr populäre Erfindung des Baudirektors Josef Schlippe, der nach 1945 den Wiederaufbau der Innenstadt im Stil konservativer Bürgerlichkeit gegen Bauhaus und die Modernisierer der Karlsruher Schule durchsetzte und verteidigte. An der zentralen Kreuzung steht der Stadtgründer Bertold auf einem an den Schlot eines Ozeandampfers erinnernden Kalksteinsockel. Das Kunstwerk von Nikolaus Röslmeier ersetzt den alten, im Krieg zertrümmerten **Bertoldsbrunnen.** Der Volksmund hat dem ziemlich abstrakt gehaltenen Bronzeritter den grenzwertigen Beinamen „Contergan-Bertold“ verpasst. In die andere Richtung, also nordwärts, passiert die Kajo den **Basler Hof,** in dem der Regierungspräsident von Südbaden seines Amtes waltet. Das nach dem Zweiten Weltkrieg wiederaufgebaute Stadtpalais geht auf Konrad Stürtzel (1435–1509) zurück, der es bis zum österreichischen Hofkanzler brachte. Der Name „Basler Hof“ erinnert an jene Zeit, als in dem Haus das von den Reformatoren aus Basel vertriebene Domkapitel residierte. Daher stammen auch die an der Fassade angebrachten Basler Stadtheiligen.

Blick auf den Schlossberg

Schlossberg

Als stadtnahes Ausflugsziel lädt der 456 m hohe Schlossberg zu einem Spaziergang oder auch zu einer ausgedehnten Wanderung ein. Den Aufstieg vom Schwabentor erleichtert der Aufzug zum Restaurant **Greiffenegg-Schlössle,** doch natürlich geht es auch zu Fuß. Oben wartet vom **Biergarten** oder vom **Großen Kanonenplatz** die Aussicht auf die Altstadt. Auf dem Großen Kanonenplatz standen früher Geschütze, denn der gesamte Schlossberg wurde im 17./18. Jh. v. a. von den Franzosen zur Festung ausgebaut – und 1745, vor der Rückgabe Freiburgs ans Reich, wieder zertrümmert, denn der Feind sollte keinen Nutzen davon haben. Auf Höhe der Kanonenplätze umrundet der Burghaldenring als gut ausgebaute Promenade den Berg. Er erschließt auch mehrere **Nordic-Walking-Strecken** sowie die Wanderwege nach **St. Ottilien** (Waldrestaurant, Kapelle mit mittelalterlichen Fresken) und zum **Rosskopf.** Über dem Großen Kanonenplatz gibt es mit der **Ludwigshöhe** einen weiteren Aussichtspunkt. Dahinter erspäht man, etwas in den Bäumen versteckt, die über einem Gewölbe der alten Festung errichtete **Bismarcksäule,** auf deren Plattform einst mit Petroleum getränkte Pechkränze fackelten. Am Sandsteinsockel des Denkmals haben angehende Bildhauer ihr Handwerk geübt. Viele Wege führen zum **Schlossbergturm.** Er ist nicht auf dem höchsten Punkt des Bergs, doch in bester Aussichtslage an der Stelle des Adlerforts der alten Festung. Vom Turmplatz kann man über eine Treppe direttissima zum Kleinen Kanonenplatz und weiter durch den Wald zur Dreisam absteigen.

Die großen Museen

Augustinermuseum: Vor allem die hochkarätigen Beispiele sakraler Kunst der frühen Neuzeit stellen dieses Museum für die Kunst und Kultur des Oberrheingebiets auf Augenhöhe mit den Sammlungen in Colmar und Basel. Die Gemälde und Plastiken von Meistern wie Matthias Grünewald, Lukas Cranach sowie Hans Baldung, dazu steinerne Statuen und Wasserspeier des Freiburger Münsters werden in der früheren Klosterkirche der Augustiner-Eremiten gezeigt. Auf zwei Ebenen leuchten Glasmalereien, die sich einst als Fenster am Münster befanden. Im barocken Dachstuhl sind Gemälde der „Schwarzwaldmaler" des 19. Jh. ausgestellt. Auch die Architektur der vom Frankfurter Architekten Christoph Mäckler umgebauten Kirche mit ihren überraschenden Einblicken, Durchblicken und Ausblicken, mit Balkonen, Nischen und Fenstern kann sich sehen lassen. Im Keller wurde eine Fläche für Sonderaustellungen geschaffen.

Augustinerplatz 1–3. Di–So 10–17 Uhr. Eintritt 6 €.

Naturmuseum: Das Städtische Museum für Natur- und Völkerkunde wurde 1895 gegründet – einmal mehr war Oberbürgermeister Otto Winterer die treibende Kraft – und zog 1928 in das ehemalige Dominikanerinnenkloster Adelhausen ein. Jüngst sanierte die Kommune das baufällig gewordene Haus. Bereits wieder zu sehen sind unter dem Motto *Zeitraum* die gut aufbereitete Fossiliensammlung. Unterhalb der Decke zeigt ein Zeitstrahl die Entwicklung der Erde von den Anfängen des Planeten bis in die Epoche des Homo sapiens. Nebenan gibt die Präsentation *Steinreich* Einblick in die Geologie der Region. 2011 soll auch das Obergeschoss neu eingerichtet werden. Nicht mehr zu sehen ist leider die völkerkundliche Sammlung – sie wurde verpackt und eingelagert.

Gerberau 32. Di–So 10–17 Uhr. Eintritt 3 €.

Museum für Stadtgeschichte: Das Museum im Wentzingerhaus präsentiert die Geschichte Freiburgs von den Anfängen um 1100 bis in die Barockzeit. Modelle der Stadt um 1600 und 1700, Ansichten und Pläne zeigen die bauliche Entwicklung

Die Skulpturenhalle im Augustinermuseum

Freiburg
Karte hinterer Umschlag

Freiburgs bis in die Gegenwart. Sehenswert ist auch das Gebäude selbst mit dem monumentalen Deckengemälde im Treppensaal und den von Johann Christian Wentzinger (1710–1797) geschaffenen Steinskulpturen im Innenhof. Zu den Höhepunkten zählt das große Münstermodell, das die Bautechnik der Gotik erklärt.
Münsterplatz 30. Di–So 10–17 Uhr. Eintritt 3 €.

Archäologisches Museum Colombischlössle: Das Colombischlössle wurde 1859–1861 im Stil der englischen Neogotik vom Freiburger Architekten und Gewerbeschulhauptlehrer Georg Jakob Schneider für die Gräfin Maria Gertrudis Antonieta Clementina de Colombi y de Bode gebaut. (Ein toller Name, nicht? Noch mehr dergleichen finden Sie im Stammbaum derer von Colombi unter www.feunedecolombi.com.) Doch die Bauherrin starb schon bald nach dem Einzug, ebenso ihre gerade mal 25 Jahre alte Tochter Maria Christina, woraufhin die verbleibenden Kinder und Erben das Unglückshaus verkauften. Über Zwischenstationen kam es an die Stadt und war 1947–1952 Sitz der Staatskanzlei des kurzlebigen Bundeslandes Baden unter Leo Wohleb. Seit 1983 ist das Archäologische Museum in der Villa untergebracht, und man kann den Freiburgern nur wünschen, dass sie dieses Schmuckstück in Zeiten knapper Kassen nicht kurzsichtig verscherbeln. Die Sammlung bietet Funde von der Steinzeit bis zum Frühmittelalter. Höhepunkte sind ein römisches Wandgemälde mit mythischen Kampfszenen aus einer Villa am Hochrhein und Grabbeigaben der Alamannenzeit, darunter eine wunderschöne blaue Amphore. Der englische Landschaftspark um die Villa herum eignet sich zumindest bei Dunkelheit nicht zum unbedarften Flanieren, ist er doch Cruising Area der örtlichen Schwulenszene und Treffpunkt von Drogenabhängigen.
Rotteckring 5. Di–So 10–17 Uhr. Eintritt 3 €.

Museum für Neue Kunst: In den hohen, lichtdurchfluteten Räumen der früheren Mädchenschule Adelshausen findet man, chronologisch und nach Gruppen geordnet, die südwestdeutsche Moderne und Gegenwart vom Expressionismus über die Neue Sachlichkeit und die abstrakte Malerei bis hin zu aktuellen Entwicklungen. Um auch die Schätze aus den Depots ans Licht zu bringen, werden die weniger bekannten Bilder etwa einmal jährlich ausgetauscht. Von August Macke sehen wir die in Kandern entstandene „Dorfstraße mit Kirche", von Otto Dix mehrere ausdrucksstarke Porträts aus den frühen 20er Jahren, die Künstlervereinigung „Badische Secession" ist mit figurativen Werken von Karl Hofer vertreten.
Marienstr. 10a. Di–So 10–17 Uhr. Eintritt3 €.

> Die oben beschriebenen städtischen Museen präsentieren sich im Internet unter www.museen.freiburg.de. Ein Tagesticket für alle zusammen kostet 6 €.

Uniseum: „Wir wollten nicht nur aufgeschlagene Bücher zeigen", erklärt Dieter Speck, der Leiter des Uniseums. Dafür haben er und seine Mitarbeiter die Magazine, Keller und Speicher der Universität durchsucht und dabei Erstaunliches zutage gebracht: Napoleons Totenmaske etwa, Wachsmodelle zur Entwicklung des Froschs oder altägyptische Mumienköpfe. Doch die im „Kabinett des Staunens" versammelten Kuriosa sind nur ein Aspekt des Uniseums, das die Besucher anschaulich, bunt und lebendig durch 550 Jahre Universitäts- und Wissenschaftsgeschichte führen will. Dabei werden uns auch herausragende Wissenschaftler wie der Chemiker Hermann Staudinger oder der Ökonom Walter Eucken vorgestellt. Und Martin Heidegger natürlich, samt seiner berühmt-berüchtigten Antrittsrede von 1933, in der er die Uni auf nationalsozialistischen Kurs zu bringen versprach. Im Keller geht es dann um studentische Lebenswelten verschiedener Epochen. Auf allen Ebenen endet der Rundgang bei den Studentenunruhen 1968 – womit sich die Universität eine kritische Auseinandersetzung mit ihrem Hier und Heute erspart.
Bertoldstr. 17, www.uniseum.uni-freiburg.de. Do 14–18 Uhr, Fr 14–20 Uhr, Sa 14–18 Uhr. Eintritt frei.

Weitere Museen und Ausstellungsräume

Fasnetmuseum: Wer die Narretei mit dem nötigen Ernst betreibt, lernt hier die Narrentypen der Breisgauer Narrenzunft kennen. Womit nicht die leibhaftigen Narren, sondern ihre Masken und Verkleidungen gemeint sind, die hier lebensgroße Puppen bekleiden. Sa 10–14 Uhr. Eintritt frei. Turmstr. 14, www.breisgauer-narrenzunft.de.

Zinnfigurenklause: In 21 Vitrinen stellen mehrere Tausend winzige Zinnfiguren meist kriegerische Szenen der Regionalgeschichte nach – vom Bauernkrieg über die Badische Revolution bis zum Überfall auf Martin Luther. Ende Mai bis Ende Sept. Di–Fr 14.30–17 Uhr, Sa/So 12–14 Uhr. Eintritt 1,20 €. Im Schwabentor, www.zinnfigurenklause.de.

Kunsthaus L6: Hier hat mit Werkstätten, Ateliers und Proberäumen Freiburgs kreative Szene ein Zuhause. In der Halle präsentieren Künstler aus der Region in wechselnden Ausstellungen ihre Werke. Do/Fr 16–19 Uhr, Sa/So 11–17 Uhr (nur während laufender Ausstellungen). Eintritt frei. Lameystr. 6, www.kunsthausl6.freiburg.de.

Kunstverein: Zeitgenössische Kunst in einem früheren Hallenbad. Die Galerie erlaubt ungewöhnliche Perspektiven. Di–So 12–18 Uhr, Mi bis 21 Uhr. Eintritt frei. Marienbad, Dreisamstr. 21, www.kunstverein freiburg.de.

Morat-Institut für Kunst und Wissenschaft: Wechselnde Ausstellungen zeitgenössischer Kunst und Dauerpräsentation der Sammlung des Kunsthistorikers, Mäzens und Erben Franz Armin Morat. Sa 11–18 Uhr oder nach Vereinbarung (✆ 4765916). Eintritt frei. Lörracher Str. 31, www.morat-institut.de.

Rebstöcke paradieren auf den Lössterrassen des Kaiserstuhls

Breisgau

Nicht Freiburg, sondern das ältere, schon von den Kelten besiedelte Breisach gab dem Landstrich um Freiburg seinen Namen. Außer der Rheinebene zählen auch der Kaiserstuhl und die westlichen Schwarzwaldtäler zwischen Kandel und Schauinsland dazu. Bevor die Region 1806 zum Großherzogtum Baden kam, gehörte sie weitgehend zu Vorderösterreich. Touristische Highlights sind die Weinbauregion Kaiserstuhl und Waldkirch, die Stadt der Orgelbauer. Was die Dörfer des Breisgaus außer Pendlern noch alles hervorbringen, kann man auf dem Freiburger Münstermarkt sehen und schmecken.

Kaiserstuhl

Weinbau pur – wie soll man da nüchtern und sachlich bleiben? Am heißen Kaiserstuhl reift „Badischer Wein, von der Sonne verwöhnt" – so die Eigenwerbung. Straußenwirtschaften rufen zur Verkostung.

Nordwestlich von Freiburg hebt sich ein markantes Inselgebirge aus der Rheinebene. Seinen Namen hat es wohl von Otto III., der 994, zwei Jahre vor seiner Krönung zum Kaiser, bei Sasbach zu Gericht saß. Den zum Glück vor Jahrmillionen erloschenen Vulkan, etwa 15 km lang und 9 km breit, bedeckt eine angewehte Lössschicht, die im Windschatten, also am nordöstlichen Gebirgsfuß, bis zu 40 m stark ist, nach oben immer dünner wird und so die Ecken und Kanten des Kaiserstuhls glättet.

Die fruchtbaren Lössböden und sein besonderes Klima machen den Kaiserstuhl zu einem idealen Weinland. Erstmals erwähnt wird der Weinbau am Kaiserstuhl in einer Urkunde des Jahres 769. Doch liegt es nahe, dass schon die Römer hier Trauben anpflanzten, hatte doch jeder Legionär Anrecht auf sein tägliches Pensum Wein, und auch die Kelten auf dem Breisacher Münsterhügel waren dem Rebensaft zugetan. Etwa 40 % des Bodens am Kaiserstuhl sind mit Weinstöcken bepflanzt. Waren es früher kleine, übereinandergestaffelte Terrassen mit tief eingeschnittenen Hohlwegen, wurde die Landschaft im Zuge der Flurbereinigung großflächig umgestaltet und für die maschinelle Bearbeitung optimiert – Eingriffe, die mancherorts ein monströses, festungsartiges Terrain gebaren, mit kilometerlangen Aufmarschebenen für eine militärisch gleichgerichtete Armee von Rebstöcken, einträglich vielleicht, doch keineswegs anmutig. Immerhin, die natürliche Vegetation und die Tierwelt haben diese Eingriffe ganz gut weggesteckt. Noch immer wachsen am Kaiserstuhl mehr als 30 Orchideenarten, tummeln sich Smaragdeidechsen, Gottesanbeterinnen und andere Arten, die sonst vor allem im Mittelmeerraum verbreitet sind.

Die Umrundung des Kaiserstuhls per Fahrrad ist ein beliebtes Wochenendvergnügen für Freiburger Familien und andere Radler, die schon der Gedanke an die Schwarzwaldsteigungen in tiefe Depression stürzt. Meist auf geteerten Rad- und Landwirtschaftswegen schlängelt sich der **Kaiserstühler Radwanderweg** entlang den bekannten Weinlagen von Bischoffingen, Achkarren, Ihringen und anderen Dörfern. Mit dem durchaus entbehrlichen Schlenker zum Rhein – es sei denn, Sie wollen am Burkheimer Baggersee ins Wasser springen – und einem Umweg zum Tuniberg misst die Strecke etwa 60 km. Neun gut ausgeschilderte **Themenpfade** laden Wanderer zur Querung des Gebirges ein. Eine Wanderkarte mit Broschüre zu diesen Kaiserstuhl-Themenpfaden ist bei den lokalen Tourist-Informationen erhältlich.

Im Rebenbummler um den Kaiserstuhl

Mit Tempo 40 um den Kaiserstuhl tuckern und den hiesigen Wein verkosten – die feuchtfröhliche Fahrt ermöglicht der Rebenbummler, ein historischer Zug, der an Sommerwochenenden den Kaiserstuhl umrundet. Leider fehlt den Breisgauer Eisenbahnfreunden das Geld, um den maroden Kessel ihrer eigenen Dampflok zu erneuern. So fährt der Zug mal mit Leihlokomotiven unter Dampf, mal von einem uralten Dieseltriebwagen gezogen.

Fahrplan und Reservierung unter www.rebenbummler.de oder bei der Tourist-Information Endingen (→ S. 57).

Riegel

3000 Einw., 195 m ü. d. M.

Riegel ist ausnahmsweise nicht für Wein, sondern für sein Bier bekannt. Doch das *Riegeler* wird seit einigen Jahren in Donaueschingen gebraut, und das **Brauereiensemble** am Fuß des Michaelsbergs macht sich einen neuen Namen als Ort der Kunst. Der Emmendinger Kugelschreiberfabrikant Jürgen A. Messmer hat zwei der historischen Gebäude erworben und zur **Kunsthalle** samt Skulpturengarten, Cafeteria und Museumsshop umgebaut. Kern der Messmerschen Sammlung ist das Œvre des von der Kunstkritik eher gering geschätzten Schweizer Malers André Evard (1876–1972), doch wurden in Wechselausstellungen moderner Kunst auch schon Meister wie Dali und Vasarely präsentiert (Di/Mi, Fr–So 10–17, Do 12–22 Uhr, Eintritt 7 €, www.messmerfoundation.com).

Oben auf dem Berg markiert Riegels zweites Wahrzeichen, die **Michaelskapelle,** den aussichtsreichen Standort einer mittelalterlichen Burg. An die römische Vergangenheit – Riegel (lat. *Rigola*) war in der Römerzeit das Verwaltungszentrum für

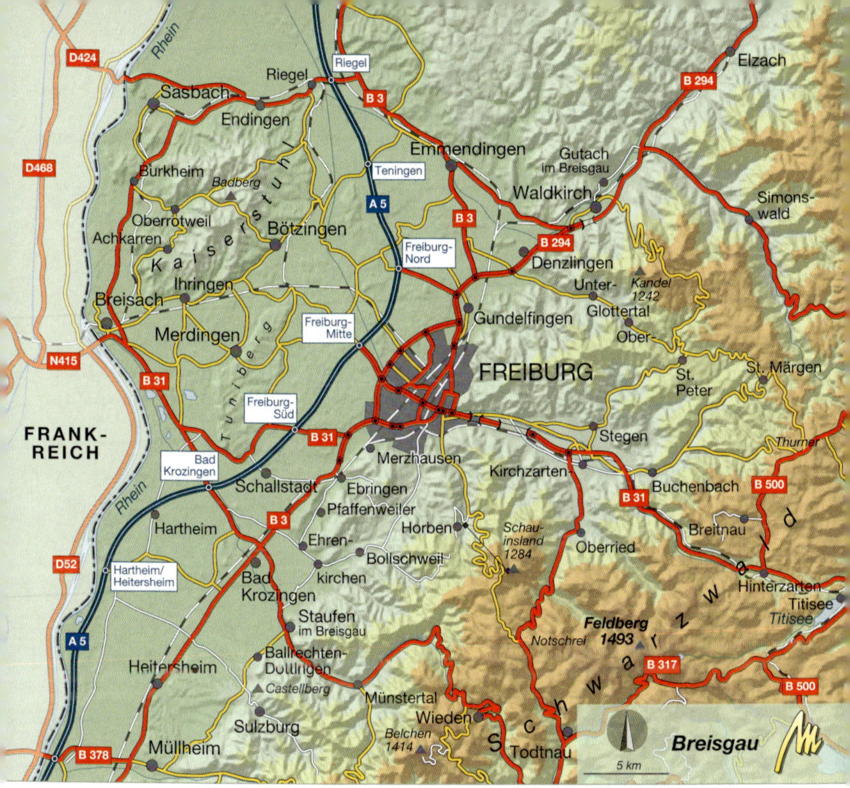

den heutigen Breisgau – erinnert ein kleines **Museum** mit Funden, Schaubildern und Rekonstruktionen, Schaustück ist das begehbare Modell einer Basilika (Hauptstr. 12, So 11–17 Uhr, Eintritt 1,50 €). Im gleichen Haus befindet sich auch eine Kunstgalerie. Bei der Römerhalle beginnt ein allzu unauffällig markierter **Rundweg** mit Text- und Bildtafeln zu den archäologischen Fundstellen, darunter auch die Fundamente des **Mithräums.** Die in diesem Tempel des römisch-persischen Lichtgottes Mithras geborgenen Funde, etwa ein kurioses Theaterschwert, sind im Archäologischen Museum Freiburg (→ S. 53) ausgestellt.

- *Vorwahl* 07642
- *Information* www.riegel-im-kaiserstuhl.de
- *Theater* **Kopfbahnhof Kumedi**, Kleinkunsttheater mit Freilichtbühne im Bahnhof. Römerstr. 2, ✆ 931024, www.kumedi.de.
- *Essen* **Riegeler Stammhaus**, an gleicher Stelle wurde 1838 die Riegeler Brauerei gegründet. Der heutige Landgasthof mit viel hellem Holz ist einladend eingerichtet und hat einen Innenhof mit Palmenkübeln statt Kastanien. Üppige Portionen der Sorte „ein Schnitzel – viele Möglichkeiten“, tägl. wechselnder Mittagstisch, auch ein paar vegetarische Optionen. Hauptgericht 10–20 €. Mo Ruhetag, Di–Sa 11–14 und 17.30–24 Uhr, So 11–22 Uhr. Hauptstr. 29, ✆ 930560, www.riegeler-stammhaus.de.

Endingen

9000 Einw., 186 m ü. d. M.

Mit seinem historischen Stadtbild ist Endingen eine der schönsten Ortschaften am Kaiserstuhl. Am kopfsteingepflasterten **Marktplatz** um den gotischen Brunnen erinnert das nun von der Stadtverwaltung genutzte Kornhaus (erbaut 1617) mit seinem Staffelgiebel an den Namensvetter in Freiburg. Im Alten Rathaus von 1527 ist das **Kaiserstühler Heimatmuseum** eingerichtet. Altes Handwerkszeug samt Richtschwert und Folterwerkzeugen wären zu sehen, etwas über die Fasnet und die Auswanderung der Kaiserstühler nach Venezuela zu erfahren, doch das Museum ist nur an einem Sonntag im Monat geöffnet. Anders das im gleichen Haus wie die Tourist-Information eingerichtete **Vorderösterreich-Museum** mit seiner Ausstellung zur Geschichte des Breisgaus (Eintritt gegen Spende) und das **Käserei-Museum** in den Räumen einer ehemaligen Käserei (Rempartstr. 7, So 14–17 Uhr, Eintritt 2 €). Südlich des Naturfreibads findet man am Weg zur Katharinenkapelle das **Erleloch,** den längsten begehbaren Lössstollen im Kaiserstuhl. Im Ortsteil **Kiechlinsbergen** steht noch ein Schlösschen, das 1776–1778 nach Plänen von Peter Thumb erbaut wurde.

Rathaus Endingen

- *Vorwahl* 07642
- *Information* **Kaiserstühler Verkehrsbüro**, Adelshof 20, 79346 Endingen, ✆ 689990, www.endingen.de. April–Okt. Mo–Fr 10–12.30 und 14.30–18 Uhr, Sa 10.30–13 Uhr; Nov.–April Mo–Fr 9–12 Uhr, Mo/Di/Fr auch 15–17 Uhr.
- *Essen* **Schindlers Ratsstube**, gegenüber dem Rathaus gibt's regionale Spezialitäten wie Schnecken im Brotteig, Rinderfilet vom badischen Weiderind oder Zanderfilet im Riesling, aber auch herzhafte Eigenkreationen wie Kalbskopfwürfel mit Berglinsen. Menü 35 €. Sonntagabend und Mo geschlossen. Marktplatz 10, ✆ 3458, www.schindlers-ratsstube.de.

Vogtsburg

5700 Einw., 223 m ü. d. M.

Sieben Winzerdörfer auf der Westseite des Kaiserstuhls, von Achkarren bis Schelingen, wurden bei der Gebietsreform 1975 zur größten Weinbaugemeinde Baden-Württembergs zusammengeschlossen. Die Stadtverwaltung sitzt heute in **Oberrotweil,** dem größten Teilort; den Status als Stadt brachte aber **Burkheim** in die Liaison, das mit seinem Stadttor, kopfsteingepflasterten Gassen, geraniengeschmückten Fachwerkhäusern, schattigen Dorflinden und einer wehrhaften Pfarrkirche den Charme biederer Wohlstandsgemütlichkeit ausstrahlt. Über den Ort wacht die Ruine des vom kaiserlichen Feldobristen Lazarus von Schwendi (1522–1583) gebauten *Renaissanceschlösschens*. Der Sage nach soll der Schlossherr die Ruländerrebe aus Ungarn in seine Besitzungen am Kaiserstuhl und im Elsass mitgebracht haben. Andere sagen, es sei schon König Karl IV. gewesen, der bei einem Weihnachtsbesuch 1347 den Anbau des Ruländers anregte. Wie auch immer, jedenfalls ist die auf den Schlosshof beschränkte Weinlage *Burkheimer Schlossberg* die kleinste am Kaiserstuhl.

Niederrotweils ganzer Stolz ist neben den Weinen die wehrhafte Kirche St. Michael (12. Jh.) mit gotischen Fresken im Chor und einem Hochaltar des Holzschnitzers

Fachwerkidylle in Burkheim

Breisgau
Karte S. 57

Hans Loy, dem wir im Breisacher Münster wiederbegegnen werden. In **Achkarren** erklärt uns das *Weinbaumuseum* den Weg von der Traube zum Wein (Ostern–Okt. Di–Fr 14–17 Uhr, Sa/So ab 11 Uhr, Eintritt 2 €). In den Weinbergen von **Bickensohl** vermitteln noch einige *Lösshohlgassen* einen Eindruck davon, wie die Wege am Kaiserstuhl vor der Flurbereinigung aussahen. In die sonnenexponierten Steilwände krallen sich dornige Berberitzensträucher, und wo die Wände der Hohlgassen ausnahmsweise nicht zugewachsen sind, ist der farbenprächtige Bienenfresser zu Hause, der in den Löss seine Nisthöhlen bohrt. Besonders imposant ist die Eichgasse (auf der Straße von Oberbergen kommend, nach der Winzergenossenschaft geradeaus den Berg doch). Weitere Lösswege sind auf der Infotafel im Zentrum angezeichnet und mit einem markierten Rundweg verbunden.

- *Vorwahl* 07662
- *Information* **Tourist-Information**, Bahnhofstr. 20, 79235 Vogtsburg-Oberrotweil, ✆ 94011, www.vogtsburg.de. April–Okt. Mo–Fr 9–16 Uhr; Nov.–März Mo–Fr 9–12.30 Uhr, Mo–Do auch 14–16 Uhr.
- *Übernachten/Essen* **Schwarzer Adler**, eine Bastion französischer Hochküche auf deutschem Boden. Küchenpapst Wolfram Siebeck ist Stammgast in diesem seit 1969 durchgehend mit einem Michelin-Stern ausgezeichneten Restaurant. Die Weinkarte zählt mit 1800 Positionen zu den umfangreichsten der Welt, der Weinkeller des Hauses räumt regelmäßig Preise ab. Die Brüder Franz und Fritz Keller bieten im Gasthof selbst und im Gästehaus vis-à-vis auch 14 klassisch-stilvolle Fremdenzimmer an. Der Schwarze Adler zählt zum Club der „Small Luxury Hotels of the World". , Menü 50–90 €. Warme Küche Fr–Di 12–14 und 19–21 Uhr. DZ 140–150 €. Oberbergen, Badbergstr. 21, ✆ 07662/933010, 📠 933046, www.franz-keller.de.

Weinhaus Rebstock, gegenüber dem Adler und unter gleicher Leitung, doch schlichter, preiswerter und rustikaler. Badische Küche und Gerichte aus Urgroßmutters Zeiten wie Schweinsfüße in Rotwein oder geschmorter Hase. Warme Küche Mi–Sa 12–22 Uhr (Nov.–März ab 16 Uhr), So bis 21 Uhr. Oberbergen, Badbergstr. 22, ✆ 933011.

Siebter Himmel, rustikales Ambiente mit Rauputz und dunklen Balken im historischen Weinkeller oder mit Teakholzgartenstühen an der Dorfstraße. Weinromantische Erlebnisgastronomie mit Überraschungsmenü, kulinarischen Weinproben, Kuschelwochenenden, Fackelschein und Nachtwächtermenü. Draußen abgespeckte Karte mit Flammkuchen, ausgefallenen Salaten, Kaffee und Kuchen. Hauptgerichte bis 20 €. Ostern–Okt. Di–So ab 12 Uhr, bei schlechtem Wetter nur Mi–So abends. Vier mit antiken Möbeln eingerichtete Appartements für 60–85 €. Burkheim, Mittelstadt 3, ✆ 07662/949920, 📠 949921, www.siebterhimmel.org.

Schneckenbergstüble, in der rustikalen Wirtschaft des Weinguts Engist steht die Chefin noch selbst am Herd. Es gibt solide Pfannengerichte wie Schnitzel oder geschnetzeltes Schweinefilet, knackige Salate und diverse Vesperteller. Fr/Sa Leberle mit Bratkartoffeln, Sa/So Schäufele mit Kartoffelsalat. Mo–Fr ab 18 Uhr (Winter ab 17 Uhr), Sa ab 16 Uhr, So ab11 Uhr, Nov.–März Mi Ruhetag. Achkarren, Schlossbergstr. 66, ✆ 6358, www.engistweine.de.

Kurzwanderung von Oberbergen nach Alt-Vogtsburg

Am Weg von Oberbergen nach Alt-Vogtsburg (ca. 4 km) liegen links der Straße die **Badlochquellen,** deren 21 °C warmes Wasser daran erinnert, dass wir uns auf einem Vulkan befinden. An den Quellbecken vorbei führt ein Pfad auf den unter Naturschutz stehenden **Badberg,** auf dem, ringsum von bewaldeten Höhen umgeben, mit etwas Fantasie das Gefühl aufkommen mag, sich inmitten eines Vulkankraters zu befinden. In den sonnenseitigen Halbtrockenrasen leben allerlei Echsen und Grashüpfer. Die Zebra- oder Wespenspinne, die mit ihrem schwarz-gelb gestreiften Leib zu den größten heimischen Spinnenarten zählt und deren Weibchen nach der Paarung den Partner zu fressen pflegen, spinnt zwischen den Grashalmen ihr nahezu senkrechtes, mit einem Zickzackband verziertes Radnetz. Über das **Schelinger Kreuz,** einen Sattel zwischen dem Badberg und dem ebenfalls geschützten **Haselschacher Buck,** kommt man hinunter nach Alt-Vogtsburg und am Fuß des Badbergs wieder zum Ausgangspunkt.

Vom Ruländer zum Grauburgunder

Bickensohl ist der Geburtsort des Grauburgunders und Christian Henninger sein Vater. In der Nachkriegszeit war der Ruländer sozusagen der Brotwein am Kaiserstuhl. Aus reifen und zum Teil schon edelfaulen Trauben wurde ein schwerer, süßer und öliger Wein gekeltert. Doch dann änderte sich der Geschmack: Statt mild und wuchtig war nun trocken und fruchtig gefragt, und der Ruländer kam in Verruf. Henninger, damals Geschäftsführer der Genossenschaft, ließ seine Winzer die Trauben früher ernten, wenn sie noch knackig und frisch waren, und nahm dabei in Kauf, mehrmals durch die Reben gehen zu müssen, um jeweils die Trauben im gewünschten Reifezustand auszulesen. Also mehr Aufwand für weniger Traubengeld, denn die Winzer waren es gewohnt, von der Genossenschaft nach Öchslegraden im Most bezahlt zu werden. Doch was nützt eine öchsleschwere Spätlese, die keiner mehr kauft? Der Markt gab Henninger recht. Nach zwei Jahren Fassreife entsteht nach seinem Rezept ein Wein mit mehr Säure und weniger Süße, der gern zum Essen getrunken wird. Um seinen neuen Wein gegen den althergebrachten Ruländer abzusetzen, nannte Henninger ihn Grauburgunder, wie die Sorte nach der graurosa Farbe der reifen Beeren auch in Frankreich *(Pinot gris)* oder Italien *(Pinot grigio)* genannt wird. So wurde aus dem Ruländer der Grauburgunder. Eine Mutation, die die Kellermeister unserer Tage mit dem Müller-Thurgau versuchen, der nun, spritzig und verschlankt, als Rivaner wieder Karriere machen soll.

Wein und Sekt reifen in den Kellern von Breisach

Breisgau
Karte S. 57

Breisach am Rhein

14.000 Einw., 225 m ü. d. M.

Die Wein- und Sektstadt Breisach mit ihrem herausragenden Münster steht malerisch auf einem Ausläufer des Kaiserstuhls über dem Rhein. Mit Toren, Türmen, Treppen und Gassen hat die Stadt mittelalterliches Flair.

Der Name ist keltischen Ursprungs und bedeutet „Wasserbrecher", denn vor der Rheinregulierung stand der Münsterhügel zumindest bei Hochwasser mitten im Fluss. In der Keltenzeit war erst der Breisacher Ortsteil Hochstetten, dann der Münsterhügel ein bedeutender Siedlungsplatz mit weitreichenden Handelsbeziehungen. Die Römer hatten im 4. Jh. auf dem Mons Brisiacus ein Kastell. Im Mittelalter gehörte Breisach mal den Staufern, mal den Zähringern, durfte sich kurzzeitig als Freie Reichsstadt selbst verwalten, ging dann 1331 an die Habsburger und geriet mit dem Dreißigjährigen Krieg vorübergehend in französische Hände. Die genaue Chronologie der Stadtherren samt ihren Wappen sehen Sie an der Rathausfassade. Zuletzt haben die Bomben und Geschosse des Zweiten Weltkriegs der Stadt schwer zugesetzt. Wie in Freiburg blieb jedoch das Münster nahezu unversehrt. In einer symbolischen Abstimmung sprachen sich die der Kriege müden Breisacher schon 1950 mit überwältigender Mehrheit für ein geeintes und freies Europa aus. Der Europarat belohnte dies mit dem Ehrentitel „Europastadt".

• *Vorwahl* 07667

• *Information* **Breisach-Touristik**, Marktplatz 16, 79206 Breisach am Rhein, ✆ 940155, www.breisach.de. Mo–Fr 9–12.30 und 13.30–18 Uhr, Sa 10–13 Uhr (Mai–Okt. bis 15 Uhr), im Jan.–Febr. eingeschränkte Öffnungszeiten. Stadtplan mit Rundwegvorschlägen, Wein- und Sektproben samt Verkauf.

• *Einkaufen* **Sektkellerei Geldermann**, der inzwischen zur Rotkäppchen-Gruppe gehörende Sekthersteller bietet Führungen durch seine Gewölbe im Schlossberg. Vergessen Sie die Jacke nicht, es ist kalt im Berg. Führungen Mo–Sa 14 Uhr, März–Okt. auch So. Eintritt 4 €, mit Degustation 6 €. Schlossbergstr. 1, ✆ 834258, www.geldermann.de.

Sekt und Wein gibt's außer bei Geldermann auch beim **Badischen Winzerkeller**, der zentralen Produktions-, Vertriebs- und Marketingorganisation der badischen Winzergenossenschaften, in deren Tanks und Fässern ein Großteil des hiesigen Weines reift. Verkauf Mo–Fr 8–17.30 Uhr, Sa 9–13 Uhr, Führungen und Weinprobe nach Anmeldung. Zum Kaiserstuhl 16, ✆ 9000, www.badischer-winzerkeller.de.

• *Fahrradverleih* **Funbike**, Rad 15 €/Tag, Ausleihe tägl. 9–12 Uhr. Neben der Tourist-Information, Metzgergasse 1, ✆ 7733.

Schweizer, Leihrad 15 €/Tag, auch Werkstatt und Verkauf. Mo–Fr 9–12.30/14–18.30, Sa 9–13 Uhr. Neutorstr. 31, www.schweizer-breisach.de.

Aufweg zum Stephansmünster

• *Schiffsfahrten* **BFS Breisacher Fahrgastschiffahrt**, im Sommer Ausflugsfahrten nach Basel, Colmar und Straßburg. Rheinuferstraße, ✆ 942010, www.bfs-info.de.

• *Theater* Bei den **Breisacher Festspielen** werden auf dem Schlossberg (überdachte Tribüne) Komödien und Kinderbuch-Klassiker von einem Laienensemble dargeboten. Juni–Sept., Termine und Reservierung unter www.festspiele-breisach.de.

• *Übernachten/Camping/Essen* **Adler**, familiengeführter Landgasthof in ruhiger Lage. Die Zimmer etwas altbacken, doch gemütlich. Terrasse, Pool, Fahrradverleih, vom ADFC empfohlen. , Hauptgericht 14–20 €. Zum Haus gehört auch der Campingplatz Münsterblick. DZ 70–80 €, Camping mit 2 Pers. plus Stellplatz 20 €. Hochstetten, Hochstetter Str. 11, ✆ 07667/93930, www.adler-breisach.de.

Kapuzinergarten, das Hotel liegt in einer Gasse der Oberstadt (wenige Parkplätze) mit wunderbarer Aussicht über das Tal. Die „Klosterzimmer" sind eher klein und spartanisch eingerichtet. Wer's geräumiger mag, wählt ein „Komfortzimmer". Alle Zimmer verfügen über TV und kostenfreies WLAN. Gutes Frühstücksbuffet, gehobenes Restaurant. , Hauptgericht 12–30 €. DZ 70–115 €. Kapuzinergasse 26, ✆ 07667/93000, ✆ 930093, www.kapuzinergarten.de.

Kaiserstühler Hof, Traditionsgasthof am Gutgesellentor mit rebengrüner Fassade, Kachelofengemütlichkeit und anspruchsvoller Küche. Außenplätze im windgeschützten Hof. Die Gästezimmer sind mit Teppichböden und Korbmöbeln ausgestattet, die Hochzeitssuite mit Himmelbett. Hauptgericht 10–30 €. DZ 95–130 €. Reinhard-Müller-Str. 2, ✆ 07667/83060, ✆ 830666, www.kaiserstuehler-hof.de.

Café Ihringer, elegante Konditorei mit Tagesessen und einfachen warmen Gerichten wie Kässpätzle. Tägl. bis 18.30 Uhr. Marktplatz 1.

Café Bechtel, mehr Kaffeehausatmosphäre als bei der Konkurrenz, und die Außenplätze bekommen mehr Sonne ab. Vom Angebot her jedoch kaum Unterschiede zum Ihringer. Tägl. bis 18 Uhr. Marktplatz 6.

Sehens- und Erlebenswertes

St. Stephansmünster: Mit Martin Schongauers „Weltgericht", dem spätgotischen Hochaltar und einem filigranen Lettner aus hellem Sandstein birgt die Breisacher

Stadtkirche drei kunsthistorische Kostbarkeiten ersten Ranges. Wie in Freiburg begannen die Bauarbeiten am Gotteshaus um 1200 unter Herzog Bertold V. von Zähringen. Aus dieser ersten, romanischen Bauphase stammen noch Langhaus und Querschiff sowie der Nordturm, während Chor und Südturm später im gotischen Stil hochgezogen wurden. 1485 war der Bau weitgehend fertig. Der aus Lindenholz geschnitzte *Hochaltar* ist ein Werk des Meisters H. L. – so seine Initialen, hinter denen der auch in Freiburg und Ulm tätige Holzschnitzer Hans Loy vermutet wird. Im Unterbau sind die vier Evangelisten zu sehen, in der Mitte die Krönung Marias und in den Flügeln die Kirchenpatrone Stephanus und Laurentius links sowie die Stadtpatrone Protasius und Gervasius rechts. Deren Reliquien verwahrt ein aus Silber getriebener Schrein unter dem modernen Zelebrationsaltar, der seinerseits auf einem floßartigen Unterbau von Eichenstämmen ruht. Martin Schongauers *Wandbilder* zeigen an der Westwand das Weltgericht samt einem heiteren Paradies (links) und einer chaotischen Hölle mit furchterregenden Monstern (rechts). Die Bilder sind das letzte und unvollendete Werk des Meisters, der 1491 in Breisach von der Pest dahingerafft wurde.

Breisgau Karte S. 57

Türme, Tore, Aussichtspunkte: Die Breisach-Touristik hält Informationsmaterial mit Vorschlägen für Stadtrundgänge bereit. Zusätzlich sind die Touren in den Straßen markiert, Tafeln am Weg erläutern die interessanten Gebäude und Plätze. Immerhin sechs der alten Türme und Tore der Stadtbefestigung sind noch erhalten oder wurden in historisierender Gestalt wieder aufgebaut. So das *Gutgesellentor* und der *Hugenbachturm* am Aufgang zum Münsterberg. Das *Kapftor* an der Nordwestecke der Oberstadt erinnert von außen an ein Gesicht mit aufgerissenem Schlund. Am von der Stadtseite wie ein Wohnhaus aussehenden *Rheintor* führte früher eine Brücke über den Fluss, dessen Bett mit der Rheinregulierung weiter nach Westen verlegt wurde. Das 1678 von Jacques Tarade erbaute Tor war Teil der französischen Festung Breisach. Als die Stadt 1697 wieder in habsburgischen Besitz kam, legten die Franzosen auf der gegenüberliegenden Rheinseite den heute noch existierenden „Festungsstern" Neuf-Brisach an. Der *Radbrunnenturm* an der zentralen Kreuzung der Oberstadt bewacht seit den Tagen der Zähringer einen über 40 m tiefen, bis zum Niveau der Rheinebene hinunterreichenden Brunnen, aus dem man früher mit einem Tretrad das Grundwasser schöpfte. Auf dem *Schlossberg*, wo dereinst die Zähringerburg stand, erinnert hinter der Festspielbühne der *Tullaturm* an den „Bändiger des wilden Rheins", den markgräflichen Ingenieur Johann Gottfried Tulla (1770–1828). In Gewölben tief unten im Berg lässt die auf der Ostseite angesiedelte *Sektkellerei Geldermann* ihren Schampus reifen.

Museum für Stadtgeschichte: Im barocken Rheintor führt das Museum auf 400 m² Ausstellungsfläche in die Stadtgeschichte ein. Die von einem Amateurarchäologen zusammengetragene *Sammlung Kilchling* stellt uns die Kultur der Kelten vor. Teile des Münsterschatzes und Gemälde Breisacher Künstler des 19. und 20. Jh. sind zu sehen, dazu Modelle zur Festung Breisach.

Di–Fr 14–17 Uhr, Sa/So 11.30–17 Uhr. Eintritt: 2 €.

Vom **Marktplatz** der Unterstadt kann man an der als Veranstaltungsraum wiederaufgebauten Spitalkirche vorbei zum **Eckartsberg** aufsteigen, einer guten Weinlage mit Spätburgunder-, Grauburgunder- und Weißburgundertrauben. Auf der bei Jugendlichen als Partyplatz beliebten Aussichtsplattform gemahnt ein Obelisk an Frieden und Völkerverständigung.

Umgebung von Breisach

Ihringen: Gemessen an den durchschnittlichen Jahrestemperaturen, ist Ihringen (6000 Einw.) der wärmste Ort Deutschlands. Und einmal mehr läuft den Weinfreunden hier das Wasser im Munde zusammen. Zum Beispiel beim Biowinzer Reinhold Pix, der bei den Prämierungen der Ökoweine regelmäßig die Preise abräumt und mit seiner Entertainerqualität auch die Attraktivität der jeweiligen Preisverleihung zu steigern weiß.

• *Einkaufen* **Weingut Helga und Reinhold Pix**, Mo–Sa tagsüber geöffnet. Eisenbahnstr. 19, ✆ 07668/879, www.weingut-pix.de.

• *Essen* **Lenzenberg**, Ausflugslokal in den Weinbergen 2 km außerhalb von Ihringen am Wanderweg nach Bickensohl. Gutbürgerliche Küche, schöne Aussicht, auch Busgesellschaften. Tägl. 10–19 Uhr, im Winter Mi/Do Ruhetag. ✆ 07668/284, www.lenzenberg.de.

Lilienthal: Außer mit mediterranem Flair kann der Kaiserstuhl auch mit amerikanischen Szenarien aufwarten. So wächst im Liliental ein ganzer Wald von kalifornischen Mammutbäumen. 1957 erwarb die Landesforstverwaltung den Herrensitz Liliental und machte ihn zum Versuchsgelände und Erholungspark. Vom Gasthof Zur Lilie führen mehrere Rundwege durch das Gebiet, davon die Nr. 2 zu den Mammutbäumen. Wer im späten Frühling kommt, wird auf den sonnigen Trockenrasen des Tals auch Orchideen blühen sehen – eine Broschüre zu den Kaiserstühler Orchideen gibt's in der Lilie zu kaufen.

• *Essen* **Zur Lilie**, Ausflugslokal mit großem Kinderspielplatz und einem Gehege mit Hühnern, Gänsen und anderem Kleinvieh. Hauptgericht 8–15 €. Die Zufahrt zweigt an der Vituskapelle zwischen Ihringen und Wasenweiler von der L 114 ab. Di Ruhetag, sonst 11–19 Uhr. ✆ 07868/7808, www.lilie-ihringen.de.

Breisach: Von der Keltenburg zur Europastadt

Europapark Rust

Nervenkitzel in der Achterbahn, Unterhaltung bei der Bühnenshow, Konzentration im Flugsimulator – der Europapark Rust ist mit über hundert Attraktionen und einem Dutzend Showbühnen, mit Kino, eigenen Hotels und Erlebnisgastronomie Europas größter Freizeitpark. Zwölf nach europäischen Staaten benannte Themenbereiche mit landestypischer Architektur, Vegetation und Kultur erwarten die Besucher, jedes Jahr kommt etwas Neues hinzu. Im Science House, das man auch gesondert besuchen kann, lernen Nachwuchsforscher auf spielerische Art den Umgang mit Wissenschaft und Technik. Angefangen hat der Europapark 1975 als ständige Leistungsschau für die von der Waldkircher Firma Mack produzierten Achterbahnen und Autoskooter. Doch der überwältigende Besucheransturm machte schnell deutlich, dass der Park neben den Betreibern von Rummelattraktionen v. a. auch deren Kundschaft anspricht. Heute kommen 4 Mio. Besucher im Jahr, die meisten über den speziellen Autobahnzubringer, einige sogar per Charterflug, denn der Europapark hat seinen eigenen Airport.

www.europapark.de. April bis Anfang Nov. tägl. 9–18 Uhr (Aug. bis 20 Uhr), Dez. und Anfang Jan. tägl. 11–19 Uhr. Eintritt 35 €, Kinder/Senioren/Behinderte 31 €, im Winter ermäßigt.

Emmendingen

26.000 Einw., 205 m ü. d. M.

Die Kreisstadt Emmendingen liegt etwa 15 km nördlich von Freiburg zwischen dem Flüsschen Elz und den Vorbergen des Schwarzwalds. Der Tourismus spielt nur eine Nebenrolle, doch ist man stolz auf berühmte Besucher wie die Dichter Johann Wolfgang von Goethe oder Jakob Michael Reinhold Lenz. An diese literarischen Spuren knüpft das einzigartige Deutsche Tagebucharchiv an. Keimzelle des 1590 zur Stadt erhobenen Orts waren das bis auf eine Kapelle verschwundene Kloster Tennenbach und die Hochburg, Stammsitz der Herren von Hachberg. Im späten 16. Jh. blühte Emmendingen als Residenzstadt der kurzlebigen Markgrafschaft Baden-Hachberg, heute steht es im Schatten Freiburgs.

• *Vorwahl* 07641

• *Information* **Tourist-Information**, im Bahnhof, Bahnhofstr. 5, 79301 Emmendingen, ✆ 19433, www.emmendingen.de. April–Sept. Mo–Fr 9–13 und 14–18 Uhr, Sa 10–13 Uhr; Okt.–März nur Mo–Fr bis17 Uhr.

• *Übernachten/Essen* **Parkhotel Krone**, viel Stuck, gülden gerahmten Spiegel und andere barocke Accessoires versprechen einen fürstlichen Aufenthalt. Im Garten stolzieren Flamingos. Geräumige Zimmer mit WLAN, gediegenen Möbeln, moderner Kunst und teilw. Balkon. Im Restaurant Hauptgericht 20–30 €, Mittagsmenü bis 15 €. Mo Ruhetag. DZ 90–100 €. Brandelweg 1, ✆ 07641/9309690, 📠 52576, www.kronemaleck.de.

Windenreuter Hof, das Hotel liegt 3,5 km vom Bahnhof entfernt im Ortsteil Windenreute in schöner Umgebung, ist leider aber ohne Auto nur schwer zu erreichen. Geräumige Zimmer mit Balkon und Teppichboden, gute Infos zu Ausflügen und Unternehmungen. Hauseigenes Restaurant. Hauptgericht 15–25 €. DZ 85–100 €. Rathausweg 19, ✆ 07641/930830, 📠 93083444, www.windenreuter-hof.de.

Palio, man sitzt mitten auf dem Markplatz, kann schauen und gesehen werden. Zu essen gibt's Flammkuchen und einfache Tagesgerichte, auch Kuchen und Eis. Mo–Sa ab 8.30, So ab 10 Uhr. Marktplatz, www.palio-emmendingen.de.

Sehens- und Erlebenswertes

Mittelpunkt der Kreisstadt ist der im 15. Jh. angelegte **Marktplatz** mit seinen barocken Bürgerhäusern und dem rekonstruierten *Stockbrunnen*, an dem rote Begonien in stilecht geschmiedeten Blumenkästen für fotogene Farbtupfer sorgen. Über dem Haupteingang des **Alten Rathauses** (1729) erkennt man am Schlussstein den Badischen Hausorden und das Stadtwappen, in das kunstvoll geschmiedete Balkongitter ist das Wappen der Markgrafen von Baden eingearbeitet. Im Alten Rathaus residiert Deutschlands einziges **Tagebucharchiv.** Hier werden Lebensgeschichten und Briefwechsel nicht von berühmten Persönlichkeiten, sondern von „kleinen Leuten“ gesammelt und von ehrenamtlichen Mitarbeitern ausgewertet und erschlossen, sodass die Aufzeichnungen sich zu einer Geschichte von unten fügen. Bisher hat das Archiv autobiografische Dokumente von über 2300 Personen gesammelt, die bis ins 18. Jh. zurückreichen. Zunehmend nutzen neben Wissenschaftlern und Studierenden auch Schulklassen das Archiv, zu dessen Angebot auch Führungen und Lesungen gehören.

Deutsches Tagebucharchiv: Marktplatz 1, www.tagebucharchiv.de, Mo–Fr 10–12 Uhr, Di/Mi auch 15–17 Uhr.

Durch die auf der Westseite des Marktplatzes abzweigende **Lammstraße** rollte dereinst der Fernverkehr zwischen Frankfurt und Basel. Mancher Kutscher und Kaufmann mag in der Weinstube *Lamm* eine Pause eingelegt und gebechert haben. Die Lammgasse wechselt den Namen in Westend und mündet auf den Landvogteiplatz mit dem **Neuen Rathaus** (1992). Im Innenhof laden Karl Bobeks Eisenfiguren *Eva und Borchert* zu Spekulationen ein: sie mit geneigtem Kopf, die Tasche züchtig an den Leib gepresst, er eher lässig und scheinbar desinteressiert. Was mag die beiden verbinden? Neben dem Rathaus erinnert das **Schlosserhaus,** heute Sitz der Stadtbibliothek, an Goethes Schwester Cornelia Schlosser, die das Haus 1774–77 als Gattin eines großherzoglichen Spitzenbeamten bewohnte und in ihrem Salon namhafte Persönlichkeiten der damaligen Zeit empfing.

Man gelangt nun zum **Emmendinger Tor,** dem einzig noch erhaltenen Stadttor, und wendet sich hier stadteinwärts zur **Evangelischen Stadtkirche.** Das mehrfach umgebaute Kirchenschiff mit den polygonalen Anbauten in neugotischen Stil bekam seine heutige Gestalt zu Beginn des 20. Jh. Noch aus vorreformatorischer Zeit stammt allerdings der 1492/93 vom Freiburger Münsterbaumeister Hans Niesenberger erbaute Chor. Das große Renaissance-Reliefbild von Markgraf Karl II. (1533–1577) oben rechts im Chor wurde einst in den Trümmern der Hochburg entdeckt und nach der Renovierung durch den Barockbildhauer Wentzinger 1749 (→ S. 66) an seine jetzige Stelle angebracht. Die alten Grabplatten erinnern an die hier bestatteten Markgrafen und Honoratioren.

Das **Markgrafenschloss,** ein Renaissancebau mit hübschem Treppenturm, war im 16. Jh. Residenz der Markgrafen von Baden-Hachberg und diente später den Landvögten als Amtssitz. 1590 war es Schauplatz des „Emmendinger Religionsgesprächs“, bei dem der protestantische Markgraf Jakob III. seinen Hofprediger Johannes Zehender mit dem lutherischen Theologen Johannes Pappus diskutieren ließ. Sechs Wochen nach der Diskussion konvertierten der Markgraf und sein Prediger zum katholischen Glauben – was damals großes Aufsehen erregte, denn damit kehrte zum ersten Mal ein protestantischer Fürst in den Schoß der römischen Kirche zurück und machte so nach den Regeln der Zeit auch all seine Untertanen wieder zu Katholiken.

Doch die Freude des Papstes währte nicht lang. Der bis dato kerngesunde 28-jährige Markgraf erkrankte urplötzlich und verstarb nach kurzem Siechtum am 17. August – vergiftet mit Arsen, wie die an der Freiburger Universität vorgenommene Sektion ergab. Die Markgrafschaft fiel an seinen Bruder Ernst-Friedrich, der zur Erleichterung der Emmendinger Geistlichkeit wieder die lutherische Lehre einführte. Heute sind im Markgrafenschloss zwei Museen untergebracht. Die **Stadtgeschichtliche Sammlung** widmet sich der der Entwicklung vom Dorf zur Stadt und den herausragenden Persönlichkeiten der Stadtgeschichte, darunter Goethe, Lenz und das Ehepaar Schlosser. Außerdem befindet sich im Markgrafenschloss das **Fotomuseum Hirsmüller.** Hier sind Einrichtungen und Geräte zu allen klassischen Verfahren der Fotografie zusammengestellt. Das Fotomuseum Hirsmüller erzählt mit einer Kamerasammlung und Laborgeräten die Firmengeschichte des Fotohauses Hirsmüller (1861–1993).

Museen im Markgrafenschloss: Schlossplatz 1, www.emmendingen.de. Mi/So 14–17 Uhr, Eintritt frei.

Hier können sich Wanderer stärken und Ihre Füße kühlen

Auf der Ostseite des Schlossplatzes zeigt das **Jüdische Museum** in einem kleinen Fachwerkhaus Exponate zum jüdischen Alltagsleben und stellt die Geschichte der Israelitischen Gemeinde Emmendingens vor. Im Keller ist das restaurierte, denkmalgeschützte Ritualbad *(Mikwe)* aus dem 19. Jh. zu besichtigen. Auf dem Schlossplatz lassen farbig abgesetzte Pflastersteine den Standort der am 10. November 1938 zerstörten Synagoge erkennen.

Jüdisches Museum: Schlossplatz 7, www.juedisches-museum-emmendingen.de. Mi/So 14–17 Uhr, Eintritt 2 €.

Auf der Nordseite des Platzes erinnert das **Lenzhäuschen** (im Souterrain öffentliches WC) an die Aufenthalte des Sturm-und-Drang-Dichters Jakob Michael Reinhold Lenz, der zuerst im Gefolge Goethes nach Emmendingen kam und eine unerwiderte Liebe zu Goethes Schwester Cornelia Schlosser hegte. Auch nach deren Tod weilte er einige Wochen unter der Obhut des Witwers Schlossers in der Stadt und suchte Erholung von seinem mittlerweile ausgebrochenen psychischen Leiden.

Machen wir noch einen Abstecher über die Hebelstraße, an der katholischen Kirche vorbei und durch den Stadtgarten hinauf zum **Bergfriedhof,** der über mehrere Terrassen bis zum Stadtwald aufsteigt. Von der obersten Terrasse hat man hier und da freien Blick durch das Grün bis hinüber zu den Vogesen. Der obere Ausgang des Friedhofs ist ein Startpunkt für die markierten Wanderwege rund um Emmendingen, über die eine Karte informiert. Lohnende Ziele sind etwa der **Aussichtsturm Eichberg** und die Ruine der im 17. Jh. zerstörten **Hochburg** (Rundweg 12 km).

Goethe in Emmendingen

An Johann Wolfgang von Goethes Aufenthalte erinnerte am Markplatz der 1974 zugunsten einer ziemlich unschönen Kaufhauszeile abgerissene Gasthof Löwen. Der Meister besuchte 1775 in Emmendingen seine Schwester Cornelia (1750–1777) und den Frankfurter Jugendfreund und Schwager Johann Georg Schlosser, der hier als Oberamtmann waltete. Eine zweite Reise führte ihn vier Jahre später ans Grab der bei der Geburt ihres zweiten Kindes verstorbenen Cornelia. Eindrücke der Reisen verarbeitete Goethe in seinem Versepos *Hermann und Dorothea*. Es spielt in einer „rechtsrheinischen Kleinstadt", wo der Held als Sohn des Löwenwirts aufwächst.

Kandelbergland

Seine Alleinlage inmitten tief eingeschnittener Täler lässt den zwischen Waldkirch und St. Peter aufragenden Kandel noch höher wirken, als er mit seinen 1241 m tatsächlich ist. Von den Hochweiden und Borstgraswiesen auf dem Gipfelplateau hat man eine herrliche Aussicht.

Den Berg erschließt ein ausgedehntes Wegenetz. Der kürzeste Aufstieg ist von Waldkirch auf dem *Damenpfad* (9 km, 950 Höhenmeter). Beim alljährlichen Berglauf der Sportler brauchen die Besten gerade mal 1 Std., doch Normalmenschen sollten 3 Std. kalkulieren. In etwa so lange steigt man auch von St. Peter oder von Glotterbad auf den Berg. Talwärts ist der steile Damenpfad bei Mountainbikern beliebt. Vorsicht also, denn manche fahren wenig damenhaft. Mit dem Auto oder Motorrad geht's natürlich schneller auf den Kandel – noch ist die Panoramastraße von St. Peter und Waldkirch auch für den privaten Verkehr offen.

Einst galt der Kandel als Hexentreff. Kandela, die freundliche Leitfigur der Touriswerbung, knüpft an diese Tradition an, aber statt auf Zauberbesen fliegen Frauen wie Männer heute mit Drachen und Gleitschirmen zu Tal. Auch die Freiburger Kletterszene hält sich hier gern auf und kraxelt auf den Resten des bei einem Unwetter – in der Walpurgisnacht soll es gewesen sein – zusammengebrochenen Kandelfelsens. An Schneetagen kann man auf der Loipe spuren oder sich von Liften den Skihang hinaufschleppen lassen.

• *Information* für
Skihasen: www.kandelhütte.de
Kletterer: www.igklettern-suedschwarzwald.de
Überflieger: www.dgfc-suedschwarzwald.de
alle: www.der-kandel.de

• *Übernachten/Essen* **Berggasthaus Kandelhof**, schönes Panorama, Küche der Schnitzel- und Vesperklasse, die Zimmer sind von unterschiedlichem Komfort. Dank Monopollage an Ausflugstagen sehr gut besucht. Kein Ruhetag. DZ 55–70 €. St. Peter, Kandel 1, ✆ 07681/6751, www.kandelhof.de.

Berghotel Kandel, das Haus machte einst als Schrottimmobilie von sich reden, als kurz vor der Schließung des Hotels die Zimmer noch einzeln an ahnungslose Bausparer verscherbelt wurden (→ www.immoschaden.de). Neue Eigentümer haben (bei Ausflugswetter) inzwischen Vesperstube und Biergarten wieder geöffnet, nicht aber das Hotel. ✆ 07681/4742950, www.kandelberghotel.de.

Breisgau
Karte S. 57

Luftverkehr am Kandel

Waldkirch

20.700 Einw., 274 m ü. d. M.

Das am Fuß des Kandel gelegene Waldkirch ist das wirtschaftliche, kulturelle und touristische Zentrum des Elztals. Weltberühmt sind die Waldkircher Kirchen- und Kirmesorgeln. Kinder locken der Schwarzwaldzoo und der Naturerlebnispark.

Die Stadt geht auf ein bereits 926 gegründetes Kloster der Benediktinerinnen zurück, das zeitweise gar den Status einer Reichsabtei innehatte. Doch schon gegen Ende des 13. Jh. geriet Waldkirch in die Abhängigkeit des Hauses Habsburg. Im Spätmittelalter mal an diesen, mal an jenen verpfändet oder von fremden Truppen besetzt, war es unter dem Strich doch die lange, bis 1806 währende Zugehörigkeit zu **Vorderösterreich,** die Waldkirch maßgeblich prägte und der die Stadt etwa ihre Tradition als Fasnachtshochburg verdankt. Das Wahrzeichen des Kneippkurorts ist die um 1270 durch die Herren von Schwarzenberg erbaute und im Dreißigjährigen Krieg zerstörte **Kastelburg** (Aufstieg hinter dem Bahnhof). Zusammen mit der auf der anderen Talseite stehenden Schwarzenburg bewachte sie den Eingang ins Elztal.

- *Vorwahl* 07681
- *Information* **Elztal & Simonswäldertal Tourismus GmbH**, Kirchplatz 2, 79183 Waldkirch, ✆ 19433, www.zweitaelerland.de. Mo–Fr 9–12 und 14–17 Uhr, Mai–Sept. auch Sa 10–12 Uhr. Zimmervermittlung, Karten und Broschüren.
- *Veranstaltung* Beim **Internationalen Orgelfest** kommen alle drei Jahre im Sommer (demnächst 2011) Spieler von Dreh- und Jahrmarktorgeln aus aller Welt in Waldkirch zusammen und machen die Innenstadt zum Konzertsaal. Termine und Programm unter www.elztalmuseum.de.
- *Übernachten/Essen* **Suggenbad**, Gasthof mit separatem Hotelgebäude, das auf der Rückseite und so etwas vom Straßenlärm geschützt steht. 35 neu möblierte Zimmer auf vier Etagen. Fahrstuhl, Sauna, Bushaltestelle direkt vorm Haus. Das weiter talauf entspringende Schwefelwasser, das bis zum Ersten Weltkrieg für einen regen Badebetrieb sorgte, plätschert ungenutzt im Garten. Hauptgericht bis 22 €. Do Ruhetag. DZ 80–100 €. Suggental, Talstr. 1, ✆ 07681/8091, 📠 8046, www.suggenbad.de.

Vom Suggenbad ist ein 10, in der kürzeren Variante 5 km langer **Bergbauwanderweg** ausgeschildert. Infotafeln am Weg erklären die noch sichtbaren Reste des im Mittelalter wohl nach einer Naturkatastrophe eingestellten Bergbaus. Nur Gruppen können nach Voranmeldung über die Tourist-Information Waldkirch auch zwei Grubenstollen besichtigen. Infos unter: www.silberbergwerk-suggental.de.

Hirschenstube, Traditionsgasthof, mit 25 Gästezimmern und ADAC-Empfehlung. Badische und mediterrane Küche, bei Ausflüglern beliebter Garten. Hauptgericht bis 25 €. Restaurant Sonntagabend und Mo geschlossen. DZ 80–90 €. Buchholz, Schwarzwaldstr. 45, ✆ 07681/477770, ✆ 4777740, www.hirschenstube.de.

Stadtrainsee, Brauereigaststätte mit gutbürgerlicher Küche und günstigen Mittagsmenüs. Biergarten mit Kastanien und Kies, Kinderspielplatz. Tägl. ab 11 Uhr. Goethestr. 21, ✆ 22778, www.stadtrainsee.de.

Sehens- und Erlebenswertes

Wer vom Bahnhof über die Elzbrücke „Jünglingssteg" Richtung Innenstadt geht, stößt auf einen gewaltigen Schleifstein: „An solchem Stein durch sanften Druck – schleift Wintermantel schönsten Schmuck", wirbt die **Edelsteinschleiferei Wintermantel.** Sie ist die letzte der Branche, die einst am Waldkircher Gewerbekanal zu Hause war und zeitweise der halben Stadt Arbeit und Brot gab. Dank königlichem Privileg durften Granate aus Böhmen nur in Waldkirch und Freiburg geschliffen werden. Im Elztalmuseum erinnert ein Kreuz aus vergoldetem Silber und Bergkristall an die edle Kunst.

Vom beachtlichen Wohlstand, den die Schleiferei nach Waldkirch brachte, zeugen das Haus der Stadtapotheke, der jetzt als Kaufhaus genutzte Gasthof Engel und andere stattliche Gebäude am **Marktplatz.** Das mehrfach umgebaute **Rathaus** hat noch ein Portal aus der Frührenaissance mit Medaillons von Karl V. und, etwas

Kastelburg und Polizei wachen über Waldkirch

Der Waldkircher Stadtrainsee

Breisgau Karte S. 57

überraschend, Julius Cäsar. Der Kaiser, in dessen Reich die Sonne nie unterging, sah sich gern in einer Reihe mit antiken Größen und soll nach der gegen die Protestanten siegreichen Schlacht von Mühlhausen Cäsars denkwürdigen Ausspruch *Veni, vidi, vici* in ein *Veni, vidi, Deus vicit* („Ich kam, sah, und Gott siegte") umgewandelt haben. Im Innenhof des Rathauses tanzen einige Typen der Waldkircher Fasnacht auf dem **Narrenbrunnen.**

Wenige Jahrzehnte vor der staatlich verordneten Schließung gönnte sich das **Kloster,** seit 1480 war es in Händen der Augustiner-Chorherren, noch ein paar barocke Prachtbauten. Die **Stiftskirche St. Margaretha** wurde 1732–1734 vom Vorarlberger Baumeister Peter Thumb erbaut. Die schlossartige Propstei beherbergt nun das **Elztalmuseum.** Neben der Lokalgeschichte und der schon erwähnten Edelsteinschleiferei stellt das Museum den Waldkircher **Orgelbau** vor, wobei neben dem klassischen Kirchenmusikinstrument auch Drehorgeln und Orchestrions gezeigt werden, mechanisch-pneumatische Wunderwerke, mit denen Kaffeehauswirte und Kirmesbudenbetreiber die Gäste unterhielten, als es noch keine Radios und Plattenspieler gab.

Elztalmuseum: Kirchplatz 14, www.elztalmuseum.de. Ostersonntag bis Okt. Di–Sa 15–17 Uhr, So ab 11 Uhr, Nov. bis Ostersamstag nur Mi/Fr/Sa. Eintritt 4 €. Infos zu den Waldkircher Orgeln auch unter www.waldkircher-orgelstiftung.de.

Etwa 10 Gehminuten westlich der Fußgängerzone bietet der lauschige **Stadtrainsee** Gelegenheit zu kleinen Bootstouren, zu Jogging und Walking, Minigolf und Freiluftschach sowie zum Schwimmen im beheizten Freibad. Gleich oberhalb des Sees und hinter der Gaststätte zeigt der **Schwarzwaldzoo** rund 50 meist heimische Tierarten. Da gibt es Braunbären und Steinböcke, Luchse und Sikahirsche, Eulen und Waldrappen, aber auch Exoten wie Kängurus, Alpakas und Emus. Im Streichelgehege werden die Kinder von zutraulichen Zwergziegen beschnuppert, nebenan lockt eine tolle Spielarena.

Schwarzwaldzoo: Am Buchenbühl 8a. März–Nov. 9–17 Uhr (April–Sept. bis 18 Uhr), Kassenschluss jeweils 1 Std. vorher. Eintritt 3 € (mit Elztalmuseum 5 €), Kinder 1,50 €.

Professor Brinkmanns Schwarzwaldklinik

Naturerlebnis mit allen Sinnen verspricht der **Naturerlebnispark** über dem Stadtrainsee. Entlang dem **Sinnesweg** eröffnen zwei Dutzend Stationen spannende Perspektiven auf die Natur und erklären zum Beispiel, warum hölzerne Orgelpfeifen je nach Länge unterschiedlich klingen. Nach 1200 Metern Aufstieg mündet der Sinnesweg auf den eigentlichen Erlebnispark: Baumhäuser, schwankende Hängebrücken und als Höhepunkt der **Baumkronenweg.** Holzplanken steigen auf einer Stahlkonstruktion so sanft an, dass der Weg auch mit Kinderwagen zu befahren ist. Oben in luftiger Höhe lässt sich das Leben in den Baumkronen aus nächster Nähe beobachten, zudem hat man weite Ausblicke auf die umliegenden Schwarzwaldberge und übers Rheintal bis in die Vogesen. Mutige kommen anschließend mit einer Sausefahrt durch die 190 Meter lange **Röhrenrutschbahn** wieder nach unten.

Baumkronenweg: Am Stadtrainsee. April/Sept./Okt. tägl. 10.30–18 Uhr, Mai–Aug. bis 19 Uhr, Nov. 11–16.30 Uhr, Einlass bis 1. Std. vor Schließung. Eintritt 5,50 €, Kinder 3,50 €. www.baumkronenweg-waldkirch.de.

Glottertal

3000 Einw., 323 m ü. d. M.

Blumenwiesen und üppige Weingärten, darüber der dunkle Forst und mittendrin die Schwarzwaldklinik – das ist das Glottertal mit der gleichnamigen Gemeinde.

Als das Waldsterben nicht nur die Bäume, sondern auch das Image des Schwarzwalds nachhaltig zu schädigen drohte, retteten Professor Brinkmann und seine **Schwarzwaldklinik** den kränkelnden Patienten. Die von 1985 bis 1989 erstausgestrahlte Serie

– später wurden noch zwei Spielfilme nachgeschoben – war mit Einschaltquoten von bis zu 80 % einer der größten deutschen Fernseherfolge. Noch immer lockt das markante Klinikgebäude (erbaut 1913/14) die Fans ins Glottertal – im realen Leben gehört es der Rehaklinik Glotterbad und steht leer. Ansonsten ist das lang gezogene Tal für seinen Wein berühmt. Ein Spätburgunder Eichberg oder Roter Bur mag uns darüber hinwegtrösten, dass Produzent Wolfgang Rademann von einer weiteren Staffel nichts wissen will und der Professor alias Klausjürgen Wussow inzwischen verschieden ist.

Der gegenüber der Winzergenossenschaft hinter dem Sportplatz beginnende **Weinlehrpfad** (3,8 km) führt steil aufwärts direkt durch die Weinlage Roter Bur. Auf 20 Tafeln werden die Besonderheiten des Weinbaus im Glottertal erläutert. Die Weingärten reichen bis auf 500 m ü. d. M. und sind damit die zweithöchsten in Deutschland (den Rekord hält die Lage Olgaberg am Vulkankegel Hohentwiel). Die extreme Hangneigung ermöglicht optimale Sonneneinstrahlung, erschwert aber auch den Maschineneinsatz. So ist der Weinbau im Glottertal noch weitgehend Handarbeit, was der Qualität nur guttut.

- *Vorwahl* 07684
- *Information* **Kurverwaltung**, Rathausweg 12, 98286 Glottertal, ✆ 91040, www.glottertal.de. Mo–Fr 9–12.30 und 13.30–17.30 Uhr, Sa 10–12 Uhr. In der Broschüre „Bürger- und Gästeinformation" finden Sie Adressen, Ortsplan und Freizeittipps.
- *Übernachten/Essen* **Hotel Hirschen**, der Platzhirsch im Tal mit eigenem Weinbau und Hallenbad mit Aussicht. Alle Zimmer wurden inzwischen renoviert und auf den Stand der Zeit gebracht. DZ 120–170 €. Im Dorfzentrum, Rathausweg 2, ✆ 07684/810, 📠 1713, www.hirschen-glottertal.de.

Zur Sonne, Kachelofengemütlichkeit bei gutbürgerlicher Küche, z. B. wechselnde Sonntagsbraten. Die modernen Ferienwohnungen der Drei-Sterne-Kategorie befinden sich im separaten Gästehaus „Sonnenbühl" in ruhiger Wald- und Weinbergnähe. Hauptgericht 10–25 €. Restaurant Mi und Donnerstagmittag geschlossen. Beim Schwimmbad. Ferienwohnung 50 €. Talstr. 103, ✆ 07684/242, 📠 9335, www.sonne-glottertal.de.

Eichberg, der neu rustikale Gasthof mit Pension steht zentrumsnah in bester Sonnen- und Aussichtslage inmitten der Weinberge. Familie Wangler holt ihre Gäste auf Wunsch vom Bahnhof ab. Zimmer mit Bad und TV. , Hauptgericht 8–20 €. Do Ruhetag (im Sommer Do ab 17 Uhr geöffnet), sonst mittags bis abends durchgehend warme Küche. DZ 75–80 €. Am Eichberg 20, ✆ 07684/294, 📠 9286, www.gasthaus-eichberg.de.

St. Peter

2500 Einw., 716 m ü. d. M.

1093 gründete der Zähringer Berthold II. hier, am oberen Ende des Glottertals, sein Hauskloster. Die nach Entwürfen von Peter Thumb erbaute **Klosterkirche** setzt sich mit einer stattlichen, von zwei Zwiebeltürmen gerahmten Portalfront in Szene. Innen wirkten mit dem Stuckateur und Bildhauer Joseph Anton Feuchtmayer und dem Freskenmaler Franz Joseph Spiegler zwei weitere Meister des südwestdeutschen Barocks. Ein anderes Juwel der Klosteranlage ist der ebenfalls von Peter Thumb geschaffene **Bibliothekssaal:** heller, intimer und verspielter als Thumbs Meisterstück in St. Gallen, geschmückt mit Kolossalstatuen der Stifter und prächtigen Uhren, denn St. Peter war schon zu Klosterzeiten ein Zentrum der Uhrenherstellung (Führungen So 11.30 Uhr, Di 11 Uhr, Do 14.30 Uhr, Eintritt 6 €).

Als Wanderziel bieten sich die **Zweribachwasserfälle** an. In zwei Kaskaden stürzt der Zweribach in den Bannwald. Am Weg passiert man die **Platte,** eine Hochweide mit ein paar verstreuten Höfen, Windrädern und dem Plattensee. Leider hat sein Wasser keine Badequalität, doch zum Sonnenbad reichen die Uferwiesen allemal.

Der Plattenhof (Mo/Di Ruhetag, ✆ 864, www.plattenhof-ferienwohnung.de) verheißt Vesper aus eigener Schlachtung und Ferienwohnungen im separaten Gästehaus.

- *Vorwahl* 07660
- *Information* **Kurverwaltung**, Klosterhof 11, 79271 St. Peter, ✆ 7910224, www.st-peter-schwarzwald.de. Mo–Fr 9–12 und 15–17 Uhr, im Sommer länger. Eine Infotafel mit Zimmerauskunft und einen Prospektautomaten (kostenpflichtig!) finden Sie am Eingang zum Klosterhof.
- *Übernachten/Essen* **Sonne**, er hatte den elterlichen Gasthof gerade drei Jahre zuvor übernommen, da bekam der junge Hans-Peter Rombach schon seinen ersten Michelin-Stern. Der Sonnenwirt pflegt eine Gratwanderung zwischen Haute Cuisine und regionaler Küche, deren überlieferte Rezepte er fantasievoll und kreativ verfeinert. Da gibt es dann etwa „Milchkalb mit Gänsestopfleber-Wirsing" oder „mariniertes Zicklein mit eigenem Käse". Für einen Gourmettreff geht es in der Sonne bemerkenswert locker und ungezwungen zu. Menü 30–55 €. Mo Ruhetag. DZ 80–140 €. Zähringer Str. 2, ✆ 07660/94010, 📠 940166, www.sonneschwarzwald.de.

Schuler, Highlights im gastronomischen Angebot sind die gegrillte Forelle und die hausgemachten Kuchen. Die Zimmer sind etwas altbacken eingerichtet, doch für den Preis mehr als in Ordnung. Hauptgericht bis 15 €. Mi/Do Ruhetag. DZ bis 60 €. Am Weg zum Kandel, Sägendobel 14, ✆ 07660/221, www.cafe-schuler.com.

St. Märgen

1900 Einw., 895 m ü. d. M.

Der Luftkurort in einer Mulde zu Füßen des Kapfenbergs entwickelte sich um ein 1118 in Konkurrenz zu St. Peter gegründetes Augustinerkloster. Die noch erhaltenen Gebäude der 1907 durch eine Feuersbrunst schwer verwüsteten Abtei dienen heute als Rathaus und Pfarrhaus. Wahrzeichen des Dorfes ist die nach dem Brand wieder im barocken Stil aufgebaute **Wallfahrtskirche** Mariä Himmelfahrt mit ihren Zwillingstürmen. Sehenswert in diesem prächtig ausgestatteten Gotteshaus sind die vor den Flammen geretteten Altarfiguren des „Schwarzwälder Herrgottschnitzers" Matthias Faller (1707–1794) und das gülden gewandete Gnadenbild einer Madonna im Marienaltar, das die ersten Klosterbrüder aus dem Elsass mitgebracht hatten. Das **Klostermuseum** (Mai–Nov. Mi/Do 10–13 und 14–17 Uhr, ganzjährig So 10–13 Uhr. Eintritt 3 €. www.kloster-museum.de) beherbergt weitere von Faller geschaffene Figuren und Altäre, dazu allerlei Devotionalien, religiöse Hinterglasmalereien und eine chronologisch aufgebaute Sammlung von Schwarzwalduhren.

- *Vorwahl* 07669
- *Information* **Hochschwarzwald Tourismus GmbH**, Rathausplatz 6, 79274 St. Märgen, ✆ 911817, www.hochschwarzwald.de. Mo/Di 8–12 und 14–16 Uhr, Do bis 18 Uhr, Mi/Fr nur 8–12 Uhr.
- *Veranstaltung* **Rossfest**, alle 3 Jahre (demnächst 2013) Mitte Sept. feiert St. Märgen mit Festumzug, Schauprogramm, Prämierung und Kirchensegen das Schwarzwälder Kaltblutpferd.
- *Übernachten/Essen* **Rössle**, familiengeführtes Gasthaus im Ortszentrum. Mit hellem Holz behaglich eingerichtete Zimmer, teilw. mit Balkon. Auch eine Ferienwohnung wird vermietet. Restaurant mit regionaler Küche, u. a. vegetarische Gerichte. Hauptgericht bis 20 €. Do ganztags und Fr mittags Ruhetag. DZ 60–70 €. Wagensteigstr. 7, ✆ 07669/213, 📠 1352, www.roessle-st-maergen.de.

Thurnerwirtshaus, der Gasthof hat bessere Zeiten gesehen und müsste mal aufgemöbelt werden. Immerhin gibt es ein Hallenbad und eine kleine Sauna. Top ist jedoch die Lage auf einer Passhöhe mit Loipen und Wanderwegen direkt vor der Haustür. Mo Ruhetag. DZ 55–80 €. Thurner, ✆ 07669/210, 📠 713, www.thurnerwirtshaus.de.

Goldene Krone, das einst als Klosterherberge erbaute Grandhotel Goldene Krone wurde durch eine Bürgerinitiative vor dem Verfall gerettet und aufwendig restauriert. Unter der Woche wechselnder Mittagstisch mit „Landfrauenküche", nachmittags Kaffee und selbst gemachte Kuchen. Mi–Fr 12–18 Uhr, Sa/So ab 14 Uhr. Wagensteigstraße 10, ✆ 9399988, www.cafe-goldene-krone.de.

Pause am Schauinsland

Vom Schauinsland nach Bad Krozingen

Schauinsland, Münstertal, Staufen und Bad Krozingen lassen sich gut zu einer etwa 50 km langen Fahrradtour verbinden, bei der ambitionierte Bergfahrer ebenso auf ihre Kosten kommen wie Gelegenheitsradler, die am liebsten bergab rollen. Möglich macht's die Schauinslandbahn: Die einen quälen sich strampelnd den Berg hinauf, die anderen nehmen die Seilbahn. Von oben geht's dann, immer auf Asphalt, mal steil, mal sanft bergab durchs Münstertal und am Fuß der Weinberge entlang wieder nach Freiburg zurück. Wen unterwegs die Kräfte verlassen, der kann in Untermünstertal auch in den Zug steigen.

Fahrradtour: Von Freiburg fahrt man via Günterstal und Bohrertal zur Talstation der Schauinslandbahn. Oben auf dem Berg geht es ein kurzes Stück Richtung Todtnau, dann rechts über den Wanderparkplatz Gießhübel und die Höfe von Stohren und Spielweg hinunter ins Münstertal. Durch Staufen und Bad Krozingen kommt man auf den Markgräfler Radwanderweg, der in St. Georgen wieder Freiburg erreicht.

Schauinsland

1284 m ü. d. M.

Freiburgs Hausberg gleicht an Wochenenden einem Wohnzimmer, in dem sich die gesamte Verwandtschaft versammelt. Im Sommer bietet er Zuflucht vor der Hitze im Tal, im Winter ein aufmunterndes Sonnenbad hoch über den Nebelschwaden.

Der Schauinsland ist mit einer Seilbahn und Straßen aus drei Richtungen gut erschlossen. Oben gibt es Wanderwege und Mountainbikerouten, Loipen, Pisten und eine Rodelbahn mit eigenem Lift, ein Bauernhofmuseum und ein Besucherbergwerk. Für den Bergbau wurde einst die sonnige Südseite um den Weiler Hofsgrund und die Streusiedlung Stohren weitgehend abgeholzt, sodass man über offenes Gelände mit Wiesen und Weiden spaziert. Etwas Besonderes sind die Weidbuchenhaine mit knorrigen Baumriesen, die durch den Wind und Viehverbiss zu ganz eigentümlichen Formen herangewachsen sind.

• *Information* www.bergwelt-schauinsland.de; ein Pavillon mit allerlei Infotafeln steht am Parkplatz auf der Passhöhe.

• *Seilbahn* Von Freiburg-Günterstal (Endstation Straßenbahnlinie 2) Zubringerbus zur Talstation der Seilbahn. Diese fährt tägl. 9–17 Uhr (Juli–Sept. bis 18 Uhr), kostet hin und zurück 11,50 € und nimmt auch Fahrräder mit. Angeboten werden zudem allerlei vergünstigte Kombitickets (Seilbahnfahrt mit Frühstück, mit Schaubergwerk, mit Rollerfahrt und dergleichen).

Mit der Bergbahn in die Bergwelt

• *Wanderkarte* Reihe „Auf Schusters Rappen", Blatt **Schauinsland** im Maßstab 1:25.000.

• *Veranstaltungen* Bei der **Schauinsland-Klassik** erlebt der Berg anstelle der legendären Schauinslandrennen nun im Zwei-Jahres-Rhythmus (ungerade Jahre) Ende Juli/Anfang Aug. Oldtimertreffen und -rennen. www.schauinsland-klassik.de.

Schauinsland-König: Ambitionierte Radamateure können beweisen, wie schnell sie wirklich die 11,5 km und 770 Höhenmeter von Horben zum Gipfel überwinden. Neben dem herkömmlichen Einzelzeitfahren können auch Paare und Dreiergruppen in unterhaltsamen Spezialwertungen wie Kinderanhänger-, Tandem- und Inlinerennen antreten. www.schauinslandkoenig.de.

• *Übernachten/Essen* **Halde**, das auf einer Hochfläche stehende Hotel war früher ein Bauernhof und wurde Ende der 90er Jahre neu gestaltet. Helle und große Zimmer, manche mit Feldbergblick. Zuletzt kam ein aufwendiger Wellnessbereich mit Naturbadeteich hinzu. DZ mit Halbpension 210–260 €. Oberried-Hofsgrund, ✆ 07602/94470, 📠 944741, www.halde.com.

Zähringerhof, der als umweltfreundlicher Betrieb ausgezeichnete Gasthof liegt an der Westseite des Bergs mit Blick auf Rheintal und Vogesen. Auf der Speisekarte werden die (regionalen) Lieferanten der Zutaten genannt. Seinen Schinkenspeck macht der Chef selbst. Die Gästezimmer und zwei Ferienappartements sind im neuen, separaten Gästehaus. Hauptgericht 10–25 €. Restaurant Mo/Di geschlossen. DZ 85–100 €, Appartement mit Frühstück ab 120 €. Münstertal-Stohren, Stohren 10, ✆ 07602/256, 📠 685, www.zaehringerhof.de.

Gießhübel, unter neuen Wirtsleuten kommt der Traditionsgasthof wieder in Schwung. Gerade mal fünf einfache Fremdenzimmer, Aufenthaltsraum, Fahrradgarage und Aussichtsterrasse. Restaurant mit einfacher Vesperküche, im Winter Do Ruhetag. DZ 50–60 €. Münstertal-Stohren, Stohren 17, ✆ 07602/225, www.panoramablick-stohren.de.

Bergwelt-Rolling

Auch ein Tretroller kann Action und Abenteuer bedeuten. In den Schweizer Bergen sind die dort *Trottiride* genannten Abfahrten per Roller, ob auf Asphalt oder Naturwegen, schon länger ein beliebter Freizeitspaß. Die dabei benutzten Downhillroller sind mit ihren große Rädern, Vollfederung und hoch liegendem Trittbrett aber nur noch entfernte Verwandte des guten alten Kinderrollers. Nun sind diese Gefährte auch am Schauinsland angekommen. Hier geht es auf Waldwegen 8 km weit abwärts. Mit dem Leihroller bekommt man auch die unbedingt notwendige Schutzkleidung aus Helm, Knie- und Ellenbogenschonern sowie Handschuhen gestellt. Gerollt wird in der geführten Gruppe.

Rollerausgabe Mai/Juni So, Juli–Okt. Sa/So, Aug. Mi–So jeweils um 14 und 17 Uhr an der Bergstation der Seilbahn. Der Spaß kostet einschließlich Seilbahn-Bergfahrt 20 €. Info Tel. 26468.

Breisgau Karte S. 57

Sehens- und Erlebenswertes

Eine **Rundwanderung** (5 km, 1:30 Std. Gehzeit) könnte von der Bergstation zunächst zum Gipfel führen, den ein *Aussichtsturm* krönt. Vorbei am *Sonnenobservatorium* der Universität Freiburg (www.kis.uni-freiburg.de) geht es zum *Engländerdenkmal.* Von den Nazis zu Propagandazwecken errichtet, gedenkt es der wunderbaren Rettung einer Gruppe englischer Pfadfinder, die sich hier im Olympiajahr 1936 im Schneesturm verirrt hatten. Vom Denkmal bietet sich ein Abstecher zum *Schaubergwerk* an; ohne Führung sind dort aber nur ein paar rostige Maschinen zu sehen. Nächste Station ist das Bauernhausmuseum *Schniederlihof.* Weiter unten glänzt der *Dobelweiher,* ein von den Eiszeitgletschern geschaffener Karsee. Der Rückweg geht vom Hof westwärts über die Wegkreuze Wassertretstelle und Flammhof auf die Hochfläche und zurück zur Bergstation.

Besucherbergwerk Schauinsland: Mit dem dreiteiligen Schauinslandfenster im Langhaus des Münsters erinnerten die *froner ze dem schowinslant* daran, dass das mittelalterliche Freiburg seinen Aufstieg auch dem aus den Tiefen des Schauinsland gewonnenen Silber verdankte. Rund 800 Jahre wurde der Berg auf der Suche nach Silber und Blei, zuletzt nach Zink durchwühlt und dabei ein Grubengebäude mit 22 Etagen und rund 100 km Stollenlänge geschaffen. Der 230 m tief unter dem heutigen Grubeneingang gelegene *Hebammenstollen* war zugleich ein Tunnel, durch den winters, von einem Bergmann geführt, die Kinder von Hofsgrund quer durch den Berg in die Schule nach Kappel gingen und die Kappeler Hebamme bei Bedarf nach Hofsgrund eilte. Engagierte Hobbybergleute um den Freiburger Juwelier Berthold Steiber haben einen Teil des nach seiner Schließung (1954) zunächst schnell vergessenen Bergwerks für Forscher und Besucher erschlossen. Bei der Besichtigung der kalt-feuchten, staub- und pollenfreien Grube ist warme und schmutzfeste Kleidung angesagt, denn zum Abenteuer gehört auch, sich durch kaum mannshohe, im Mittelalter mühsam von Hand gemeißelte Stollen zu quetschen, wobei der vor der Einfahrt zugeteilte Schutzhelm vor Beulen bewahrt.

www.schauinsland.de. Führungen Mai–Okt. Mi/Sa/So 11 und 14 Uhr, in den Sommerferien zusätzliche Termine. Große Führung (2:30 Std., 13 Leitern) 18 €, kleine Führung (1:30 Std., 6 Leitern) 12 €, Familienführung (45 Min., ohne Leitern) 5 €.

Schniederlihof: Das im Jahre 1593 am Berghang unterhalb des Grubeneingangs erbaute Bauernhaus vermittelt als Heimatmuseum eine Ahnung davon, wie die Menschen früher in der kargen Bergwelt des Schauinsland lebten, hier auf einem kleinen und bescheidenen Hof mit Wohnräumen, Ställen und Scheune unter einem (frisch eingedeckten) Schindeldach. Hans Schüssele oder seine Kollegin Mariele Loy stellt uns auf der 45-minütigen Führung das Leben der Schniederlibauern und ihr ungewöhnliches Haus vor.

www.bergwelt-schauinsland.de/kultur.html. Mai–Okt. Sa/So 12–17.30 Uhr und zusätzlich Juli/Aug. Di–Fr 12–17.30 Uhr, Sept. Di/Do 13.30–17.30 Uhr, Okt. Di 13.30–17.30 Uhr; letzte Führung jeweils 17 Uhr. Eintritt 2,50 €.

Steinwasen-Park: Die einst als Bergwildpark vor der Kulisse des Schauinsland gegründete Anlage ist inzwischen ein Erlebnispark, in dem multimediale und rasante Attraktionen an erster Stelle stehen – vieles ist überdacht, sodass man auch bei schlechtem Wetter trocken bleibt. Mit dem relativ teuren Eintrittsgeld erwirbt man eine echte Tageskarte, mit der alle Bob-, Rodel- und Sonst-was-Bahnen beliebig oft benutzt werden dürfen. Im Gletscherblitz rast man achterbahnartig durch die Eiszeit, im Spacerunner begegnen wir einem Yeti, und im River Splash können wir einen spritzigen Wildwasserkanal hinunterrauschen. Da sind die beiden Sommerrodelbahnen fast schon Klassiker. Die „sagenhafte Schwarzwaldbahn" zieht an Dioramen auch mit jenen Schwarzwaldsehenswürdigkeiten vorbei, die man in Wirklichkeit immer verpasst hat, so z. B. die Erdmännchen aus der Haselbacher Tropfsteinhöhle oder die versunkene Stadt vom Titisee. Modelle stellen uns die unterschiedlichen Haustypen im Schwarzwald vor. Etwas abseits der lärmigen Spektakel leben Hirsche, Gämsen, Murmeltiere, Wildschweine, Waschbären und Familie Luchs in großzügigen Gehegen, im Streichelzoo freuen sich Esel und Ziege auf Besuch. Je nach Alter können sich die Kleinen auch von der „Sage vom Mummelsee" und vom Bären Pu verzaubern lassen oder im Steinwasen-Kino auf Zeitreise durch die Urlandschaft Süddeutschlands gehen.

An der L 126 zwischen Notschrei und Oberried, SBG-Bus 7215, im Sommer Sa/So (während der Sommerferien Ba-Wü tägl.) Bus von der Bergstation. www.steinwasen-park.de. Tägl. 10–17 Uhr, Mai bis Mitte Sept. bis 18 Uhr. Eintritt 19 €, Kinder 16 €.

Wandern

Tour 1: Von Freiburg auf den Schauinsland

Der kürzeste Aufstieg von Freiburg folgt der Straßenbahn durchs Günterstal und dann in etwa der Seilbahntrasse. Abwechslungs- und aussichtsreicher ist die mit blauer Raute auf weißem Grund markierte Route via Lorettoberg und Horben. Auf der nicht weiter schwierigen, doch 15 km langen Tour (3:30–4 Std. Gehzeit) steigt man 1000 Höhenmeter auf.

Unser Weg beginnt am **Holbeinpferd (1,** Haltestelle Holbeinstr. der Straßenbahnlinie 2 nach Günterstal). Das auf einer kleinen Grünfläche platzierte Fohlen, eine Betonguss-Skulptur des Bildhauers Werner Gürtner, wird immer wieder von Unbekannten umdekoriert und für Liebes- und andere Werbebotschaften genutzt.

Durch die Kleingärten, die Wonnhaldestraße und entlang dem Hölderlebach geht es zum Naturschutzzentrum **Waldhaus (2).** Hinter diesem überrascht der *Skulpturenpfad WaldMenschen* des Künstlers Thomas Rees mit ungewöhnlichen Holzfiguren vom Hexenschuss bis zum Dinosaurier. Über die als Waldlehrpfade gestalteten Forstschneisen Luisenstraße und Bodlesau läuft man weiter zum **Rehbrunnen (3),** dann etwa 100 m nordwärts Richtung Spemannplatz und am **Wegweiser „Bei dem Rehbrunnen" (4)** scharf links. Nach dem

Tour 1: Von Freiburg auf den Schauinsland

Aussichtspunkt Predigerplatz (5) geht es links und anfangs auch steil um den Kreuzkopf herum zum **Wegkreuz Kunnacker (6).** Beim **Hotel Luisenhöhe (7)** erreicht man wieder offenes Gelände und bald den Weiler **Langackern (8),** der sich vom Bauerndorf zum Villenort entwickelt. Am Ortsende verpasst man leicht den Pfad, auf dem der Wanderweg wieder rechts von der Straße abzweigt. In **Horben (9)** hat man die Hälfte des Wegs hinter sich. Das Dorfcafé (Fr Ruhetag) oder der etwas gediegenere Raben (Mo/Di Ruhetag) laden zur Pause.

Schauinslandgipfel und darüber hinaus

Etwa 400 m nach der Kirche von Horben knickt die Wanderroute unvermutet von der Dorfstraße nach rechts Richtung Katzental ab. Wer den Abzweig übersieht und auf der wenig befahrenen Straße bleibt, kommt schneller, doch weniger schön via **Gasthaus Buckhof (10,** Mo Ruhetag) zum **Aussichtspunkt Eduardshöhe (11),** wo die Straße wieder auf den gekennzeichneten Wanderweg trifft. Oberhalb am Kaltwasserhof vorbei und mit einem kräftigen Anstieg in den Wald hinein kommt man auf dem Wanderweg schließlich erneut zu einer **Straße (12).** Nach 100 m, also noch vor der Kurve zum *Gasthof Gießhübel,* kann man dem Wegweiser „Fachschaftshaus" folgend links durch den Wald etwas abkürzen und sollte bei zwei Häusern am Waldrand auf den mit gelber Raute markierten **Rundweg Schauinsland (13)** treffen. Dieser führt durch den Wald und über den **Parkplatz Sailenmatte (14)** zum **Gipfelturm (15).**

Langzeitgedächtnis der Nation

Der von Oberried her erschlossene Barbarastollen des Schauinslandbergwerks ist heute als *Zentraler Bergungsort der Bundesrepublik Deutschland* das bombensichere Langzeitgedächtnis der Nation. In 1400 Edelstahlbehältern lagern ca. 16.800 km Mikrofilm mit Aufnahmen kulturell bedeutsamer Archivalien wie etwa den Bauplänen des Kölner Doms oder dem Vertragstext des Westfälischen Friedens. Neuerdings werden auch Sicherungsfilme von Bibliotheksgut eingelagert. Aus Sicherheitsgründen ist der „Kulturbunker", wie er im Volksmund heißt, nur alle paar Jahre mal zu besichtigen.

www.bbk.bund.de (→ Themen → Kulturgutschutz → Zentraler Bergungsort)

Münstertal

5200 Einw., 371 m ü. d. M.

Zwischen Rheintal, Schauinsland und Belchen liegen das Münstertal und die gleichnamige, weit zerstreute Gemeinde. Mit dem Kloster St. Trudpert war hier ein Ausgangspunkt für die Besiedlung des Schwarzwalds.

Das etwa 15 km lange Münstertal erstreckt sich von Staufen hinauf in den Schwarzwald. Etwa in der Mitte, wo sich um Rathaus und Bahnhof ein kleines Geschäftszentrum entwickelt hat, teilt es sich in Ober- und Untermünstertal, wobei das obere Tal Richtung Schauinsland und das untere Tal Richtung Belchen führt. Auch die Weiler Stohren (am Schauinsland) und Münsterhalde (Richtung Kleines Wiesental) gehören noch zur politischen Gemeinde Münstertal. Kulturelles Zentrum ist das zu Zeiten Karls des Großen gegründete Kloster St. Trudpert. Zwischen Kloster und Rathaus erinnern ein Schild mit dem Ortsnamen „Münster" und eine irgendwie städtisch anmutende Straßenzeile an jene sagenumwobene Bergbaustadt, die nach allmählichem Niedergang im 16. Jh. aus den Quellen und Chroniken verschwand. Heute wohnen die meisten Münstertäler in Streusiedlungen und Einzelhöfen. Viele pendeln zur Arbeit nach Freiburg. Etwa 170 Höfe, ganz überwiegend im Nebenerwerb betrieben, halten noch Vieh oder sind sonst wie landwirtschaftlich aktiv.

Der viele Wald und die abends erfrischenden Fallwinde vom Belchen sorgen für gute Luft, dank der sich Münstertal als **Luftkurort** bezeichnen darf. Als besondere Attraktion werden Liegekuren in der feuchten und allergenfreien Luft des **Museumsbergwerks Teufelsgrund** angeboten. Zu sehen sind außerdem ein **Bienenkundemuseum** sowie der Bauernhof der TV-Familie Boro, und natürlich gibt es jede Menge Spazier- und Wanderwege. Die beiden **Harzlochfelsen,** gleich neben der Straße vom Ortsteil Spielweg zum Schauinsland, sind ein kleines, stressarmes Klettergebiet und eignen sich gut für Anfänger und kletternde Kinder.

• *Vorwahl* 07636

• *Information* **Tourist-Information**, im Rathaus, Wasen 47, 79224 Münstertal, ✆ 70730, www.muenstertal.de. April–Okt. Mo–Fr 8.30–12.30 und 14–17.30 Uhr, Sa 10–12 Uhr; Nov.–März Mo–Fr 8.30–12.30 und 14–17 Uhr.

• *Einkaufen* Jeden Sa bis 12.30 Uhr **Bure-Märkt** (d. h. Bauernmarkt) auf dem Rathausplatz.

Käserei Glocknerhof, verkauft Kuh- und Ziegenkäse in Biolandqualität direkt vom Hof. Mo–Fr 11–13 und 15–18 Uhr, Sa 9–13 Uhr. Kaltwasser, Nähe Schaubergwerk, www.kaeserei-glocknerhof.de.

Gubor Schokolade, von einem halben Jahrhundert Schokoladenherstellung im Münstertal ließ die Globalisierung gerade noch den Lagerverkauf übrig. Mo–Fr 10–18 Uhr, Sa bis 13 Uhr. Dietzelbachstr. 1.

Pelzhandel Böhnisch, der letzte Pelzveredler oder „Rauchwarenzurichter", wie es früher hieß, weil die von Jägern und Bauern angelieferten Felle über dem Feuer konserviert wurden. Fasnachtsvereine kaufen hier gern Anhängsel zu ihren Larven. Mo–Fr 8–18 Uhr, Sa bis 14 Uhr. 400 m rechts vom Bahnhof, Wasen 10, www.gerberei-boehnisch.de.

• *Fahrradverleih* Durch die Tourist-Information.

• *Veranstaltungen* Das **Trudpertfest** ist ein Patronatsfest des Heiligen am letzten Sonntag im April.

Weideabtrieb: Am ersten Oktoberwochenende Viehabtrieb von der Jungviehweide Branden nach Obermünstertal.

• *Übernachten/Essen* **Romantikhotel Spielweg**, ein traditionsreicher Landgasthof im oberen Tal wurde peu à peu zum luxuriösen Landhotel ausgebaut. Neubauten ergänzen das museale Bauernhaus, man setzt auf Wellness (Hallen- und Freibad, Sauna, Massagen, Kosmetik). Mitbesitzer und Küchenchef Karl-Joseph Fuchs bevorzugt Wild und Rindfleisch aus der Region. Im Gastro-Blog der ZEIT (http://blog. zeit. de/nachgesalzen) verrät er seine kleinen Geheimnisse. Mit eigener Metzgerei, Käserei und einem Souvenirladen. Hauptgericht 20–30 €. Kein Ruhetag. DZ 130–160 €. Spielweg 61, ✆ 07636/7090, ℻ 70966, www.spielweg.com.

Breisgau Karte S. 57

Belchenblick, gemütlicher Gasthof mit Freisitz im Dorfzentrum nahe dem Rathaus. Die Gaststube hat mit Klinkerboden, Rauputz, dunklen Balken und schmiedeeisernem Zierrat den Charme der 1980er, die Zimmer sind neuer und weniger rustikal. Auf der Speisekarte auch Wild aus eigener Jagd. Hauptgericht 10–25 €. Mi, im Winter auch Di Ruhetag. DZ 70–80 €. Wasen 72, ☎ 07636/297, ℻ 77751, www.gasthof-belchenblick.de.

Die Klosterkirche des heiligen Trudpert

Gipfhof, Bauernhof in Alleinlage oben auf der Sonnenseite des Tals, bewirtschaftet von der Mehrgenerationenfamilie Riesterer. Drei Ferienwohnungen von rustikal bis modern, für 2–4 Pers. (2 Pers. 30–45 €). Spielweg, Gipf 2a, ☎ 07636/7449, ℻ 787804, www.gipfhof.de.

Kohlerhof, der Berggasthof liegt am Höhenwanderweg vom Schauinsland ins Münstertal. Schöne Aussichtsterrasse mit Blick bis ins Rheintal. Hauptgericht bis 20 €. Im Winter 10–18 Uhr, im Sommer bis 22 Uhr, Mo Ruhetag. ☎ 07602/245.

• *Camping* **Camping Münstertal**, ADAC-Bestnote für die Ausstattung mit Hallen- und Freibad, Tennisplatz samt Unterricht, Fahrradverleih. Stellplätze mit TV-Anschluss, Telefon (!) und auf Wunsch sogar eigenem Bad. Ganzjährig geöffnet. 2 Pers. plus Stellplatz in der Hauptsaison 30 €. Dietzelbachstr. 6, ☎ 07636/7080, ℻ 7448, www.camping-muenstertal.de.

Sehens- und Erlebenswertes

Kloster St. Trudpert: Nach der Legende ließ sich der irische Mönch Trudpert 604 im Münstertal nieder, um die Alamannen zu missionieren. Das gefiel nicht allen, und so wurde der fromme Mann erschlagen. Dort, wo sich der Überlieferung nach Trudperts Einsiedelei befunden hatte, errichteten 200 Jahre später Benediktiner eine Abtei, die heute das deutsche Mutterhaus der St.-Josephs-Schwestern ist. Frauen auf Sinnsuche haben hier Gelegenheit zu einem Klosterleben auf Zeit. Den gotischen Chor ausgenommen, ist die Klosterkirche mit ihrem charakteristischen Zwiebelturm und den gefälligen Proportionen weitgehend das Werk des Vorarlberger Barockbaumeisters Peter Thumb.

www.kloster-st-trudpert.de. Die Kirche ist tägl. geöffnet. Führung Fr 16 Uhr.

Schaubergwerk Teufelsgrund: Im Untermünstertal betreibt die Gemeinde den früheren Schindlerstollen als Schaubergwerk und Wasserspeicher. Im Mittelalter baute man hier Silber ab, das in Freiburg zu Münzen verarbeitet wurde und so zum Reichtum der Stadt beitrug. Das Silberglück endete im 17. Jh. (→ Dachsberg, S. 164). Später ließ das Kloster nach Blei und Kupfer schürfen, zuletzt wurde bis in die 1950er Jahre Flussspat gewonnen. Nach einer kurzen Dia-Ton-Show erkundet

Köhlers Grillkohle als Souvenir

Breisgau
Karte S. 57

die Führung den Stollen. Wegen seiner weitgehend keim- und allergenfreien Luft wird das Bergwerk auch für Liegekuren genutzt.

www.besuchsbergwerk-teufelsgrund.de. April bis Okt. Di/Do/Sa (Juli/Aug. zusätzlich Mi/Fr) 10–16 Uhr (letzte Führung), So 13–16 Uhr. Eintritt 5 €.

Kaltwasserhof: 2002 drehte der SWR eine TV-Serie über das Leben in einem Schwarzwaldhaus vor hundert Jahren. Eine deutsch-türkische Familie aus Berlin lebte und wirtschaftete zehn Wochen auf dem Kaltwasserhof ohne Strom und fließend Wasser, ohne Traktor, Bohrmaschine und andere Annehmlichkeiten unserer Zeit. Nach Abschluss der Dreharbeiten hat Besitzer Peter Bert den Hof im Zustand von anno dazumal belassen, er pflegt hier am Wochenende selbst das schlichte Leben und führt Besucher durch den musealen Bauernhof.

Kaltwasser, Nähe Schaubergwerk, www.schwarzwaldhaus-muenstertal.de. Führungen Ostern–Okt. Sa/So 14–17 Uhr. Eintritt 4 €.

Bienenkunde-Museum: Das Museum zeigt in elf Räumen sowohl tote als auch lebende Bienen und wie die Menschen, vom steinzeitlichen Honigjäger bis zum modernen Hightech-Imker, sich den Sammelfleiß dieser Insekten zunutze machen. Auch eine Sammlung von Mineralien und edlen Steinen aus den früheren Bergwerken im Tal ist zu sehen.

Spielweg, www.bienenkundemuseum.de. Mi/Sa/So 14–17 Uhr. Eintritt 2,50 €.

Kohlenmeiler: Wenn der Riesterer Siegfried Kohle macht, verdient er keinen Batzen Geld, doch die Nachbarn bekommen Appetit auf Gegrilltes. Der Gemeindearbeiter ist im Nebenerwerb Köhler. Zu Ostern, Pfingsten und dann noch irgendwann in den Sommerferien schichtet er sorgfältig seinen Meiler auf dem überdachten Kohleplatz und lässt das Holz zwei Wochen kokeln, bis es zu Holzkohle geworden ist. Ein rußiges Handwerk und aufwendig dazu, denn alle paar Stunden muss Köhler Siegfried oder seine Frau mit dem passenden Namen Kriemhilde die Luftzufuhr des Meilers kontrollieren und nachjustieren. Schon an den Terminen merkt man, dass die Köhlerei heute v. a. ein Touristenspektakel ist. Denn preislich kann die Meilerholzkohle mit der Fabrikware schon lange nicht mehr konkurrieren.

Der Meiler wird beim Waldparkplatz Gabel im Ortsteil Rotenbuck aufgebaut. Die genauen Termine sind bei der Tourist-Information zu erfragen.

Wandern

Wanderwege, hier und da noch altertümelnd als „Terrainkurweg" beschildert, gibt es im Münstertal mehr als genug. Die wärmeren, weil sonnenexponierten liegen auf der Nordseite des Tals. Hier ein Routenvorschlag für eine auch wintertaugliche Wanderung vom **Obermünstertal** Richtung **Schauinsland,** die weitgehend durch offenes Gelände mit gutem Ausblick führt:

Von *Spielweg* zum *Oberen Gipfhof* (Wanderparkplatz) und weiter zum *Wegkreuz Gstihlberg* aufsteigen, wo man auf den Höhenweg von Staufen zum Schauinsland trifft. Der führt auf den *Sonnhaldenberg* mit traumhafter Rundumsicht – die TV-Leute vom „Schwarzwaldhaus 1902" (→ Kaltwasserhof, s. o.) waren davon so begeistert, dass sie Mäharbeiten der Fernsehbauern kurzerhand hierher verlegten. Am *Sonnhaldeneck* kann man wahlweise links einen Abstecher zum *Berggasthof Kohlerhof* (→ S. 82) machen (und von dort über Gstihlberg wieder zurück), rechts nach Spielweg absteigen oder geradeaus den Kamm entlang über den *Stutz* zum *Gasthof Gießhübel* (→ S. 76) und weiter zum *Schauinsland* laufen.

Staufen

7600 Einw., 284 m ü. d. M.

Putzige Häuser aus alten Zeiten säumen die kopfsteingepflasterten Gassen, hier ein Erker, dort ein Bächlein, in der Mitte der Marktplatz mit dem Rathaus – doch die Idylle zeigt tiefe Risse: Bohrungen zur Erschließung von Erdwärme haben den Boden in Bewegung und so die Häuser ins Wanken gebracht.

Durch die Bohrlöcher drang tief unter der Erdoberfläche Wasser in zuvor trockene Gipskeuperschichten. Das Mineral, ein Kalziumsulfat, reagiert mit dem Wasser und vergrößert dabei sein Volumen um bis zu 60 %. Deshalb hob sich unter der Altstadt der Boden, an manchen Stellen um mehr als 20 Zentimeter. „Jeder Bohrfachmann hätte das wissen müssen", stöhnt der Hirschenwirt. Die Schäden an rund 250 Gebäuden gehen in die Millionen. Bohrfirma, Landesbehörden und Stadtverwaltung schieben sich nun gegenseitig die Schuld in die Schuhe.

Bevor die Touristen vor allem kamen, um sich an daumendicken Gebäuderissen zu erschaudern und ergötzen, war die Stadt für eine andere höllische Begebenheit berühmt. In Staufen nämlich, so die Überlieferung, wurde der Johann Georg Faust (um 1480 bis 1539) vom Teufel geholt. Der hoch verschuldete Burgherr Anton von Staufen hatte seine letzte Hoffnung auf den bekannten Alchemisten und Goldmacher gesetzt. Im Löwen, wo der Magier – man weiß es genau – im Zimmer 5 Quartier genommen und seine schwarze Kunst praktiziert hatte, da endete der Teufelspakt, als der Mephistopheles unter Schwefelgestank, Blitz und Donner als feurige Lohe aus dem Kamin fuhr und sich die Seele des Doktor Faustus holte. Oder war's doch ein alchemistischer Betriebsunfall? Dann wäre des Satans Fußabdruck auf der Wendeltreppe des Rathauses eine plumpe Fälschung.

• *Vorwahl* 07633

• *Information* **Tourist-Information**, im Rathaus, Hauptstr. 53, 79219 Staufen, ✆ 80536, www.staufen.de. Im Sommer Mo–Fr 9–12 und 14.30–17.30 Uhr, Sa 9.30–12 Uhr; im Winter Mo–Fr 9–12 Uhr, Di/Do auch 14–16 Uhr.

• *Stadtführungen* April–Okt. Sa 15 Uhr, Juni–Sept. auch Do 17 Uhr, 19 €. Angeführt vom Leibhaftigen, teuflisch gut und deshalb oft ausgebucht – Anmeldung bei der Tourist-Information.

• *Theater* **Auerbachs Kellertheater**. Eberhard Buschs Kellertheater ist dank origineller Inszenierungen und Bühnenbilder ein Begriff in der Region. Auf der Rempart 7, Programm unter ✆ 500350, www.auerbachs-kellertheater.de.

• *Veranstaltungen* Das **Markgräfler Weinfest** findet Ende Juli/Anfang Aug. statt, zur Eröffnung großer Einzug der Weinköniginnen.

Stages: Am vorletzten oder letzten Wochenende im Sept. wird die Altstadt zur Bühne. Historienspiel, ein mittelalterlicher Markt und Scharen kostümierter Besucher laden zur Zeitreise ein. www.stages-staufen.de.

Kulturwoche: Anfang Okt. mit Ballett, Theater, Musik und Lesungen. Programm unter www.staufen.de.

Musikwoche: Ende Juli/Anfang Aug., eines der ältesten Musikfestivals in Deutschland mit Schwerpunkt Kammermusik und Kunstlied. Programm unter www.staufen.de.

• *Übernachten/Essen* **Zum Löwen**, konventionelle Küche (Schweinefilet, Lachsforelle u. Ä.) mit Hauptgerichten für 10–25 €, auch ein Faust- und Mephistomenü fehlen nicht. Zimmer im Schwarzwaldstil, teuflisch gut schläft sich's im „Faustzimmer". Fr/Sa Theatermenü mit Vorstellung in Auerbachs Kellertheater. Im Winter Mo Ruhetag. Beim Rathaus. DZ 70–100 €. Hauptstr. 47, ✆ 07633/9089390, 908939500, www.fauststube-im-loewen.de.

Krone, mit dem Satz „Ich duld' es nicht, dass ich erschossen werde!" machte der Kronenwirt 1848 Revolutionsgeschichte. Heute ist die Küche gutbürgerlich und darf sich mit einem Bib Gourmand schmücken. Die Preise sind kundenfreundlich, die Geschäfte gehen gut. Wer sonst kann es sich leisten, sein Restaurant freitags und samstags geschlossen zu lassen? Die Zimmer sind neu eingerichtet und verfügen teilweise über Balkon und Burgblick. DZ 85 €. Hauptstr. 30, ✆ 07633/5840, 82903, www.die-krone.de.

Hirschen, gutbürgerliche Fleischküche (Hausschlachtung) vom garnierten Rindfleischsalat über Bratwürste bis hin zum Steak. Selbst gebrannter Schnaps und Wein vom eigenen Weinberg, Biergarten. Die Gästezimmer schwarzwälderisch dunkel möbliert. Hauptgericht 10–20 €. Mo/Di Ruhetag. DZ 80–85 €. Hauptstr. 19, ✆ 07633/5297, 5295, www.hirschen-staufen.de.

Teuflisches Staufen

Goethe, ehemals Wohnheim des Goethe-Instituts, wurde zum Hotel umgebaut. Freundliche, helle Zimmer, meist mit Balkon, auch einige Appartements. DZ 80–90 €. Hauptstr. 3, ✆ 07633/500628, 929610, www.goethe-hotel-staufen.de.

St. Gotthardhof, ein bodenständiges und preiswertes Ausflugslokal am Waldrand, etwa 15 Gehminuten außerhalb der Stadt. Regionale Vesperspezialitäten wie Zwiebelkuchen und Bibbeleskäs. Mit Rheintalblick. Mo/Di Ruhetag. Bötzenstr. 29, ✆ 7420.

Café Decker, Tagescafé mit kunstvollen Torten, eigenen Pralinen und großer Auswahl an Frühstücksgebäck. Mit Dachterrasse und Straßencafé. Mo–Sa 6.30–18 Uhr, So ab 14 Uhr. An der Neumagen-

brücke (die als Deutschlands einzige Gusseisenbrücke Denkmalschutz genießt). www.cafe-decker.de.

• *Camping* **Camping Belchenblick**, 1,5 km außerhalb beim Freibad am Neumagen. Gut ausgestattet mit Shop, Kneipe, Fitnessraum und Hallenbad. Verleih von Rädern und Inlinern. 2 Pers. plus Stellplatz 25 €. Münstertäler Str. 43, ✆ 07633/7045, 📠 7908, www.camping-belchenblick.de.

Sehens- und Erlebenswertes

Keramikmuseum Staufen: Das Staufener Keramikmuseum ist Teil des Badischen Landesmuseums. Im Untergeschoss sieht man die Werkstatt des Töpfermeisters Josef Maier, der hier 1898–1948 tätig war. Oben sind Arbeiten des Kunstkeramikers Egon Bregger ausgestellt, der als Maiers Schwiegersohn auch die Werkstatt übernahm. Außerdem gibt es Sonderausstellungen zeitgenössischer Keramiker.
Wettelbrunner Str. 3, www.landesmuseum.de. Febr.–Nov. Mi–So 14–17 Uhr, So auch 11–13 Uhr. Eintritt 1,50 €.

Bad Krozingen

17.000 Einw., 239 m ü. d. M.

Bei den Bad Krozinger Schlosskonzerten wird auf historischen Instrumenten gespielt – so wie zu Bachs und Mozarts Zeiten. In einer windschiefen Kapelle findet man eine der ältesten Christusdarstellungen nördlich der Alpen.

Von Freiburg kommend, zwängen sich die Verkehrswege durch einen Engpass zwischen Tuniberg und Batzenberg, die man als Weinlagen aus dem Supermarktregal kennt. Dann weitet sich die topfebene Landschaft, statt Rebhängen trifft man Kartoffeläcker, Maiswüsten, gefurchte Spargelfelder, Werbung für „Erdbeeren selber pflücken" – und kommt nach Bad Krozingen, das als Kurort und für seine Schlosskonzerte berühmt ist. Anders als Staufen kann das frühere Bauerndorf Krozingen nicht mit Fachwerkgemütlichkeit aufwarten. Nur wenige alte Häuser stehen noch im Bereich zwischen dem Flüsschen Neumagen und dem Schloss.

- *Vorwahl* 07633
- *Information* **Tourist-Information**, Herbert-Hellmann-Allee 12, 79189 Bad Krozingen, ✆ 400863, www.bad-krozingen.de. April–Okt. Mo–Fr 8.30–18 Uhr, Sa/So 10–12 Uhr; Nov.–März Mo–Fr 9–17 Uhr. Daneben gibt es noch einen **Infoschalter im Josephshaus** beim Schloss, Basler Straße: April bis Mitte Okt. Mo–Fr 10–12 und 14.30–18.30 Uhr, Sa 15–19 Uhr (Juli/Aug. bis 20 Uhr).
- *Baden* **Thermalbad Vita Classica**, Eintritt Therme 12 €, mit Sauna 20 €. Mo–Sa 9–23 Uhr, So bis 22 Uhr, Sauna tägl. ab 10 Uhr. Herbert-Hellmann-Allee 12, www.vita-classica.de.
- *Kultur* **Schlosskonzerte**, Programm und Tickets unter ✆ 407164, www.schloss konzerte-badkrozingen.de.
- *Übernachten* **Gästehaus Sparenberg**, zentral und doch ruhig gelegene Pension mit einfach, aber nicht altbacken eingerichteten Gästezimmern, Aufenthaltsraum und Liegewiese vorm Haus. DZ 65 €. Blauenstr. 9, ✆ 07633/3577, 405101, www.gaestehaus-sparenberg.de.

Breisgau
Karte S. 57

Sehens- und Erlebenswertes

Schloss mit Instrumentenmuseum: Der Renaissancebau entstand 1579 als Propstei des Klosters St. Blasien und wurde Mitte des 18. Jh. von Johann Caspar Bagnato umgestaltet. Heute sind hier die Freiherren von Gleichenstein zu Hause, dazu eine beachtliche Sammlung historischer Tasteninstrumente, die bei den Schlosskonzerten zum Klingen kommen.

Sammlung und Schloss sind nur unmittelbar vor den Konzerten zu besichtigen. www.schlosskonzerte-badkrozingen.de.

Glöcklehofkapelle: Am Rande von Oberkrozingen, dem in Richtung Staufen gelegenen Ortsteil, findet man das älteste Gebäude Bad Krozingens. Die Glöcklehofkapelle mit ihren buckligen und schiefen Wänden und den hoch angesetzten, winzigen Fenstern entstand irgendwann im 10. Jh., als die Gegend noch unter dem Einfluss des Klosters St. Gallen stand. Erst ein zur Kur in Bad Krozingen weilender Kunstexperte entdeckte 1936, dass die verblichenen Fresken hinter dem Altar zur Erstausstattung des Kirchleins gehören. Um einen Christus als Weltenrichter ist eine Bildergeschichte mit Johannes dem Täufer gruppiert, der unter dem St. Galler Abt Ekkehart (958–972) besonders verehrt wurde. Links betet Johannes zu Gott, links außen liegt sein enthaupteter Torso auf einem Kasten, während der Henker das Haupt schwenkt. Dieses wird auf der rechten Seite dem Herodes und seiner erschrockenen Gemahlin von einem Diener auf dem Tablett serviert, derweil Salome ausgelassen tanzt.

Evangelische Kirche: Wieder zurück im Zentrum, werfe man nahe der Nepomuk-Brücke noch einen Blick in die evangelische Pfarrkirche. Hier hat der Glasmaler Georg Meistermann (1911–1990) die Fenster mit mehr oder minder abstrakten Motiven gestaltet.

Das A und O moderner Glaskunst

Der Feldsee, „Auge" des Feldbergs

Hochschwarzwald

In diesem Kapitel finden Sie den Höhepunkt des Schwarzwalds, nämlich den Feldberg, und seine zwei tiefblauen Augen, den Schluchsee und den Titisee. Es waren v. a. erlebnishungrige Briten, die im 19. Jh. die waldreiche Landschaft mit ihren Bergen und Seen als eines der schönsten Feriengebiete in Deutschland entdeckten. Später warben das „Schwarzwaldmädel", der erste Kassenschlager des nachkriegsdeutschen Heimatfilms, und Wintersportler wie Georg Thoma für die von Freiburg gerade mal eine halbe Zugstunde entfernte Urlaubsregion. Doch keine Angst: Der Rummel konzentriert sich auf wenige Punkte. Nur ein paar Schritte abseits der ausgetretenen Pfade findet sich selbst am Feldberg tannenrauschige Einsamkeit.

Hinterzarten

2600 Einw., 885 m ü. d. M.

Als Heimat der Skisprunglegende Georg Thoma und Trainingsort von Spitzensportlern ist Hinterzarten ganz auf Wintersport eingestellt – wobei der auch ohne Schnee gepflegt werden kann, denn die Adlerschanzen sind inzwischen mit Matten belegt.

Wer sich solche Höhenflüge nicht zutraut, auf den warten auch nahezu ebene Loipen und Wanderwege, denn Hinterzarten liegt sonnig und nebelfrei auf einem offenen Plateau, wobei das Terrain ein wenig an eine Modelleisenbahnlandschaft erinnert. „Luftschnapper" nannte man scherzhaft die ersten Ausflügler, die noch mit der Postkutsche heraufkamen. Wenngleich nur auf der Durchreise, hinterließ die auf ihrem Weg von Wien nach Paris 1809 mit einer Entourage von 52 Kutschen im Hinterzartener „Adler" abgestiegene Marie Louise Leopoldine Franziska Theresia

Josepha Lucia bleibenden Eindruck, war sie doch Erzherzogin von Österreich und sollte an Napoleons Seite Kaiserin von Frankreich werden. Bereits im 19. Jh. wurde ihr Aufenthalt touristisch vermarktet, der Adler wirbt bis heute mit ihr. Den Fremdenverkehr so richtig in Schwung brachten aber erst die Erschließung durch die Höllentalbahn und die Anfänge des Skisports Ende des 19. Jh. 1964 erhielt Hinterzarten das Prädikat „Heilklimatischer Kurort", eine nostalgische Liegehalle erinnert noch an den Kurbetrieb. Dieser kommt heute unter dem Etikett „Wellness & Gesundheit" daher und wird kaum mehr von den Kassen, sondern von den Gästen selbst bezahlt, wobei in Hinterzarten auch betuchtere Klientel promeniert.

- *Vorwahl* 07652

- *Information* **Hochschwarzwald Tourismus GmbH**, im Kurhaus, Freiburger Str. 1, 79856 Hinterzarten, ✆ 12068200, www.hinterzarten.de. Mo–Fr 9–17 Uhr, Sa/So 10–12 Uhr. Es gibt eine gute Wanderkarte zu Hinterzarten und Umgebung, allerlei Broschüren sowie einen Gäste-PC zum Recherchieren.

- *Einkaufen* **Käserei Ospelehof**. Eine gute Sache, die Milch der eigenen Kühe vor Ort zu Käse zu verarbeiten. Nur bei den Sorten („Schwarzwald-Gouda", „Camembert") wünscht man sich etwas mehr Lokalkolorit. Auch selbst hergestellte Molkekosmetik und Ferienwohnungen (45 €). Mai–Okt. Di–Fr 10–13 und 15–17 Uhr, Sa 10–13 Uhr, Dez.–April nur Do–Sa. Windeck 2, www.ospelehof.de.

- *Sommersport* Auf dem Islandpferdegestüt Hofmeier, dem Scherzingerhof, kann man **reiten**. Ausritte und Unterricht auf Islandponys, auch ganze Reiterferien für Kinder und Jugendliche. Windeck 15, ✆ 396, www.scherzingerhof.de.

Mountainbiken: Fahrradverleih bei der Tourist-Information, 10–15 €/Tag.

- *Wintersport* An der Erlenbrucker Straße gibt es im Winter eine **Natureislaufbahn**. Schöner sind allerdings die ausgewiesenen Flächen auf dem Titisee.

Lifte: 2 km außerhalb des Orts findet man drei bis zu 1200 m lange Schlepplifte am Hausberg Windeckkopf (1206 m). Zeitweise Abendbetrieb mit Flutlicht.

Loipen: Bei Schnee wird eigentlich ganz Hinterzarten zu einem Loipennetz, doch 100 km Wege werden gespurt und sind als Loipen ausgewiesen. Leihski und Karten gibt's im Loipenzentrum beim Kurhaus.

Rodeln: Schlitten verleihen für 5 €/Tag Sport Maurer, Rathausstr. 1, ✆ 5963, www.sport-maurer.de.

Skischule, -verleih: Die v. a. am Feldberg aktive Skischule Thoma bietet in Hinterzarten im Skizentrum Windeck Unterricht an und verleiht Skier und Snowboards. An der Ortszufahrt von der B 31, Stühlingerweg 1, www.thoma-skischule.de.

- *Kinderprogramm* Die Tourist-Info bietet in der Saison jeden Nachmittag ein abwechslungsreiches Kinderprogramm. Ein Highlight ist das montägliche Kochen mit Profiküchenmeister Josef Fehrenbach. Für schöne Tage empfiehlt sich der kindgerechte **Naturerlebnispfad**.

- *Veranstaltungen* Jedes Jahr Mitte Aug. **Sommerskispringen** auf den Adlerschanzen. Aktuelle Termine unter www.sommerskispringen-hinterzarten.de.

- *Übernachten/Essen* **Parkhotel Adler**. Dass Marie Antoinette hier schon schlief, ist nur eine Vermutung, doch gewiss kamen später Politiker und Showstars. Heute entspannt im Adler, der selbst den Dreißigjährigen Krieg überstanden hat, jene Fraktion des Geldadels, die lieber anonym und inkognito bleibt. Immerhin hat die resortartige Anlage mit großzügigem Park samt Weiher und Wildgehege für ihre Promis einen eigenen Hubschrauberlandeplatz. Mehrere Gebäude sind in einem Sammelsurium verschiedener Stile gehalten: von Schwarzwaldgemütlichkeit über Retrolook bis zum coolen Design der Wellnesslandschaft. Vornehm, doch sehr unterschiedlich eingerichtete Zimmer. Alemannische Spezialitäten wie Schäufele oder Schneckensüpple isst man im rustikalen, denkmalgeschützten Wirtshus (Hauptgericht 15–30 €), an Wiener Vorbildern orientiert sich das Jugendstil-Kaffeehaus Diva. Der Wellnessbereich steht für 25 € auch Tagesgästen offen. DZ 200–300 €. Im Zentrum bei der Kirche, Adlerplatz 3, ✆ 07652/1270, ℻ 127717, www.parkhoteladler.de.

Reppert. Die Stiftung Warentest zählt das von den Eigentümern persönlich geführte Haus zu den besten Wellnesshotels in Deutschland. Es liegt ruhig zwischen Kirche und Kurhaus und ist besonders bei Schweizern beliebt. Zur Zimmerausstattung zählen außer dem Bademantel auch Rucksack,

Hochschwarzwald Karte S. 91

Gastlichkeit aus dem Bilderbuch

Regenschirm und WLAN. Fantasievoll dekorierte Bade- und Saunalandschaft, beheiztes Freiluftbecken, Kosmetik und Massagen. DZ mit Halbpension 205–310 €. Adlerweg 21–23, ✆ 07652/12080, 📠 120811, www.reppert.de.

Waldhotel Fehrenbach. 6 km durch die Tannen bis zu einer Alm, auf der sich Fuchs und Has Gute Nacht sagen – da steht das Waldhotel. Die Zimmer sind mit Gespür für freundliche Farben und wohnliche Atmosphäre eingerichtet, die Küchenbrigade sammelt in der warmen Jahreszeit ihre Wildkräuter draußen in der Natur, was Michelin mit einem Bib Gourmand belohnt hat. Mi Ruhetag. DZ 120–130 €, Menü 35–60 €. Alpersbach 9, ✆ 07652/91940, 📠 919410, www.waldhotel-fehrenbach.de.

Zum Engel. Richtet sich das Waldhotel an ein betuchteres und gesetzteres Publikum, das gerne gut isst, gibt sich der benachbarte Engel eher volkstümlich und mit seinem tollen Spielplatz auch kinderfreundlich. Badische Küchenklassiker (Schäufele, Forelle, Wildgerichte usw.) mit Zutaten aus der Region. Aussichtsterrasse. Do Ruhetag. DZ 75–85 €, Ferienwohnung für 2 Pers. 45–60 € Hauptgericht bis 20 €. Alpersbach 14, ✆ 07652/1539, 📠 5481, www.engel-hinterzarten.de.

Sehens- und Erlebenswertes

Skimuseum Hinterzarten: Wie war das früher, als der Schwarzwald noch im Schnee versank? Das Museum im historischen Hugenhof zeigt winterliche Fortbewegung mit Schneeschuhen und Schlitten und die Anfänge des Skisports, der schnell auch Maler und Filmer in seinen Bann zog. Man sieht die Entwicklung der Skimode und eine Skiausrüstung von anno Tobak. Auch der Bobsport und natürlich das Skispringen haben ihren Platz in der Ausstellung.

Im Hugenhof, Erlenbrucker Straße, www.schwarzwaelder-skimuseum.de. Di/Mi/Fr 15–17 Uhr, Sa/So ab 12 Uhr. Eintritt 3,50 €.

Spielzeugmuseum Zum kleinen Hannes: Direkt unterhalb der Adlerschanzen wird im früheren Jagdhaus meiner als Hersteller von Rasierapparaten und Schneewittchensärgen bekannten Namensvettern altes Spielzeug gezeigt: Puppenstuben, chen, Kaufläden, mit Zinnsoldaten bewehrte Burgen, der fliegende Münchhausen und was noch alles. Kinder lernen die Spielwelt ihrer Groß- und Urgroßeltern kennen, Erwachsene erinnern sich an ihre eigene Kindheit. Ganz nebenbei dokumentieren die Exponate auch den Wandel von Mode und Wohnkultur von 1880 bis in die Wirtschaftswunderjahre.

Adlerschanze 1. Di/Do/Sa 15–18 Uhr, So ab 14 Uhr. Eintritt 2,50 €.

Hinterzartener Moor: Dieses Naturschutzgebiet gilt als eines der am besten erhaltenen und besonders gut zugänglichen Hochmoore im Südschwarzwald. Die vielfältige Moorlandschaft umfasst etwa 70 ha und ist aus einem Gletscherbecken entstanden. Im heideartigen Ostteil wachsen Kiefern, Moorbirken und auch ein paar Fichten, am anderen Ende schwirren Libellen über einem kleinen See, dazwischen blühen Wollgras und Fieberklee, wachsen Moosbeeren und der fleischfressende Rundblättrige Sonnentau. Ein Rundweg dauert je nach Variante 1–1:30 Std., in einer kleinen Broschüre der Naturschutzverwaltung (bei der Tourist-Info erhältlich) wird das Biotop vorgestellt.

Das Moor liegt ausgeschildert gleich hinter dem Bahnhof.

Wandern

Tour 2: Heimatpfad Hochschwarzwald

Vor der Dampfmaschine und dem „Strom aus der Steckdose“ war die Wasserkraft der wichtigste Energieträger. Und davon gab es bei Hinterzarten mehr als genug. Was die Altvorderen draus machten, erfahren wir auf dem am Bahnhof Hinterzarten beginnenden Heimatpfad. Als 10 km langer Rundweg mit einer Höhendifferenz von 200 m führt er in 3 Std. durch das Löffeltal ins Höllental und über den Höllsteig, die Ravennaschlucht und den Föhrwald wieder zurück nach Hinterzarten. Am Weg sind verschiedene Gebäude wie Sägen und eine Seilerei zu besichtigen. Mit der St. Oswaldkapelle aus dem Jahre 1148 berührt der Pfad auch das älteste Kirchlein des Hochschwarzwalds. Die Tourist-Information hält ein Heftchen mit Routenbeschreibung bereit. Im Sommer pendelt ein SBG-Wanderbus zwischen Hinterzarten und dem Hofgut Sternen.

Der Weg führt vom **Bahnhof Hinterzarten (1)** westwärts durch den Ort und verlässt ihn mit dem Höllenbach. Erste Station ist die **Kingenhofsäge (2),** eine einfache Klopfsäge, deren anschauliche Mechanik auch der Laie schnell versteht. Komplizierter ist die **Rutscherhofsäge (3),** bei der ein Zahnganggetriebe mit Pleuelstangen die Wasserkraft auf den Sägerahmen überträgt. Durch einen Tunnel unter der B 31 kommt man zur leider meist verschlossenen **Seilerei (4).** Hier wurden die Seile hergestellt, mit denen früher Pferdegespanne schwer beladene Karren vom Höllental auf die Hochebene zerrten. Eine 1857 erbaute **Natursteinbrücke (5)** trägt heute anstandslos auch den Schwerlastverkehr zum **Hofgut Sternen (6).** Mit monumentaler Kuckucksuhr, einem Glasbläser, Souvenirgeschäft und natürlich dem Wirtshaus bedient es die Schwarzwaldklischees hart an der Geschmacksgrenze. Im *Zollhaus* erläutern Schautafeln die Verkehrsgeschichte des Höllentals, 200 m talab findet man die

Zwanzig nach zwölf am Hofgut Sternen

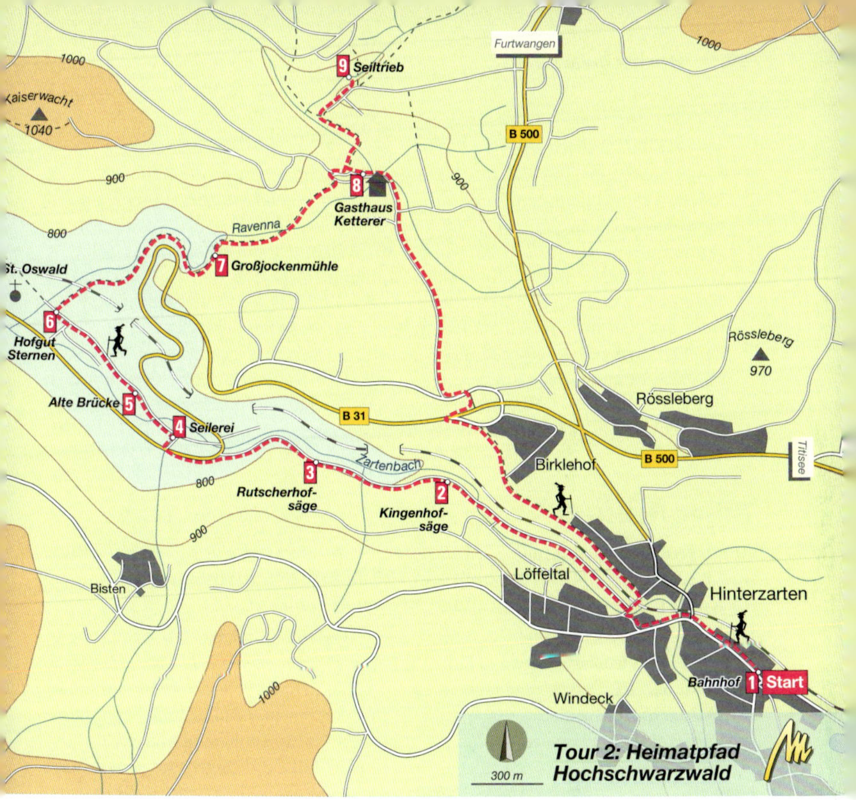

St. Oswaldkapelle; die Schlüssel erhält man jeweils an der Rezeption des Sternen. Weiter geht's in Richtung Nordosten entlang einem rauschenden Wildbach über Brücklein und Stiegen durch die romantische *Ravennaschlucht* an der **Großjockenmühle (7)** vorbei zum **Gasthaus Ketterer (8).** Der Heimatpfad folgt weiter dem Ravennabach nach Norden zum **Seiltrieb (9),** bei dem ein Mühlrad einen Seilzug antrieb, mit dem dann auf dem weiter bergauf gelegenen Bauernhof Maschinen bewegt werden konnten. Statt nun dem Heimatpfad (und damit der B 500) zurück nach Hinterzarten zu folgen, geht man besser zum Gasthof zurück und schlägt dort den mit rot-weißer Raute markierten Weg ein, der über die *Internatsschule Birklehof* wieder nach Hinterzarten führt.

Jägerpfad

Der vom Schwarzwaldverein 1925 auf der Südseite des *Höllentals* angelegte Jägerpfad hat mit dem stark angewachsenen Verkehr der nahen B 31 jeden Reiz verloren. Zudem sperrten die Behörden nach einem Erdrutsch den Tunnel beim Bahnhof Hirschsprung und zwingen Wanderer so zu einem Umweg mit 400 m Höhenunterschied. Wo sich Straße und Höllbach durch einen Engpass zwängen, erinnert ein Bronzehirsch daran, dass sich das Original hier einst mit einem mutigen Sprung über die Klamm vor den Jägern rettete. Heute würde der *Hirschsprung* wohl als Wildschadensfall enden.

Die Sportlegende Georg Thoma

Hinterzarten machte sich im Nachkriegsdeutschland durch die Bilderbuchkarriere seines heutigen Ehrenbürgers Georg Thoma (geb. 1937) einen Namen, der als Olympiasieger (1960) und Weltmeister (1966) in der Nordischen Kombination zum Sportidol wurde. Eine Vitrine im Kurhaus zeigt seine vielen Medaillen und Urkunden. Da Alpinspitzensportler damals noch kein Vermögen scheffeln konnten, flitzte er nach Ende seiner Leistungssportkarriere mit Rad und Skiern als Briefträger und Versicherungsvertreter durch den Ort. Inzwischen ist er Rentner und nur noch zum Vergnügen auf Mountainbike, Rennrad oder Brettern unterwegs. Eine Generation nach Georg flog mit seinem Neffen Dieter noch einmal ein Thoma weltmeisterlich über die Schanzen. Er begegnete uns später als Skisprungkommentator bei RTL.

Titisee-Neustadt

12.000 Einw., 849 m ü. d. M.

Jubel, Trubel, Freizeitspaß. Sonntags, wenn andere Städte vom Vergnügungs- und Kaufrausch pausieren, geht's in Titisee erst richtig los: ein Pflichtstopp für Ausflugsbusse, Wandergruppen, Biker und Familien.

Die Gemeindereform von 1973 vereinigte die ungleichen Städte Titisee und Neustadt, deren Ortskerne etwa 5 km auseinanderliegen. Die vormalige Kreisstadt Neustadt, ein eher nüchterner Ort in einem kühlen Hochtal, leidet seit mehr als einem Jahrzehnt unter den wirtschaftlichen Problemen ihrer Holz- und Papierindustrie, wegen deren Umweltsünden sie auch den Status als Kneippbad verlor. Der Kurort Titisee dagegen, an einem zauberhaften See gelegen, ist für die meisten Schwarzwaldbesucher ein Muss. Noch vor hundert Jahren schrieb der Hotelier und Autor Friedrich Jäger in seinem *Führer für Kurgäste und Touristen:* „Als Herr Eigler eine Sommerwirtschaft errichten wollte, wurde sein Gesuch vom Gemeinderat mit der Bemerkung abgelehnt, Titisee sei eine öde, menschenleere Gegend, in welcher ein Wirtshaus nicht nötig und auch nicht lebensfähig wäre." Heute werben Bootsleute am Strand für Rundfahrten auf dem See. Lebhaft bis überlaufen präsentiert sich zur Ferienzeit die ausnehmende Einkaufs- und Flaniermeile „Goldküste", so genannt, weil sich hier mancher Verkäufer von Kuckucksuhren und Bollenhüten eine goldene Nase verdient. Ab 2011 wird Titisee mit dem **Badeparadies**, einem Erlebnisbad mit Südseepalmen, ganzjährig Gäste anlocken.

Jetzt schlägt's aber dreizehn!

• *Vorwahl* 07651

• *Information* **Tourist-Information**, Strandbadstr. 4, Titisee, 79822 Titisee-Neustadt, ✆ 98040, www.titisee-neustadt.de. Mo–Fr 9–12 und 13.30–17 Uhr (im Sommer 9–18 Uhr), Sa/So 10–13 Uhr, Sa auch 15–18 Uhr.

• *Bootsfahrten* Rundfahrten auf dem Titisee und Verleih von Tretbooten (7 €/Std.) und Elektrobooten (16 €/Std.) bieten die Firmen **Drubba**, am Landungssteg, ✆ 981200, www.drubba.com, und **Bootsbetriebe Schweizer**, ✆ 8214, www.bootsbetrieb-schweizer-titisee.de.

• *Fahrradverleih* **Drubba**, Tagesmiete 15 €, am Landungssteg, ✆ 981200, www.drubba.com.

Kuckucksuhren und andere Zeitmesser

Bei der **Uhrenfabrik Hönes** in Neustadt gibt's Kuckucksuhren direkt vom Hersteller. Bahnhofstr. 12, www.hoenes-uhren.de.

Brunners Welt der 1000 Uhren, in Titisee gleich mit mehreren Souvenirpalästen an der Seestraße vertreten, verkauft auch Stoffelche, Bierkrüge, Obstwasser und alle möglichen anderen Schwarzwaldsouvenirs. www.uhren-brunner-titisee.de.

Peter Drubba gegenüber dem Maritim-Hotel in Titisee hat außer Kukkucksuhren auch innovative und hochwertige Stand- und Hängeuhren von Erwin Sattler und anderen Edelmanufakturen im Angebot. Seestr. 37–41, www.peterdrubba.de.

Antik Kiefer in Neustadt restauriert und verkauft historische Uhren. Richard-Schirrmann-Str. 8, www.antike-uhren.de.

• *Übernachten* **Treschers Schwarzwaldhotel**, zentral am See gelegen. 80 Zimmer, das Haupthaus im Schwarzwaldstil mit langen Korridoren, geschwungenen Panoramafenstern und Jugendstilelementen, die neueren Trakte allerweltsmäßig. Wellnesscenter samt Hallenbad, Sauna und Liegewiese, eigener Strand. Eher betuchtes Publikum gemischten Alters, Kinder fallen auf. Schöne Seeterrasse. DZ 85–125 €. Titisee, Seestr. 10, ✆ 07651/8050, 📠 8116, www.schwarzwald hotel-trescher.de.

Gästehaus Wiesler, ein romantisches Schwarzwaldhaus 10 Gehminuten außerhalb an der Straße Richtung Bärental und nur wenige Meter vom See. Elf helle und geräumige Gästezimmer, Stube mit Kachelofen, Spielen und Tageszeitungen. DZ 55–60 €. Titisee, Bruderhalde 8, ✆ 07652/1618, 📠 5881, www.gaestehaus-wiesler.de.

Jugendherberge Veltishof, Der ehemalige Bauernhof am Westweg und über dem Südufer des Titisees wird gleichermaßen von Fernwanderern wie von Schulklassen besucht. Das Haus wurde weitgehend in den 1980ern eingerichtet, 130 Betten überwiegend in Sechserzimmern, Bushaltestelle und Rodelbahn 5 Min. vom Haus. Bett 20–25 €. Bruderhalde 27, ✆ 07652/238, 📠 756, www.jugendherberge-titisee-veltishof.de.

• *Camping* **Naturcamping Weiherhof**, ein terrassiertes, durch Bäume gegliedertes Gelände direkt am Ufer. Kiosk und Gaststube, Boots- und Radverleih, WLAN und Internetterminal, freie Platzwahl. Mein Favorit unter den Campingplätzen am See. 2 Pers. plus Stellplatz 15–20 €. Mai–Okt. geöffnet. Bruderhalde 26, ✆ 07652/1468, 📠 521478, www.camping-titisee.de.

• *Essen* **Eiscafé Carola**, serviert Kaffee, hausgemachte Kuchen und einfache Bistrogerichte. Gut gelegene Terrasse, um dem Straßen- und Strandtreiben zuzuschauen. Seestr. 33, www.eiscafe-carola-titisee.de.

Zum Hirschen. Das „obere Wirtshaus", wie es die Einheimischen nennen, steht in einem Seitental 3 km nördlich von Neustadt. Windgeschützte und sonnige Veranda, innen knarrende Dielen und Kachelofencharme. Fleisch aus eigener Schlachtung zu günstigen Preisen, legendär große Schnitzel. Kinderspielplatz, aktiver Bauernhof. Auch Fremdenzimmer (DZ 45–55 €) und preiswerte Ferienwohnungen. Di/Mi Ruhetag. Langennordach, ✆ 1426, www.oberes-wirtshaus.de.

Feldbergblick, ein Ausflugscafé 6 km nördlich von Neustadt. Einige Zeitmesser in der Gaststube erinnern daran, dass das Haus früher eine Uhrenfabrik war. Leckere Kuchen und Torten aus eigener Herstellung, breite Auswahl an Tees, ein Aquarium mit bunten Fischen als Blickfang. Freitag- und Samstagnachmittag kann eine Modellbahn samt Kieswerk und Seilbahn besichtigt werden. Auch Fremdenzimmer (DZ 60–75 €). Di–So bis 19 Uhr. Schwärzenbach 19, ✆ 07657/463, www.cafe-feldbergblick.de.

Hochschwarzwald Karte S. 91

Bootsausflug auf dem Titisee

Sehens- und Erlebenswertes

Badeparadies: Der eine sucht Action, der andere will in Ruhe entspannen. Wenn beide aufeinandertreffen, ist Stress angesagt, ob im Mietshaus oder im Schwimmbad. Das neue Badeparadies Schwarzwald jedoch meistert den Spagat zwischen Spaßbad und Wellnessoase ohne Probleme – indem es die beiden Bereiche konsequent trennt. Hier das bunte, laute, im Innern fast einem Kraftwerk gleichende *Galaxy* mit Monster-Halfpipe, Galaxy Flash, Clearwater und dergleichen Röhren – dort der „befriedete Sektor" mit Wellenbad, Sport- und Sprungbecken. Und nebenan, nur durch eine schalldichte Feuerwand getrennt, der *Wellnessbereich* mit seiner 33 Grad warmen, von Palmen gerahmten Südseelagune, mit Sprudelliegen, Whirlpools und Poolbar, alles unter einer Glaskuppel, die bei schönem Wetter geöffnet wird. Auf die Freunde des Schwitzens warten vier Themensaunen, benannt und gestaltet nach den vier Elementen Feuer, Wasser, Erde und Luft, dazu eine Wasserfalldusche.

Gekostet hat das Superbad des Architekten und Bäderkönigs Josef Wund knapp 40 Mio. Euro. Die Gemeinden im Hochschwarzwald steuerten 14 Mio. Euro bei. Weil sie sich das Geld leihen mussten und nun in 22 Jahresraten abstottern, ist die öffentliche Hand unter dem Strich mit 20 Mio. Euro dabei. Als Gegenleistung bekommen die Einheimischen vergünstigten Eintritt. Und für jeden Gast jenseits der kalkulierten Gewinnschwelle von 550.000 Besuchern pro Jahr kriegen die Kommunen wieder einen Euro zurück. Viel Freude an der Therme haben auch die örtlichen Waldbesitzer, wird doch die wohlige Wärme zum großen Teil mit dem Verbrennen von Hackschnitzeln gewonnen.

Zwischen B 31 und Bahnhof Titisee (15 Gehminuten), Bushalt zwischen Titisee und Neustadt. **Galaxy** Mo 14–18 Uhr, Di–Fr 14–22 Uhr, Sa/So (Schulferien Ba-Wü tägl.) 9–22 Uhr, Eintritt für 3 Std. 14 €. **Palmenoase** mit **Sauna** tägl. 10–22 Uhr (Sa/So + Schulferien Ba-Wü ab 9 Uhr, Fr bis 23 Uhr) Eintritt für 3 Std. (mit Galaxy) 15 €, Aufschlag Sauna 4 €. www.badeparadies-schwarzwald.de.

Titisee: Glasklar und tiefblau schimmert der 700 x 2000 m große Moränensee zu Füßen des Feldbergmassivs. Ausflugsschiffe pflügen durchs Wasser, Ruder- und Tretboote werden vermietet; die einen surfen, die anderen schwimmen, und alle gucken. Im Winter drehen Schlittschuhläufer ihre Pirouetten, und Loipengänger umrunden die Gestade.

Hochfirstschanze: Im Schmiedsbachtal, nur wenige Gehminuten vom Bahnhof und gleich neben der B 31, steht die größte Naturschanze Europas. 145 m weit flog hier der Pole Adam Malysz beim Weltcupspringen 2007 – und landete auf künstlich hergestelltem Schnee, mit dem die Neustädter auch warmen Wintern ein Schnippchen schlagen. Von unten wirkt die Schanze beinahe niedlich, doch steht man erst oben vor der Anlaufspur, werden die Knie weich.

Action Forest: Im Wald oberhalb des Hotels Waldlust laden fünf Parcours von unterschiedlichem Schwierigkeitsgrad zum Klettern und Balancieren ein. Während die meisten Hochseilgärten auf Gruppen setzen, sind hier auch Familien und Einzelbesucher willkommen – allerdings kann hier nur hoch hinaus, wer wenigstens 1,25 m groß und 6 Jahre alt ist. Nach einer Einweisung bewegt man sich mit Klettergurt, Seil und Karabiner ausgerüstet in luftiger Höhe von Baum zu Baum. Höhepunkt ist der Skifox: In 45-Grad-Vorlage fliegt man mit Skiern an den Füßen über 200 m den Berg hinunter, ganz so, wie es die Skispringer tun, nur dass man dabei an einem Stahlseil hängt.

Am Parkplatz hinter dem Bahnhof Titisee, Neustädter Str. 41, www.action-forest.de. April bis Anfang Nov. 10–19 Uhr, außerhalb der Schulferien Mo/Di Ruhetag. Eintritt für 4 Std. inkl. Skifox: Erwachsene 25 €, mit einem Kind (bis 11 Jahre) 40 €, Studenten/Azubis/Jugendliche 21 €.

Der Feldberg

1493 m ü. d. M.

Als Spitze des Schwarzwalds ist der 1493 m hohe Feldberg zugleich sein beliebtestes Wander- und Skigebiet. Eine Kabinenbahn hilft auch im Sommer beim Aufstieg zum erhofften Alpenblick. Naturschutz und Freizeitspaß, hier versucht man den Spagat.

Auf der B 317 im Stop-and-go-Rhythmus zum Feldberger Hof, dann mit der Seilbahn auf den Seebuck, eine Runde ums Bismarckdenkmal drehen und hinüber zum Feldberggipfel spazieren – so halten es die meisten Sommergäste auf Deutschlands höchstem Berg außerhalb der Alpen. Da wird es am Wochenende und in der Ferienzeit schon mal eng. Der windige und niederschlagsreiche Gipfel ist eine sanft gerundete, waldfreie Kuppe. Schon seit 1937 steht der Berg unter Naturschutz. Deshalb gibt es an seinem Fuß ein „Haus der Natur“ mit Dauerausstellung, einen Naturerlebnispfad und Führungen des „Feldberg-Rangers“. Seinen viel gerühmten Alpenblick, der bis zum 245 km entfernten Mont Blanc reicht, bietet der Feldberg v. a. bei winterlichen Inversionswetterlagen. Die Hänge des wichtigsten Skigebiets im Schwarzwald sind mit 28 Liften erschlossen. Knapp 1 Mio. Wintersportler besuchen den Berg in einer guten Saison. Damit das trotz Klimaerwärmung noch eine Weile so bleibt, greifen Frau Holle Beschneiungsanlagen unter die Arme.

Orientierung

Die **Gemeinde Feldberg** (1900 Einw.) umfasst neben den Häusern auf der Passhöhe der Feldbergstraße (B 317) auch die ein gutes Stück Richtung Titisee gelegenen Ortsteile Bärental, Falkau, Neu- und Altglashütten. Die höchsten Kuppen des **Feldbergmassivs** sind der Seebuck (1448 m), der Baldenweger Buck (1462 m) und der auch als „Höchsten“ bezeichnete Feldberggipfel (1493 m). Die **Wanderkarte** Nr. 505 (Freiburg) des Landesvermessungsamts Baden-Württemberg deckt das gesamte Gebiet ab.

Hochschwarzwald
Karte S. 91

Feldberg mit Alpenblick

• *Vorwahl* 07676

• *Information* Am Berg im **Haus der Natur**, Di–Fr 10–17 Uhr, in der Hochsaison auch Mo. Die **Tourist-Information** der Gemeinde ist im Ortsteil 79868 Feldberg-Altglashütten, Kirchgasse 1, ✆ 8019, www.feldberg-schwarzwald.de; Mo–Fr 8–12, 13–17 Uhr.

• *Anfahrt* Besonders im Winter sind die **Parkplätze** am Feldberg oft überfüllt. Kommen Sie dann besser mit öffentlichen Verkehrsmitteln. Zum Berg steigt man an der Station Feldberg-Bärental von der **Bahn** in den Bus um, das Dorfzentrum hat mit Altglashütten-Falkau eine eigene Bahnstation. Von Süden her fährt ab Zell (Wiesental) der **SBG-Bus** etwa stündl. über Todtnau zum Feldberg und weiter nach Titisee. Von Hinterzarten fahren im Winter, in den Osterferien und von Mai bis Okt. Wander- bzw. Skibusse auf die Passhöhe Rinken an der Nordseite des Feldbergs.

• *Seilbahn* Die **Feldbergbahn** fährt von Juli bis Sept. tägl. 9–17 Uhr, sonst bis 16.30 Uhr. Eine Bergfahrt kostet 7,30 €, eine Berg- und Talfahrt 8,70 € (jeweils inkl. Eintritt Feldbergturm).

• *Fahrradverleih* Leihräder im Bergtour-Center des Hotels **Feldberger Hof** (s. u.). Oder in Falkau beim **MTB-Zentrum Feldberg**, 15–20 €/Tag, Benzenweg 3, ✆ 07655/623, www.feldberg-aktiv.de.

Einen Routenvorschlag für eine Tour ab Titisee um den Feldberg finden Sie unter www.schwarzwald-bike.de → Touren → Südschwarzwald. Eine beliebte Umrundung des Bergs ist auf der Karte zu Tour 3 (→ S. 103) eingezeichnet.

• *Wintersport* Deutschlands ältestes **Skigebiet** wirbt mit 28 Liften (Tagespass 27 €) und etwa 50 km präparierten Pisten. Ein Dutzend Skischulen und Sportgeschäfte am, in und um Feldberg verleihen Bretter und Boards. Als neue Attraktion etablieren sich **Schneeschuhtouren** – geführt z. B. So 10.30 Uhr ab dem Haus der Natur, das die Schneeschuhe auch verleiht (10 €/Tag).

• *Übernachten/Essen* **Feldberger Hof**. Der familien- und umweltfreundliche, doch etwas abgewohnte Platzhirsch steht direkt am Skilift. Ein Betonkasten, der nichts beschönigt und dem man nicht ansieht, dass das Hotel bereits 1863 gegründet wurde. Erlebnisgastronomie und Service haben einen guten Ruf. Für Indoor-Aktivitäten stehen Fitnessstudio, Sauna und Hallenbad zur Verfügung. Kinderbetreuung. DZ 2 Pers. All inclusive je nach Saison 650–1100 €/Woche. Feldberg-Ort, Dr.-Pilet-Spur 1, ✆ 07676/180, 1220, www.feldberger-hof.de.

Haus Waldvogel, ein neu gebautes Gästehaus im Landhausstil in sonniger Lage, die hier am Feldbergpass ihren Preis hat. Café (Do Ruhetag) mit leckeren Kuchen aus eigener Herstellung. DZ 75–100 €, Ferienwohnung für 2 Pers. 50–75 €. Feldberg-Ort, Köpfleweg 25, ✆ 07676/480, ✆ 9399911, www.cafe-waldvogel.de.

Jugendherberge Hebelhof. Die in einem früheren Hotel auf der Passhöhe eingerichtete Jugendherberge bietet 270 Betten überwiegend in Sechser- und Viererzimmern, einige davon mit Dusche/WC. Für die Gruppen gibt es getrennte Aufenthaltsräume. Sporthalle, das einstige Hallenbad dient nun (trocken) als Disco. Ein Bett mit Frühstücksbuffet 20–25 €. Feldberg-Ort, Paßhöhe 14, ✆ 07676/221, www.jugendherberge-feldberg.de.

Naturfreundehaus Feldberg. Das einer Jugendherberge vergleichbare Haus in autofreier Lage auf der Nordostseite des Gipfels (bei der Baldenweger Hütte, s. u.) bietet 60 Betten in einfachen Zimmern verschiedener Größe. Moderne Sanitäranlagen, Gästeküche, auch bewirtete Gaststube. Zu erreichen mit dem Bus ab Hinterzarten bis Rinken, dann 20 Min. laufen. Übernachtung mit Frühstück 25 €. Franz-Klarmeyer-Weg 28, ✆ 07676/336, www.naturfreundehaus-feldberg.de.

St. Wilhelmer Hütte, in sonniger Lage auf der Südseite des Bergs. Brot und Kuchen aus eigener Herstellung, auch der Kartoffelsalat war selbst gemacht. Sogar im sommersonntäglichen Stress zeigte das Personal Nervenstärke und Freundlichkeit. Mi Ruhetag. ✆ 342, www.sankt-wilhelmerhuette.de.

Gasthof Stübenwasen. Das Berggasthaus auf halbem Weg zwischen Todtnauberg und Feldberg wartet mit dem Charme der 70er Jahre auf. Jagdtrophäen, Gaststube mit gelb getöntem Butzenglas, gutbürgerlich-deftige Küche (z. B. Tafelspitz mit Meerrettich). Die einfachen Zimmer wurden teilweise neu mit Dusche/WC ausgestattet. Do Ruhetag. DZ 40–60 €. Todtnau-Todtnauberg, Stübenwasen 1, ✆ 07671/334, ✆ 9307, www.berggasthof-stuebenwasen.de.

Zastler Hütte, im „Zastler Loch", einer tief eingeschnittenen, schneeverwehten Mulde auf der Nordseite des Feldbergs. Aus dem Lautsprecher dröhnt Volksmusik, knappe Karte mit günstigen Gerichten, Selbstbedienung, im Sommerhalbjahr, Do Ruhetag. Übernachtung im Matratzenlager möglich. ✆ 07676/244, ✆ 933480, www.zastler-hütte.de.

Baldenweger Hütte, auf einer Sommeralm, also in offener Landschaft am ruhigen Nordabbruch des Feldbergs gelegen. Innen viel helles Holz und vergleichsweise wenig folkloristischer Zierrat. Ganztägig einfach zubereitete Speisen der Vesper- und Schnitzelklasse, wobei das Rindfleisch aus der eigenen Herde stammt. Üppiges Kuchenangebot, Volkskundler können darüber sinnieren, warum dies die einzige Feldberghütte mit Längsstall war. Nov.–Mai Di–So 10–17 Uhr, Juni–Okt. tägl. bis 19 Uhr, Fr/Sa immer bis 23 Uhr. einfache Übernachtungsmöglichkeit. ✆ 07676/353.

Raimartihof, Traditionshaus auf einer von Wald umgebenen Hochweide beim Feldsee, auf der sich mehrere Wanderwege kreuzen. Sonnenterrasse, behutsam modernisierte Stube mit Kachelofengemütlichkeit. Von allen Feldberghütten die am besten ausgestattete Küche, die z. B. auch Wildgerichte wie das „Feldberger Gamsragout" fabriziert. Hauptgericht 10–15 €. Tägl. 9–19 Uhr, im Winter Di Ruhetag. ✆ 226, www.raimartihof.de.

• *Lesetipp* Naturpark Südschwarzwald (Hrsg.): *Faszination Feldberg*. Das Büchlein mit Texten zur Naturkunde des Feldbergs und Wandervorschlägen ist im Haus der Natur für 5 € zu haben.

Sehens- und Erlebenswertes

Haus der Natur: Die Ausstellung im Naturschutzzentrum präsentiert den Berg und das Naturschutzgebiet interaktiv und multimedial. So gibt's 3-D-Shows, aber auch herkömmliche Schautafeln und ein Diorama mit Gämsen. In einem Ballon kann man virtuell über den Schwarzwald schweben, daneben beantwortet Naturschutzwart („Feldberg-Ranger") Achim Laber auf seine unterhaltsame Art unsere Fragen zum Thema Naturschutz. Unter den in einem Jahresprogramm übersichtlich zusammengefassten Veranstaltungen erfreuen sich besonders die von den Rangern geführten Wanderungen großer Beliebtheit. Auf unterhaltsame Art werden Naturschutz und Naturnutz vorgestellt und dabei die schönsten Ecken der

Hochschwarzwald
Karte S. 91

Ruhepause an der Baldenweger Hütte

Feldberglandschaft gezeigt. Beim Kinderprogramm engagieren sich die Kleinen einen ganzen Tag lang für den Naturschutz und erwerben damit das „Junior-Ranger-Abzeichen" als Aufnäher und Urkunde.

www.naturschutzzentren-bw.de. Di–So (Ferienzeit tägl.) 10–17 Uhr. Eintritt Ausstellung 3 €, ermäßigt 2,50 €, WC 0,50 €.

Vor dem Haus wird mit Felsblöcken die Geologie des Schwarzwalds präsentiert. Ein rollstuhltauglicher Steg führt durch den **Feldberggarten,** der neben naturnahen Freiflächen und Schaubeeten auch ein kleines Wäldchen umfasst. Schautafeln erläutern den Lebensraum von Pflanz und Tier.

Feldsee: Von der Nordostecke des Seebucks blickt man hinunter in den tiefdunklen, mitten im Wald gelegenen Feldsee. Er füllt eine dereinst vom Feldberggletscher ausgehobelte Mulde und ist nur auf Wanderwegen zu erreichen – der kürzeste Abstieg ist von der Talstation des Seebucklifts. Ein Uferweg umrundet das nährstoffarme Gewässer und erschließt reizvolle Uferpartien, zum Schutz des Stachelsporigen Brachsenkrauts *(Isoetes echinospora),* eines seltenen Unterwasserfarns, ist das Baden im See jedoch nicht erlaubt. Lange vor dem Verbot stieg, wenn die im Raimartihof erzählte Geschichte denn stimmt, der Tauchpionier Jacques-Yves Cousteau ins Wasser und versuchte herauszufinden, wie tief der See ist.

Erich's Schnapshäusle: Erich Bizenberger, von Haus aus Bäcker und pfiffiger Schwabe, hat sich mit der Schnapsbrennerei und dem „Ersten Badischen Schnapsmuseum" ein zweites Standbein geschaffen. Auch einige Motorrad-Oldtimer sind ausgestellt.

Beim Bahnhof Bärental, www.gscheiter-beck.de. Museum (Eintritt 2 €), Café und Verkauf Di–So 11–18 Uhr, Schaubrennerei 14–17 Uhr.

Wichtelpfad: Postbote Ferdinand hat einen Brief für Anton Auerhahn. Doch wo steckt Anton? Zusammen mit Feldbergwichtel Velt macht sich Ferdinand auf die Suche. Vor allem Kinder im Alter von 5 bis 10 Jahren können den beiden helfen – und erfahren dabei spielerisch eine ganze Menge über den Wald.

Der 1,8 km lange Weg beginnt zwischen Feldberger Hof und Café Waldvogel. Für die ganz Kleinen kann man sich im Haus der Natur Rückentragen ausleihen. www.wichtelpfad.info.

Wandern und Radfahren

Tour 3: Feldberg-Steig

→ Karte S. 103

Der 13 km lange Feldberg-Steig (4 Std. Gehzeit, 390 m Höhendifferenz) ist die klassische Route auf und um den Gipfel. Als vom Deutschen Wanderinstitut geadelter „Premiumwanderweg" verspricht er Erlebnisqualität mit vielen Höhepunkten. Dieser Verheißung folgen sonntags und in der Ferienzeit recht viele Wanderer – Einsamkeit ist dann nicht zu erwarten.

Die Route führt vom **Haus der Natur (1)** am Feldberger Hof zunächst auf den Seebuck mit dem **Bismarckdenkmal (2).** Wer schlecht zu Fuß ist, kann den Anstieg mit der Seilbahn bewältigen. Auf diesem Abschnitt begleitet den Weg bei passendem Wetter ein tolles Alpenpanorama, sodass sich der Aufstieg auf die Aussichtsplattform des **Feldbergturms (3)** eigentlich erübrigt (geöffnet zu den Betriebszeiten der Feldbergbahn). Über den sanft geschwungenen Höhenrücken des Feldbergmassivs geht es weiter zum **Gipfel (4)** mit dem neuen Fernsehturm und der Wetterstation und dann hinunter zur **St. Wilhelmer Hütte (5).** Der Weg wendet sich nun zur Nordseite des Bergs und durchquert eine mit Schluchtweiden und Heckenrosen bewachsene Lawinenbahn bis zur **Zastler Hütte (6).** Dann ein Anstieg. Mit einem Fernglas und etwas Glück entdecken Sie hier auf den Felsen im Forst vielleicht eine Gämse – und dürfen das Tier um die Mühelosigkeit beneiden, mit der es bergauf rennen kann. Nach der **Baldenweger Hütte (7)** und dem **Naturfreundehaus (8)** taucht der Feldberg-Steig auf dem neu angelegten Sägebach-Pfad in den Wald ein. Stege überqueren ein Moor, im Sommer blühen hier Orchideen und der seltene Alpenmutterwurz. Ein kleiner Wasserfall, Blaubeeren, Hochstaudenfluren, auf Trittsteinen über einen feuchten Hang und unten auf der Forststraße dann rechts. Unvermutet taucht sogar ein **Auerhahn (9)** auf. Im **Raimartihof (10)** oder bei einem Picknick am **Feldsee (11)** kann man sich für den letzten Aufstieg zurück zum Feldberger Hof stärken.

Hochschwarzwald
Karte S. 91

Tipp: Im Haus der Natur kann man sich bereits vor der Wanderung einen ersten Eindruck vom Feldberg-Steig verschaffen. Immer 15 Minuten nach der vollen Stunde wird der Premiumwanderweg mit einer 3D-Show im Medienraum der Dauerausstellung vorgestellt.

Feldberg von „hinten"

Wer dem Rummel am Feldbergpass entgehen will, kommt auch von der Nordseite an den Berg heran. Da ist etwa der SBG-Freizeitbus, der im Sommer mehrmals am Tag von Hinterzarten das Jägerheim *Rinken* ansteuert. Für Radler kommt die Auffahrt zum Rinken aus dem *Zastlertal* infrage, denn dieser Teil der Rinkenstraße ist – zum Leid der Hüttenwirte – für Autos gesperrt. Nur für Wanderer eignet sich der

Aufstieg vom *St. Wilhelmer Tal* – hier hat die „Linde“ in Wittenbach-Napf (✆ 07602/ 944690, www.linde-napf.de) eine gute Küche und drei schmucke Ferienwohnungen – über Ibenfelsen und Immisberg. Von Westen her kommt man in 3-4 Std. von *Notschrei* (Bushaltestelle zwischen Kirchzarten und Todtnau) oder Todtnauberg über *Stübenwasen* auf einem aussichtsreichen, auch fahrradgeeigneten Höhenweg via Todtnauer Hütte zum Feldberg.

Alpiner Pfad

Dieser anspruchsvolle Weg, einer Bergtour des Schwierigkeitsgrads T3 vergleichbar, führt durch den Bannwald auf der steilen Westflanke des Feldbergs. Die Route wird durch den Schwarzwaldverein nicht mehr gepflegt und bleibt sich selbst überlassen: Viele Passagen sind zugewuchert, andere durch umgestürzte Bäume blockiert, wieder andere beim letzten Unwetter abgerutscht und müssen umgangen werden. Zudem gibt es zwei, drei einfache Kletterstellen, bei denen man die Hände zu Hilfe nehmen muss. Der Pfad ist nicht markiert, doch mit etwas Orientierungssinn nicht zu verfehlen. Hier und da helfen rote Markierungen. Die etwa 1,5 Std. lange Route belohnt mit urwüchsiger Natur und man wird unterwegs nur wenigen Wanderern begegnen. Keinesfalls aber sollte man sich bei unsicherem Wetter auf den Weg machen!

Als **Rundwanderung vom Feldberg aus** geht man zunächst via *Todtnauer Hütte* zum *Stübenwasen* (1:30 Std.). Der Einstieg zum *Alpinen Pfad* ist links vom Stübenwasen-Kreuz. Nach wenigen Minuten bestätigen zwei Warnschilder, dass man auf dem richtigen Weg ist. Etwa nach der Hälfte der Strecke und kurz nach einem Aussichtspunkt gibt es rechts einen (Not-)Ausstieg über eine Weide hoch zum St. Wilhelmer Hüttenweg, bevor dann im letzten Drittel des Pfades die Felspassagen zu überwinden sind. Der Trail endet an der *Schutzhütte Hüttenwasen*, von der man dann via *St. Wilhelmer Hütte* nach insgesamt 4:30 Std. Gehzeit wieder zum Feldberg kommt.

Auch der Feldberg hat ein Bismarckdenkmal

Eine **Tagestour von Todtnau** geht zunächst via *Todtnauer Wasserfall* (siehe S. 228) nach *Todtnauberg*, folgt dann der Tour 17 zum *Jakobuskreuz* (siehe S. 230) und erreicht nach 2:30 Std. Gehzeit das *Stübenwasenkreuz* mit dem Einstieg in den Alpinen Pfad. Nach dem *Alpinen Pfad* geht man über *St. Wilhelmer Hütte*, Feldberggipfel und *Grüblesattel* hinunter zum Hebelhof (siehe Karte S. 103; 5:30 Std. Gehzeit). Wer sich noch fit fühlt, mag dann auf dem am Parkplatz bei der Polizeistation beginnenden *Wasserfallsteig* und vorbei am *Fahler Wasserfall* (siehe S. 229) wieder nach Todtnau zurückkehren (7:30 Gehzeit, insgesamt 28 km) – wer genug hat, nimmt am Hebelhof den Bus zurück nach Todtnau.

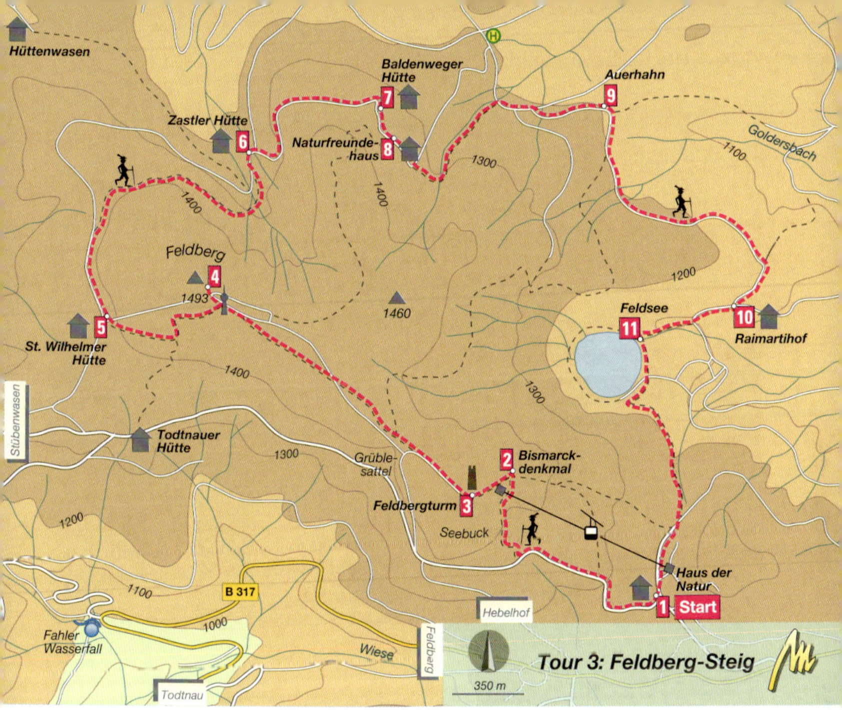

Lenzkirch

5100 Einw., 824 m ü. d. M.

Der Kurort liegt zwischen Feldbergmassiv, Titisee und Wutachschlucht im sanft geschwungenen Haslachtal und steht touristisch etwas im Schatten seiner bekannten Nachbarn. Allerdings ist Lenzkirch für seine Uhren berühmt.

Die Aktiengesellschaft für Uhrenfabrikation Lenzkirch (AGUL) zählte einmal zu den Branchenführern und produzierte mehr als 2 Mio. Stand-, Wand- und Tischuhren sowie Wecker. Die außerordentliche Qualität selbst bei Massenproduktion, die viele AGUL-Uhren bis heute ticken lässt und sie bei Sammlern so beliebt macht, wurde der Firma zum Ruin: 1927 wurde die AGUL vom Konkurrenten Junghans geschluckt und geschlossen. Was früher die AGUL, ist heute *Testo* für Lenzkirch. Das mit Abstand größte Unternehmen produziert Messgeräte für Klimatechniker und andere Branchen.

Das **Ortszentrum** ist schnell erkundet. Die Bundesstraße bergauf gabeln die Gäste des Cafés Roters auf der Terrasse ihre Torten in mundgerechten Happen. Jenseits der Haslach geht's zu Norma und Edeka. Um einen gepflasterten Platz mit Brunnen gruppieren sich die Kirche und das heimattümelnde Rathaus, dahinter geht es zum *Kurhaus* aus Schwarzwaldholz. Hier steht oben auf der Treppe die nackte „Eva", ein Bronzeguss des in Lenzkirch gestorbenen und hoch verehrten Bildhauers Fritz Klimsch (1870–1960). Schönstes Stück der im Kurhaus ausgestellten *Uhrensammlung* ist zwischen all den Freischwingern, Stutzuhren und Prunkpendulen eine auf den ersten Blick eher unscheinbare Bauhaus-Tischuhr mit schwarz-grauem Marmorgehäuse und zeitloser Coolness. Nebenan befindet sich die *Heimatstube* –

Am Lenzkircher Rathausplatz

diese ist zwar nur zu Führungen geöffnet, doch darf der zur Unzeit Dahergelaufene immerhin das Licht anmachen und durchs Fenster hineinschauen.

Der Ortsteil **Saig** bekam bereits als selbstständige Gemeinde sein Prädikat als Kurort. So gibt es in der Siedlung auf der Höhe zwischen Haslachtal und Titisee eine eigene Kurverwaltung und ein *Haus des Gastes* mit Lesesaal und Lesezirkelzeitschriften. Viele Häuser im Ort sind Zweitwohnungen und stehen die meiste Zeit leer. Doch an einem schneereichen Wochenende erkennt man das sonst stille Saig nicht wieder: Dann schleppt der Kuhberglift die Wintersportler auf die Höh, rauschen Schlittler auf einer abends beleuchteten Rodelbahn nach Titisee hinab.

- *Vorwahl* 07653
- *Information* **Tourist-Info**, Am Kurpark 2, 79853 Lenzkirch, ✆ 68444, www.lenzkirch-schwarzwald.de. Mo–Fr 8–17 Uhr, im Sommer zusätzlich samstagvormittags.
- *Baden* Auch Lenzkirch hat ein Schwimmbad, doch stilvoller ist das von einem Förderverein vor der Schließung gerettete **Freibad** im Ortsteil Kappel. Mit Holzkabinen und Langnesefähnchen-Charme hat es wenig Erlebnis- und dafür umso mehr Ruhequalität. Juli/Aug. bei Badewetter tägl. 10–19 Uhr. www.schwimmbadfoerderverein.de.
- *Fahrradverleih* **Brugger Sports & Fashion**. Außer Fahrrädern werden auch Teleskopstöcke, Schlitten und Schneeschuhe verliehen und Walking-Touren veranstaltet. Freiburger Str. 4, ✆ 6059, www.brugger-sports.de.
- *Veranstaltung* Immer am Sonntag vor dem 25. Juni lockt der **St. Eulogi Ritt** zu Ehren des Schutzpatrons der Pferde und Hufschmiede Schaulustige aus nah und fern gen Lenzkirch. Anders als beim Weingartner Blutritt dürfen hier auch Frauen aufs Pferd. Garniert wird der Umzug mit einem Jahrmarkt, auf dem auch die Schmiede ihr Können zeigen.
- *Übernachten/Essen* **Sporthotel Sonnhalde**, Das Hotel in Aussichtslage mit Hallenbad, Wellnessbereich und Panoramaterrasse wurde einst als Erholungsheim des Südbadischen Fußballverbands gebaut. DZ mit Halbpension 120–175 €. Saig, Hochfirstweg 24, ✆ 07653/68080, 📠 6808100, www.hotel-sonnhalde.de.

Hotel-Café Alpenblick, Der alteingesessene Betrieb am oberen Ortsrand von Saig entspricht eher einer Pension als einem Hotel. Wohnlich eingerichtete Zimmer, teilweise mit Sitzecke und Balkon, die Ferienwohnungen sind in einem separaten Gebäude. Als gelernter Konditor fabriziert der Wirt meisterhafte Kuchen und Torten, die man an schönen Tagen auf der Terrasse genießt – Alpensicht möglich. DZ 65–70 €, Ferienwohnung 35–60 €. Saig, Titiseestr. 15, ✆ 07653/99020, 990215, www.alpenblick-saig.de.

Löffelschmiede, ein familiär geführtes Haus zwischen Bähnleradweg und B 315. Die Küche, ob Wurstsalat oder Forelle blau, ist besser, als die Alleinlage erwarten lässt, günstige Preise. Gemütliche Gasträume und Gartenterrasse, die Zimmer sind mit Kabel-TV und teilweise Balkon ausgestattet. Kinderspielplatz, Leihfahrräder für Hausgäste. Restaurant Dienstagnachmittag und Mi geschlossen. DZ 60–70 €. Beim Klausenbachviadukt 1 km außerhalb an der Straße nach Bonndorf, Löffelschmiede 1, ✆ 07653/279, www.sbo.de/loeffelschmiede.

Blume. Geranien, Fensterläden, Jägerzaun und Bauerngarten, alles hat seinen Platz im aufgeräumten und unaufgeregten Dorfgasthaus von Kappel. Günstige Preise, doch macht die Küche von 13 (!) bis 16 Uhr Mittagspause. Mi/Do Ruhetag. ✆ 6444.

Café Roters. Klaus Kerdraons Café mit Bäkkerei und Konditorei ist eine Institution in Lenzkirch. Appetitlich rosarote Marzipanschweinchen, riesige Stücke von der Schwarzwälder Kirschtorte oder auch nur eine Butterbrezel hier wird alles noch selbst gemacht. Letzter Schrei ist die kunstvolle Hochschwarzwaldpraline. Mo–Sa 7.30–18 Uhr, So nur Straßenverkauf. Haldenweg 1, www.caferoters.de.

Eine Bronzeplastik sonnt sich vor dem Saiger Kurhaus

Hochschwarzwald
Karte S. 91

Umgebung von Lenzkirch

Hochfirst: Der 1190 m hohe Gipfel wird gleichermaßen von Neustadt wie Lenzkirch als Hausberg vereinnahmt. Die Neustädter verweisen dabei auf die bei ihnen beginnende Auffahrt auf den Berg, die Lenzkircher auf den von ihrem Ortsteil Saig nur eine halbe Stunde kurzen Fußweg. Auf dem Gipfel gibt es ein rustikales Gasthaus (✆ 07651/7575, www.berggasthaushochfirst.de, im Winterhalbjahr Di Ruhetag, auch Übernachtungsmöglichkeit mit Hüttenkomfort). Bäume versperren die Aussicht vom Berg, sodass man für den Panoramablick noch 120 Stufen auf einen Antennen- und Aussichtsturm klettern muss.

Urseetal: Der Ursee als Kern des gleichnamigen Naturschutzgebiets liegt etwa 1,5 km westlich von Lenzkirch unterhalb der Straße nach Raitenbuch – wenn er denn da ist. Er wurde nämlich über die Jahre immer kleiner und trocknet inzwischen im Sommer oft ganz aus, wobei es längst nicht allen Fischen gelingt, sich rechtzeitig in Sicherheit zu bringen. Naturschützer machen dafür die Pumpen verantwortlich, die die Gemeinde im Urseetal mit Trinkwasser versorgen. Auch das

Das Klausenbachviadukt am Lenzkircher Bähnleradweg

Moor verändert sich angesichts des gesunkenen Grundwasserspiegels. Das landschaftlich reizvolle Urseetal endet mit dem *Stoßfelsen,* einer zerklüfteten Wand, die von Westen her gut zugänglich ist. Unterhalb des zugewucherten Aussichtspunkts öffnet sich der Fels zur *Bärenhöhle,* um die sich allerlei Geschichten und Sagen ranken. So soll hier der nächtens spukende „Tubacksbue" hausen und eine unterirdische Verbindung zum Ursee bestehen.

Windgfällweiher: Vom Stoßfelsen noch knapp 2 km weiterwandernd, trifft man auf diesen Bergsee. Der Windgfällweiher, ursprünglich ein kleiner Moorsee, wurde von den Schluchseewerken auf die fünffache Größe aufgestaut und dient nun auch der Stromproduktion. In 1 Std. hat man ihn umrundet, doch läuft der Uferpfad an der Ostseite leider nahe an der Landstraße. Von Pfingsten bis September ist ein ruhiges Strandbad mit nostalgischen Holzkabinen geöffnet, dessen Pächter auch eine Windsurfstation und -schule betreibt. Unterhalb des Gasthofs Seehof (✆ 07655/255, www.seehof-online.de, DZ 60 €, Di Ruhetag) gibt es auch einen frei zugänglichen Badeplatz.

Bähnleradweg: 1976 fuhr der letzte Zug von Neustadt über Lenzkirch nach Bonndorf. Nach langem Dornröschenschlaf wurde nun die Strecke als Radweg hergerichtet, der sich ab Lenzkirch mit seiner Asphaltdecke auch für Inlineskater eignet. Der für Schwarzwaldverhältnisse extrem flache und damit familienfreundliche Weg zweigt am Bahnhof Kappel-Gutachbrücke von der L 156 Neustadt – Kappel ab und streift am früheren Bahnhof Unterlenzkirch die B 315. Auf langen Geraden, durch weite, gleichmäßige Kurven, auf hohen Dämmen, über Brücklein und schließlich über das eiserne Klausenbachviadukt radelt sich's gemütlich bis zum Weiler Holzschlag. Dann verläuft der Weg mehr neben als auf der Bahntrasse, umgeht die gesperrten Brücken, ist deutlich steiler und an Gabelungen und Kreuzungen auch nur schlecht ausgeschildert – ohne Karte hätte ich nie nach Bonndorf gefunden.

Am Schluchsee

Hochschwarzwald
Karte S. 91

Der Schluchsee

930 m ü. d. M.

An einem sonnigen Sommersonntag, so das Bonmot, könne man Deutschlands höchstgelegenen Stausee trockenen Fußes überqueren: von Surfbrett zu Surfbrett.

Schon in der Kaiserzeit war der damals noch natürliche, vom eiszeitlichen Feldberggletscher aus dem Fels gehobelte Schluchsee ein bei Anglern und Sommerfrischlern beliebtes Feriengebiet. Der See, wie wir ihn heute kennen, ist mit 7 km Länge und 1,5 km Breite deutlich größer als sein Vorgänger. Er wird von einer 35 m hohen Mauer aufgestaut. Als in den 1980ern zur Sanierung der Talsperre einmal das Wasser abgelassen wurde, kamen die alte Uferstraße und allerlei Gebäude zutage, die heute wieder Tauchern vorbehalten sind. Parallel zum oberirdischen Abfluss, dem Flüsschen Schwarza, verbinden auch unterirdische Röhren den Schluchsee mit tiefer gelegenen Staubecken und schließlich dem Rhein. Der Schluchsee dient in dieser Kette vorrangig als Jahresspeicher. Im Sommer ist er gewöhnlich gut gefüllt; doch winters, wenn mehr Energie gebraucht wird, senken die Schluchseewerke den Wasserspiegel. Dann kommt ein mit Steinen durchsetzter Morast ans Tageslicht, und der Besucher wird mit dem Anblick einer weniger schönen Uferzone konfrontiert.

Der **Kurort Schluchsee** (2500 Einw.), zu dem auch die früher selbstständigen Dörfer Aha mit Äule, Blasiwald, Faulenfürst mit Seebrugg, Fischbach und Schönenbach gehören, lebt weitgehend vom Ausflugs- und Urlaubsgeschäft und hat mehr Fremdenbetten als Einwohner. Tagesgäste werden mit Parkgebühren zur Kasse gebeten. Im vom alten Zwiebelturm der neuen Nikolauskirche beherrschten Hauptort flaniert man auf dem schmalen Uferweg oder erklimmt die Kirchsteige ins Oberdorf. Kinder lockt das *Freibad Aqua Fun* mit einer spaßigen Rutsche. Auch die weniger aufgemotzten Strandbäder in Aha und Seebrugg sind am Wochenende gut belegt. Inlineskater können zwischen Schluchsee-Ort und Seebrugg rollen – mit Seesicht zwar, doch neben der Bundesstraße. Eine ganz eigene Attraktion sind die nostalgischen Bahnhöfe in Aha, Schluchsee und zuletzt Seebrugg, wo die Dreiseenbahn im Nichts endet. Die ursprünglich geplante Fortsetzung nach St. Blasien wurde nie gebaut.

• *Vorwahl* 07656

• *Information* **Tourist-Information**, im Kurhaus, Fischbacher Str. 7, 79859 Schluchsee, ✆ 7652, www.schluchsee.de. Mo–Do 8–18 Uhr, Fr 9–18 Uhr, Sa/So 10–12 Uhr. Zimmervermittlung, Wandertipps, WLAN-Hotspot.

• *Baden* **Aqua Fun**. Das Spaß- und Freizeitbad direkt am See bietet eine 75 m lange Superrutsche, dazu einen Strömungskanal, Abenteuerspielplatz und gesonderten Kinderbadebereich. Mai–Sept. tägl. 9–19 Uhr, Eintritt 3,80 €, Kinder 2,20 €.

• *Bootsverleih* Ruder-, Tret- und Segelboote vermietet **Alfred Schlachter** in Wolfsgrund. Er verkauft auch Angelkarten. ✆ 0173-3289977, www.schlachter-schluchsee.de.

• *Einkaufen* **Hofkäserei Till**, fabriziert und verkauft Kuh- und Ziegenkäse in Demeterqualität, auch verschiedene Wurstwaren. Äule 9, ✆ 1792.

• *Fahrradverleih* **Tankstelle Rebmann**, Tagesmiete 8–9 €, Schluchsee, ✆ 1027. **Müller**, an der Staumauer Seebrugg, ✆ 0170-3803299, www.staumauer-schluchsee.de.

• *Seerundfahrten* Ab Schluchsee mit der **St. Nikolaus**, Mai–Okt. tägl. ab 10 Uhr, das einstündige Vergnügen kostet 6,50 €. www.seerundfahrten.de.

• *Segeln/Surfen* **Segel- und Surfschule Pohl**, bietet von Mai bis Sept. Kurse im Segeln und Windsurfen und verleiht Bretter bzw. Boote. Aha, ✆ 0171-7532111, www.segelschule-schluchsee.de.

• *Skifahren* Kein Vergleich mit dem Feldbergrummel. Der längste **Skilift** von Schluchsee zieht die Skifahrer in Fischbach, wo es auch eine Skischule gibt, 600 m weit und 130 m hoch. Kürzere Lifte schleppen in Äule und am Rand der Ortschaft Schluchsee. Ebenfalls in Fischbach gibt es eine abends beleuchtete **Langlaufloipe**. Skier und Snowboards verleiht **Sport Behringer**, Dresselbacher Str. 6, ✆ 257, www.sport-behringer.de.

• *Tauchen* **Aquaplus**, Basis mit geführten Tauchgängen und Kursen, Ausrüstungsverleih. Nur am Wochenende. Im Bahnhof Seebrugg, ✆ 805270, www.tauchbasis-schluchsee.de.

• *Übernachten* **Auerhahn**, Wellnesshotel mit Feriendorfcharakter und vollem Programm, doch weniger exklusiv, als der Preis vermuten lässt. DZ 250–290 € (mit Vollpension und Wellnessprogramm). Vorderaha 4, ✆ 07656/97450, ℻ 9270, www.auerhahn.net.

Heliopark Schloss am See (ex-Hubertus), Das 1897 als Jagdschloss erbaute Hotel direkt am See zwischen Schluchsee-Ort und Seebrugg erstrahlt zu seinem 110. Geburtstag in frisch aufpoliertem Glanz. Zur Freude von Durchschnittsverdienern wurden die 16 individuell eingerichteten Zimmer auch nach dem Kauf des Hauses durch eine russische Hotelkette nicht zu Luxussuiten, sondern bleiben erschwinglich. Restaurant mit gutbürgerlicher und internationaler Küche sowie schöner Seeterrasse. Kein Ruhetag. DZ 130–280 €, Hauptgericht 12–30 €. Seebrugg 16, ✆ 07656/524, ℻ 261, www.seehotel-hubertus.com.

Altes Zolhuesli, Nach einer gründlichen Modernisierung merkt man dem Haus nicht mehr an, dass es vor fast 300 Jahren als Zehntscheuer des Klosters St. Blasien gebaut wurde. Fünf Ferienwohnungen unterschiedlichen Zuschnitts für 2–6 Pers., allesamt rustikal mit Bauernmöbeln, Nut- und Federwänden und offenen Balken. Für die Gäste stehen Räder und Langlaufskier bereit, selbst an einen Vorrat Grillkohle ist gedacht. 15 Gehminuten zum See. Ferienwohnung für 2 Pers. 30–60 €. Finkenwiese 7, ✆ 06239/920346, ℻ 920347, www.zollhuesli.de.

Jugendherberge Wolfsgrund, Die in den 80er Jahren gebaute Jugendherberge liegt 10 Min. vom Bahnhof Schluchsee zwischen Bahn und See. Ein Badeplatz ist gleich um die Ecke. 130 Betten, überwiegend in Sechserzimmern. Alle Räume verfügen über Waschbecken, Duschen und WCs sind auf dem Gang, zum Teil sind je zwei Zimmern Dusche und WC direkt zugeordnet. Die Zweibettzimmer haben eigene Bäder. Schöne Terrasse zum See. Bett 18–25 €. Im Wolfsgrund 28, ✆ 07656/329, ℻ 9237, www.schluchsee-wolfsgrund.jugendherberge-bw.de.

Jugendherberge Seebrugg, Die Jugendherberge liegt am Südende des Sees nahe dem Bahnhof Seebrugg. Verglichen mit der konkurrierenden Jugendherberge Wolfsgrund ist die Jugendherberge Seebrugg näher an der Natur, doch gibt es in der Umgebung keine Kneipe und keinen Laden, das

Haus ist deutlich älter und weniger gut ausgestattet. Bett 18–25 €. Seebrugg 9, ✆ 07656/494, 📠 1889, www.schluchsee-seebrugg.jugendherberge-bw.de .

• *Camping* **Camping Wolfsgrund**, parzellierter, terrassenförmig am Hang angelegter Platz im Besitz der Gemeinde. Leider steht die Sonne mittags so, dass die gepflanzten Bäume einander, aber nicht die etwa 200 gekiesten Stellplätze beschatten. Bei meinem Besuch (Ende Juni) nur wenige Dauercamper. Sauberes, fußbodenbeheiztes Sanitärgebäude, Restaurant, kleiner Laden. Von der benachbarten Kläranlage war nichts zu riechen. Durch ein Wäldchen hat man Zugang zu einem kleinen Badeplatz und zum Seeuferweg. Zum Ort läuft man 15 Min. 2 Pers. plus Stellplatz 15 €. Sägackerweg, ✆ 07656/7732, 📠 7759, www.camping-schluchsee.de.

• *Essen* **Unterkrummenhof**, fast so populär wie das Rothaus-Bier (→ S. 112). Die staatseigene Vesperstube am autofreien Südufer punktet mit Traumblick auf den See. Krone der Völlerei ist das „Krummenbrett“ mit Schinken, Käse und Wälderwurst für schlappe 8 €. Kürzester Zugang (3 km) ist vom Parkplatz Unteraha. Di–So (im Sommer tägl.) 10–18 Uhr. Schluchsee-Radweg, ✆ 1500.

Sehens- und Erlebenswertes

Vogelhaus: Im Vogelhaus, einem 300 Jahre alten Gehöft östlich von Unterfischbach, hat Helga Reichenbach ihre Handwerks- und Brauchtumsstube eingerichtet. Die Hüterin alter Schwarzwälder Handwerkskunst beherrscht selbst noch Gewerke wie die Trachtenstickerei, das Binden von Bienenkörben, das Strohnähen von Trachtenhüten und Taschen oder die Herstellung von Kappen und Brautkronen. Material und Zubehör kommen inzwischen aus aller Welt. Die auf die Trachten gestickten Goldfäden, feine, mit Gold getränkte Seide, bezieht Helga Reichenbauch z. B. von einem Juwelier in Paris.

Unterfischbach 12, ✆ 1347. Normalerweise tägl. ab 13 Uhr geöffnet.

Modellbahnzentrum: Eine Reise im Maßstab H0 durch den Schwarzwald und alpine Traumlandschaften bis zum Bahnhof Hamburg-Dammtor. Während auf Höllental- und Dreiseenbahn ein moderner Doppelstockzug aus dem Hause Märklin und ein Nostalgiezug mit Dampflok unterwegs sind, sieht man anderswo das berühmte Schweizer Krokodil. Bis zu 50 Züge drehen ihre Kreise – vielleicht zu viel des Guten, was die Modellbauer da in ein etwa 30 m² kleines Zimmer gequetscht haben. Jedenfalls keine Anlage, die zu sehen sich eine meilenweite Anreise lohnen würde. Doch wer schon mal in der Nähe ist, findet hier auch eine Cafeteria und einen Biergarten.

Eisenbreche 4, www.modellbahn-schluchsee.de. Sa–Mi (während der Schulferien Sa–Do) 10–17 Uhr. Eintritt 4 €.

„Steinkreise“: Am Weg zwischen Eisenbreche und der Staumauer stehen im Wald einige im Halbrund gesetzte Felsbrocken, die lange als keltische Kultstätten gedeutet wurden. Experten des Landesdenkmalamts gehen freilich davon aus, dass die Steine bei der Urbarmachung des Gebiets im 14. Jh. aus dem Weg geräumt und aufgeschichtet wurden, um Platz für Ackerland zu schaffen.

Wandern

Im Gegensatz zum Titisee ist das Ufer des Schluchsees weitgehend frei zugänglich. So umrundet ein 18 km langer **Uferweg** das Gewässer und erschließt auch allerlei informelle Badeplätze wie die „Schweinebucht“, so benannt nach den sich hier aalenden Nackten. Am schönsten ist das bewaldete Südufer zwischen Unteraha und der Staumauer. Am Nordufer bleibt für Fußgänger noch etwas Platz zwischen See und Bahn, während der Radweg mit einigen Aufs und Abs abseits zwischen Bundesstraße und Wald verläuft.

Keine halbe Stunde läuft man vom Bahnhof Aha am Nordende des Sees auf den 1134 m hohen Aussichtsberg **Bildstein.** Eine längere, etwa dreistündige Tour führt vom Bildstein nach Fischbach und Hinterhäuser, wo der Gasthof Alpenblick zur Rast einlädt. Via Vogelhaus und Riesenbühlturm steigt man schließlich auf dem Kreuzwaldweg nach Schluchsee ab.

Grafenhausen

2200 Einw., 895 m ü. d. M.

Berühmt ist das Dorf für seine Brauerei im Ortsteil Rothaus. Weitere Attraktionen sind das Museumshaus „Hüsli", der idyllische Schlüchtsee und das Mühlenmuseum „Tannenmühle". Wegen der vielen speziell auf Kinder zugeschnittenen Freizeitangebote wurde Grafenhausen mehrfach als kinderfreundlicher Ferienort ausgezeichnet.

Die Geschichte Grafenhausens beginnt mit dem Nellenburger Grafen Eberhard III., der um 1150 in Schaffhausen das Kloster Allerheiligen gründete. Zur Ausstattung schenkte Eberhard seinem Kloster zusammen mit vielen anderen Ländereien auch das Gebiet von Grafenhausen, wo die frommen Brüder aus Allerheiligen bald ihrerseits ein Kloster gründeten und es der Märtyrerin Fides weihten. Ungeachtet ihrer frommen Stiftung, die Grafenhausen zum Besitz von Allerheiligen gemacht hatte, hatten die Nellenburger hier weiter das Sagen und übten als Klostervögte die weltliche Macht aus – bis 1285, als Grafenhausen, man glaubt es kaum, das Stadtrecht bekam, was es aber 1475 wieder verlor. Als in Schaffhausen die Reformation siegte, wurde Allerheiligen geschlossen, und sein Besitz ging an die Rheinstadt über. Die hatte an dem abgelegenen Schwarzwalddorf kein großes Interesse, und so kam Grafenhausen über die Stühlinger Landgrafen 1609 schließlich an das Kloster St. Blasien. Worüber viele bis heute froh sein können, denn sonst gäbe es kein Rothaus-Bier (→ Kasten S. 112).

Grafenhausen, Heimat des Rothausmädels

- *Vorwahl* 07748
- *Information* Kurverwaltung im gemütlichen **Haus des Gastes**, Schulstr. 1, 79863 Grafenhausen, ✆ 52041, www.grafenhausen.de, www.rothauserland.de. Mo–Fr 9–12 und 14–17 Uhr, im Sommer zusätzlich Sa 10–12 Uhr. Im gleichen Haus gibt's auch eine Leseecke, einen Kinderspielraum und das Hallenbad *Blubb* mit Sauna.
- *Veranstaltung/Kunst* **Internationales Künstler-Symposium**. Alle 3 Jahre, das nächste Mal im Sommer 2013, lädt Grafenhausen etwa zehn Bildhauer zum Künstler-Symposium ein. Da wird dann vor staunendem Publikum gehämmert, geschweißt, gesägt, gehobelt und gemalt. Die geschaffenen Werke werden dann bis zum nächsten Symposium im Kurpark ausgestellt.
- *Übernachten/Essen* **Brauereigasthof Rothaus**, Der gegenüber der Brauerei gelegene Gasthof mit Biergarten spricht gezielt Familien und Biker an. Für Kinder gibt's Programm mit Fackelwanderungen, Waldfüh-

rungen, Malwettbewerb u. Ä., Biker werden mit Garage, Schrauberecke, Wasch- und Trockenraum, Bikervideos und sogar speziellen Bikergottesdiensten umworben. Geräumige und z. B. mit CD-Player ausgestattete Zimmer. DZ 80–95 €. Rothaus 2, ✆ 07748/5229600, ✆ 5229699, www.brauereigasthof-rothaus.de.

Landhotel Haringerhof. Das von der Inhaberfamilie geführte Hotel liegt ruhig oberhalb von Grafenhausen. 16 geräumige Zimmer mit rustikalem Fichtenholzcharme, zeitgemäße Bäder, Balkon, WLAN, gemütliches Restaurant, großer Kinderspielplatz hinter dem Haus. Hauptgerichte 10–20 €. DZ 75–100 €. Brandhaldenweg 1, ✆ 07748/254, ✆ 929264, www.landhotel-haringerhof.de.

Tannenmühle, in einer sonnigen Ecke im Schlüchttal zwischen Grafenhausen und Birkendorf. Seit 1863 werden hier Forellen gezüchtet, und mit rund 30 verschiedenen Forellengerichten auf der Karte sticht der Gasthof manches Fischlokal aus. Das Fleisch kommt aus eigener Schlachtung. Im Haupthaus gibt es gemütliche Fremdenzimmer, Ferienwohnungen finden sich im benachbarten Haus „Laurentiusblick". Zur Tannenmühle gehören auch Gehege mit Eulen, Rotwild und Streicheltieren sowie ein Kinderspielplatz, ja sogar eine eigene Kapelle. Hauptgericht 12–25 €. Im Winterhalbjahr Di Ruhetag, Nov./Dez. Betriebsferien. DZ 70–100 €. Tannenmühlenweg 5, ✆ 07748/215, ✆ 1226, www.tannenmuehle.de.

Als Schaffhausen seinen Besitz Grafenhausen an den Stühlinger Landgrafen abtrat, behielt es sich das Privileg vor, dort etwa 360 ha Wald zu bewirtschaften. Dieses Recht besteht bis heute. Ein vom Kanton Schaffhausen besoldeter Förster betreut den sog. Schaffhauser Staatswald, der freilich nur als Privateigentum den Schaffhausern gehört. Hoheitsrechtlich untersteht er der Gemeinde Grafenhausen.

Sehens- und Erlebenswertes

Heimatmuseum Hüsli: Mit seinem tief heruntergezogenen Schindeldach, dem Glockentürmchen, den Umgängen und dem Blumenschmuck kommt das Hüsli als Inbegriff des Schwarzwaldhauses daher. So muss es auch den Machern der „Schwarzwaldklinik" erschienen sein, die es zum Wohnhaus von Professor Brinkmann erkoren. Gebaut wurde das Hüsli 1912 von der in Lörrach geborenen Konzertsängerin Helene Siegfried, die hier die Sommermonate zu verbringen pflegte. Kein Arme-Leute-Hof also, sondern eine repräsentative Villa mit Gästezimmern und Bediensteten – und Zeugnis nicht für das wirkliche Bauernleben, sondern für die romantische Vorstellung, die großbürgerliche Kreise damals vom Schwarzwaldhaus hatten.

Für die Ausstattung sammelte Helene Siegfried Möbel, Geschirr, Gläser, Stickereien und anderes bäuerliches Kunsthandwerk. Damit war das Hüsli von Anfang an auch ein Volkskundemuseum.

In Rothaus. Di–Sa 10–12 und 13.30–17 Uhr, So 13.30–17 Uhr; Juli/Aug. Di–Sa 9.30–12 und 13.30–17.30 Uhr, So 13.30–17.30 Uhr. Eintritt 1,60 €, ermäßigt 0,50 €.

Naturpfad Schlüchtsee: Nahe dem Hüsli führt ein bequemer, mit Holzschnitzeln ausgelegter Weg etwa 1 km hinunter zum Schlüchtsee. Entlang dem Pfad informieren Tafeln über die Natur. Stationen wie das Waldxylofon oder Baumtelefon warten auf neugierige Kinder, die von Wurzelmännern, Hexen und anderen lustigen Figuren aus der Hand des Grafenhauser Holzschnitzers Stiegeler beobachtet werden. Auf dem Hochtannenweg, einem Abschnitt des Naturpfads, stehen Baumriesen mit Gardemaß Spalier, darunter die 400 Jahre alte Danieltanne, die mit 5 m Bauchumfang auch als „dickste Tanne im Südschwarzwald" beworben wird. Den kleinen Schlüchtsee teilen sich Seerosen, Enten und an warmen Tagen auch Badegäste. Es gibt einen Kiosk mit Sonnenterrasse, eine Liegewiese, Duschen und eine museale Umkleide.

Mühlenmuseum Tannenmühle: Um die Wasserkraft am Zusammenfluss von Schlücht, Rippoldsrieder Bach und Röthenberger Bächle zu nutzen, wurde 1832 an dieser Stelle eine Getreidemühle erbaut. Der Name „Tannenmühle" entstand dadurch, dass dem Bau einige große Tannen zum Opfer gefallen waren. 1960 wurde die alte Mühle zum Gasthof umgebaut und erst in den 1980er Jahren anhand alter Pläne als Neubau neben dem Gasthof rekonstruiert.

Mi–Mo 13–17 Uhr, Führungen Mi 15 Uhr. Eintritt 2 €.

Rothaus – Erfolg mit dem Schwarzwaldmädel

Die Badische Staatsbrauerei Rothaus wurde 1791 von Fürstabt Martin II. Gerbert von St. Blasien gegründet und gehört heute dem Land Baden-Württemberg. Vorstandschef Thomas Schäuble ist ein Innenminister a. D., sein Vorgänger war dereinst Regierungspräsident. Die unruheständigen Christdemokraten beweisen hier, dass sie auch etwas vom Geldverdienen verstehen. In dem von Stagnation bis Rückgang gekennzeichneten Biermarkt schreibt Rothaus eine Erfolgsstory: Umsatz in zehn Jahren verdoppelt, alljährlich satte 17 Mio. Euro Dividende für das Land – eine Umsatzrendite von knapp 30 %! – und dazu noch reichlich Steuern.

Dabei verzichtet die Brauerei auf teure TV-Werbung und vermarktet ihr Kultprodukt „Tannenzäpfle" stattdessen mit Sponsoring und „Zäpfle-Partys" in Clubs und Diskotheken. Das altbackene Logo mit dem rotbäckigen Schwarzwaldmädel trifft voll den trendigen Retrolook. Dosen gibt's keine, auch auf Experimente mit Mixgetränken verzichten die Rothäusler. Und der Preiskampf? „Nervös werden wir erst, wenn im Einzelhandel ein Bier teurer wird", sagt Schäuble über seine Premium-Marke.

• *Besichtigung* Brauereiführungen werden montags bis freitags um 10 und 15 Uhr sowie mittwochs und donnerstags zusätzlich um 18 Uhr angeboten, sofern sich mindestens 15 Interessenten eingefunden haben. Mit der Eintrittskarte (12,50 €) bekommt man auch einen Verzehrbon für die Brauereigaststätte und zwei Getränkegutscheine. Fanartikel verkauft der Rothaus-Shop (tägl. 10–21 Uhr). Zudem bietet die Brauereigaststätte fortlaufend kostenlose Multimedia-Shows rund ums Rothaus-Bier.

Keramikkunst in der Breg, Hüfingen

Von der Gutach zur Wutach: Die Baar

Dramatisch, mit tief eingekerbten Tälern und majestätischen Gipfeln am Horizont, zeigt sich der Schwarzwald nur vom Rhein her, also von Süden und Westen. Ganz anders dagegen von Osten. Wer vom Bodensee kommend die Hegauvulkane passiert hat, sich aus dem Donautal oder von der rauen Alb nähert, der erlebt als Tor zum Schwarzwald eine Landschaft sanfter Hügel und weiter Horizonte, mit Kornfeldern und frühmorgens wabernden Nebelschwaden: die Baar. In ihrer Mitte liegen die alte Residenzstadt Donaueschingen mit der im Schlosspark beginnenden Donau und die Doppelstadt Villingen-Schwenningen, wo der Neckar entspringt und auch der Landrat des Schwarzwald-Baar-Kreises sitzt. Bis zur Gründung des Großherzogtums Baden (1806) hatten die Fürsten zu Fürstenberg und die Habsburger auf der Baar das Sagen, St. Georgen und Schwenningen wurden vom Haus Württemberg regiert. Letztere waren bis in die jüngste Zeit Hochburgen der Uhrenfabrikation – Museen und Souvenirläden entlang der Deutschen Uhrenstraße (www.deutsche-uhrenstrasse.de) erinnern an dieses Kapitel Schwarzwälder Industriegeschichte. Im Süden der Baar laden die tief in die Hochebene eingeschnittenen Schluchten von Gauchach und Wutach zum Wandern ein. Unter Volldampf kann man die Region dann Richtung Schweiz verlassen: mit der Sauschwänzlebahn, einer der schönsten Museumsbahnen im Land.

Eckig, praktisch, gut? Neubau der Hochschule Furtwangen

Furtwangen

9500 Einw., 870 m ü. d. M.

Geografisch wie historisch ist Furtwangen das Herz der Schwarzwälder Uhrmacherei. Mit dem Deutschen Uhrenmuseum gibt es eine exzellente Ausstellung von Zeitmessern, und im Sommer treffen sich hier die Experten zur größten Antikuhrenmesse Europas.

Es ist ein weiter Weg durch den Wald. Der Bus klettert über Berg und Tal und ist kaum schneller, als es die schon lange stillgelegte Bregtalbahn war. Dann endlich signalisieren zwei Wohnsilos am Waldrand, dass wir in Furtwangen angekommen sind. Bis 1978, als ihm Meßstetten den Rang ablief, war Furtwangen die am höchsten gelegene Stadt Westdeutschlands. Doch was heißt hier Stadt? Es gibt kein Krankenhaus und kein Theater, keine Disco und kein Finanzamt, und sogleich nach Geschäftsschluss klappt Furtwangen die Bürgersteige hoch. „Die gute wirtschaftliche Situation" mache die Stadt dennoch lebenswert, erklärt der Bürgermeister und verweist auf die enge Zusammenarbeit von Schulen und Industrie. Letztere besteht aus mittelständischen Familienbetrieben der Sparten Feinmechanik, Apparatebau und Elektronik, viele mit Tradition und irgendwie aus der Uhrenherstellung entstanden. Ist die Globalisierung in Furtwangen noch nicht angekommen? Doch, auch hier bleiben die Uhren nicht stehen. 2006 wurde die letzte noch aktive Uhrenmanufaktur im näheren Umkreis, Hanhart in Gütenbach, von einer Investmentgesellschaft übernommen. Ohne die Uhren wäre auch die **Hochschule Furtwangen** (HFU) für Wirtschaft, Informatik und Technik nie entstanden, denn sie begann 1850 als Großherzoglich Badische Uhrmacherschule. Auf dem Gelände

der HFU, deren Bauten und Parkplätze sich entlang der Breg reihen, gibt es tatsächlich etwas Campusatmosphäre. Dass die HFU in den üblichen Rankings so gut abschneidet, mag vielleicht auch daran liegen, dass den Studierenden mangels Abwechslung gar nichts anderes übrig bleibt, als fleißig zu lernen. Nur zum Skifahren gibt es reichlich Gelegenheit, denn der Winter ist hier oben lang und kalt. In Furtwangen, so das Bonmot, habe das Studienjahr zwei Wintersemester. Deshalb befindet sich hier auch ein **Skiinternat,** in dem die Medaillengewinner von morgen Schule, Berufsausbildung und Leistungssport unter einen Hut zu bringen versuchen.

Hier entspringt die Breg

• *Vorwahl* 07723

• *Information* **Tourist-Information**, beim Uhrenmuseum, Lindenstr. 1, 78120 Furtwangen, ✆ 92950, www.furtwangen.de und www.dasferienland.de. Mo–Fr 9–12.30 und 14–17 Uhr.

• *Veranstaltungen* Am letzten Augustwochenende **Antik-Uhrenmesse** mit Trödelmarkt, www.antik-uhrenmesse.de.

Anfang Sept. startet der **Schwarzwald-Bike-Marathon** mit mehr als tausend Teilnehmern. Die 120-km-Strecke gilt als das anspruchsvollste Mountainbikerennen in Deutschland. www.schwarzwald-bike-marathon.de.

• *Übernachten/Essen* **Kolmenhof**, an der Bregquelle. Familiär geführter, kinderfreundlicher Betrieb mit 20 Gästebetten. Sauna, Fitnessraum, Solarium, Spielplatz, als umweltfreundlich ausgezeichnet. In der Gaststätte werden Forellenspezialitäten, Wild und Gütenbacher Bergkäse angeboten. Hauptgericht bis 15 €. Gaststätte Mi ab 14 Uhr und Do geschlossen. DZ 85–95 €. Katzensteig, Neuweg 11, ✆ 07723/93100, www.kolmenhof.de.

Goldener Rabe, ein „Silencehotel" in ruhiger Alleinlage 2 km außerhalb am Westweg zum Brend. Älteres Haus mit zehn einfachen Zimmern (mit Dusche/WC). Hauptgericht bis 15 €. Fr Ruhetag. DZ 45–65 €. Rabenstr. 7, ✆ 07723/7397, 📠 5695, www.goldener-rabe.de.

Naturfreundehaus Brend, das Haus mit etwa 50 Betten in 15 Zimmern steht auf dem Furtwanger Hausberg Brend (1148 m) und ist damit ideal für Wanderer und Mountainbiker. Separater Aufenthaltsraum für Hausgäste. Gaststätte Mo Ruhetag. Bett 20 €, DZ 55 €. Auf dem Brend 5, ✆ 07723/803, 📠 912576, www.naturfreundehaus-brend.de.

Sehens- und Erlebenswertes

Uhrenmuseum: 1852, zwei Jahre nach Gründung der Uhrmacherschule, bat Direktor Robert Gerwig die Bevölkerung, der Schule doch alte Uhren als Muster zu spenden. Das war der Grundstock für eine Sammlung von inzwischen 8000 Zeitmessern und mechanischen Musikautomaten. Das Spektrum reicht von der Präzisionspendeluhr zum reiskornkleinen Atomchronometer und vom „Jingle Bells" spielenden Christbaumständer bis zur Knödeluhr, deren Stundenmännchen Knödel verdrückt.

Bei der HFU, Robert-Gerwig-Platz 1, www.deutsches-uhrenmuseum.de. Tägl. 10–17 Uhr, April–Okt. 9–18 Uhr, Führung tägl. 11 Uhr. Eintritt 4 €.

Gasthaus Arche: Das seit den 1950er Jahren kaum noch veränderte und 1977 geschlossene Gasthaus liegt von Triberg kommend am Ortseingang. Mit seinen schlichten Fremdenzimmern, der Gaststube samt historischem Orchestrion und der Freiluftkegelbahn ist es ein Museum für den Fremdenverkehr der Nachkriegszeit.

Katzensteigstr. 1, www.geschichtsverein-furtwangen.de. Leider nur So 14–17 Uhr und nach Vereinbarung geöffnet. Eintritt 2 €.

Linachtalsperre: Im abgeschiedenen Linachtal 8 km südöstlich von Furtwangen staut eine höchst ungewöhnliche Konstruktion das Flüsschen Linach zu einem kleinem See. Eine Reihe von Halbkegeln aus Eisenbeton stemmt sich, mit Querstreben verstärkt, leicht schräg dem Wasserdruck entgegen. Diese denkmalgeschützte Staumauer aus den 1920er Jahren ist nach einer Generalsanierung nun wieder dicht und begehbar. Ein etwa 2,5 km langer Pfad umrundet den See, es gibt ein Gasthaus und einen schlichten Badeplatz, sogar einfache Boote sind auf dem See erlaubt.
www.linach-talsperre.de

Wandern und Radfahren

Gipfelstürmer erwandern von Furtwangen via Raben den Hausberg **Brend** mit Aussichtsturm und Alpenblick. Weiter auf dem Westweg kommt man zur spätgotischen **Martinskapelle** mit der **Bregquelle,** wo nach Meinung von Lokalpatrioten die Donau beginnt. Auf dem Berg wie an der Quelle laden Gasthöfe zur Stärkung. Der Westweg geht weiter durch den Wald und über die europäische Wasserscheide. Vorbei an der **Elzquelle** und dem **Furtwänglehof,** einem der ältesten Schwarzwaldhöfe weit und breit, geht es zum Hochmoor des Naturschutzgebiets **Bringlirain** und zur Rehaklinik **Katharinenhöhe.** Am Waldrand vor dem Wanderparkplatz **Escheck** (B 500) zweigt rechts ein mit blau-weißer Raute markierter Weg ab, der am Hang des **Katzentals** entlang wieder nach Furtwangen führt (insgesamt 15 km, knapp 4 Std. Gehzeit).

Mit dem Fahrrad empfiehlt sich eine Tour über Neukirch und die Kreisstraße K 5752 zur **Hexenlochmühle.** Hier ist der Schwarzwald besonders finster, denn von Ende Oktober bis in den Februar dringt kein Sonnenstrahl auf den tief eingeschnittenen Talgrund vor. Als Sägewerk gebaut und seit 1839 in Familienbesitz, ist die Mühle heute ein in dieser Abgeschiedenheit nicht erwartetes Souvenirkaufhaus, das über www.hexenlochmuehle.de sogar online verkauft. Ungefähr 500 m nach der Hexenlochmühle kann man das Rad am **Behahof** stehen lassen und zu Fuß zum **Balzer Herrgott** aufsteigen, einem in eine Buche eingewachsenen Christushaupt. Über das **Wildgutachtal,** die Pfaffenmühle und **Gütenbach** – Faller-Fans machen hier noch einen Abstecher zum TV-Bauernhof im **Fallengrund** – kommt man nach gut 20 km wieder nach Furtwangen.

furtwangen.org

Dass Furtwangen die höchste Suizidrate der Nation hat, ist ein zwar längst widerlegtes, doch umso hartnäckigeres Gerücht. Unter dem Arbeitstitel „furtwangen.org“ wollte der Drehbuchautor und Regisseur Hans-Christoph Blumenberg darüber eine schwarze Komödie drehen, eine Idee, welche die baden-württembergische Filmförderung für förderwürdig hielt. Doch da verstanden die Furtwanger überhaupt keinen Spaß und protestierten. Es gehe ja wohl nicht an, einen Film, der ihre Stadt durch unrichtige Behauptungen schlechtmache, mit öffentlichen Mitteln zu fördern. Beliebt sind in Furtwangen hingegen die regelmäßigen Außenaufnahmen zur SWR-Serie „Die Fallers“, deren „Fallerhof“ in dem zur Stadt gehörenden Fallengrund steht.

Triberg

5000 Einw., 684 m ü. d. M.

Die weltgrößte Kuckucksuhr und Deutschlands höchster Wasserfall, dazu ein unschlagbares Angebot an Souvenirs. Finden wir hier den Schwarzwald wie aus dem Bilderbuch?

Busreisegruppen und auffallend viele amerikanische Touristen scheinen Triberg zu einem Schwerpunkt ihrer Suche nach dem authentischen Schwarzwalderlebnis erkoren zu haben. Vielleicht ist ja Ernest Hemingway dafür verantwortlich, der das Ursprüngliche liebte und die Spannung suchte. 1922 war er in Triberg zu Gast, berichtete darüber (nicht nur positiv) im *Toronto Star* und verarbeitete seine Schwarzwaldzeit in *Schnee auf dem Kilimandscharo.* Oder machte die Großherzogin Stephanie Triberg salonfähig, als sie 1815 mit großem Gefolge dem Wasserfall ihre Aufwartung machte? Heutigen Touristen weist die schnurgerade bergauf führende **Hauptstraße** den Weg zum Wasserfall, dessen Kasse etwa 300.000 Besucher im Jahr zählt. Der Wiederaufbau nach dem großen Stadtbrand (1826) gab Triberg ein städtisches Gepräge. Zwischen Marktplatz und Wasserfall passiert man etliche **Souvenirgeschäfte** mit Kuckucksuhren, Holzschnitzereien und Teddybären, dazwischen die „Schinkenstraße" und Werbung für „Original Black Forest Cakes". Hinter dem Rathaus, zwischen Stadtkirche und Kurhaus, findet man noch die Felsplattform, auf der einmal die Triberger **Burg** stand.

Die weltgrößte Kuckucksuhr im Eble Uhren-Park

So weit, so gut. Doch unter der Oberfläche kriselt es. Die florierenden Entwicklungsachsen am Oberrhein und entlang der Autobahn Stuttgart – Singen stellen den Raum Triberg ins Abseits. Die Zeiten, da Triberg den weltweit ersten elektrisch angetriebenen Skilift eröffnete (1909) oder auf dem **Bergsee** die Europameisterschaften im Eiskunstlauf stattfanden (1925), sind lange vorbei. Betriebe machen dicht, Läden stehen leer. Dass ein Ort binnen zwei Generationen ein Drittel seiner Einwohner verliert – und der Trend geht weiter abwärts –, ist in Baden-Württemberg trauriger Rekord. Eine Wende sollte die **Erlebniswelt Triberg** bringen, ein Großprojekt, bei dem die Gäste mit einer Miniaturausgabe der Schwarzwaldbahn um den Wasserfall fahren und die Hauptstraße unter ein Plexiglasdach kommen sollte. Nach dem Ausstieg der beiden Privatinvestoren fehlt der Gemeinde nun das Geld, um das Vorhaben zu verwirklichen.

• *Vorwahl* 07722

• *Information* **Tourist-Information**, Wallfahrtstr. 4, 78098 Triberg, ✆ 866490, www.triberg.de. Tägl. 10–17 Uhr, Nov.–Ostern Mo geschlossen.

• *Kino* **Kronenlichtspiele**. Ja, Triberg hat noch ein Kino, und dieses zeigt nicht einfach nur Blockbuster, sondern ein durchaus anspruchsvolles Programm. Schulstr. 37a, www.kronenlichtspiele.de.

• *Kuckucksuhren* Der **Eble Uhren-Park** (an der B 33, www.eble-uhren-park.de) lädt zur Begehung der weltgrößten Kuckucksuhr. Die Uhrenfabrik **Hubert Herr** (Hauptstr. 8, www.hubertherr.de) lässt in ihrem Verkaufsraum beim Schnitzen von Kuckucksuhren zuschauen. Uhrengehäuse stellt auch noch **Cornel Hilser** her, dessen Fabrikverkauf (www.cuckooclocks24.com) man an der B 33 in Nussbach findet.

• *Veranstaltung* Wenn anderswo die Weihnachtsmärkte abgebaut werden, fängt der **Triberger Weihnachtszauber** erst an. Zwischen Weihnachten und Silvester, mit Illumination und volkstümlichen Bühnenshows am Wasserfall. Programm unter www.weihnachtszauber-triberg.de, Eintritt 8 €.

• *Übernachten/Essen*

Parkhotel Wehrle, mitten im Ort. Schon Hemingway hat hier gewohnt und sich in der Küche seine Forellen braten lassen. Mit Stilmöbeln eingerichtete Themenzimmer, Gästehaus mit neuem Wellnesszentrum. DZ 150–180 €. Gartenstr. 24, ✆ 07722/86020, 860290, www.parkhotel-wehrle.de.

Jugendherberge, auf einem Bergrücken am Stadtrand gelegen. Das 1993/94 grundlegend sanierte Haus hat 125 Betten in 25 Zimmern (überwiegend Sechsbettzimmer), alle mit Waschbecken. Spielplatz, Grillstelle, Streetballfläche, Tischtennis und Parkplatz sind vorhanden. 20 Gehminuten vom Zentrum. Bett 20–25 €. Rohrbacher Str. 35, ✆ 07722/4110, 6662, www.jugendherberge-triberg.de.

Deutschlands höchster Wasserfall

Zur Staude, ein imposantes, altes Bauernhaus auf einer Lichtung zwischen Triberg und St. Georgen. Hier liegt Ihnen der Schwarzwald zu Füßen. Die Zimmer im 1. Stock sind einfach, zweckmäßig und rustikal ausgestattet, eine Treppe weiter wird es edler und moderner. Neben dem Haupthaus wurde eine Sauna gebaut. Die Küche setzt auf badisch-schwäbische Traditionsgerichte von Wiese, Wald, Feld und Fluss. , Hauptgericht bis 20 €. Di Ruhetag. DZ 70–90 €. Gremmelsbach, Obertal 20, ✆ 07722/4802, 21018, www.gasthaus-staude.de.

Bäckerei Krachenfels, Kaffee, Kuchen, Pizza, Salate und Sandwiches in poppiger Einrichtung mit Barhockern und Sesselchon, dazu eine Spielecke für Kinder. Am Marktplatz.

Baar
Karte S. 115

Sehens- und Erlebenswertes

Wasserfall: Ein stetes Rauschen gehört zu Triberg einfach dazu. Denn am Ortsrand, gleich neben der B 500, stürzt die Gutach in mehreren Kaskaden insgesamt 162 m abwärts – Deutschlands höchster Wasserfall. Schon der letzte österreichische Obervogt und erste badische Oberamtmann Karl Theodor Huber erkannte 1805 das touristische Potenzial des Naturwunders und ließ Wege und Stege anlegen, an denen heute Tafeln über Tiere, Pflanzen und Besonderheiten informieren und freche Eichhörnchen ihren Wegezoll einfordern. Am Haupteingang gibt es einen v. a. auf Kinder zielenden *Naturerlebnispark*, am Spazierweg Richtung Bergsee kann man im *Hochseilgarten* an Seilen und auf schwankenden Stegen von Gipfel zu Wipfel balancieren.

Wasserfall: Tägl. bis ca. 22 Uhr zugänglich und beleuchtet. Eintritt 3,50 €, im Winter 1,30 €.
Hochseilgarten: ✆ 0172/7410283, www.forestfun.de. Ostern–Okt. tägl. ab 13 Uhr, in den Schulferien tägl. ab 10 Uhr, bei schlechtem Wetter vorher anrufen. Eintritt je nach Tour 8–16 €.

Schwarzwaldmuseum: In einigen Bereichen schon etwas angestaubt, in anderen neu und großzügig eingerichtet, gibt die Ausstellung einen Überblick über Handwerk, Gewerbe und Brauchtum im Triberger Raum. Uhrmacher, Feilenhauer, Schnefler und eine Strohflechterin sind als Puppen in ihren Werkstätten zugange. Glasbläserkunst, Trachten und Fasnachtsmasken sind zu bestaunen, den früheren Sitzungssaal des Heimatvereins hat der Holzschnitzer Karl Josef Fortwängler (1876–1960) mit heroischen Gestalten geschmückt – sein zweites großes Werk neben dem Triberger Ratssaal. Eine Dokumentation erklärt den Bau der Schwarzwaldbahn, in einem begehbaren Bergwerksstollen leuchten kostbare Mineralien in ultraviolettem Licht. Der SABA-Raum versammelt alte Radiogeräte dieser einst in Triberg entstandenen Marke. Höhepunkt des Museums sind seine Musikautomaten: Drehleiern, Orchestrien, eine mechanische Bauernkapelle und von Notenrollen unsichtbar gesteuerte Reproduktionsklaviere sind zu sehen und auch zu hören.

Wallfahrtstr. 4, www.schwarzwaldmuseum.com. Tägl. 10–17 Uhr, Mai–Sept. bis 18 Uhr; Nov.–Ostern Mo geschlossen. Eintritt 5 €.

Wallfahrtskirche Maria in der Tanne: Hätte Triberg nicht den Wasserfall, wäre das barocke Gotteshaus (erbaut 1699–1705) sein Wahrzeichen. Die Wallfahrt gilt einem Gnadenbild, dem wundersame Heilungen zugeschrieben werden. Der in der Marienquelle (am Fels hinter dem Chor) vom Aussatz geheilte Schneidermeister Friedrich Schwab soll zum Dank die von einem unbekannten Meister geschnitzte Statue in die Höhlung einer Tanne gestellt haben. Unter der Türschwelle des zur Kirche gehörenden Mesnerhauses wurde bei Renovierungen ein Krug mit Silbermünzen gefunden, die nun im Museum ausgestellt sind.

Der letzte Weg – Richtstatt mit Aussicht

Wer hier am Galgen starb, hatte zwar keinen schönen Tod, doch bei seinen letzten Atemzügen wenigstens einen schönen Ausblick, denn die Richtstatt der Herrschaft Triberg befand sich am 1024 m hohen Kesselberg. Allzu oft musste der Scharfrichter den weiten Weg zu seinem Arbeitsplatz aber nicht antreten. Der letzte, 1721 errichtete Galgen soll nur zweimal benutzt worden sein, bis die Josephinischen Reformen 1786 die Todesstrafe in den österreichischen Landen und damit auch in Triberg abschafften. In der Form einer Teppichstange ähnich, bestand der Galgen aus zwei steinernen, mit Eisenbändern verstärkten Pfeilern, die mit einem hölzernen Querbalken verbunden waren. Das überaus solide Werk, an dem noch Jahreszahl, Wappen und Steinmetzzeichen zu erkennen sind, hat bis heute überdauert. Ein Wanderweg läuft mitten über die Hinrichtungsstätte und damit auch über die Gräber der Erhängten. Der Galgen steht an der K 5728 von Villingen nach Schönwald zwischen der Kreuzung mit der L 175 Furtwangen – St. Georgen und dem Wanderparkplatz Stöcklewald. Spaziergänge in der Umgebung der Richtstatt führen zum Rasthaus am Aussichtsturm Stöcklewald (Mo/Di Ruhetag, 1 km) oder zum Gasthof Hirzwald (Do Ruhetag) und weiter zur Brigachquelle (2 km) am Hirzbauernhof.

Berühmtheiten im Kunstcafé Kippys

Baar
Karte S. 115

St. Georgen

13.200 Einw., 862 m ü. d. M.

Von der Stadt der Plattenspieler zu einem Zentrum für moderne Kunst – St. Georgen positioniert sich neu zwischen Stuttgart und Basel.

Mit beschaulicher Schwarzwaldgemütlichkeit kann St. Georgen nicht aufwarten. Es empfängt am Bahnhof wie an der Bundesstraße mit Fabrikgebäuden. Wohnen und Arbeiten sind hier räumlich eng verschränkt. Auch nach dem Ende von Uhrmacherei und Phonotechnik (aus St. Georgen kamen die DUAL-Plattenspieler) florieren mittelgroße Betriebe wie ebm-papst (Antriebstechnik), Grässlin (Zeitschaltuhren) und Schmidt (Feintechnik). Den Ortskern bildet eine in den 1970ern gebaute Sichtbetonlandschaft mit Rathaus, Tiefgarage, Ladenzeilen und zugigen Freiflächen. Längst verschwunden ist jenes Benediktinerkloster, dem die Stadt nahe der Rhein-Donau-Wasserscheide und dem Scheitelpunkt der Schwarzwaldbahn ihren Namen verdankt. Einige Holzskulpturen und Tafelbilder aus dem Konvent sind noch in der evangelischen Stadtkirche ausgestellt – als großformatige Fotografien. Die Reformation (St. Georgen gehörte 1536–1806 zum protestantischen Württemberg) und der Dreißigjährige Krieg machten der Abtei den Garaus. Statt eines alten Klosters bietet die Stadt dem Touristen heute neue Kunst. Wobei die Sammlung Grässlin sich nicht auf einen einzigen Ausstellungsraum beschränkt, sondern an vielen Stellen der Stadt präsent ist.

• *Vorwahl* 07724

• *Information* **Tourist-Information**, im Rathaus, Hauptstr. 9, 78126 St. Georgen, ✆ 87194, www.st-georgen.de. Mo–Fr 9–12.30 und 14–17.30 Uhr, Mai–Sept. auch Sa 10–12 Uhr.

• *Übernachten* **Hotel Kammerer**, zentral bei der evangelischen Stadtkirche, älteres Haus, doch gut in Schuss gehalten, sonnige Südhanglage mit Blick auf den Stadtpark. Unterschiedlich große Zimmer, unter der Woche viele Geschäftsleute, Bistrobar mit einfachen Gerichten. DZ 90 €. Hauptstr. 23, ✆ 07724/93920, www.hotel-kammerer.de.

Ferienhaus Brigachmühle, restaurierte Hofmühle mit Mühlrad und Mahlgang. drei rustikal eingerichtete Zimmer, Küche, Terrasse, für bis zu 4 Pers. Mai–Okt. 370 €/

Woche, sonst 50 €/Tag. Brigach, Untertal 3, Vermietung über den Verkehrsverein, ✆ 07724/949892, 📠 918585, www.schwarzwaldmühlen.de.

Ferienwohnung Allmendbühl, der Wohnteil eines 1742 in sonniger Alleinlage erbauten Hofs wurde mit viel Liebe zum Detail zur Ferienwohnung umgebaut. Sie ist mit alten Möbeln eingerichtet, gekocht wird auf dem Holzherd und geheizt mit dem Kachelofen. Helle Stube, fünf Schlafzimmer. Brunnen, Bauerngarten und Wiese gehören zum Haus. 2 Pers. 420 €/Woche, jede weitere 70 €/Woche. Stockwald, Am Allmendbühl 4, Vermietung durch Familie Freudenberger, ✆ 07724/75314, 📠 919283, www.ferien-im-baudenkmal.de.

• *Essen* **Kippys**, das Bistro des Kunstraums (→ Sammlung Grässlin, s. u.) bietet Pasta, Panini, Salate und andere kleine Gerichte der italienischen Küche, an manchen Tagen auch Pizza oder im Winter mal Fondue. Hauptgericht bis 15 €. Mo–Fr 9–14.30 und 17–24 Uhr, Sa/So 11.30–18 Uhr, Dienstagabend geschlossen. Museumstr. 2, ✆ 948802, www.sammlung-graesslin.eu.

Die Schwarzwaldbahn – mit Doppelschleifen den Berg bezwingen

Die Schwarzwaldbahn verbindet auf einer 149 km langen Strecke Offenburg mit Singen. 1873 vollendet, war sie Vorbild für die Gotthardbahn und viele andere Gebirgsbahnen. Dabei gilt besonders der Abschnitt zwischen Hornberg und St. Georgen, auf dem die Gleise einen Höhenunterschied von fast 448 m überwinden, als technisches Meisterstück. Die Trasse über Schiltach und Schramberg wäre einfacher gewesen. Doch dort hätte die Strecke über württembergisches Gebiet geführt, und davon wollte der badische Großherzog für seine Staatsbahn nichts wissen. Der Eisenbahnbauer Robert Gerwig (1820–1885) meisterte den Anstieg mit 37 Tunneln und zwei Doppelschleifen, welche die 11 km Luftlinie von Hornberg nach St. Georgen auf 26 Bahnkilometer verlängern. Dabei klebte Gerwig, der später auch die Höllentalbahn plante, seine Strecke regelrecht an die Hänge und vermied Viadukte und Talquerungen, weshalb sich die Schwarzwaldbahn so harmonisch in die Landschaft einfügt.

Mehr über die Schwarzwaldbahn gibt's unter www.schwarzwaldbahn.net. Hier oder bei der Tourist-Information erfährt man auch die Termine von Dampflokfahrten.

Sehens- und Erlebenswertes

Sammlung Grässlin: Die mit einer Fabrik zu Vermögen gekommenen Grässlins, nämlich Mutter Anna und ihre vier als Galeristen und Kuratoren gut vernetzten Kinder, sammeln seit 1981 sperrige Gegenwartskunst, die sie meist von den Künstlern selbst erwerben, solange andere über deren Schaffen noch die Nase rümpfen. Zum Beispiel vom lange verkannten Martin Kippenberger, der gleich einige Jahre bei seinen Mäzenen in St. Georgen lebte und arbeitete. Mittelpunkt der Sammlung ist der *Kunstraum,* ein schlichter, weißer Würfel von 200 m² Stellfläche gleich neben den Grässlin'schen Fabrikgebäuden. Dazu kommen die *Räume für Kunst,* quer über die Stadt verstreute Ladenlokale, welche die Eigentümer für kurz oder lang den Grässlins als Ausstellungsräume überlassen. Selten wurde Kunst so überzeugend in eine Stadt integriert.

Kunstraum: Museumstr. 2, www.sammlung-graesslin.eu. Sa/So 12–18 Uhr, Führung Sa 15 Uhr. Eintritt 5 €, Führung 2 €. Der aktuelle Ausstellungskatalog, u. a. im Kippys zu kaufen, ist zugleich Führer zu den Räumen für Kunst.

Froschmuseum: Die Sammelleidenschaft der Familie Grässlin gilt nicht nur zeitgenössischer Kunst. In Sabine Grässlins Froschmuseum wollen wohl 2000 grüne

Hüpfer wach geküsst werden. Neben Figuren und Figürchen aus Keramik, Metall, Plastik und Plüsch gibt es noch alle erdenklichen Accessoires zum Thema, etwa froschige Servietten oder einen froschförmigen WC-Sitz.

Gerwigstr. 1, www.sammlung-graesslin.eu. Sa/So 13–17 Uhr. Eintritt 2 €.

Deutsches Phono Museum: Das Museum zeigt die technische Entwicklung von den Edinson'schen Stanniol- und Wachswalzen über das Grammophon zum Hi-Fi-Plattenwechsler. Im Vordergrund stehen dabei die St. Georgener Firmen DUAL und PE, auch Kuriositäten wie das Tefiphon und ein Plattenwechsler für Schellacks sind zu sehen. In einer Extraschau werden Uhren ausgestellt.

Im Rathaus, Hauptstr. 9, www.deutsches-phono-museum.de. Mo–Fr 9–12.30 und 14–17.30 Uhr, Mai–Sept. auch Sa 10–12 Uhr. Eintritt 2 €.

Heimatmuseum: Zwischen neueren und neusten Gebäuden hält mitten in der Stadt das „Schwarze Tor“ als letztes Bauernhaus die Stellung. Drinnen erfährt der Besucher, wie die Menschen im Schwarzwald wohnten und arbeiteten. Mit viel Liebe wurde das 1803 gebaute Haus mit alten Möbeln und Utensilien eingerichtet. Stube, Schlafkammer, die Küche, dazu eine Uhrmacherwerkstatt und Werkzeuge der Holzbearbeitung und Strohflechterei, auch zwei Webstühle wurden aufgebaut.

Bahnhofstr. 37, www.st-georgen.de → Freizeit. Sa 13–16 Uhr (Okt.–April nur erster Sa im Monat), Juni–Sept. zusätzlich Di 9.30 Uhr Sonderführung. Eintritt 2 €.

Villingen-Schwenningen

81.000 Einw., 704 m ü. d. M.

Eine Stadt im Doppelpack: Die europäische Wasserscheide und die badisch-schwäbische Kulturgrenze trennen die ungleichen Teilstädte Villingen und Schwenningen.

Baar
Karte S. 115

Die nach ihrem Autokennzeichen gern VS abgekürzte **Doppelstadt** entstand 1972 als von oben verordnete Zwangsehe zweier sehr ungleicher Partner: hier das altehrwürdige Villingen, eine Gründung der Zähringer, badisch und katholisch; dort das erst mit seiner Uhrenindustrie zu Bedeutung gekommene Schwenningen, württembergisch und protestantisch, ein Underdog und lange als „größtes Dorf“ Württembergs belächelt. Beide sind bis heute geografisch klar getrennt und 5 km voneinander entfernt, haben unterschiedliche Telefonvorwahlen und Lokalzeitungen. Villingen liegt an der Brigach, Schwenningen am Neckarursprung, zwischen ihnen ist also auch noch die europäische Wasserscheide.

Villingen

Villingen ist die touristisch interessantere der beiden Teilstädte. Als **Alte Stadt** mit einem Repertoire an kulturgeschichtlichen Klassikern wie Münster, Rathaus, Stadtbefestigung und Patrizierhäusern hat es schon lange seinen festen Platz in den Reiseführern. Gegründet von den Zähringern, kam Villingen 1336 zu Österreich und genoss, so ganz am Rande des Habsburgerreichs gelegen, bis ins 18. Jh. ein großes Maß an Selbstständigkeit. Erst die österreichische Verfassungsreform im 18. Jh. und der bald darauf im Zusammenhang mit den Napoleonischen Kriegen erfolgte Übergang an Baden reduzierten die Stadt auf ein kleines Rädchen in einer zunehmend zentralistischen Staatsverwaltung.

Aus der Vogelschau gut zu erkennen ist das für die Stadtgründungen der Zähringer typische, annähernd rechtwinklige Achsenkreuz der beiden Hauptstraßen, welche die vier **Stadttore** miteinander verbinden. Noch erhalten sind das Obertor, Riettor und Bickentor, abgerissen wurde das Niedertor. Auch wo die Mauer fehlt, kann

man den Verlauf der **Stadtbefestigung** anhand des Altstadtrings und der Grünanlagen noch gut nachvollziehen. Für die Landesgartenschau wurde dieser Grüngürtel wie auch das **Brigachufer** verschönert und aufgewertet. Vor allem Obere Straße und Rietstraße sind als **Fußgängerzone** und Einkaufsmeile die gute Stube der Stadt, der Münsterplatz ist ihre politische und spirituelle Mitte.

Das um 1130 begonnene **Liebfrauenmünster** vereint Stilelemente von der Romanik (Hauptportal) bis zur Moderne (Bronzetüren). Besonders gelungen ist die Ostseite mit dem gotischen Chor und den beiden ungleichen Türmen. Innen fällt der Blick auf die steinerne, mit Reliefs biblischer Szenen geschmückte und von vier Statuen getragene **Kanzel.** In der linken Turmkapelle wird das wundertätige **Nägelinskreuz** (14. Jh.) verehrt, das die Stadt vor Krieg und Feuer bewahren soll. Das **Alte Rathaus,** welches im Kern aus dem frühen 13. Jh. stammt, wurde im 16. Jh. im Stil der Renaissance umgestaltet. Künftig soll hier die altehrwürdige Städtische Altertümersammlung mit Meisterstücken der Zünfte und dem Münsterschatz im Rahmen eines kunstgewerblichen Museums neu präsentiert werden. Unterhaltsam bis süffisant präsentiert der 1992 vom Schonacher Bildhauer Klaus Ringswald geschaffene **Münsterbrunnen** Szenen aus Villingens Vergangenheit. Ähnlichkeiten mit Personen der Zeitgeschichte seien rein zufällig, heißt es.

Franziskanermuseum: Das Stadtmuseum hat drei Themenbereiche. Die Dauerausstellung im ehemaligen Franziskanerkloster, in dem sich auch Foyer, Cafeteria und der in der früheren Klosterkirche eingerichtete Konzertsaal befinden, ist der *Stadtgeschichte* gewidmet, wenngleich Kategorisierung und Präsentation eher kulturwissenschaftlichen als historischen Prinzipien folgen. Im Kapitelsaal mit seinem schönem Netzgewölbe lernen wir unter dem Motto „Nicht nur Kraut und Rüben" die Städtische Altertümersammlung als Beispiel gründerzeitlichen Sammeleifers kennen. Die beiden oberen Etagen des Hauses spannen den Bogen von der sakralen Kunst (die mittelalterlichen Bildteppiche gehören zu den wertvollsten Exponaten) über den Alltag (in der Küche darf man Gewürze schnüffeln) zu den Anfängen des Fremdenverkehrs und zum Aufstieg und Niedergang von SABA und Kienzle, den einst größten Firmen der Stadt.

Eine Galerie verbindet das Klostergebäude mit dem sog. Waisenhaus. In dessen Souterrain ist das *Fürstengrab aus dem Magdalenenberg* (616 v. Chr.) nachgebildet, das der frühkeltischen, v. a. von der Heuneburg bekannten Kultur zugerechnet wird. Die oberen Etagen gehören der *Schwarzwaldsammlung* des Fabrikanten und Sammlers Oskar Spiegelhalder (1864–1925), der alles aufkaufte, was irgendwie mit Hausin dustrie und Volkskunde zu tun hatte und ihm erhaltenswert schien, von Uhrenschil dern und Trachten bis zu ganzen Stuben oder der Werkstatt eines Löffelschmieds.

Rietgasse 2, www.villingen-schwenningen.de → Kultur → Museen. Di–Sa 13–17 Uhr, So ab 11 Uhr. Eintritt 3 €.

• *Vorwahl* 07721

• *Information* **Tourist-Information**, im Franziskanerkloster, Rietgasse 2, 78050 VS-Villingen, ✆ 822340, www.villingen-schwenningen.de und www.tourismus-vs.de. Mo–Sa 9–17 Uhr, So ab 11 Uhr. Freundlich und kompetent. Es gibt u. a. einen Faltprospekt mit Stadtplan, Stadtrundgängen in Villingen und Schwenningen sowie den für Touristen wichtigsten Adressen. Mi/Fr 15 Uhr und Sa 14 Uhr veranstaltet die Tourist-Info Stadtführungen (3,50 €).

• *Fahrradverleih* **Pedal**, 10 €/Tag. Niederwiesenstr. 7, ✆ 30766, www.uli-rottlers-pedal.de.

• *Veranstaltungen* Im 19. Jh. wurde Villingen zu einer Hochburg der **Fasnet**. Hauptfigur ist der Narro oder Maschgere, ein Weißnarr mit Lindenholzmaske und schweren, auf Riemen gefassten Schellen, die beim Narrensprung erklingen. Höhepunkt des närrischen Treibens ist der *Umzug* am Fasnachtsdienstag.

• *Übernachten/Essen* **Hotel Bären (5)**, kleines, von den Eigentümern selbst geführtes Hotel in der Altstadt (Fußgängerzone). Zeitgemäß und gemütlich eingerichtete Zimmer und Appartements mit WLAN und TV, Garage, Aufzug, unter der Woche vorwiegend Geschäftsleute. DZ 85–95 €. Bärengasse 2, ✆ 07721/2069690, 📠 206999, www.hotelbaeren.biz.

Rindenmühle (2), familiäres und kinderfreundliches Hotel, direkt am Kurpark hübsch gelegen, mit eigenem Garten. Wohnlich eingerichtete Zimmer im Landhausstil. Regional

Der Villinger Münsterbrunnen

Baar Karte S. 115

verankerte und ökologisch orientierte Küche mit Zutaten aus dem eigenen Garten. Hühner, Gänse, und Kaninchen züchtet Küchen- und Hotelchef Martin Weißer selbst. Hauptgericht 18–28 €. Restaurant So ab 15 Uhr und Mo geschlossen. DZ 100 €. Am Kneippbad 9, ✆ 07721/88680, 📠 886813, www.rindenmuehle.de.

Bosse (1), das Hotel im Kurgebiet überzeugt mit seinen Themenzimmern. So nächtigt man in „Kairo" wie einst die Pharaonen. Oder wenigstens so ähnlich, denn natürlich gibt es zeitgemäße Bäder und sogar WLAN. Im Restaurant Spezialitäten von den Weiden und Gewässern des Schwarzwalds. Hauptgericht 20–25 €. Kein Ruhetag. DZ 85–105 €. Oberförster-Ganter-Str. 9–11, ✆ 07721/58011, 📠 58013, www.hotel-bosse.de.

Jugendherberge Villingen (3), die Jugendherberge steht am nordwestlichen Stadtrand in Waldnähe. 133 Betten, überwiegend Vier- und Sechsbettzimmer. Teilweise sind je zwei Zimmern Dusche und WC direkt zugeordnet. Bett 20–25 €. St. Georgener Str. 36 (Bus 6, Haltestelle Triberger Straße), ✆ 07721/54149, 📠 52616, www.jugendherberge-villingen.de.

Pulvertürmle (7), frische Zutaten sind für Koch und Inhaber Michael Widlowski-Küfer das Wichtigste. Seine Spezialität sind Fleischgerichte vom Grill, sei es ein schwäbischer Zwiebelrostbraten oder ein südafrikanisches Straußenfiletsteak, dazu knackige Salate. Hauptgericht 10–25 €. Mo Ruhetag. Gerberstr. 35, ✆ 21640, www.pulvertuermle.de.

Tafelhaus (4), kleine, doch feine Gaststube mit wechselnder Kunst an den massiven Wänden des denkmalgeschützten Hauses. Der experimentierfreudige Karl-Heinz Ott hat nicht nur den Geschmack, sondern auch die Ernährungsphysiologie seiner Gäste im Blick und tischt zu allen Gerichten einen farbenfrohen Salat auf. Ein Klassiker auf der Karte ist die Lammhüfte auf Linsen-Gemüse-Ragout mit Thymian-Sauce. Auch Vegetarier und Veganer werden mit schmackhaften Angeboten bedacht. Hauptgericht 15–25 €. Di–Fr 12–14 und ab 18 Uhr, Sa nur abends. Josefsgasse 5, ✆ 504356.

Gasthaus Ott (8), Traditionslokal mit vielen gemütlichen Winkeln und Nischen. Ob zum ungezwungenen Essen oder zum Bier, das Ott zählt für Jung und Alt zu den bevorzugten Adressen in Villingens Altstadt. Spezialität Rösti, Hauptgericht 8–20 €. Kein Ruhetag. Färberstr. 36, ✆ 28844, www.ott-vs.de.

Café Dammert (6), Kaffee, üppige Torten und Snacks in einem gelungen modernisierten Fachwerkhaus. Tägl. 10–18 Uhr. Rietstr. 30, www.cafe-dammert.de.

• *Am Abend* Abendliche Ausgehmeile ist die **Färberstraße**. Hier zeigt sich Villingen international: vom Irish Pub über Copacabana bis zu den Bars Saki's und Down Under, dazwischen für den Hunger Kapadokia und Don Antonio.

• *Lesetipp* Stefan Ummenhofer, Alexander Rieckhoff: *Ringfahndung. Hummels sechster Fall.* Mit einem Wochenendhäuschen am Villinger Germanswald geht für Hubertus Hummel ein lang gehegter Traum in Erfüllung. Dieser wird jedoch bald zum Albtraum: Auf dem Trimm-dich-Pfad entdeckt der Lehrer einen Toten.

Schwenningen

Schwenningen tut sich schwerer, bei Touristen Interesse zu wecken. Seine früheren Werbeträger sind nur Schatten ihrer einstigen Größe: Der Eishockeyclub SERC Wild Wings spielt nach Konkurs und Lizenzentzug (2003) nur noch in der Zweiten Liga. Von der Schwenninger Uhrenindustrie, deren mechanische Wecker allmorgendlich weltweit Millionen müder Menschen aus dem Schlaf rissen, haben nur einige wenige Spezialfirmen für Zeiterfassungssysteme und ein Museum überlebt. Mit Polizeihochschule, Berufsakademie und einer Filiale der Hochschule Furtwangen profiliert sich Schwenningen jetzt als Bildungsstandort. Für die Landesgartenschau 2010 wurde der Stadtpark Möglingshöhe, wo sich auch die historische Neckarquelle befindet, gründlich verschönt und aufgemöbelt.

Einzelne Fachwerkbauten (Heimatmuseum, Pfarrhaus, Vogtshaus) und ein Ensemble restaurierter Bauernhäuser (neben der Oberdorfstraße) zeigen noch, dass Schwenningen vor der Ansiedlung der Uhrenfabriken (ab 1858) ein eher bescheidenes Dorf war. So fehlt denn auch eine putzige Altstadt mit Zinnen und Türmen.

Auch äußerste Sparsamkeit konnte die Schwenninger Weckerfabriken nicht retten

Baar
Karte S. 115

Stadtmitte ist ein für den unbeschwerten Konsum der Generation Golf gebautes Ensemble mit C&A, dem Einkaufszentrum City-Rondell, einer überdachten Ladenzeile, dem Busbahnhof und leeren, zugigen Freiflächen, auf denen man Militärparaden oder Popkonzerte abhalten könnte. Schmuckstücke sind dagegen einige spätexpressionistische Bauten wie das Kino Capitol (1927), die Post (1925/26, heute BW-Bank) und v. a. das Rathaus (1926/28) des Paul-Bonatz-Schülers Hans Herkommer, das in manchen Details gleichermaßen an eine Kathedrale wie an die schräge Filmkulisse im *Cabinet des Dr. Caligari* erinnert.

Heimat- und Uhrenmuseum: Das in einem alten Fachwerkhaus untergebrachte Schwenninger Heimatmuseum ergänzt die Ausstellung im Villinger Franziskanerkloster. Sahen wir dort Keltengräber, werden hier Grabfunde der Alamannenzeit ausgestellt. Ja sogar das Gesicht einer Beigesetzten wurde rekonstruiert. Der 1. Stock gehört mit Schwarzwälder Glas, Möbeln und ganzen Stuben der Volkskunde und dem Kunsthandwerk. Im 2. Stock kontrastieren doch eher schlichte Schwarzwalduhren mit den edlen Werken einer „Kultur-historischen Stätte der Zeitmesskunst" – so ist die Auswahl aus der Sammlung des Uhrenfabrikanten Hellmut Kienzle betitelt.

Kronenstr. 16, www.villingen-schwenningen.de → Kultur → Museen. Di–Fr, So 10–12 und 14–18 Uhr, Sa nur nachmittags. Eintritt 3 €.

Uhrenindustriemuseum: Wer in die Württembergische Uhrenfabrik Bürk Söhne eintreten will, muss zunächst seine Karte in eine Stempeluhr schieben. Willkommen im Werk! Transmissionen rotieren, hier wird gebohrt, dort gestanzt, die betagte Maschinerie läuft wieder – doch im Unterschied zu früher nur dann, wenn die Arbeiter Lust und Laune haben. Die sind nämlich schon lange Rentner und pflegen ihren früheren Beruf nur noch als Hobby. Hergestellt werden Wecker, made in Germany: Manufak-

turkaliber, auf historischen Maschinen gefertigt und im Museumsladen zum Stückpreis von 45 € zu bestellen, Lieferzeit ein Jahr, denn die Nachfrage ist groß. Im Besucherlabor kann man an großen Modellen die Mechanik eines Weckers erforschen und sich dann selbst als Uhrmacher versuchen. Dazu gibt es Geschichten, erzählt und auf Tafeln geschrieben, wie es früher zuging im Werk. Erlebte Sozialgeschichte.
Bürkstr. 39, www.uhrenindustriemuseum.de. Di–So 10–12 und 14–18 Uhr. Eintritt 3 €.

Luftfahrtmuseum: Nachdem er jahrelang nur für andere Museen Flugzeuge restaurierte und nachbaute, eröffnete Manfred Plumm hier 1988 sein eigenes Museum und verwirklichte damit einen Lebenstraum. Plumms 1:1-Modelle werden von flugfähigen Maschinen ergänzt, z. B. der russischen Antonov 2, einem riesigen Doppeldecker.
Flugplatz Schwenningen, Spittelbronnerweg 62 (Bus 8/8a ab dem Schwenninger Busbahnhof), www.flugplatz-schwenningen.de. Di–So 9–19 Uhr, Nov.–Febr. bis 17 Uhr. Eintritt 4 €.

Schwenninger Moos: Hier sammelt sich das Wasser für den Neckar. Auch wenn sich die offizielle Neckarquelle im Stadtpark befindet, gilt doch das Hochmoor hinter der Eissporthalle als Ursprung des schwäbischsten aller Flüsse. Torfabbau und Entwässerungsgräben hatten das Moor nahezu austrocknen und verwalden lassen, bis der Naturschutz sich um eine Wiederbelebung bemühte und die Abflussgräben verbaute. So wächst das Moor nun wieder und mit ihm Moose und typische Moorpflanzen. Ein 3,5 km langer, bei Joggern und Spaziergängern beliebter Rundweg führt um das Feuchtbiotop herum. Tafeln am Wegrand erzählen vom Lebensraum Moor und seinen Problemen.
www.schwenningermoos.de. Zu Fuß 20 Min. ab dem Schwenninger Bahnhof. Wer mit dem Auto unterwegs ist, parkt am Stadion bei der Südwestmesse.

• *Vorwahl* 07720

• *Information* **Tourist-Information**, im Bahnhof, 78050 VS-Schwenningen, ✆ 821208, www.villingen-schwenningen.de und www.tourismus-vs.de. Mo–Sa 9–17 Uhr, So 9–12 Uhr. Wie bei der Tourist-Info in Villingen gibt es auch hier einen Faltprospekt mit Stadtplan, Stadtrundgängen und wichtigen Adressen für Touristen.

• *Essen* **Café-Bistro Vau**, das in der Schalterhalle eines ehemaligen Postgebäudes eingerichtete Lokal mit einem langen Tresen als Blickfang wird gerne von Geschäftsleuten wie auch Studenten besucht. Knappe Auswahl an warmen Gerichten, dazu Salate, Sandwiches, Kuchen und für den Abend eine lange Liste von Cocktails, Whiskeys und Weinen. Hauptgericht 7–18 €. Tägl. ab 9.30 Uhr, warme Küche 12–14 und 18–23 Uhr. Friedrich-Ebert-Str. 18, www.restaurant-vau.de.

Café X-touch, das trendige Café in der Jugendstilvilla des Fabrikanten Bürk ist zugleich Verkaufsraum für schickes bis extravagantes Interieur. In einem Nebenraum kann man sich den Kopf frisieren lassen. Mittags auch warme Tagesgerichte (bis 10 €). Di–Fr 8.30–18.30 Uhr, Sa 7.30–17.30 Uhr. Neben dem Uhrenindustriemuseum, Bürkstr. 35.

• *Am Abend* **Expressguthalle**, coole In-Location für Partygänger, die sich gern der elektronischen Tanzmusik hingeben. Der Club im Schwenninger Bahnhof ist gewöhnlich Do–So ab 22 Uhr geöffnet, die zugehörige Bistrobar **Ostbahnhof** sogar tägl. ab 16 Uhr. Erzbergerstr. 20, www.ostbahnhof-vs.de.

Donaueschingen

20.000 Einw., 686 m ü. d. M.

Außer für den Donauanfang ist die von Einheimischen schlicht „Donau" genannte Stadt auch für ihr Reitturnier bekannt. Die Avantgarde zeitgenössischer Musik trifft sich zu den Donaueschinger Musiktagen, Bierfreunde trinken das hier gebraute Fürstenberger.

Die Geschichte Donaueschingens ist eng mit den **Fürsten zu Fürstenberg** verbunden, die es 1723 anstelle von Stühlingen zu ihrer Residenz machten. Sie ließen neben dem Schloss und der Stadtkirche auch allerlei Gebäude der fürstlichen Verwal-

Ständiger Auftritt der Donaueschinger Stadtkapelle

Baar
Karte S. 115

tung errichten, die bis heute das Stadtbild prägen. Die Bautätigkeit der Bürgerschaft trieb der verheerende Stadtbrand im Sommer 1908 voran. In kürzester Zeit wurden die zerstörten Häuser zwischen Rathaus und Brigach durch Neubauten ersetzt. Der fürstenbergische Bauinspektor und Karlsruher Architekturprofessor Josef Graf verwirklichte hier eine ihm eigene Mischung aus mittelalterlichen Bauzitaten, Jugendstilornamenten und kubischen Baukörpern, die bereits Ideen des Bauhauses vorwegnahmen. Grafs Bauweise wird vor Ort etwas irreführend gern als **Donaueschinger Jugendstil** bezeichnet.

Noch immer zählen die Fürstenbergs mit einem geschätzten Vermögen von 700 Mio. Euro zu den reichsten Familien in Deutschland, wobei sich ihre Unternehmensgruppe v. a. auf ausgedehnten Waldbesitz, die Holzverarbeitung sowie diverse Immobilien und Finanzanlagen stützt. Mit ihren prächtigen Bällen, den Nobelkarossen, edlen Pferden und als Förderer prestigeträchtiger Kulturprojekte leisten sich Fürstens eine Hofhaltung, die auch unter dem Hochadel selten geworden ist und aus den laufenden Einnahmen nicht mehr bezahlt werden kann. So verkauft man schon seit geraumer Zeit das sprichwörtliche Tafelsilber: hier ein Schloss, dort eine Burg, immer mal wieder ein Stückchen Wald, den berühmten Weinkeller, die Musikaliensammlung, die Hofbibliothek, Kunstschätze (darunter eine Handschrift des Nibelungenliedes) und zuletzt auch die gewinnträchtige Brauerei. Oft griff das Land den darbenden Herren unter die Arme und blätterte dabei viele Millionen auf den Fürstentisch.

• *Vorwahl* 0771

• *Information* **Tourist-Information**, Karlstr. 58, 78166 Donaueschingen, ✆ 857221, www.donaueschingen.de. Mai–Sept. Mo–Fr 9–18 Uhr und Sa 10–12 Uhr, sonst Mo–Fr 9–17 Uhr. Stadtführungen (4 €) gibt's im Sommer jeweils Sa um 10.30 Uhr. Anmeldung bis zum Vortag um 18 Uhr erwünscht.

• *Baden* Strandbad am Campingplatz **Riedsee** (s. u.). Oder bei schlechtem Wetter bzw. in der kühlen Jahreszeit in der Bad Dürrheimer Therme **Solemar**, dem „schönsten Meer im Schwarzwald" (Huberstr. 8, ✆ 07726/666292, www.solemar.de).

• *Veranstaltungen* Das vom städtischen Kulturamt veranstaltete Musik- und Kleinkunstfestival **Hörba(a)r** findet im Mai in der Donauhalle statt. www.donaueschingen.de.

Drachentage: Immer in ungeraden Jahren treffen sich am ersten Maiwochenende Drachenbauer, -piloten und -clubs auf dem Donaueschinger Flugplatz, um vor begeisterten Zuschauern ihre Drachen steigen zu lassen. www.dc-baar.com.

CHI-Reitturnier (Internationales S. D. Fürst Joachim zu Fürstenberg-Gedächtnisturnier): Traditionsreiches Reitturnier im Schlosspark, vier Tage im Sept. mit Dressur, Springreiten und Fahrsport. www.chi-donaueschingen.de.

Donaueschinger Musiktage: Forum zeitgenössischer Musik mit Weltruf, das schon von Thomas Mann literarisch verewigt wurde. Am dritten Oktoberwochenende, Programm unter www.swr.de/swr2/donaueschingen/, Tickets bei www.ticketonline.de oder bei der Geschäftsstelle, Karlstr. 58, ✆ 857266.

Die Stadtkirche – böhmischer Barock an der Donauquelle

• *Übernachten* **** **Hotel Carlton (2),** das örtliche Nobelhotel wird v. a. von Geschäftsreisenden besucht. Es steht am Südufer der Brigach und etwa 10 Gehminuten vom Rathaus. Imposante Eingangshalle mit Wasserfall und Karpfenteichen, Wellnessbereich, Spielzimmer für Kinder, Nightclub, Businesslounge mit Internetzugang. Aufmerksames Personal, Infocounter mit Tipps und Kartenservice. Für das Gebotene erstaunlich günstig: DZ 90–140 €. Hagelrainstr. 17, ✆ 0771/8986440, ℻ 898644100, www.sinnhotels.de.

Öschberghof, das vor 30 Jahren vom Supermarktmagnaten Karl Albrecht zwischen Donaueschingen und Bad Dürrheim gebaute Wellness- und Golfresort wurde inzwischen geliftet und durchgestylt. Klare Formen, warme Töne und edle Materialien. Zwei Golfplätze, Wellnesswelt mit 25-m-Becken und Schnickschnack wie Schneeiglu und Schwebeliegen. DZ ab 250 €. Golfplatz 1, ✆ 0771/840, ℻ 84600, www.oeschberghof.com.

Zum Hirschen (3), familiengeführter Traditionsgasthof, geräumige Zimmer mit Schreibtischchen und WLAN-Anschluss, die Einrichtung ist nicht mehr ganz neu, teilweise Balkon. DZ 75–85 €. Herdstr. 5, ✆ 0771/8985580 , ℻ 89855817 , www.hotel-zum-hirschen.de.

Naturfreundehaus Baar (1), etwas außerhalb im Grünen gelegen, Zimmer mit ein bis vier Betten, Etagendusche/-WC, Bewirtung, Spielwiese vorm Haus. DZ 50 €. Alte Wolterdinger Str. 72, ✆ 0771/2985, www.naturfreunde-donaueschingen.de.

• *Camping* **Camping Riedsee**, ebenes Wiesengelände mit Schatten spendenden Bäumen an einem Baggersee (→ S. 134). Die Stellplätze für Touristen sind vorne in der Nähe der Rezeption, wo auch alle wesentlichen Einrichtungen zu finden sind. Der hintere, größere Platzteil ist von Dauercampern belegt. Sanitärhäuser mit Einzelwaschplätzen, Tennishalle, Laden, Kneipe, Strandbad. 2 Pers. plus Stellplatz 20 €. Am Riedsee 11 (Zufahrt über die Ausfahrt Pfohren der B 31), ✆ 0771/5511, ℻ 15138, www.riedsee-camping.de.

• *Essen & Trinken* **Toscana (6)**, gehobene italienische Küche mit breitem Angebot, das weit über das übliche Pizza-Pasta-Saltimbocca hinausgeht. Hauptgericht 10–25 €. Mo ganztags und Sa mittags geschlossen. Max-Egon-Str. 25, ✆ 14180.

Bräustüble (5), die Brauereigaststätte mit der ganzen Bierpalette vom Fass, dazu Dinnele und deftige Brotzeit, ja sogar Fisch und Kinderteller. Terrasse, regelmäßige Events mit Livemusik. Hauptgericht 10–20 €. Am Dianabrunnen, Postplatz 1–4, www.braeustueble-donaueschingen.de.

Café Hengstler (4), tolle Lage im Zentrum, Terrasse. Freundliche Bedienung, allerdings sollte man nicht nur zu Stoßzeiten Zeit mit bringen. Die Torten (Hausspezialität „Hengst lertorte") und Getränke sind gut und güns tig, auch Sandwiches, Toast, Weißwürste, Maultauschen und andere einfache warme Gerichte. Tägl. bis 18.30 Uhr. Karlstr. 45, www.cafe-hengstler.de. Anschließend sitzt man dann nebenan auf der Terrasse des **Eiscafés Vivaldi**.

• *Am Abend* **Okay Club**, seit über 15 Jahren der angesagte Dancefloor auf der Baar. Aufgelegt wird Disco-Mainstream. Nebenan bedient das dazugehörige **Dancing Ocean** ein etwas älteres Publikum. Do–Sa ab 21 Uhr. Raiffeisenstr. 13, www.okay- nightlife.de.

Im selben Gebäude findet man auch **Delta Tau Chi – The Animal House**, einen Rockschuppen mit Livegigs und gelegentlichen Gothic Nights. Fr/Sa ab 21 Uhr. Raiffeisenstr. 13, www.delta-animalhouse.de.

Sehens- und Erlebenswertes

Stadtkirche St. Johann: Die Kirche mit den Zwiebelturmzwillingen wurde 1723 gebaut, als Fürst Joseph Wilhelm Ernst die Residenz nach Donaueschingen verlegte. Baumeister Franz Maximilian Kanka stammte aus Prag, und so ist das Gotteshaus im böhmischen Barockstil ausgeführt. Äußerlich wenigstens, denn der Innenraum hat bei Renovierungen und Umbauten viel von seiner barocken Pracht eingebüßt.

Das kostbarste Ausstattungsstück ist eine spätgotische Madonna aus dem Jahre 1522. Über dem Hochaltar im Rokokostil (1749) prangt die fürstliche Krone.

Schloss: Das als Barockanlage begonnene Schloss erhielt seine heutige Gestalt bei einem Umbau in den Jahren 1893–1896. Man fügte die Nordflügel hinzu und belebte die Südfassade durch den vorspringenden Mitteltrakt mit Balkon und die mächtige Kuppel. Dabei wurden, wie bei den Prachtbauten der Gründerzeit üblich, allerlei Elemente aus älteren Baustilen kopiert und miteinander kombiniert (Stichwort Historismus). Allerdings orientierten sich die Architekten in Donaueschingen v. a. an französischen Vorbildern, was angesichts der deutsch-französischen Rivalitäten damals alles andere als selbstverständlich war, jedoch dem Geschmack der aus der französischen Adelsfamilie Talleyrand-Périgord stammenden Fürstin Dorothée („Dolly“, 1862–1948) entsprach. Dies setzt sich bei der Innenausstattung fort: Ein Rundgang durch die Empfangs- und Repräsentationsräume ist zugleich ein Gang durch die Entwicklung der Einrichtungskultur des französischen Adels im 18./19. Jh. Die Stile *Régence, Louis-quinze, Louis-seize* und *Empire* zeigen die ganze Bandbreite des Rokokomobiliars und -dekors sowie die französische Spielart des Klassizismus. An den Wänden hängen Gobelins und gestrenge Porträts der fürstlichen Vorfahren, auch das Edelporzellan fehlt nicht. Im Festsaal wurden 1921 mit den „Kammermusikaufführungen zur Förderung der zeitgenössischen Tonkunst“ die Donaueschinger Musiktage geboren.

Die öffentlichen Führungen an ausgewählten Sonntagen müssen vorab bei der Tourist-Information, ✆ 857221, gebucht werden. Eintritt 10 €.

Schlosspark: Der im englischen Stil gestaltete Park mit seinen Baumriesen, Blumenrabatten und Statuen wurde Ende des 18. Jh. angelegt. Nach langem Streit um Wegerechte und die öffentliche Nutzung des Parks herrscht nun wieder Frieden zwischen Spaziergängern, Gassigehern, Rollstuhlfahrern, Joggern und Radlern sowie zwischen Fürstenfamilie und Bürgern.

Donauquelle: Die von einer Steinbalustrade eingefasste Quelle (→ Kasten) befindet sich am Nordwestrand des Parks. Über dem Becken zeigt Mutter Baar ihrer anmutigen Tochter Donau, wo's Richtung Schwarzes Meer langgeht. Die Skulpturengruppe wurde 1895 vom Karlsruher Akademieprofessor Adolf Heer geschaffen. Das Tempelchen an der Stelle, wo das unterirdisch geführte Quellwasser in die Brigach mündet, hat sogar Kaiser Wilhelm II. persönlich entworfen.

Fürstlich Fürstenbergische Sammlungen: Andere alte Museen mögen sich aus den Kunst- und Wunderkammern adliger Herren und reicher Bürger entwickelt haben, doch die 1868 im Karlsbau eröffneten Fürstenbergsammlungen waren von Anfang an als lehrreiche Ausstellung gedacht, um das Volk zu bilden. Die *naturkundliche Abteilung* präsentiert sich noch weitgehend so, wie Fürst Karl Egon III. sie 1868 einrichten ließ, und ist damit auch ein Museum für ein Museum. Ausgestopfte Tiere aus aller Welt, Missgeburten, in Spiritus eingelegte Schlangen, das Skelett eines Urpferds und allerlei Fossilien füllen die Vitrinen. Die *Kunstgalerie* hat ihre großen Attraktionen leider verloren. Die berühmtesten, als „nationales Kulturgut“ geschützten Werke gingen als Leihgabe an die Stuttgarter Staatsgalerie, andere wanderten ins Magazin oder wurden verkauft. Zu sehen sind heute wieder Gipsabgüsse von Statuen der klassischen Antike, wie sie früher als Anschauungsmaterial für den Unterricht die Säle vieler Kunstakademien schmückten. Last, not least widmet sich das Museum der *Geschichte und Kultur des Hauses Fürstenberg.* Als kleine Rache an jenem Mann, der dafür sorgte, dass

Die Donauquelle – dem Kaiser sei Dank

Baar
Karte S. 115

das Fürstentum Fürstenberg 1806 von der Landkarte verschwand, wird hier auch Napoleons Reiseurinal gezeigt.

Am Karlsplatz 7, ✆ 86563, www.fuerstenberg-kultur.de. April–Nov. Di–Sa 10–13 und 14–17 Uhr, So 10–17 Uhr. Eintritt 5 €.

Museum Biedermann: Ihr erstes Kunstwerk brachte die gerade 18-jährige Margit Biedermann noch auf einem Fahrrad nach Hause. Sie hatte es gegen eine Armbanduhr und eine Schachtel Zigaretten eingetauscht. Inzwischen besitzt sie neben einigen Hundert Objekten zeitgenössischer Kunst auch ein eigenes Museum. Der klassizistische Bau am Eingang des Schlossparks wurde einst mit Unterstützung des Fürsten Karl Egon II. für die Donaueschinger Museumsgesellschaft errichtet, ein längst untergegangener Klub bürgerlicher Honoratioren, die sich zu gelehrten Vorträgen und Lesungen trafen. Der sorgfältig restaurierte, in Beige- und Grautönen gehaltene Spiegelsaal mit seiner Kassettendecke, dem mächtigen Kronleuchter, den goldgerahmten Spiegeln und den mit floralen Ornamenten verzierten Pilastern war zudem Schauplatz von Konzerten und Bällen. Nun ist das um einen Anbau erweiterte Haus eine Hülle für wechselnde Ausstellungen aus dem Fundus der Biedermannschen Kunstsammlung. Anspruchsvolle Kunst, die mit neuen Impulsen gleichermaßen Herz und Verstand ansprechen will, verspricht die Sammlerin. Ein kleiner Ausstellungsraum ist jenen Produkten gewidmet, mit denen die Biedermanns ihr Geld verdienen: Implantate und Instrumente für Wirbelsäulen- und Unfallchirurgie.

Museumsweg 1, www.museum-biedermann.de. Di–So 11–17 Uhr. Eintritt 4,50 €.

Fürstlich Fürstenbergische Brauerei: Rund 300 Mitarbeiter brauen in direkter Nähe zur Donauquelle die traditionellen Biersorten Pilsener und Export, aber auch Weizen-, Light- und alkoholfreie Biere sowie Mixgetränke, die unter den Markennamen Fürstenberg, Riegeler, Qowaz und Bären auf den Markt kommen.

Brauereibesichtigungen samt Bierprobe sind nach Anmeldung (✆ 86206, www.fuerstenberg.de) Mo–Fr um 14.30 Uhr möglich.

Streit um die Donauquelle

„Brigach und Breg bringen die Donau zuweg“, besagt die Schulweisheit – entgegen der Geografenregel, dass der längste Zufluss als Quellfluss gilt. Doch warum ist die Quelle nicht bei der Martinskapelle oberhalb von Furtwangen, wo die Breg als der längere von beiden Zuflüssen entspringt? Furtwanger Lokalpatrioten beschilderten diesen Quell trotzig als „Donau-Quelle“. Doch da ist eben noch die Karstquelle im Donaueschinger Schlosspark. Irgendwann im 13. Jh. benannten die Eschinger ihr Dorf klugerweise in Donaueschingen um. 1493, die Fürstenberger hatten den Ort gerade übernommen, schrieb Hartmann Schedel in seiner Weltchronik: „Die Thonaw, der berümbtist fluß Europe entspringt auß dem Arnobischen berg bey anfang des Schwarzwalds in einem Dorff Donaueschingen genannt.“ Und sechs Jahre später kam Kaiser Maximilian auf Besuch, dem zu Ehren die Fürstenberger an ihrer Donauquelle ein rauschendes Fest veranstalteten. Damit war die Sache gelaufen, und die Furtwanger hatten nicht mehr auch nur den Hauch einer Chance.

Damals mäanderte das frisch entsprungene Donaubächlein in die Brigach, noch bevor sich diese mit der Breg vereinigte. Mit der Schaffung des Schlossparks wurde das Bächlein nach dem Quelltopf verrohrt und unterirdisch in die begradigte Brigach geführt. Dies stiftete zwar Verwirrung, weil die „Donauquelle“ nun scheinbar keine Verbindung mehr mit der Brigach und damit der Donau hatte, aber das half den Furtwangern auch nicht. Zuletzt gaben es zwei Ministerien und der Landesgeologe dem Donaueschinger Bürgermeister schriftlich und amtlich: Die Donau beginnt mit dem Zusammenfluss von Breg und Brigach. Und die Donauquelle liegt abseits vom Fluss im Schlosspark. Basta!

Umgebung von Donaueschingen

Riedseen: Die landschaftlich reizvoll gelegenen Baggerseen zwischen den Donaueschinger Ortsteilen Allmendsdorf und Pfohren sind bei Menschen wie Wasservögeln beliebt. Blässhühner, Stockenten und ihre etwas exotischeren Verwandten paddeln übers Wasser, Kormorane, Störche und Reiher suchen frischen Fisch, Surfer lassen sich vom Wind treiben. Am treffend so genannten Badesee befinden sich Strandbad und Campingplatz, der von diesen durch ein Waldstück getrennte Fischbachweiher ist seit Langem ein inoffizieller FKK-Badeplatz.
Anfahrt mit dem Auto über Pfohren, ab dort ausgeschildert.

Römerbad in Hüfingen: Schon früher hatte man in Hüfingen immer wieder römische Reste gefunden, doch erst 1820 gelang es, das auf einer römischen Straßenkarte vermerkte Brigobannis mit Hüfingen zu identifizieren. Karl Egon II., Fürst zu Fürstenberg, veranlasste daraufhin die Ausgrabung des Bades und den Bau eines den Scheunen der Baar nachempfundenen Schutzdaches, dessen Gebälk heute selbst unter Denkmalschutz steht. Doch um ehrlich zu sein, für den Laien geben die spärlichen Mauerreste des Militärbades nicht viel her. Da ist in Schleitheim (→ S. 156) oder Badenweiler (→ S. 239) mehr zu sehen. Immerhin ist der Grundriss des Gebäudes am Hüfinger Galgenberg gut zu erkennen. Vom Umkleideraum gingen die Badegäste in das ca. 25 °C warme Tepidarium, in dem sie sich akklimatisierten und reinigten. Das Caldarium, der Raum mit den Heiß- und Kaltwasserbecken, hatte ein blau-gelbes Fußbodenmosaik. Im Kaltbad, dem Frigidarium, endete das

Naturparadies Gauchachschlucht

Badevergnügen. Ein paar erklärende Tafeln zu Brigobannis, die lebensgroße Puppe eines Legionärs und natürlich Souvenirs, das war's dann. Vor dem Bad gibt es noch einen *Kräuterlehrpfad* und ein Kneipp'sches Wassertretbecken.

Am Südufer der Breg, Schosenweg. Hüfingen ist von Donaueschingen gut mit Bus und Bahn erreichbar. Mai–Okt. So (in den Sommerferien tägl.) 14–17 Uhr. Eintritt 2 €.

Die Gauchachschlucht

Die Wutachschlucht wird als „Grand Canyon" des Schwarzwalds vermarktet und entsprechend oft begangen. Ihre kleine Schwester, die Gauchachschlucht, ist zwar nicht ganz so bekannt, aber kaum weniger spektakulär.

Die Gauchach entspringt im Krähenbacher Wald nördlich von Dittishausen, fließt an Döggingen vorbei und mündet unweit der Wutachmühle in die Wutach. Die eigentliche Gauchachschlucht beginnt unterhalb von Döggingen, wo sich der Bach tief in den Muschelkalk gefressen hat. Wegen der steilen Hänge und des schwierigen Zugangs ist die Schlucht in einem naturnahen Zustand geblieben, gänzlich unerschlossen sind die tief eingekerbten Seitentäler. Esche und Ahorn dominieren den Wald, das Totholz bietet allerlei Insekten, Spechten und anderen Höhlenbrütern besten Lebensraum, selbst Eisvögel tummeln sich in der Schlucht. Die tonigen Keuperlagen der Steilfelsen enthalten fossilierte Tiere und Pflanzen, doch verbietet der Naturschutz hier das Hämmern und Sammeln versteinerter Abdrücke früheren Lebens.

Wandern

Tour 4: Durch die Gauchachschlucht

Karte: Freizeitkarte des Landesvermessungsamts Baden-Württemberg im Maßstab 1:50.000, Blatt 509 Waldshut-Tiengen.

Wege: Die Tour ist für Kinderwagen, Kleinkinder und Mountainbikes nicht geeignet. In teilweise schwierigem und schlüpfrigem Gelände braucht man Trittsicherheit und Kondition. Bei großer Nässe, Schnee und Eis ist die Schlucht nicht passierbar.

Ausrüstung: Wanderschuhe, strapazierfähige Kleidung. Wegen der hochgradigen Zeckengefahr empfiehlt es sich, die Haut zu bedecken und nach der Wanderung eine entsprechende Körperkontrolle durchzuführen.

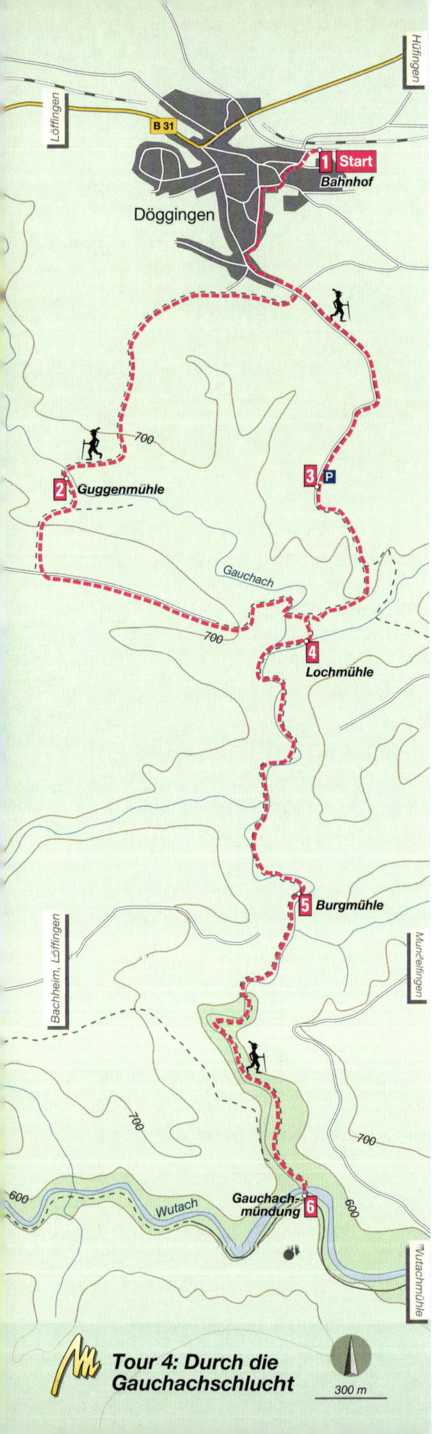

Strecke/Dauer: 12 km/4 Std. hin und zurück.

Markierung: Blaue oder gelbe Raute auf weißem Grund.

Übernachten/Essen: *Naturfreunde Wanderheim Burgmühle*, bietet 50 einfache Übernachtungsplätze und ist auch bei Studenten der Unis Freiburg und Tübingen beliebt. Die Küche serviert Hausgästen und Passanten Deftiges wie Schlachtplatte (4 €), aber auch vegetarische Gerichte. Kein Handyempfang, Parkplatz 1 km entfernt. Übernachtung mit Halbpension 30 €, Kinder 20 €. Ende März bis Anfang Nov. Mo Ruhetag. Bachheim, ✆ 07654/553, www.gauchachschlucht.de.

Fußgänger beginnen die Tour am **Bahnhof Döggingen (1)** und folgen zunächst den Schildern durch den Ort Richtung Gauchachschlucht. Der übliche Weg ist im Abstieg zur Schlucht jedoch extrem rutschig. Ich empfehle deshalb, am Ortsende von Döggingen den markierten Wanderweg nach rechts in Richtung **Guggenmühle (2)** zu verlassen. Die romantisch im offenen Tal gelegene Mühle hat ihren Namen vom Kuckuck: Der hieß auf Mittelhochdeutsch *gauch*, auch der Bach ist also nach ihm benannt. Wir queren Letzteren bei der Mühle auf einer morschen Holzbrücke, folgen dem Gewässer abwärts durch Wiesen und Wald und überqueren es auf einem schmalen Steg, um danach nahe einer **Kapelle (4)**, die an die vor langer Zeit nach Hochwassern aufgegebene Lochmühle erinnert, wieder auf den Hauptweg zu treffen. Dieser kommt vom **Wanderparkplatz (3)** im Süden von Döggingen. Nach gut 1:30 Std. treffen wir auf ein früheres Turbinenhaus und die **Burgmühle (5).** Tafeln gestalten den nächsten und relativ bequem zu begehenden Abschnitt als Waldlehrpfad. Der **Kanadiersteg (6)**, eine überdachte Holzbrücke, markiert das Ende der Gauchach, die hier in die Wutach mündet. Man kann nun umkehren, die Wanderung wutachaufwärts fortsetzen oder den Weg links zur noch 15 Min. entfernten Bushaltestelle an der *Wutachmühle* nehmen.

Staffelgiebelgemütlichkeit in Löffingen

Baar
Karte S. 115

Löffingen

8000 Einw., 804 m ü. d. M.

Löffingen liegt am sanft ansteigenden Übergang von der Baar zu den Schwarzwaldbergen und eignet sich gut als Ausgangspunkt zur Erkundung der Wutachschlucht.

Leffinga, wie es damals hieß, wurde im 13. Jh. durch die Grafen von Fürstenberg zur Stadt ausgebaut. Die Stadtmauer, deren Verlauf anhand von Häuserzeilen noch gut zu erkennen ist, formt ein 200 m langes und 150 m breites Oval, durch das sich in leichtem Bogen die Hauptstraße zieht. Im Zentrum stehen Rathaus, Kriegerdenkmal und der Brunnen des Stadtheiligen Demetrius. In den kleinen, meist zweigeschossigen und traufständigen Häuschen der Nebenstraßen waren früher Ackerbürger zu Hause, welche die Straße zugleich als Wirtschaftshof nutzten. Die bei einem Umbau barockisierte Stadtkirche St. Michael lädt zu einer besinnlichen Pause ein. Ihre drei Hauptaltäre schuf 1775 der Rokokobildhauer Matthias Faller. Auch die Altarbilder gehen auf nur einen Maler, den Freiburger Simon Göser, zurück, sodass der Kirchenraum wie aus einem Guss wirkt.

- *Vorwahl* 07654
- *Information* **Tourist-Information**, Rathausplatz 14, 79843 Löffingen, ✆ 1206-8350, www.loeffingen.de. Mo–Fr 9–12 und 14–17.30 Uhr, im Sommer auch Sa 9–12 Uhr. Mit Stadtbücherei und kleinem Heimatmuseum.
- *Übernachten/Essen* **Landhotel Ochsen**, familiengeführtes Traditionshaus im Herzen der Stadt. Modern eingerichtete Zimmer, Küche mit regionalen Gerichten und einigen Spezialitäten aus Griechenland, woher die Chefin stammt. Terrasse, Garage für Motorräder. Hotelier Peter Faißt ist selbst Biker, auch wenn er im Sommer nur am dienstäglichen Ruhetag Gelegenheit zu seinem Hobby findet. , Hauptgericht bis 20 €.

DZ 70–80 €. Rathausplatz 12, ✆ 07654/327, 📠 922431, www.landhotel-ochsen.de.

Landhotel Tanneneck, das an ein Reitsportzentrum angebundene Hotel liegt zwischen Löffingen und Dittishausen. Außer bei Reitern ist das Tanneneck auch bei Hundehaltern beliebt, denn Fiffi ist hier willkommen und erhält auf Wunsch sogar Vollpension mit Frischfleisch. Ein kleines Wellnesszentrum mit Kosmetik, Massage, Sauna und Solarium rundet das Angebot ab. DZ 70–90 €. An der Burg 1, ✆ 07654/91050, www.landhotel-tanneneck.de.

Sehens- und Erlebenswertes

Heimatmuseum: Das Museum geht auf die bereits 1846 gegründete Museumsgesellschaft zurück, in der die Löffinger Bürger neben politischen Diskussionen auch ihr historisches Erbe und Wissen pflegten. Blickfang ist ein aus einem Alamannengrab geborgenes Skelett. Auch ein Mammutzahn regt zum Staunen an. Ansonsten gibt's Exponate zur Geologie und Frühgeschichte, Fossilien, ein bisschen Volkskunde, mittelalterliche Waffen und eine alte Feuerwehrspritze – ganz so, wie man sich ein Heimatmuseum eben vorstellt.

Im Haus der Tourist-Information. Mo–Fr 9–12 und 14–17.30 Uhr, im Sommer auch Sa 9–12 Uhr. Eintritt frei.

Schwarzwaldpark: Als Mischung aus Zoo und Freizeitpark ist der Schwarzwaldpark ein v. a. bei Familien mit kleineren Kindern beliebtes Ausflugsziel. Allerdings kosten die Sommerrodelbahn, die Wildwassertour, die Fahrt mit dem Bobkart, der Bagger und andere Fahrvergnügen und Spielgeräte zusätzlich zum Eintritt noch einmal extra. An Tieren sind einheimische Arten wie auch Exoten vertreten. Bisons ziehen über die Löffinger Prärie, Rothirsche streifen durch den Wald, Kängurus hüpfen, Steinböcke springen, Wölfe rudeln und Berberaffen toben. Der SWR3-Schwarzwaldelch fehlt allerdings weiterhin, und die einst wenig artgerecht gehaltenen Bären durften nach Mecklenburg umziehen. Auf dem Falkenhof leben in Anbindehaltung Eulen und Greifvögel, die sich bei Flugschauen frei bewegen dürfen.

Der Park liegt 1,5 km außerhalb, Mo–Sa kommt ab und an der SBG-Bus 7259 vom Löffinger Bahnhof vorbei. www.schwarzwaldpark-loeffingen.de. April–Okt. 10–17 Uhr (Juli–Sept. bis 19 Uhr). Tageskarte 8 €, Kinder 5 €.

Wallfahrtskirche Winterschneekreuz: Das neoromanische Gotteshaus auf einer Kuppe neben der Bundesstraße ist fast schon ein Wahrzeichen Löffingens. Nebenan steht die ganz aus Holz errichtete Vorgängerkapelle. Ein schattiger Kreuzweg verbindet beide mit der Stadt. Der Überlieferung nach gelobte hier einst ein im Schneesturm verirrter Wanderer, für seine Errettung ein Kreuz zu errichten. Mit Erfolg. Zum Pilgerziel wurde das Winterschneekreuz dann Ende des 18. Jh., als im benachbarten Vorderösterreich mit den Josephinischen Reformen die Prozessionen und Wallfahrten stark eingeschränkt wurden, während im fürstenbergischen Löffingen die religiösen Volksbräuche wie eh und je zelebriert werden durften.

Bonndorf

6900 Einw., 845 m ü. d. M.

Auch Bonndorf ist ein guter Ausgangspunkt für die Entdeckung der gerade mal 5 km entfernten Wutachschlucht. Mittelpunkt des auf einer sanft geneigten Hochfläche gelegenen Städtchens ist das barocke Schloss.

Ende des 16. Jh. zunächst als Wasserschloss erbaut, diente es später den Fürstäbten von St. Blasien als Sommerresidenz. Heute birgt das Gemäuer auch ein ungewöhnliches Museum. Mag andernorts das Narrentreiben zumindest offiziell am Aschermittwoch enden, währt die Fasnet in den **Narrenstuben** des Bonndorfer Schlosses

Das Schlösschen der Fürstäbte in Bonndorf

Baar
Karte S. 115

das ganze Jahr über (Mi–Sa 10–12 und 14–17 Uhr, So nur nachmittags, Eintritt frei). Hier stellt der Puppendoktor und Narr Theo Hany seine Sammlung von selbst gebastelten Fasnachtsminiaturen aus. Im Schlossgewölbe lernen wir dann die Trachten und Masken in Originalgröße kennen, darunter die des „Pflumeschluckers", Hauptfigur der hiesigen Fasnet und zugleich Namenspatron der Bonndorfer Narrenzunft. Hinter dem Schloss lädt der Kurpark mit dem **Japanischen Garten** zum Flanieren ein. Dieser ist keine Marotte von anno dazumal, sondern wurde im Zuge der Renaturierung des hier fließenden Ehrenbachs neu geschaffen. Vielleicht hofft man ja auf japanische Urlauber.

- *Vorwahl* 07703
- *Information* **Tourist-Information**, Martinstr. 5, 79848 Bonndorf, ✆ 7607, www.bonndorf.de. Mai–Okt. Mo–Fr 9–12 und 14–18 Uhr, Sa 10–12 Uhr; Nov.–April Mo–Fr 9–12 und 14–17 Uhr, Mittwochnachmittag geschlossen. Vermittlung von Unterkünften, Verkauf von Wanderkarten, Verleih von Rucksäcken!
- *Übernachten/Essen* **Möhringer's Schwarzwaldhotel**, wer sich beim Anblick des Hauses an die Spielzeugwelt der Modelleisenbahnlandschaften erinnert fühlt, liegt nicht ganz falsch. Das Möhringer's wurde einst als Bahnhofshotel gebaut und gehört noch heute den Nachkommen jenes Franz Möhringer, der seine Lehrerstelle zugunsten der damals unstandesgemäßen Liaison mit einer Wirtstochter aufgab und als Obernarr jahrzehntelang die Bonndorfer Fasnet prägte. Mit Hallenbad, Sauna, Dampfbad, Massage, Beautyservice und Solarium setzt das Hotel voll auf den Wellnesstrend. Die Zimmer im rückseitigen Anbau sind etwas größer als jene im Altbau. DZ 115–170 €. Rothausstr. 7, ✆ 07703/93210, ✆ 9321999, www.schwarzwaldhotel.com.

Hotel Germania, das Haus wurde anno 1900 vom Großonkel des heutigen Besitzers eröffnet. Einfaches, rustikales Restaurant im Schwarzwaldstil. Probieren Sie die Rehplätzle mit Apfelschnitzen und Schupfnudeln. Freundliche, helle Gästezimmer, Terrasse. , Hauptgericht 10–20 €. Mo Ruhetag. DZ 70–85 €. Martinstr. 1, ✆ 07703/281, ✆ 8278, www.germania-bonndorf.de.

Gasthof Sommerau, Pferde und Rinder auf satten Weiden, Sonnenplätze auf einer Lichtung inmitten mächtiger Tannen, Ruhe und nochmals Ruhe und das nächste Dorf kilometerweit weg: So liegt der Gasthof Sommerau im Steintal zwischen Bonndorf und Schluchsee. Nach einem Brand wurde das Gehöft Anfang der 90er wieder aufgebaut – nicht als Kopie, sondern als heller und gemütlicher Neubau in landschaftstypischer Holzbauweise. Gehobene regionale Küche mit französischem Einschlag, z. B. Wolfsbarsch in Olivenöl und Vanille zu karamellisiertem Fenchel und Basmatireis. Morgens begleitete Ausritte auf den hauseigenen Pferden. , Hauptgericht 15–30 €. Restaurant Mo/Di Ruhetag, Reservierung erwünscht. DZ 110–120 €. Sommerau, ☏ 07703/670, 📠 1541, www.sommerau.de.

Jugendherberge Bonndorf, die aus mehreren älteren Gebäuden bestehende Jugendherberge liegt 1 km westlich des Stadtzentrums unmittelbar am Wald. Betten überwiegend in Vier- und Sechsbettzimmern, Waschmaschine und Trockner vorhanden. Bett 18–25 €. Waldallee 27, ☏ 07703/359, 📠 1686, www.jugendherberge-bonndorf.de.

Die Wutachschlucht

Die Erkundung der wildromantischen Wutachschlucht verspricht gleichermaßen sinnliche Erlebnisse wie einen Lehr-Gang durch die Erdgeschichte. Viele seltene Tier- und Pflanzenarten haben hier einen inzwischen geschützten Lebensraum gefunden.

Als „Seebach" entspringt die künftige Wutach in 1450 m Höhe am Osthang des Feldbergs und schlängelt sich durch das Bärental zum Titisee, den sie als Gutach („gute Ach") verlässt. Der Übergang vom widerständigen Urgestein des Hochschwarzwalds in die Buntsandsteinzone macht sie nach der Vereinigung mit der Haslach zur „wütenden Ach", die nun kraftvoll vorwärtsdrängt und sich immer tiefer ins weiche Felsgestein frisst. 77 km nach dem Titisee mündet der Fluss bei Waldshut in den Rhein.

Die eigentliche Wutachschlucht beginnt nach Aufnahme des Rötenbachs bei der Burgruine Stallegg. Besonders sehenswert ist der Abschnitt zwischen dem ehemaligen Bad Boll und der Wutachmühle. Die Vermarktung als „Grand Canyon des Schwarzwaldes" mag übertriebene Erwartungen wecken, doch zählt die Schlucht zu den wenigen weitgehend naturbelassenen Tälern Mitteleuropas und ist zudem erdgeschichtlich einer der jüngsten natürlichen Einschnitte in die Oberfläche unseres Planeten. Um ein Haar wäre die Wutachschlucht in den 1960er Jahren übrigens in einem See versunken. Hartnäckiger Widerstand der Naturschützer verhinderte damals den Bau einer 60 m hohen Staumauer.

Kampf um die Wasserscheide: Informationstafeln am Weg frischen vage Erinnerungen an den Erdkundeunterricht auf: Wo die Wutach heute bei Achdorf scharf gen Süden abknickt, floss sie in grauer Vorzeit als sog. Feldbergdonau hoch über ihrem heutigen Bett gemächlich geradeaus durch die Blumberger Pforte und das Aitrachtal zur Donau. Vor rund 20.000 Jahren, also während der letzten Eiszeit, soll es gewesen sein, dass sich ein Bächlein von Süden, vom Rhein her, anpirschte. Die Kraft dieser Ur-Wutach rührte aus dem stärkeren Gefälle, und mit der rückschreitenden Erosion fiel sie schließlich der Feldbergdonau in die Seite, zapfte sie an und lenkte sie zum tiefer gelegenen Hochrhein um. Die lahme Feldbergdonau verwandelte sich so in die tosende Wutach und grub sich tief in den Fels ein. In unserer Zeit hat sich der Kampf um die Wasserscheide in den Raum Neustadt verlagert, wo die Donau zugunsten des Rheins immer weiter an Terrain verliert.

Geologie: Auf ihrem Weg durchschneidet die Wutach mehrere geologische Schichten. Die älteste Schicht, das sog. Grundgebirge, besteht aus Gneis und Granit, durchsetzt von Vulkangesteinen wie Porphyr, Quarz, Glimmer und Feldspat. Sie begleiten die Wutach vom Quellgebiet bis etwa zum Räuberschlössle. Weiter flussabwärts durchschneidet die Wutach Sedimente aus dem Erdmittelalter, die als Deckgebirge über dem Grundgebirge liegen: erst Buntsandstein, dann Muschelkalk, der von unterhalb der Schattenmühle bis zur Gauchachmündung reicht. In der Umgebung der Wutachmühle begleiten die Ton- und Mergelgesteine der Keuper-Epoche die Wutach, bei Aselfingen beginnen die Jurakalke.

Wo soll's denn langgehen?

Tiere und Pflanzen: Kleinräumige Klimaunterschiede und ganz unterschiedliche Böden schaffen vielfältige Lebensräume. Auf den exponierten Südhängen gedeihen wärmeliebende Arten und Relikte aus der postglazialen Wärmeperiode, während sich auf den kühlen Nordhängen Überbleibsel der eiszeitlichen Vegetation wohlfühlen. Der nährstoffreiche Talgrund trägt eine üppige Kraut- und Staudenflora. Springkraut und Pestwurz bedecken den Boden, Moos umhüllt die Baumstämme als zottiger Pelz. An manchen Stellen haben Erdrutsche den Wald aufgelockert und Lebensraum für lichtliebenden Niederwuchs geschaffen. Von den etwa 2800 in Süddeutschland nachgewiesenen Pflanzenarten kommt jede zweite auch in der Wutachwelt vor, darunter Raritäten wie Hirschzunge, Silbertaler und an lichten Stellen der Wälder sogar der Frauenschuh. Außerdem tummeln sich über fünfhundert verschiedene Spezies Schmetterlinge im Tal, von den rund hundert Vogelarten sind als Promis Wanderfalke und Eisvogel zu erwähnen. Nicht zu vergessen sind die Salamander und Blindschleichen, die unseren Weg kreuzen, die Nattern und Ottern, die vor unserem Tritt die Flucht ergreifen, und die Kröten und Frösche, die munter draufloskonzertieren.

Wandern

Die rührigen Aktivisten des Schwarzwaldvereins legten dereinst den Wanderpfad durch die Schlucht an, ja hämmerten ihn streckenweise als schmale Terrasse aus dem Fels; heute räumen und reparieren sie regelmäßig die von Hochwasser lädierten Passagen. Mit Forstamtmann Martin Schwenninger hat die Wutach zudem einen hauptamtlichen Naturschutzwart, neudeutsch „Ranger" genannt. Üblicherweise wird der Fluss in drei Etappen erwandert: vom Bahnhof Kappel-Gutachbrücke zur Schattenmühle (10 km), von der Schattenmühle zur Wutachmühle (13 km) und von der Wutachmühle nach Grimmelshofen (11 km). Die Route ist zudem Teil des Qualitätswanderwegs Schluchtensteig (www.schluchtensteig.de), der den Südschwarzwald in sechs Tagesetappen von Stühlingen ins Wehratal quert.

Von Mai bis Okt. fahren Sa/So **Wanderbusse** von Bonndorf und Löffingen zur Schattenmühle und Wutachmühle. Unter der Woche wird die Wutachschlucht von den regulären SBG-Linien bedient. Als **Wanderkarte** eignet sich die Freizeitkarte des Landesvermessungsamts Baden-Württemberg im Maßstab 1:50.000, Blatt 509 Waldshut-Tiengen. Für die Pfade an der Wutach braucht man **Wanderschuhe** und strapazierfähige Kleidung. Wegen der **Zeckengefahr** empfiehlt es sich, die Haut zu bedecken und nach der Wanderung eine entsprechende Körperkontrolle durchzuführen. Weitere **Informationen** findet man unter www.wutachschlucht.de.

Tour 5: Wutachoberlauf – Vom Bhf. Kappel-Gutachbrücke zur Schattenmühle

Wege: Die Tour ist für Kinderwagen und Mountainbikes nicht geeignet, aber leichter als der mittlere Teil der Wutachschlucht. Schwierigste Passage ist der kurze Abstieg gleich zu Beginn der Tour.

Strecke/Dauer: 10 km/3 Std.

Markierung: Erst blaue Raute auf weißem Grund, ab der Haslachmündung Symbol Schluchtensteig, d. h. grüne Raute mit blau-roten Innereien auf weißem Grund.

Übernachten/Essen: *Schattenmühle*, der einzige Gasthof direkt in der Wutachschlucht wurde kürzlich nach einem Brand völlig neu aufgebaut. Die Zimmer sind einfach eingerichtet, doch mit Du/WC. Biker finden eine Garage, Erste-Hilfe-Werkzeug und den fachkundigen Rat des Wirts. In der Gaststube und dem Biergarten servieren Kellnerinnen in Fantasietracht mit Bollenhut nahrhafte Gerichte wie z.B. Röstivariationen (10 €). DZ 40–60 €. Schattenmühle 1, Löffingen Göschweiler, ✆ 07654/1705, ℻ 921454, www.schattenmuehle.de.

Die Tour beginnt am stillgelegten **Bahnhof Kappel Gutachbrücke (1)**, wo früher die Nebenstrecke nach Bonndorf von der Höllentalbahn abzweigte und heute der Bus zwischen Neustadt und Bonndorf hält. Man folgt der Straße ein Stück bergab und passiert die Bahnbrücke. Sie wurde aus dem Buntsandstein gebaut, der unseren Weg noch bis zur Schattenmühle begleiten wird, und zählt mit 35 m Höhe und 64 m Spannweite zu den größten Steinbrücken Deutschlands. Bei der Infotafel nach der Unterführung geht es steil durch Dickicht die Böschung hinab zum Bach, dem der Pfad als weicher Nadelteppich entlang dem rechten Ufer folgt. Bei der **Zipfelsäge (2)** wechseln wir auf die linke Talseite. Der jetzt bequeme Forstweg quert die Gleise und läuft dann etwas oberhalb ungefähr parallel zu denselben, umrundet den Schwändeholztobel und die Felsnase des Finsterbühls, um vor dem nächsten Tunnel wieder auf die rechte Bahnseite zu wechseln – immer mit schöner Aussicht aufs Tal. Dann der Abstieg zur **Rötenbachmündung (3).** Gleich an der Brücke trifft man auf den von Norden kommenden Rötenbachweg, auf der anderen Bachseite lädt eine Freifläche im Schatten mächtiger Bäume zum Picknick ein.

Dann wieder ein Anstieg zum Stausee und Kraftwerk **Stallegg (4).** Nachdem der innovationsfreudige Fürst Karl Egon III. bereits seit 1889 im Schloss mit Glühbirnen und einem Dynamo experimentiert hatte, versorgte Badens ältestes Flusskraftwerk ab 1895 die fürstliche Brauerei, das Schloss und 3480 Wohnungen in Donaueschingen mit elektrischem Strom. Die Überlandleitung zur 20 km entfernten Residenzstadt war damals ebenso revolutionär wie die Bogenstaumauer aus Beton. Nach einer längeren Pause ist das

Kraftwerk wieder am Netz, leider ist es nicht mehr zu besichtigen. Auch die Gaststätte, die den Besuchern früher im Obergeschoss „Brause in allen Geschmacksrichtungen" offerierte, hat längst geschlossen.

Vorbei an der Stallegger Tanne, einem bald 50 m hohen und 250 Jahre alten Riesen, geht es zur **Stallegger Brücke (5),** wo der Fahrweg Lenzkirch – Löffingen kreuzt. Ein Holzschild weist den Weg zum **Räuberschlössle (6).** Auf dem steilen Nägelefelsen hausten dereinst die Herren von Blumegg. Früher konnte man gleich nach der Burg zum Fluss hinuntersteigen und unten weiterwandern, doch ist diese Route nun gesperrt, und der Abstieg führt nur zur Gündelwangener Brücke und zur B 315. Wir halten uns stattdessen auf einem bequemen Forstweg und erreichen 45 Min. nach der Burg die im Winter sonnenlose **Schattenmühle (7).**

Über den Wanderparkplatz auf dem anderen Ufer bietet sich noch ein Abstecher (1 km) in die *Lotenbachklamm* an, eine enge Schlucht mit romantischen Wasserfällen, mächtigen Felsbrocken und steilen Stiegen. Im klaren Wasser tummeln sich Forellen. Etwa 20 Min. nach der Schattenmühle wird die **B 315 (8)** erreicht, von der man mit dem SBG-Bus wieder an den Ausgangspunkt oder nach Bonndorf bzw. Neustadt kommt.

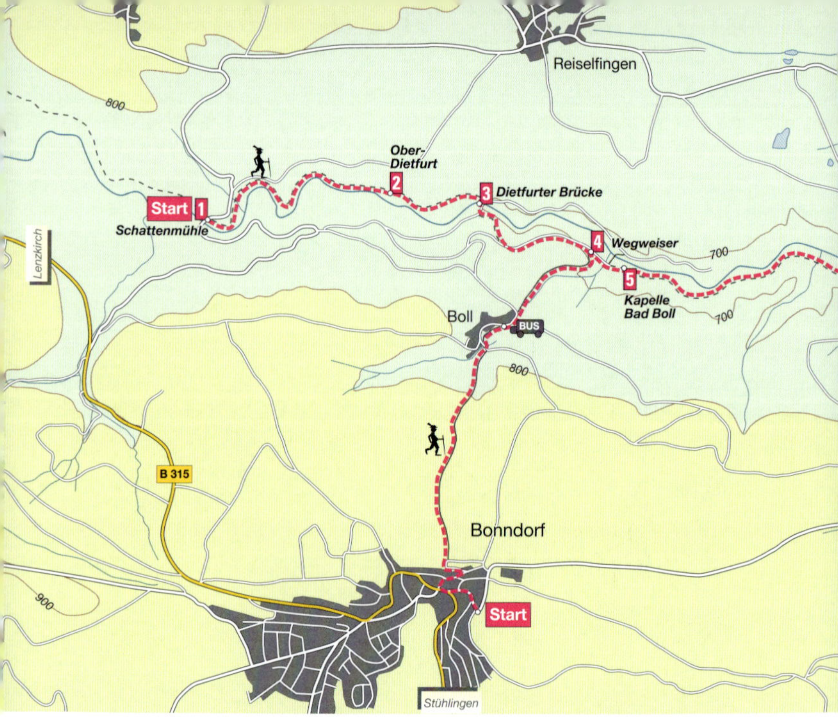

Tour 6: Mittlere Wutach – von der Schattenmühle zur Wutachmühle

Wege: Die Tour ist nicht ohne und deshalb für Kinderwagen, Kleinkinder und Mountainbikes nicht geeignet. Aufgrund des teilweise schwierigen und schlüpfrigen Geländes sind Trittsicherheit und Kondition nötig. Bei großer Nässe, Schnee und Eis ist die Schlucht nicht passierbar.

Strecke/Dauer: 13 km/4:30 Std.

Markierung: Symbol Schluchtensteig, d. h. grüne Raute mit blau-roten Innereien auf weißem Grund.

Übernachten/Essen: *Wanderheim Burgmühle* → S. 136.

Kiosk Wutachmühle: Versorgungsstation beim Wanderparkplatz mit einfachen Gerichten wie z. B. Linseneintopf oder Wienerle. WC!

Geführte Touren: Im Sommer führt Wutach-Ranger Martin Schwenninger Gruppen durch den mittleren Teil der Schlucht. Auskunft und Anmeldung bei der Tourist-Information Bonndorf, ✆ 07703/7607.

Startpunkt ist die **Schattenmühle (1)** an der Straße Löffingen – Bonndorf. Alternativ kann man die Tour auch in Bonndorf beginnen. Von der Schattenmühle führt der Wanderweg zunächst am nördlichen Wutachufer entlang und trifft dann auf die alte Reiselfinger Landstraße. Man muss sich vorstellen, dass früher Pferde- und Ochsenkarren diesen holprigen und steilen Weg meistern mussten. Sie kamen aus **Ober-Dietfurt (2)**, wo die moosüberwucherten Grundmauern eines Gasthofs und eine zerfallene Brücke an den bis 1873 einzigen Verbindungsweg zwischen den Gemarkungen Löffingen und Bonndorf erinnern. Auf dem Reiselfinger Kreuzweg passiert man einen hübschen Wasserfall und kommt dann zur **Dietfurter Brücke (3).** Die Schilder weisen den Weg nach Bad Boll über die Brücke, doch man kann ebenso gut auch auf dem linken Ufer bleiben und die Wutach auf der Bad Boller Brücke queren. Auf dem Gelände des ehemaligen *Kurbads Boll* (→ Kasten S. 146) erzählt ein Infopavillon die kuriose Geschichte des Orts, ein hübscher **Weg-**

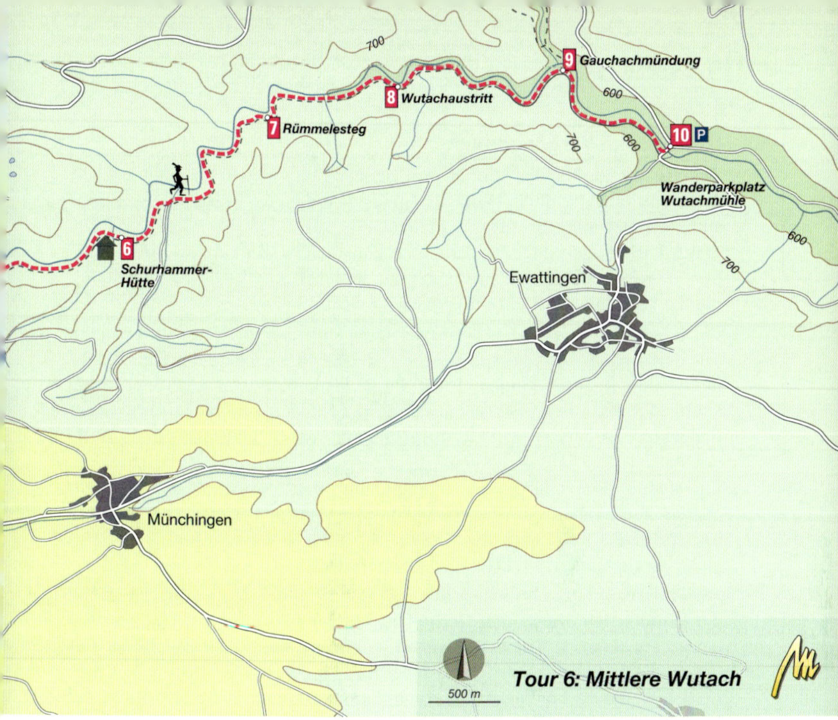

weiser mit Eule (4) verdient Beachtung. Hier münden Querwege von Bonndorf über Boll sowie von Löffingen über Reiselfingen in die Wutachschlucht. Wir halten uns auf der Allee des Kurparks, passieren die **Kapelle (5)** und eine Talau, deren üppige Feuchte im Sommer mächtigen Pestwurz sprießen lässt. Oben verliert sich im Dickicht die Burgruine Alt-Tannegg. Nun verengt eine „Felseneck" genannte Kalkwand das Tal, und der Weg, jetzt nahezu alpinen Charakters, führt steil hinauf und oben als Galerie entlang der zum Teil überhängenden Felswand. Ein Kreuz erinnert an einen hier 1906 verunglückten Engländer. Dann geht es wieder hinunter zu einer Lichtung mit Grillplatz und der **Schurhammer-Hütte (6),** wo an Sommerwochenenden manchmal Getränke verkauft werden. Wieder klettert der Weg in die Talwand, während unten ein Großteil des Wutachwassers im Kalk des Flussbetts versickert.

An die Tücken des Flusses erinnert der historische **Rümmelesteg (7),** benannt nach dem Bahninspektor Karl Rümmele, der die Schlucht gangbar machte. Der Steg ist noch immer im rechten Uferfelsen verspannt, ragt aber ins Leere, denn sein jenseitiger Aufleger wurde irgendwann von den Fluten davongespült. Bei Niedrigwasser jedoch, wenn das Wasser in diesem Abschnitt weitgehend versickert ist, kann man das verbliebene Rinnsal beinahe trockenen Fußes durchwaten. Vorbei am Ausstieg gen Bachheim kommen wir zu jener Stelle, wo das vorher versickerte Wutachwasser wieder aus den Spalten einer Felswand quillt und sich ins Flussbett ergießt **(8).** Am **Kanadiersteg (9)** treffen wir auf die Gauchachschlucht mit dem von Döggingen kommenden Wanderweg (→ Tour 4, S. 135). Der Weg rückt nun etwas vom Ufer ab und erreicht den **Wanderparkplatz Wutachmühle (10)** an der Straße Bonndorf – Hüfingen.

Paradies mit Vergangenheit

Eine verfallende Kapelle kündet vom Heilbad Boll – einem Ort, den es nicht mehr gibt und der umso mehr die Fantasie anregt. Wo heute das Auengrün wuchert, vergnügte sich dereinst feine Gesellschaft, flanierten Vons und Zus durch Parkanlagen oder gondelten auf künstlichen Weihern. Kaum zu glauben, dass hier am Ufer der Wutach einmal jenes gewaltige Kurhotel stand, das die vergilbten Fotos im Infopavillon zeigen.

Die längst wegen zu hoher Nitratwerte ungenießbare Schwefelquelle lockte seit dem späten Mittelalter Badegäste, die hier Linderung von Hautkrankheiten und Rheuma fanden. 1887, die Höllentalbahn war gerade eröffnet, kaufte der Freiburger Bürgermeister Karl Schuster die Quelle samt altem Badehaus und ließ ein Kurbad für gehobene Ansprüche errichten, das zeitgenössische Quellen als überaus „behaglich und komfortabel" beschreiben. Ein eigenes Wasserkraftwerk erzeugte nun elektrischen Strom, mit dem abends auch Park und Wasserfall illuminiert wurden. Und wer das Boller Mineralwasser auch nach der Kur nicht missen mochte, konnte es sich, in Flaschen abgefüllt, nach Hause schicken lassen.

1894 übernahm der Londoner „Bad Boll Fishing Club" den Kurbetrieb. Denn die Wutach gehörte zu den fischreichsten Gewässern des Schwarzwalds – besonders Forellen gab es en masse –, und es waren die Mitglieder des Clubs, die das wilde Flusstal für Angler und Wanderer erschlossen. Mit dem Ersten Weltkrieg brach das Unternehmen zusammen. Dafür war nicht der Krieg, sondern die flussaufwärts in Neustadt eröffnete Fürstlich Fürstenbergische Papierfabrik verantwortlich, die ihre Abwässer direkt in den Fluss leitete und diesen in eine giftige Kloake verwandelte, in der kein Fisch mehr überleben konnte.

Das Kurhotel diente dann als Tagungsstätte, später als Klinik. 1975 brannte es aus. Pläne, die Ruine zu einer Wanderherberge umzubauen, scheiterten am Widerstand der Naturschützer, sodass schließlich das Land Baden-Württemberg das ehemalige Kurbad aufkaufte und abtragen ließ. Außer der Kirche und der Allee erinnert noch ein Infopavillon an den Badeort. Den schmiedeeisernen Konzertkiosk des Parks rettete der damalige Bürgermeister von Löffingen vor dem Abriss, indem er ihn bei Nacht und Nebel zerlegen und abholen hieß. Er ziert heute den Löffinger Eisweiher.

Tour 7: Wutachflühe – von der Wutachmühle nach Grimmelshofen

Wege: Mit leichten Variationen ist die Strecke auch mit dem Rad passierbar.

Strecke/Dauer: 19 km/5 Std., abgekürzt 11 km/3 Std.

Markierung: Symbol Schluchtensteig, d. h. grüne Raute mit blau-roten Innereien auf weißem Grund.

Übernachten/Essen: *Der Landgasthof Scheffellinde* ist nicht ganz so alt wie die Ammoniten in der Fassade und Vitrine des Gastraums, doch mit viel Geschichte. Über den Stammtisch wacht der verstorbene Seniorchef Gustav Wiggert – als großformatiges Ölporträt. Auch Scheffel und Josefine beobachten, in Öl geronnen, das Geschehen. Gutbürgerliche Küche, u. a. mit Wild und Fisch; für schöne Tage gibt's neben dem Haus eine Terrasse. Hauptgericht bis 20 €. Mo Ruhetag. DZ 60 €. Blumberg-Achdorf, Lindenstr. 8, ✆ 07702/9472, 📠 5296, www.scheffellinde.de.

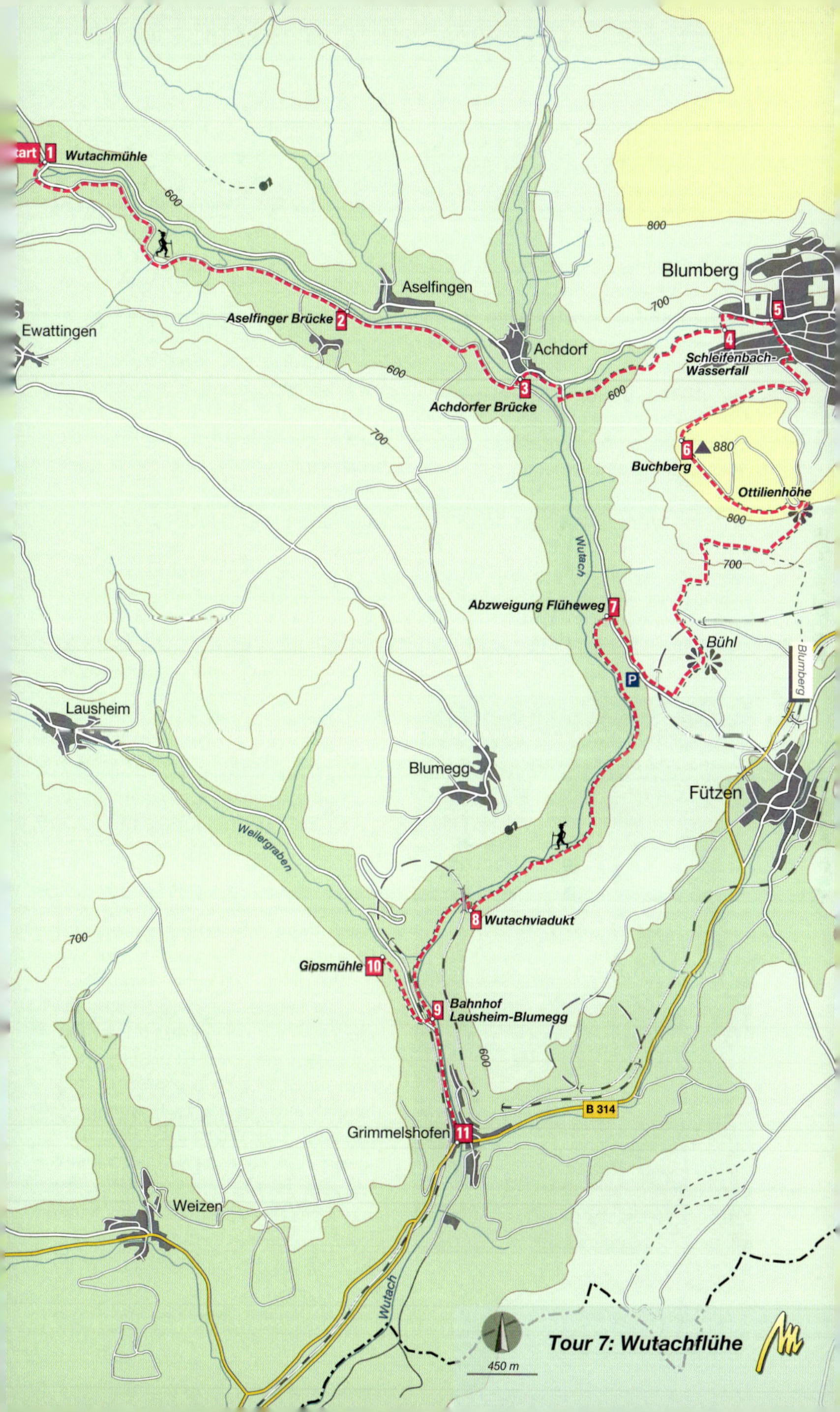

Start 1 Wutachmühle
600
Aselfingen
Aselfinger Brücke 2
Ewattingen
Achdorf
3 Achdorfer Brücke
800
Blumberg
700
5
4 Schleifenbach-Wasserfall
6 Buchberg
880
Ottilienhöhe
Wutach
Abzweigung Flüheweg 7
Bühl
Blumberg
P
Lausheim
Blumegg
Fützen
Weilergraben
8 Wutachviadukt
Gipsmühle 10
9 Bahnhof Lausheim-Blumegg
B 314
Grimmelshofen 11
Weizen
Wutach
450 m
Tour 7: Wutachflühe

Gasthof Wutachschlucht: Am Bahnhof Lausheim-Blumegg, Wanderer warten hier auf den Dampfzug. Selbstbedienungsterrasse und einfache Gerichte wie Bratwurst oder Schnitzel mit Pommes. Nur in der Saison geöffnet. ✆ 07744/379.

Die letzte Etappe der Wutachwanderung führt anfangs durch eine eher liebliche und wenig dramatische Landschaft. Von der **Wutachmühle (1)** folgen wir auf der Südseite des Flusses ein Stück der Straße und verlassen diese auf dem ersten Feldweg nach links (wer mit dem Rad unterwegs ist, nimmt erst die Abzweigung in der Serpentine). Dieser verengt sich zu einem Trampelpfad, der bald wieder auf einen breiteren Weg trifft und an der **Aselfinger Brücke (2)** die Wutach berührt. Wir überqueren diese aber erst in **Achdorf (3).** Im Dorf erinnert der *Gasthof Scheffellinde* an Joseph Victor von Scheffel (1826–1886), der mit dem „Ekkehard" den Bestsellerroman des 19. Jh. schrieb. Der junge Scheffel, damals Hofbibliothekar in Donaueschingen, kam nicht nur der liebreizenden Landschaft wegen oft nach Achberg, er hatte auch ein Auge auf die Wirtstochter Josefine geworfen. Am Ortsende geradeaus sieht man die Blumberger Pforte, durch welche die Wutach einst zwischen Eichberg (im Norden) und Buchberg (im Süden) als Feldbergdonau gen Osten floss. Heute knickt sie bei Achberg nach Süden. Wer mit dem Rad unterwegs ist oder Kräfte sparen will, folgt dem Fluss auf der buckligen und wenig befahrenen Straße Richtung Fützen.

Museales Räderwerk der Mühle im Weiler

Der Wanderweg Schluchtensteig jedoch macht in seinem wohl anspruchsvollsten Abschnitt einen 10 km langen Umweg vorbei am **Schleifenbach-Wasserfall (4)** und über eine Treppenleiter hinauf nach **Blumberg (5)**, von dort dann wieder bequemer auf den **Buchberg (6)** (880 m ü. d. M.). Der aussichtsreiche Abstieg führt durch Magerwiesen und Wacholderheide zur Straße Fützen – Achdorf. 600 m nach der Bahnunterführung zweigt links der mit „Blumegg" beschilderte **Abstieg (7)** ins Wutachtal ab. Die Muschelkalkfelsen verengen sich hier zur Wutachflühe, einer 150 m tief eingeschnittenen Schlucht mit Wasserfällen und Felstürmen, von der Wutach umschäumt und umtobt. Eine sonnige Kiesbank lädt zur Mittagspause. An den Betriebstagen der Museumsbahn mag man am **Viadukt (8)** der Wutachtalbahn aufs rechte Flussufer wechseln und den *Gasthof Wutachschlucht* am **Bahnhof Lausheim-Blumegg (9)** ansteuern. Der Wirt oder ein Infokasten verrät, ob auch die **Mühle im Weiler** (**10**, → S. 152) geöffnet ist. Fährt kein Zug, ist auch die Mühle zu, und man bleibt am Viadukt besser auf dem linken Ufer, wo die Tour in **Grimmelshofen (11)** endet. Ab hier verliert das Wutachtal seinen landschaftlichen Reiz, viel befahrene Bundesstraßen begleiten den Fluss auf seinen letzten Kilometern bis zum Rhein. Mit dem Bus kommt man von Grimmelshofen nach Blumberg und Donaueschingen.

Blumberg

10.200 Einw., 704 m ü. d. M.

Am Treffpunkt von Randen, Baar und Schwarzwald liegt Blumberg hoch über dem Wutachtal im Durchlass zwischen Eichberg und Buchberg. Die mit Abstand größte Attraktion ist die „Sauschwänzlebahn".

Die Kernstadt entlang der Hauptstraße wirkt eher zufällig zusammengewürfelt: im Osten Industriebauten, autogerechte Einkaufszentren und lange Reihen winziger Siedlerhäuser im Stil der 30er Jahre, im Westen Dorfcharakter und dazwischen ein mit vielen Grünflächen aufgelockertes, städtischeres Zentrum. Urlauber verirren sich allerdings nur selten hierher – die ins Wutachtal hinunterdampfende Museumsbahn startet außerhalb im Ortsteil Zollhaus.

Geschichte: Aus dem 17. Jh. hören wir erstmals vom Bergbau in Blumberg. Eisenerz wurde im Tagebau oder aus primitiven Stollen gewonnen, es gab Schmelzöfen und ein Hammerwerk. Kamele (!) besorgten den Transport der für die Verhüttung benötigten Holzkohle. Doch die Eisenherstellung blieb eine Episode, denn das Erz war von minderer Qualität und dem Hammer mangelte es an Wasserkraft.

1934 reaktivierte das um Autarkie und Aufrüstung bemühte Naziregime den Bergbau. In einer nahe dem Bahnhof aus dem Boden gestampften Fabrik wurde das Erz aufbereitet und dann per Bahn zur Verhüttung ins Saarland geschickt. Arbeiter wurden im Ruhrgebiet und im Saarland angeworben oder als politisch unsichere Kantonisten hierher beordert. Italiener kamen hinzu, schließlich Kriegsgefangene und Zwangsarbeiter. Von einem Bauerndorf mit gerade 700 Seelen wuchs Blumberg binnen kürzester Zeit auf die zehnfache Größe an, hatte mit Ausnahme eines Kinos aber keinerlei städtische Infrastruktur – kein Schwimmbad und kein Schlachthaus, keine Straße war gepflastert.

Der Boom währte nur kurz. Im April 1942 befahl der frisch ins Amt gekommene Reichsminister für Bewaffnung und Munition Albert Speer die Einstel-

Sauschwänzlebahn – mit Volldampf durch die Landschaft

lung des Betriebs in Blumberg. Nun, da halb Europa besetzt war, stünden Deutschland – so Speer – „reichere Erzvorkommen zur Verfügung als in Blumberg, so daß der Einsatz unserer Arbeitskräfte an anderer Stelle nutzbringender für die Kriegswirtschaft erfolgen kann." Die Anlagen wurden demontiert und ins besetzte Russland verschickt, in die bombensicheren Stollen zog eine Firma, die Plexiglaskanzeln für Flugzeuge herstellte. Auch die *Teves*, aus der mit dem Automobilzulieferer TRT das heute größte Unternehmen in Blumberg hervorging, begann damals in den Stollen. Am 25. Mai 1945 sprengte die französische Armee das Bergwerk. Bis in unsere Tage erhalten geblieben sind einige Hallen des *Südwerks* (hinter dem Parkplatz der Museumsbahn).

• *Vorwahl* 07702

• *Information* **Tourist-Information**, Hauptstr. 52, 78176 Blumberg, ✆ 51203, www.stadt-blumberg.de und www.bahnwanderland.de. Okt.–April Mo–Fr 9–12.30 Uhr, Mai–Sept. auch Mo–Do 13–17 Uhr. Berät und vermittelt auch die Arrangements rund um die Fahrt mit der Sauschwänzlebahn. Leider und entgegen der Beschilderung gibt es keinen Infoschalter im Bahnhof. Dort werden vor Abfahrt der Museumsbahn nur die Tickets verkauft.

Wer kommt denn da?

• *Übernachten/Essen* **Hirschen**, der dreistöckige Neubau an der Hauptstraße hat von den Gasthöfen das beste Preis-Leistungs-Verhältnis. Im Restaurant treffen sich die örtlichen Honoratioren, Reisegruppen schunkeln in „Hirschenwirts Dorfplatz", dem „Eventraum im Schwarzwaldstil". Familie Salomon bietet auch Pauschalangebote für ein oder zwei Tage mit Programm. Hauptgericht bis 20 €. Restaurant Sonntagabend und Mo geschlossen. DZ 65–100 €, für Wanderer, Radler und Biker ermäßigt. Hauptstr. 72, ✆ 07702/2657, ℻ 5987, www.hirschen-blumberg.de.

Scheffellinde → S. 148

Löwen, Verkehrslärm bringt hier allenfalls die Sauschwänzlebahn, die das Dorf umkreist. Die Küche des rustikalen Landhotels setzt auf Wild aus eigener Jagd und badische Spezialitäten. Fahrradverleih. , Hauptgericht bis 20 €. Kein Ruhetag. DZ 75–80 €. Epfenhofen, Kommentalstr 2, ✆ 07702/2119, ℻ 3903, www.loewen-epfenhofen.de.

• *Lesetipp* Günter M. Walcz: *Doggererz in Blumberg – zur Geschichte des Blumberger Bergbaus*. Erhältlich bei der Tourist-Information.

Sehens- und Erlebenswertes

Straußenfarm: Mehr als hundert Strauße tummeln sich in den Auslaufgehegen des Steppacher Hofs, zu dessen Menagerie auch noch Pferd und Esel, Kühe und Schafe, Federvieh und natürlich ein Hund gehören. Im Hofladen sind v. a. Straußenfleisch und -wurst begehrt, Vegetarier können Federn, Leder, ja sogar Straußeneier-Lampen als Souvenir erstehen.

Der Hof liegt zwischen Zollhaus und Riedöschingen neben der Bahn, Zufahrt über Riedöschingen oder vom Kreisel am Bahnhof Zollhaus. ✆ 41127, www.steppacherhof.de.

Die Sauschwänzlebahn

„Die Linie Waldshut – Immendingen ist die wichtigste der in neuerer Zeit (1887–1890) im südlichen Baden auf Veranlassung der deutschen Reichsregierung hergestellten Eisenbahnverbindungen, deren Zweck es ist, militärische Bewegungen an der Südgrenze des Reichs auf ununterbrochen durch deutsches Gebiet laufenden Geleisen zu ermöglichen", belehrt uns ein Reisebuch der Kaiserzeit.

1871 hatte Deutschland den Krieg gegen Frankreich und damit das Elsass gewonnen – und ward fortan von der Sorge getrieben, der geschlagene Gegner sinne auf Revanche, um die Schlappe auszuwetzen. In kürzester Zeit musste es also möglich sein, Truppen aus dem Hinterland an die französische Grenze zu bringen. Doch die Hochrheinbahn Singen – Basel führte auch über Schweizer Gebiet und kam somit für Truppen- und Materialtransporte nicht infrage. Deshalb entschieden die Militärs im fernen Berlin, eine Umgehung zu bauen. Am 20. Mai 1890 dampfte der erste Zug über die damals im Volksmund „Kanonenbahn" genannte Trasse zwischen Hochrhein und Donautal.

Die Strategen hatten von den Streckenplanern verlangt, dass die neue Bahn auch die schwersten verfügbaren Eisenbahngeschütze transportieren können müsse. So wurde die höchstzulässige Steigung auf maximal 1 % beschränkt. Nun beträgt der Höhenunterschied zwischen dem heutigen Stühlinger Ortsteil Weizen und der in Luftlinie 9,6 km entfernten Station Blumberg-Zollhaus jedoch 231 m, was eine Steigung von 2,4 % ergeben hätte. Um ihre Vorgabe einzuhalten, verlängerten die Ingenieure mit Bögen, Kehrschleifen und Deutschlands einzigem Spiraltunnel die Strecke auf 26 km – eine strategische Fehlentscheidung, welche die gerade in dieser Zeit enorme Leistungssteigerung der Lokomotiventechnik außer Acht ließ. Mit den vielen in Tunneln oder auf mächtigen Viadukten laufenden Windungen und Schleifen war die deswegen in diesem Abschnitt „Sauschwänzlebahn" genannte Strecke zwar schön anzuschauen, für den Reiseverkehr aber wenig attraktiv, da zu langsam und zu teuer, denn die Bahn berechnete den Fahrpreis ja nach Streckenlänge. Und dann kam auch noch der Siegeszug des Automobils ... Nach einem kurzlebigen Experiment mit dem „Schie-Stra-Bus", der sowohl auf der Straße wie auch auf Schienen fahren konnte – die Technik erwies sich als Flop –, stellte die Deutsche Bundesbahn am 22. Mai 1955 den Zugverkehr zwischen Blumberg und Weizen ein.

Allerdings war die „Kanonenbahn" noch in den Kriegsszenarien der NATO für Truppen- und Materialtransporte vorgesehen und wurde deshalb weiter instand gehalten. Erst 1977 wurde die Strecke zwischen Blumberg und Weizen zur Museumsbahn, sicherlich Deutschlands schönster und erfolgreichster, die heute mehr Fahrgäste befördert als seinerzeit im regulären Betrieb.

Die Sauschwänzlebahn startet in Blumberg von Mai bis Sept. mittwochs um 10 und 14 Uhr, samstags um 14 Uhr, sonntags um 10 und 14 Uhr, nur im August auch donnerstags 10 Uhr; mit ausgedünntem Fahrplan auch im Okt. Hin- und Rückfahrt kosten 15 €, für Kinder die Hälfte. Mehr Informationen und den aktuellen Fahrplan finden Sie im Internet unter www.sauschwaenzlebahn.de.

Eisenbahnmuseum: Untergebracht im ehemaligen Güterschuppen des Bahnhofes Blumberg-Zollhaus, der selbst Gegenstand musealer Erhaltung ist, führt die Ausstellung durch die Entstehungsgeschichte der Wutachtalbahn und präsentiert Erinnerungsstücke aus dem Alltag der Dampfeisenbahnzeit, z. B. Uniformen, Schilder und Signale. Ein Modell zeigt den Betrieb auf der Wutachtalbahn, der Führerstand einer Dampflokomotive ist originalgetreu nachgebaut, wir erfahren Einzelheiten zum Gleisbau. Im Freigelände laden ein alter Dieseltriebwagen und das aus Konstanz stammende Reiterstellwerk zur Besichtigung ein.

Geöffnet jeweils 1 Std. vor und nach Abfahrt der Museumsbahn. Der Eintritt ist im Fahrpreis enthalten.

Sto AG: Am Bahnhof Weizen, Endstation der Sauschwänzlebahn, ragt das Verwaltungsgebäude der Sto AG wie ein angesägter Schiffsbug in die Landschaft. Die futuristische Fabrik, die gedämmte Fassadensysteme, Putze, Farben, Akustiksysteme, Bodenbeschichtungen und Materialien für Betoninstandsetzungen herstellt, wurde vom englischen Stararchitekten Mikal Wilford entworfen, der auch die Stuttgarter Staatsgalerie kreierte.

Museumsmühle im Weiler: 1 km vom Bahnhof Lausheim-Blumegg der Sauschwänzlebahn steht eine der ältesten Mühlen Deutschlands. Es gab sie bereits 1366, als ein gewisser Heinrich von Blumegg sie an den Egloff von Wolffurt verkaufte. Von außen betrachtet sieht die Mühle aus wie ein Haus auf Rädern mit drei Achsen. Mit drei Mühlrädern und fünf Mahl- und Stampfwerken ist sie eine echte Rarität. Die hintereinander angeordneten Wasserräder erlauben, unterschiedliches Mahlgut gleichzeitig zu verarbeiten. Es wurden Getreide und Ölfrüchte gemahlen, Hanf für die Produktion von Leinen zerstampft, Knochenmehl für die Seifensieder gemacht und Kalkstein zu Gips zerkleinert, ein Rohstoff, mit dem man früher auch die Äcker düngte. Innen gefällt die sorgsam geschnitzte Fratze des Kleiekotzers an der Auswurföffnung für die vom Mahlgut abgesonderte Kleie. Er sollte die bösen Geister vertreiben.

Besichtigungen sind gewöhnlich am Wochenende von 14 bis 16 Uhr möglich. Auskunft über die Termine beim Mühlenführer Peter Scherble (✆ 07709/254) oder unter www.landkreis-waldshut.de → Kultur → Museen. Eintritt 3 €.

Stühlingen

5200 Einw., 501 m ü. d. M.

Badens kleinste Altstadt? Mit drei Straßen und einem Platz wäre Stühlingen ein Kandidat. Und mit einem guten und preiswerten Gasthof bietet es sich als Standort für die Entdeckung der Umgebung an.

Wo sich die schmale Wutachschlucht zu einem breiten Tal weitet, das auch von den Seiten kommende Verkehrswege aufnimmt, liegt Stühlingen auf dem Westufer zwischen Fluss und Schlossberg: im Tal die Unterstadt, das sog. Dorf, mit der Pfarrkirche, am Hang die mittelalterliche Oberstadt und hoch oben am Berg das Schloss. Die beiden Ortsteile wuchsen erst im 19. Jh. zusammen.

Das **Dorf** unten am Fluss, wo sich die Verkehrswege kreuzten und die Ackerflächen befanden, diente früher v. a. der Versorgung von Oberstadt und Burg mit landwirtschaftlichen Erzeugnissen. Im 19. Jh., als die Nähe zum Schloss und der Schutz durch Hanglage und Stadtmauer keine Standortvorteile mehr waren, konzentrierte sich die Entwicklung auf das Dorf. So bekam auch dieser Teil Stühlingens mit klassizistischen Verwaltungsbauten wie dem Steueramt (Hauptstr. 2) oder dem fürstlichen Rentamt (Nr. 10, jetzt Apotheke) ein städtisches Gesicht. Am Platz vor der

Loretokapelle in der Klosterkirche Stühlingen

Baar
Karte S. 115

Krone, wo freitags der Markt abgehalten wird, verfällt die vom Weilerbach gespeiste *Untere Mühle*. Auf ihrer Rückseite erkennt man noch die stattliche Zehntscheuer und eine weitere Mühle, die zum Wohnhaus umgebaut wurde. Fußgänger können hier durch einen steilen Hohlweg zum Kloster und zur Oberstadt aufsteigen.

Zwar sind die beiden Tore der beschaulichen **Oberstadt** längst abgerissen und ist die Stadtmauer nur noch stellenweise als Rückwand von Häusern erkennbar, doch lässt sich der Grundriss der winzigen, ummauerten Altstadt gut ausmachen. Die gewöhnlich dreigeschossigen Häuser mit straßenseitiger Traufe sind aus Bruchsteinen gemauert, nur fürs Obergeschoss und den Dachgiebel wurden auch Fachwerkkonstruktionen gewählt. Die Gerberstraße, früher Judengasse, war das Quartier der Juden, bis diese im 17. Jh. vertrieben wurden. Das Rathaus wurde 1904 nach einem Brand am alten Platz und in historisierender Gestalt neu aufgebaut.

Geschichte: Um 1120 begegnet uns Stühlingen in den Urkunden als Hauptort einer *Landgrafschaft*. Die fiel 1251 an Graf Heinrich I. von Lupfen. Als 1582 der letzte Spross aus dem Hause Lupfen-Stühlingen starb, wurde die Grafschaft von den Erbmarschällen zu Pappenheim gekauft – genau die, die wir seit Schiller alle kennen. 1620–1623, der Dreißigjährige Krieg hatte gerade begonnen, ließ Erbmarschall Maximilian die Burg *Hohenlupfen* zu einem Schloss umgestalten – ein äußerlich schlichter Bau, der mitsamt der ganzen Grafschaft über die Heirat von Maximilians Tochter Maximiliana zu den Fürstenbergern kam. 1716–1723 erlebte Stühlingen als Residenz der nun gefürsteten Fürstenberger seine Glanzzeit. Dann verlegte die Herrschaft ihren Sitz jedoch nach Donaueschingen, und ein langsamer Abstieg setzte ein. 1857 verlor das inzwischen badisch gewordene Stühlingen das Bezirksamt, bald darauf auch das Amtsgericht, das Steueramt sowie das Notariat, und zu schlechter Letzt nahmen die Nazis dem Ort 1935 gar sein Stadtrecht (das Stühlingen allerdings später von der Bundesrepublik wieder bekam).

Wie der Bauernkrieg begann

Stühlingen gilt als Ausgangspunkt des Bauernkriegs. Am 23. Juni 1524 verweigerten Bauern ihre Dienstpflicht und zogen protestierend vor die Burg. Der Überlieferung nach hatte die Gräfin mitten zur Erntezeit den Untertanen befohlen, Schneckenhäuschen zu sammeln, damit die Mägde Garn darauf wickeln konnten. Tatsache war, dass den Bauern vor lauter Diensten und Abgaben nicht mehr genug zum Leben blieb, wo doch außer den Stühlingern auch die Klöster St. Blasien, Schaffhausen und Rheinau, das Spital zu Waldshut, die Grafen von Sulz, jene von Klettgau und die Herren von Ofteringen Rechte in der Landgrafschaft hatten und die Bauern so dem Würgegriff gleich mehrerer Obrigkeiten ausgeliefert waren. Graf Siegmund, der zugleich Vasall und Landvogt der Habsburger war, wusste seinen mächtigen Lehnsherrn hinter sich und gab den Beschwerden der Bauern nicht nach. Worauf die Unruhen sich wie ein Flächenbrand durch Schwarzwald, Baar und Hegau ausbreiteten, bis die Herren mithilfe eines gegen die Aufrührer ins Feld geschickten Söldnerheeres im Juli 1525 wieder die Oberhand gewannen.

• *Vorwahl* 07744

• *Information* **Verkehrsamt**, im Rathaus, Schlossstr. 9, 79780 Stühlingen, ✆ 53234, www.stuehlingen.de. Mo–Fr 8–12 Uhr, Do zusätzlich 14–18 Uhr.

• *Übernachten/Essen* **Landgasthof Rebstock**, Deutschlands ältester Gasthof? Schon 1368 wurden hier Gäste verköstigt und beherbergt, und irgendwie altdeutsch wirkt auch die Gaststube mit ihren dunkel gebeizten Wandtäfern und den wuchtigen Deckenbalken. Hell dagegen die Zimmer, ob nun im Hauptgebäude oder im einige Schritte entfernten Gästehaus, auf dessen Rückseite es auch eine Sonnenwiese mit Forellenteich und Kinderspielplatz gibt. Als Highlights erinnert man sich später der Degustation in der hauseigenen Brennerei oder der Golfrunde im Club Oberalp, wozu Familie Garnow ihre Stammgäste einzuladen pflegt. Hauptgericht bis 20 €. Kein Ruhetag. DZ 70–75 €. Schlossstr. 10, ✆ 07744/92120, 📠 921299, www.hotel-rebstock.de.

Zum Zapfhahn. Der preiswerte Mittagstisch wird von Berufstätigen aller Klassen goutiert. Von der Terrasse Blick aufs Kleinstadtstraßentreiben. Tägl. außer Di ab 10 Uhr. Hauptstr. 8, ✆ 5689, www.zapfhahn-bistro.net.

La Perla, gleich gegenüber dem Zapfhahn und eine Spur gediegener. Serviert Pizza, Pasta und italienische Fleischgerichte. Kein Ruhetag. Hauptstr. 9, ✆ 6832.

Gasthof Schwanen, wer hätte hier neben der B-315-Rennbahn einen Gourmettipp vermutet? Ein Schwan weist den Weg, auch im Restaurant finden sich allerlei Schwäne, passend zum Laura-Ashley-Stil mit ländlich-naivem Look. Die Küche setzt auf eigene Kreationen aus örtlichen Zutaten. Wie wär's mit einem getrüffelten Süppchen vom Schwaninger Topinambur oder den Wildschweinravioli an Nüsslisalat in Hagebuttenvinaigrette? Oder einfach nur eine Vesper im Biergarten? Hauptgericht 10–20 €. Restaurant Mai–Sept. Do–Di abends, Sa–Di auch mittags; Okt.–April Fr–Di abends, So auch mittags. Reservierung erwünscht. DZ 70 €. Schwaningen, Talstr. 9, ✆ 07744/5177, 📠 1318, www.gasthaus-schwanen.de.

Sehens- und Erlebenswertes

Landmaschinenmuseum: Auch Städter mögen schon einmal alte Emailleschilder und Traktoren gesehen haben. Wie aber sieht ein Dreiradschlepper aus? Oder ein Maiskolbenentferner? Alltägliche und kuriose Landmaschinen nebst anderen Artefakten des bäuerlichen Alltags von anno dazumal trug der inzwischen verstorbene

Im Wirtschaftshof von Schloss Hohenlupfen

Baar
Karte S. 115

Rebstockwirt Roland Porten zusammen. Zu sehen sind sie hinter dem Landgasthof auf drei Stockwerken Ausstellungsfläche in einer umgebauten Scheune.

Landgasthof Rebstock, Schlossstr. 10, ✆ 92120. April–Okt. So 13.30–17 Uhr. Eintritt 2 €.

Klosterkirche mit Loretokapelle: Als Maximilian Franz zu Fürstenberg (1634–1681) auf einer Italienreise schwer erkrankte, gelobte er, der Jungfrau von Loreto eine Kapelle zu errichten, falls er gesund in die Heimat zurückkehren würde. So geschah es dann auch, und im Oktober 1681 wurde die neue Kapelle am Schlossberg geweiht. Vom Papst mit frommen Brüdern und großzügigen Ablässen ausgestattet, entwickelte sie sich schnell zu einer beliebten Wallfahrtsstätte. 1737 lud Fürst Joseph Wilhelm Ernst die Kapuziner zur Errichtung eines Klosters nach Stühlingen ein. Da dem Fürst die Mittel fehlten, wurde nur ein für die Zeit bescheidener Konvent errichtet. Die Kapelle integrierte man in den Neubau der Klosterkirche. Ein kunstvolles Eisengitter mit dem Wappen der fürstenbergischen Stifter grenzt als Chorschranke die beiden Bauteile voneinander ab. Mit der Säkularisation wurde das Kloster 1802 aufgehoben und sein Inventar versteigert. Erst 1927 gelangte der Orden wieder in den Besitz der Gebäude. Heute leben hier Kapuzinerpatres und Schwestern der Reuter Franziskanerinnen. Nicht nur die Kongregation ist gemischt, auch Gäste beiderlei Geschlechts sind willkommen, die hier eine Woche oder länger „Kloster auf Zeit“ leben und erleben wollen.

Kapuzinerkloster Stühlingen, Loretoweg 12, ✆ 93993, www.kapuziner.de. Kirche und Kapelle sind immer geöffnet, das Kloster selbst ist nicht zu besichtigen.

Schloss Hohenlupfen: Das Schloss gehört noch immer dem fürstlichen Haus und kann nicht besichtigt werden. Weihnachten feierten Fürstens hier, sagen die Einheimischen, doch den Rest des Jahres sei das Schloss nur selten bewohnt. An den Bergfried aus dem 12. Jh. schmiegen sich die zwei Flügel des Pappenheimer Baus

(1620–1623). Nordöstlich erstreckt sich die Vorburg mit einem Wirtschaftsgebäude und der wappengeschmückten Einfahrt.

Vom Kloster führt ein ausgeschilderter Pfad in 10 Min. zur Burg. Mit dem Auto folgt man den Schildern von der Oberstadt gen Blumberg.

Umgebung von Stühlingen

Auch ein Reiseführer hat seine Grenzen. Werfen wir trotzdem einen kurzen Blick darüber hinaus: in den **Klettgau,** die schweizerisch-deutsche Grenzregion zwischen Stühlingen, Schaffhausen und Tiengen. Der Klettgau ist ein traditionsreiches *Weinland* – ein Erbe der Römer, die hier viele Siedlungsspuren hinterließen. Vorzügliche Spätburgunder oder Blauburgunder, wie sie auf der Schweizer Seite heißen, empfehlen sich als Souvenir, denn außerhalb der Region sind sie kaum zu bekommen.

Schleitheim (1700 Einw.) liegt gleich gegenüber von Stühlingen. Sehenswert sind dort das Museum des *Gipsbergwerks* im Industriegebiet Oberwiesen sowie das *Heimatmuseum* mit der exotischen Geschichte der Schleitheimer Täufer. Leider sind beide Museen bislang nur am ersten Sonntag des Monats geöffnet. Rund um die Uhr zugänglich sind die Thermen von *Juliomagus,* einer Römerstadt vor den Toren Schleitheims. Eine Halle schützt die Ausgrabung, auf Knopfdruck schallt die Führung aus den Deckenlautsprechern.

Keine halbe Autostunde ist es von Stühlingen zum **Rheinfall** und nach **Schaffhausen**. Mehr dazu lesen Sie in H.-P. Siebenhaars „Bodensee" aus dem Michael Müller Verlag.

Die Thermen von Juliomagus, Schleitheim

Blick auf das Herzogenhorn vom Hofeck Bernau

Zwischen Hochrhein und Hochschwarzwald:

Der Hotzenwald

Der als Sonnenterrasse umworbene Hotzenwald ist der südlichste Ausläufer des Schwarzwalds. Ein aussichtsreiches, offenes Hügelland, ideal zum Wandern. Und noch ein Geheimtipp, den die meisten Schwarzwald-urlauber übersehen.

Über die genaue Abgrenzung des **Hotzenwalds** sind sich die Experten uneins. Für die Historiker ist er deckungsgleich mit der Grafschaft Hauenstein, die bis 1805 von der Wehra im Westen bis zur Schwarza im Osten und vom Hochrhein im Süden bis etwa zur Linie Todtmoos – Höchenschwand im Norden reichte. Die Geografen lassen den Hotzenwald im Osten bereits an der Alb enden, die Geologen hingegen erst an der Steina.

Mit dem Räuber Hotzenplotz hat der Hotzenwald nichts zu tun. Den Namen **zen** für die Bewohner prägte Mitte des 19. Jh. Joseph Victor von Scheffel, der Dichter des „Trompeters von Säckingen". „Hotzen" hieß im Mittelalter die faltenreiche Männertracht aus rauem Wolltuch, wie man sie am Hochrhein trug. Und ein „Houtz" war ein Bauer und Holzhauer. Scheffel hatte in Säckingen sein Rechtsreferendariat absolviert und von dort viele Ausflüge in den Hotzenwald gemacht, die auch in seinem Versepos Spuren hinterlassen haben. Vor ihm hießen die Hotzenwälder einfach „Waldleute" oder „Wälder" und ihr Gebiet schlicht „Wald".

Im Norden schließt sich an den Hotzenwald das **St. Blasier Land** an, also das früher zum Kloster St. Blasien gehörende Gebiet der Gemeinden St. Blasien (mit Menzenschwand), Höchenschwand, Bernau und Todtmoos. Sie alle sind Teil des Landkrei-

Hotzenwald
Karte S. 159

ses Waldshut, politisch und wirtschaftlich Richtung Hochrhein orientiert und von diesem her auch verkehrsmäßig erschlossen. Die am **Hochrhein** gelegene Stadt Bad Säckingen zählt bereits zum Einzugsbereich von Basel und hat vielfältige Verbindungen in die Schweiz.

Hotzenwald und St. Blasier Land beeindrucken mit Raum und Weite bis hin zum **Alpenblick** – wenn denn die Sonne scheint, was sie hier zum Glück oft gerade dann tut, wenn über dem Rheintal der Nebel wabert. Manchmal rückt auch der Föhn die Berge in scheinbar greifbare Nähe. So ist die schönste Reisezeit der Herbst oder ein klarer Wintertag. Viel öfter als mit ihren Bergen ist die Schweiz jedoch mit einer menschengemachten Wolke am Horizont präsent: Das Atomkraftwerk Leibstadt bläst gleich am Rhein tagaus, tagein seinen Wasserdampf in die Luft.

Geschichte

Von 1254 bis 1805 gehörte der Wald als Grafschaft Hauenstein zu Vorderösterreich und wurde vom Waldshuter Waldvogt verwaltet. Größter Grundbesitzer war das Kloster St. Blasien, mit dem die Hotzenwälder seit dem Mittelalter aufgrund seiner Expansionsbestrebungen im Dauerclinch lagen. Der Konflikt eskalierte im 18. Jh., als die sankt-blasischen Äbte immer mehr Waldleute der Leibeigenschaft unterwarfen. Nach ihrem ersten Anführer Hans Fridolin Albiez aus Buch, der im Nebenberuf Salpetersieder war, wurden die widerständigen Hotzen **Salpeterer** genannt. Die Obrigkeit antwortete auf die Unruhen mit dem Ausnahmezustand, mit Verhaftungen, Hinrichtungen und mit der Deportation der Rebellen – was umso leichter fiel, als die Salpeterer gegenüber der Partei der „Ruhigen" in der Minderheit waren.

Salpetersiederei

Mancher Bauherr, der sich einen früheren Kuhstall zum Eigenheim umgebaut hat, macht nach einiger Zeit eine unangenehme Entdeckung: Im Sockelbereich der Wände bilden sich weiße Krusten oder ein feiner, nadelartiger Belag. Der Salpeter ist da. Entstanden aus dem im Boden vorhandenen Kalk und den nitrathaltigen Ausscheidungen der Tiere und Menschen, wird das wasserlösliche Salz von der Feuchtigkeit aus dem Boden an die Oberfläche der Mauer transportiert und kristallisiert dort aus. Was heute einen mittelgroßen Bauschaden wegen fehlerhafter Isolierung der Fundamente signalisiert, war früher durchaus erwünscht, denn Salpeter war zur Herstellung von Schießpulver unentbehrlich. Die Salpeterer hatten das landesherrliche Privileg, in ihrem Bezirk die Ausblühungen zu sammeln und so zu bearbeiten, dass am Ende der Siedeprozesse reiner, auskristallisierter Salpeter entstand. Das Handwerk starb aus, als etwa ab 1820 aus Chile dort im Tagebau gewonnener Salpeter in großen Mengen eingeführt wurde. Im Heimatmuseum Görwihl wurde die Werkstatt eines Salpeterers rekonstruiert.

Immerhin hatten die Salpeterer dahingehend Erfolg, dass St. Blasien gegen eine finanzielle Entschädigung all seine leibeigenen Waldleute in die Freiheit entließ. Nachdem andere Leibherren diesem Beispiel gefolgt waren, war Hauenstein ab 1743 als erstes deutsches Territorium völlig frei von Leibeigenschaft. Damit wurde die Grafschaft, deren stetig wachsende Bevölkerung aus Mangel an Acker- und

Wiesenflächen immer öfter Hunger litt, nun ein Arbeitskräftereservoir der Schweizer Textilkaufleute. Die ließen hier, erst in **Heimarbeit** und ab 1794 dann in Fabriken, Baumwolle spinnen und weben, denn die Hotzenwälder waren billigere Arbeiter als ihre Schweizer Kollegen.

Im 19. Jh., nun unter badischer Herrschaft, übten sich Nachkommen der Salpetererbewegung im passiven Widerstand gegen weltliche und kirchliche Obrigkeit: Sie verweigerten Militärdienst, Steuern und Pockenschutzimpfung, schickten ihre Kinder wegen der als „unkatholisch“ kritisierten Lehrbücher nicht mehr in die Schule und verweigerten die Kirchenreformen der katholischen Aufklärung, welche die vielen Feiertage und Wallfahrten einzuschränken trachtete und das laute Absingen des Rosenkranzes während der Messe verbot. Erst mit den staatlich geförderten Massenauswanderungen der 1850er Jahre gen Amerika ebbte der Protest ab.

Mehr zur Hotzenwälder Geschichte unter www.salpeterer.net oder bei Tobias Kies, *Verweigerte Moderne? Zur Geschichte der Salpeterer im 19. Jahrhundert.*

Görwihl

4300 Einw., 612 m ü. d. M.

Der Ortsprospekt verheißt einen „staatlich anerkannten Erholungsort“ mit Hallenbad, Heimatmuseum und „beschaulichen Winkeln“ – in mittlerer Höhenlage gibt sich Görwihl bescheiden und stapelt tief.

Den Besucher erwarten eine große Kirche mit Vorplatzkunst, viel Ruhe, Wandern und Natur. Aber auch eine weithin bekannte Fachwerkstatt für Auto-Tuning. Im Dorfwappen treffen sich nicht Fuchs und Has, dafür klettert ein Eichhörnchen den Stamm einer Tanne hinauf. Im Siegel der Grafschaft Hauenstein waren es noch zwei. Damals war Görwihl Hauptort der größten unter den acht Einungen, wie die Bezirke des Hotzenwalds hießen, in denen die Bauern jedes Jahr am Georgstag (23. April) ihre Einungsmeister wählten. Diese trafen sich dann in Görwihl und bestimmten aus ihren Reihen einen Redmann, der die Bauernschaft gegenüber der vorderösterreichischen Verwaltung vertrat. Im Wechsel mit Hochsal war Görwihl außerdem die Gerichtsstätte des Hotzenwalds. Heute praktizieren hier immerhin noch Arzt und Tierarzt, gibt es eine Apotheke, den Edeka, Mutters Textilgeschäft und am Marktplatz ein kleines **Heimatmuseum** (www.goerwihl.de → Freizeit, Ostern bis 11.11. So 14–16 Uhr, Eintritt frei). Im Erdgeschoss des Museums haben neben einer Salpetererwerkstatt bäuerliche und handwerkliche Gerätschaften Platz gefunden. Im ersten Obergeschoss sind Maschinen zur Textilherstellung und -verarbeitung zu sehen, die seit dem 18. Jh. als Heimarbeit verbreitet war, und im hinteren Teil Einrichtungsgegenstände der Bauernhäuser. Darüber finden sich das aufwendige Modell des Eisenwerkes Hausen im Wiesental, eine alte Dorfschule und in einem gesonderten Raum die umfangreiche Trachtenabteilung.

• *Vorwahl* 07754

• *Information* **Tourist-Information**, im Rathaus, Hauptstr. 54, 79733 Görwihl, ✆ 70810, www.goerwihl.de. Mo–Fr 9–12 Uhr, im Sommer auch Mo/Do 15–17 Uhr, Fr 14–15 Uhr.

• *Veranstaltungen* An einem Samstag um den 11.11. platzt das sonst so beschauliche Görwihl beim **Martinimarkt** mit 200 Marktständen und Tausenden von Besuchern aus allen Nähten.

• *Übernachten* **Gästehaus Metzgerei Boll**, warme Mittagsgerichte gibt's unten in der Metzgerei. Drei Ferienwohnungen für 2–3 Pers. mit Balkon mitten im Ort (2 Pers. 35 €), auf Wunsch mit Frühstück. Hauptstr. 48, ✆ 07754/226, 929246, www.metzgerei-boll.de.

Haus Maier, die etwa 70 m² große und mit Geschmack eingerichtete Drei-Zimmer-Ferienwohnung bietet in einem Neubau am Dorfrand max. 4 Pers. Platz. Mit Dachterrasse, Standrad zum Abstrampeln, gut eingerichteter Küche. 2 Pers. 35 €. Keine Hunde. Röte 1, ✆ 07754/847, www.astrid-maier.de.

• *Essen* **Adler**, der aktuelle Platzhirsch am Marktplatz überzeugt mit gutbürgerlicher Küche und Zutaten aus der Region. Wenn nicht gerade eine Busgesellschaft das Personal ins Schwitzen bringt, werden die frisch zubereiteten Gerichte flott serviert. Mi Ruhetag. Marktplatz 7, ✆ 216.

Eichrüttehof, Thomas und Renate Gerspacher trotzen dem Hotzenwälder Höfesterben und überleben mit einer rustikalen Vesperstube und dem Direktverkauf von Hinterwälder-Rindfleisch. Mo Ruhetag. Hartschwand 1, ✆ 1262, www.eichruettehof.de.

Wandern

ÖkoRegio-Tour

Hinter diesem nicht sonderlich zungengängigen Etikett, das auch Wanderrouten in anderen Teilen des Ländles tragen, steckt ein Gemeinschaftsprojekt von Naturschützern (in Gestalt des NABU) und Bauernschaft (vertreten durch das Ministerium für Ernährung und Ländlichen Raum). In Görwihl geht es vorrangig um Werbung für das echte **Hinterwälder Rind,** Europas kleinste Rinderrasse, die mit 120–130 cm Schulterhöhe und nur 450–750 kg Gewicht optimal an die Steilhänge des Walds angepasst ist. Wie sein Verwandter von jenseits des Rheins, das Vogesenrind, ist der Hinterwälder eine klassische Dreinutzungsrasse, also gleichermaßen als Milchproduzent, Fleischlieferant und Arbeitstier zu gebrauchen.

Der Hinterwälder, Europas kleinste Rinderrasse

Die reine Gehzeit der 11 km langen Tour beträgt 3 Std., doch wer sich an den ausgeschilderten Stationen entsprechend Zeit nimmt, ist gut und gerne einen ganzen Tag unterwegs. Auf dem Weg passiert man einen biologisch-dynamisch bewirtschafteten Naturgarten, einen Vogellehrpfad, Aussichtspunkte mit Alpenblick, allerlei ökologisch wirtschaftende Bauernhöfe und etwa auf halber Strecke die Vesperstube des **Eichrüttehofs** (s. o.). Einen Routenplan mit Beschreibung gibt es bei der Tourist-Information oder auf www.oekoregio-tour.de.

Wanderung durch das Albtal

Das von St. Blasien bis zum Rhein reichende Albtal ist in seinem mittleren Abschnitt eine tief in den Granit eingeschnittene Klamm, die der Wutachschlucht an Wildheit nur wenig nachsteht. Mit der von 1855 bis 1861 gebauten Albtalstraße (L 154) ist das Tal jedoch gut erschlossen. Hoch über dem tosenden Wasser aus dem Felsen geschnitten, zählt sie mit ihren fünf Tunneln und den Galerien zu den eindrucksvollsten Autostraßen des Schwarzwalds. Auch ein Wanderweg führt durch das Tal, dessen schönster Teil zwischen Hohenfels und Teufelsküche liegt. Die vorgeschlagene Tour von Hohenfels nach Görwihl ist etwa 8 km lang.

Den Ausgangspunkt **Hohenfels** an der Albtalstraße erreicht man von Görwihl mit dem SBG-Bus 7318. „Die Niederschau aus den Gartenanlagen in den langen Schaumkessel der Alb zählt fraglos zu den großartigsten des ganzen Thales", berichtet ein alter Reiseführer über das 2005 ausgebrannte Hotel Hohenfels.

Der Fußweg hält sich zunächst eine gute halbe Stunde lang parallel zur Albtalstraße mit wechselnden Ausblicken am oberen Rand der Schlucht und steigt dann nach **Tiefenstein** ab. Gleich unterhalb der Brücke lässt sich im Naturkostladen der **Albtalmühle** frische Verpflegung erstehen. Auf dem Tiefen-

Hotzenwald
Karte S. 159

steiner Burgberg standen schon ein römischer Wachturm und später die Burg der Herren von Tiefenstein. Die verloren ihren Besitz 1272 an Rudolf von Habsburg und verunsicherten fürderhin als Raubritter die Gegend, bis der letzte Tiefensteiner schließlich von den Mannen der Habsburger erschlagen wurde, die auch die Burg zerstörten.

Während die Albtalstraße auf dem Ostufer bleibt, verläuft der Wanderweg nun auf der anderen Seite der Schlucht weiter, umgeht Görwihl und kommt dann zu den **Höllbachwasserfällen.** Auf steilen Abhängen bildet der Höllbach als richtiger Wildbach gleich mehrere Wasserfälle nacheinander. Nun kann man nach Görwihl zurückkehren oder noch einen Abstecher zur **Ibacher Brücke** machen, einem Aussichtspunkt mit Blick auf das Ensemble aus Rappenfelsen, Großem Felsen und Teufelsküche, einer windungsreichen Engstelle im Albtal.

Höchenschwand

2500 Einw., 1015 m ü. d. M.

Saubere Luft, viel Sonnenschein und wenig Nebel machten Höchenschwand zu einem beliebten Kurort. Neuerdings setzt man auch hier stärker auf Erlebnis und Aktivitäten.

„Höchenschwand wird vor allem wegen seiner Aussichtslage von Touristen aufgesucht, insbesondere wegen der Fernsicht auf die Alpenkette und der von allen Seiten freien Lage mit weiten Waldungen und vielen Wanderwegen", schrieb ein Schwarzwaldführer anno 1876. Die Fernsicht ist allerdings Glückssache, wie sie es wohl damals auch schon war. Hinzuzufügen bleibt, dass es hier auf etwa 1000 m Höhe ziemlich windig ist.

1873 soll es gewesen sein, dass der Ochsenwirt das erste Hotel in Höchenschwand eröffnete. Den Aufstieg zum Kurort, in dem sich stressgeplagte Städter inmitten lieblicher Landschaft und der gesunden Bergluft erholten, verdankte Höchenschwand dem Hotelier Bernhard Porten (1898–1975). Der kam vor dem Ersten Weltkrieg als Koch- und Kellnerlehrling von der Mosel hierher, heiratete die Tochter des Bäckermeisters und eröffnete 1921 mit dem Café Alpenblick sein erstes Objekt, zu dem bald eine ganze Kette von Hotels und Sanatorien hinzukam: Kurhaus, Georgsklause, Kliniken, Hubertusstuben – noch heute kann der Höchenschwand-Besucher dem nunmehr in der dritten Generation geführten Porten-Imperium kaum entgehen. Allerdings steht es um den Tourismus und v. a. um die Kur in Höchenschwand nicht mehr zum Besten, manche Klinik steht leer und verfällt. Den überlebensnotwendigen Wandel vom Kurort zum Ferienort, vom Kassentourismus zum Gesundheitsurlaub hat Höchenschwand noch vor sich. Das Natursportzentrum mit Kletterturm und Hochseilgarten ist ein Schritt in diese Richtung.

- *Vorwahl* 07672
- *Information* **Tourist-Information**, im Haus des Gastes bei der Kirche, Dr.-Rudolf-Eberle-Str. 3, 79862 Höchenschwand, ✆ 48180, www.hoechenschwand.de. Mo–Fr 8.30–12 und 14–17 Uhr, Sa 10–12 Uhr.
- *Fahrradverleih* Bei der Tourist-Information, 7–10 €/Tag.
- *Essen* **Hubertusstuben**, in Portens Kurhaus. Das rustikal eingerichtete Gourmetlokal überzeugt mit perfektem Service und einer leichten Küche, die bevorzugt regionale Produkte verarbeitet. Spezialitäten sind das Filet vom Steinbutt mit Oliven und Tomaten, der Tafelspitz vom jungen Weiderind oder Rehpfeffer mit Apfelrotkohl und Haselnussknöpfle. Auch Weine aus ökologischem Anbau. Hauptgericht 15–25 €, Menü 25 €. Mi–Mo ab 18 Uhr, Sa/So auch 11–14 Uhr, Di Ruhetag. Kurhausplatz 1, ✆ 4110, www.porten.de.

Loipenhaus, eine Vesperstube mit einfachen Tagesgerichten (Kässpätzle, Maultaschen u. Ä.). Trumpf ist die sonnige Lage mit Wald- und Wiesenblick. Tägl. bis 18 Uhr. Beim Natursportzentrum, ✆ 922243, www.loipenhaus-hoechenschwand.de.

Bäuerliche Lebenswelt am Höchenschwander Loipenhaus

Sehens- und Erlebenswertes

Kraftwerk Häusern: Seit 1932 pumpt ein Kraftwerk nächtens Wasser aus der gestauten Schwarza in ein 200 m höher gelegenes Speicherbecken, um es tagsüber wieder ins Tal fließen zu lassen – ein Prozess, der mehr Energie kostet, als er bringt. Doch die Sache rechnet sich für den Kraftwerksbetreiber Schluchseewerk AG: Denn nachts, wenn das Kraftwerk Strom verbraucht, ist dieser europaweit im Überangebot und deshalb billig zu haben. Tagsüber jedoch, wenn das Kraftwerk Häusern zur Abdeckung von Verbrauchsspitzen Strom produziert, bringt der Stromverkauf ein Mehrfaches des nächtlichen Einstandspreises.

www.schluchseewerk.de/12.0.html. Kostenlose Führung durch das Kraftwerk mit Tonbildschau jeden Do 14 Uhr. Eintritt frei.

Hotzenwald
Karte S. 159

Hirsch-Museum: Nein, hier geht es nicht um Zwölfender, Waidmannsheil und Jägerlatein, sondern um Kunst. Der schlesische Maler Christian Gotthard Hirsch (1889–1977), durch die Kriegs- und Nachkriegswirren aus der Heimat vertrieben, fand in Höchenschwand Zuflucht und 1951 das „Malerhäusel", in dem er bis zu seinem Tode lebte, arbeitete und herrliche Landschaftsbilder schuf. Nachdem auch die Witwe gestorben war, erbte die Gemeinde das Haus samt vielen Gemälden und machte es als Museum und Galerie der Öffentlichkeit zugänglich.

Haldenweg 6. Mi/Sa 15–17 Uhr. Eintritt frei.

Natursportzentrum: Das Natursportzentrum ist das Herzstück der Sport- und Aktivangebote Höchenschwands. Schon von fern erkennt man den 42 m hohen Rothaus-Zäpfle-Turm, der nicht einer Bierflasche nachempfunden, sondern ein rechteckiger *Kletter- und Aussichtsturm* mit Panoramablick ist. Kletterer können sich an den Wänden des Turms versuchen, dazu gibt es einen *Hochseilgarten,* der Gruppen Teamerlebnisse verspricht, ein *Tenniscenter* und für trübe Tage eine *Saunalandschaft.* Vor dem Sportzentrum beginnt ein *Jogging- und Walkingpfad.*

Teamwelt, Natursportzentrum 20, ✆ 922552, www.teamwelt.de. Tageskarte Kletterturm 6 €.

Wandern

An Wanderwegen ist hier kein Mangel, die Gemarkung Höchenschwand bringt es auf 150 km markierte Routen. Ein Ausgangspunkt ist der Wanderparkplatz und Spielplatz **Kreuzstein** vor dem südöstlichen Ortsrand. Als leichter und lehrreicher Spaziergang empfiehlt sich der 3,5 km lange **Waldlehrpfad** um den Lerchenberg. Weitgehend durch offene Landschaft mit weiten Wiesen und an Kapellen, Bauernhöfen und immer wieder herrlichen Aussichtspunkten vorbei führt der **Elf-Dörfer-Weg,** auf dem man die kleinen Siedlungen der Gemeinde durchstreift (18 km, auch drei kürzere Varianten mit 12/9/7 km sind möglich). Wegbeschreibungen hält die Tourist-Information bereit.

Dachsberg

1400 Einw., 842 m ü. d. M.

Unter dem Namen Dachsberg schlossen sich zwischen Görwihl und St. Blasien die zuvor selbstständigen Gemeinden Urberg, Wilfingen, Wittenschwand und Wolpadingen zusammen. Interessant sind hier die Spuren früheren Bergbaus.

Es bedarf einiger Fantasie, um sich vorzustellen, dass die ruhige und ländliche Landschaft um den Dachsberg einmal ein kleines Industrierevier war. Doch mit dem Ruprecht-Erzgang zieht sich quer durch die Gemeinde eine geologische Formation, die ab dem Mittelalter abgebaut wurde. Anfangs schürften die Bergleute im Tagebau und aus einfachen Gruben silberhaltige Bleierze. Eine Tonne Erz erbrachte am Ende der Verhüttung etwa 400 g Silber, aus dem die Städte des Oberrheinischen Münzbundes (1403–1584) ihre „Rabenpfennige" prägten – der Name lebt noch im Schweizer Rappen fort. Mit der Erschöpfung der oberirdischen Vorkommen und dem Zustrom billigen Silbers aus dem neu entdeckten Amerika endete diese Episode des Schwarzwälder Bergbaus. Erst im 19. Jh. wurde der Ruprechtgang wieder geöffnet: Die Gebrüder Paul brauchten Schwefelkies für ihre Kupfervitriolwerke in Todtmoos, später gewann man Flussspat und Schwerspat, die für die Metallschmelze und Glasherstellung gebraucht wurden.

- *Vorwahl* 07672
- *Information* **Tourist-Information**, im Rathaus Wittenschwand, Rathausstr. 1, 79875 Dachsberg, ✆ 990511, www.dachsberg.de. Mo/Mi 14–18 Uhr, Di/Do/Fr 9–12 Uhr.
- *Veranstaltung* An den **Kohlemeilertagen** Ende Juli wird auf dem Waldsportplatz Wolpadingen ein Kohlemeiler aufgebaut und dann feierlich in Glut gesetzt. Zwei Wochen später wird der Meiler geöffnet und die frische, glänzend schwarze Holzkohle an Ort und Stelle verkauft.
- *Übernachten* **Dachsberger Hof**, das moderne Hotel mit Restaurant liegt am Ortsrand und verfügt über ein kleines Hallenbad mit Sauna und Solarium, sodass man sich auch an kalten Tagen aufwärmen kann. DZ 70–75 €. Wittenschwand, ✆ 07672/2647, 📠 9485, www.dachsberger-hof.de.

Haus Kaiser, Familie Kaiser vermietet im eigenen Haus eine moderne und mit Geschmack, doch zugleich neutral eingerichtete Ferienwohnung. Gut ausgestattete Küche, Allergikerbetten, kinderfreundliches Außengelände, morgendlicher Brötchenbringdienst. 2 Pers. 40–45 €/Tag. Beim Dachsberger Hof, Wittenschwand, ✆ 07672/4685, www.haus-kaiser-dachsberg.de.

Haus Türmle, ruhiger als in Urberg kann man kaum wohnen, denn das Dorf hat nur eine Zufahrt und so keinerlei Durchgangsverkehr. Das Haus Türmle gehört einem schwäbischen Büroeinrichter und wurde entsprechend professionell gestaltet, mit seinem gewagten Erkerturm fällt es gleich ins Auge. Zwei Nichtraucherwohnungen sind für 40–55 € zu mieten. Urberg, ✆ 07151/74961, 📠 907275, www.haustuermle.de.

Der Horbacher Klosterweiher in Dachsberg

Sehens- und Erlebenswertes

Mineralienmuseum Urberg: Mit der Schließung der Grube Gottesehre in Bildstein (s. u.) wurde der Bergbau im Südschwarzwald 1987 Geschichte. Die Gemeinde hätte gerne ein Besucherbergwerk eingerichtet, doch es fehlte an Geld, und so wurden die Eingänge mit Beton verschlossen. Dank der Sammelleidenschaft der in der Grube beschäftigten Bergleute blieben aber seltene und interessante Mineralien erhalten, die man bei den Schürfarbeiten gefunden hatte. Ausgestellt sind sie im früheren Schulhaus Urberg. Auch alte Fotos, Pläne und Gerätschaften aus der Grube sind dort zu sehen, eine Videoshow erzählt ihre Geschichte.

Urberg, Vogelsang 14. Während der Weihnachts- und Fasnachtsferien sowie von Ostern bis Ende Okt. Do 14–16 Uhr, So bis 17 Uhr. Eintritt frei, Spende erwünscht.

Bildsteinfelsen/Grube Gottesehre: Vom Mineralienmuseum kommt man durch Außer-Urberg in etwa einer halben Stunde zum Bildsteinfelsen, einem Aussichtspunkt über das Albtal (die mit „Höhle“ ausgeschilderte Kraxeltour zu einer Felsnische unter dem Panoramablick kann man sich sparen). Wandtafeln erzählen vom Bergbau. Der noch erhaltene Eingang von „Gottesehre“, Betriebsgebäude und Halden sind von hier oben allerdings nicht zu sehen. Dazu muss man durch die idyllische „Höll“ in den Weiler Unterbildstein absteigen.

Friedrich-August-Grube: Im Bereich des Klosterweihers zwischen Wittenschwand und Horbach entstand auf dem Gelände der ehemaligen Friedrich-August-Grube ein *Naturerlebnis- und Themenspielplatz.* Ein ehemaliger Stollen wurde wieder begehbar gemacht und führt etwa 25 m in den Berg hinein. Die Erkundung endet mit dem Erlebnis totaler Dunkelheit. Draußen gibt es Informationstafeln zum Bergbau und ungewöhnliche Spielgeräte, z. B. Klangsteine, den vibrierenden „Summstein“

Hotzenwald Karte S. 159

und eine archimedische Schraube. Auf den Abraumhalden dieses „bespielbaren Bergwerks" entdeckten Experten deutschlandweit einmalige Flechten, die nur auf stark nickelhaltigem Untergrund gedeihen. Zusammen mit der Verlandungszone des dunklen Klosterweihers, die Nährboden eines seltenen Schachtelhalms und des Kleinen Igelkolbens *(Sparganium minimum)* ist, wurde das Areal deshalb unter *Naturschutz* gestellt.

Zugang über den Parkplatz beim Gasthaus Klosterweiherhof in Horbach. Während der Sommerferien wird das erlebnispädagogische Steineklopfen vor der Grube für alle angeboten, sonst nur für Gruppen nach Voranmeldung bei der Tourist-Information. Dort erfährt man auch die Termine. Erwachsene 4 €, Kinder frei.

Wandern

Der 7 km lange **Bergbauwanderweg** führt vom Rathaus in Wittenschwand zunächst ans westliche Ortsende, dann über den Aussichtspunkt Kreuzfelsen zur Friedrich-August-Grube und von dort weiter über Horbach nach Rüttewies. Hier folgt er den Spuren ehemaligen Tagebaus (Infotafeln) nach Laithe und geht durch den Wald zurück nach Wittenschwand.

Rund um den Klosterweiher: Dies ist ein persönlicher Tourenvorschlag für zwei gemütliche Stunden (3,5 km) rund um den Horbacher Weiher, aus dem die sankt-blasischen Mönche ihre Fastennahrung fischen ließen. Parken Sie am Südende des Weihers und steigen Sie hinter dem Gasthof zur *Friedrich-August-Grube* auf. Unmittelbar unter dem Bergwerk treffen Sie an zwei Infotafeln auf den *Bergbauwanderweg* (s. o.), wo Sie nach links einen Abstecher zum Aussichtspunkt Kreuzfelsen machen können. Drehen Sie dort wieder um und folgen Sie dem Bergbauwanderweg in die andere Richtung. Ein steiler Aufstieg mündet auf einen Forstweg, den Sie rechts einschlagen und der Sie zum *Naturlehrpfad Horbacher Moor* bringt. Ich bin diesem nach links (nordwärts) gefolgt. Es geht eine Weile durch den Wald, man überquert die Teerstraße ins offene Gelände der Horbacher Weide und kommt schließlich an einen weiteren (ausgeschilderten) Panoramapunkt über der Streusiedlung Horbach. Kinder und Junggebliebene können hier auf einen Findling klettern. Über einen Teerweg kommt man durch *Horbach* wieder zum Ausgangspunkt zurück.

Als zuverlässiger Führer durch die Gegend um Dachsberg und Ibach zeigte sich das bei den Gemeindeverwaltungen erhältliche **Faltblatt „Waldwanderkarte"**. Darin sind auch die im Gelände nicht immer optimal ausgeschilderten Themenwege verzeichnet.

Ibach

400 Einw., 964 m ü. d. M.

In Ibach, an Einwohnern eine der kleinsten Gemeinden des Schwarzwalds, ist die Landwirtschaft noch mindestens genauso wichtig wie der Tourismus.

Zwischen Oberibach und Unteribach verlief früher mitten durch das von Eiszeitgletschern geformte Hochtal die Grenze zwischen der Herrschaft des Klosters St. Blasien und der Grafschaft Hauenstein. Während die Hotzenwälder Freibauern im Erbfall die Realteilung pflegten, also die elterlichen Höfe unter allen Söhnen aufteilten, bekam auf dem Gebiet des Klosters nur ein Erbe die ungeteilte Bauernstelle. So waren die Höfe größer und ertragreicher, doch die Bauern nicht unbedingt

Zwei Gallier auf Urlaub in Ibach

wohlhabender; denn wo mehr war, konnte das Kloster von seinen Hörigen auch mehr abschöpfen. Noch heute besitzt die Gemeinde eine ausgedehnte **Allmendweide.** Die etwa 30 Bauern von Ober- und Unteribach, zu zwei Dritteln übrigens anerkannte Biolandwirte, nutzen diese Weideflächen in den Hanglagen am Waldrand gemeinsam.

In die Schlagzeilen kam Ibach, sehr zum Verdruss der Einheimischen, durch die **Sekte Fiat Lux,** deren Anhänger sich hier breitgemacht haben. Ihre Häuser sind am charakteristischen Weiß und Apricot leicht zu erkennen. Seit die schwer kranke Sektenchefin Uriella und ihr schillernder Gatte Eberhard Eicke „Icordo" nicht mehr öffentlich auftreten, scheint die Gemeinschaft in Auflösung begriffen.

Eine Schlüsselrolle in der Geschichte des Hotzenwalds spielte die ungewöhnliche, mit einem stattlichen Pfarrhaus verwachsene **Kirche in Unteribach.** 1240 war das Gotteshaus als „Cella Nova", d. h. „neue Zelle", von Diethelm von Tiefenstein (→ S. 161) gestiftet und mit Mönchen aus dem Kloster St. Georgen in Stein am Rhein besetzt worden. Als der Ritter später selbst in das Kloster eintrat, schenkte er den Mönchen seine gesamten Ländereien im Ibacher Tal. Rudolf von Habsburg, der auch Vogt über das benachbarte Herrischried war, fürchtete nun, die Vögte des Steiner Klosters, nämlich die Ritter von Hohenklingen, würden ihre Rechte alsbald auch in Ibach geltend machen. Also zerstörte er 1250 die Kirche, vertrieb die Steiner Mönche und gründete eine neue Pfarrei, über die er selbst das Patronat behielt. So war die Kirche von Unteribach der erste Schritt der Habsburger zur Aneignung des Hauensteiner Landes und zu einer Territorialverbindung zwischen den zerstreuten Habsburger Besitzungen im Hochschwarzwald, dem Elsass, am Rhein und in der Schweiz.

Hotzenwald
Karte S. 159

Als kleine Sehenswürdigkeit wurde im alten Rathaus (Oberibach) kürzlich ein **Bürstenmuseum** eingerichtet (Besichtigung nach Absprache mit der Gemeindeverwaltung, Tel. 842). Eine Werkstatt wurde aufgebaut, Wandtafeln und ein Film erzählen von der Bürsten- und Besenbinderei, mit der sich arme Bauern einst ein Zubrot erwarben.

- *Vorwahl* 07672
- *Information* **Touristinformation**, im Rathaus in Oberibach, Oberibach 6, 79837 Ibach, ✆ 842, www.ibach-schwarzwald.de. Mo 14.30–18 Uhr, Do 8.30–12 Uhr.
- *Übernachten/Essen* **Hirschen**, der gutbürgerliche Traditionsbetrieb mit Hotelatmosphäre ist seit Generationen im Besitz der Familie Kaiser. Die regionalen Spezialitäten werden tatsächlich auch aus regionalen Produkten gemacht, besonders empfohlen seien die Wildgerichte. Auch Fremdenzimmer im Schwarzwaldstil. Hauptgericht 15–30 €. Di Ruhetag. DZ ab 80 €. Mutterslehen 5, ✆ 07672/93040, 📠 9412, www.hotel-hirschen.de.

Kranz, Nostalgie im 1. Stock mit Knarrdielen, einfacher Brotzeit, Sonnenterrasse und Panoramablick. Di/Mi Ruhetag. Oberibach 8, ✆ 2406, www.gasthaus-kranz-ibach.de.

Wandern

Ibacher Panoramaweg: Eine Wanderung für Sonnenfans, denn sie umrundet das Ibacher Tal weitgehend durch offenes Gelände oder am Waldrand entlang. Ausgangspunkt kann der Kohlhüttenplatz an der Abfahrt nach Ibach von der L 150 sein. Wer nicht die ganze, etwa dreistündige Tour (12 km) machen will, erreicht von jedem Punkt in längstens einer halben Stunde wieder das Dorf.

Der **Weidelehrpfad** beginnt am Parkplatz Schorrmättle, wo die von St. Blasien und der Urbacher Säge kommende K 6525 den Wald verlässt. Er führt als 4 km langer Rundweg teilweise streckengleich mit dem Panoramaweg über das Ibacher und Ruchenschwander Weidfeld. Tafeln informieren über die Viehhaltung in der offenen und halboffenen Weidelandschaft.

Tour 8: Sieben-Moore-Weg

Dieser nur schlecht beschilderte Rundweg erschließt die Hochmoorlandschaft südlich von Ibach. Ein Grund, warum man diesen Weg angelegt hat, dürfte auch gewesen sein, die Besucher aus den eigentlichen Mooren herauszuhalten, zumal hier noch der überaus seltene und scheue Auerhahn zu Hause ist. Dieser ernährt sich im Winter fast ausschließlich von übrig gebliebenen Beeren und von den Nadeln der Moorkiefern – unglaublich, was Mägen alles verdauen können. Schautafeln und Schaubeete informieren über das Moor und seine an Arten arme Vegetation, die sich den nährstoffarmen, sauren und nassen Böden angepasst hat. Die wenigen Moorkiefern und Fichten wirken verkümmert und ausgezehrt.

Der bequeme, turnschuhgeeignete Rundweg ist 12 km lang, man sollte 3:30 Std. reine Gehzeit rechnen. Als Ausgangspunkte bieten sich auch der Wanderparkplatz Steinernes Kreuz an der L 151 und jener an der K 6591 im Schwarzenbächletal an.

Ich habe, von Unteribach über die Lindauer Straße kommend, die Tour am **Wanderparkplatz Fohrenmoos (1)** begonnen und über den **Marksteinplatz (2)** den Marksteinweg eingeschlagen – ein bequemer, sonniger Wanderweg, der am Rand des Moors entlangführt. Bei der **Sägenmoosbrücke (3)** wird das Schwarzenbächle überquert, dann folgt man der Straße an der Schwarzen Säge vorbei zum erst 1955 entdeckten und freigelegten **Krai-Woog-Gumpen (4),**

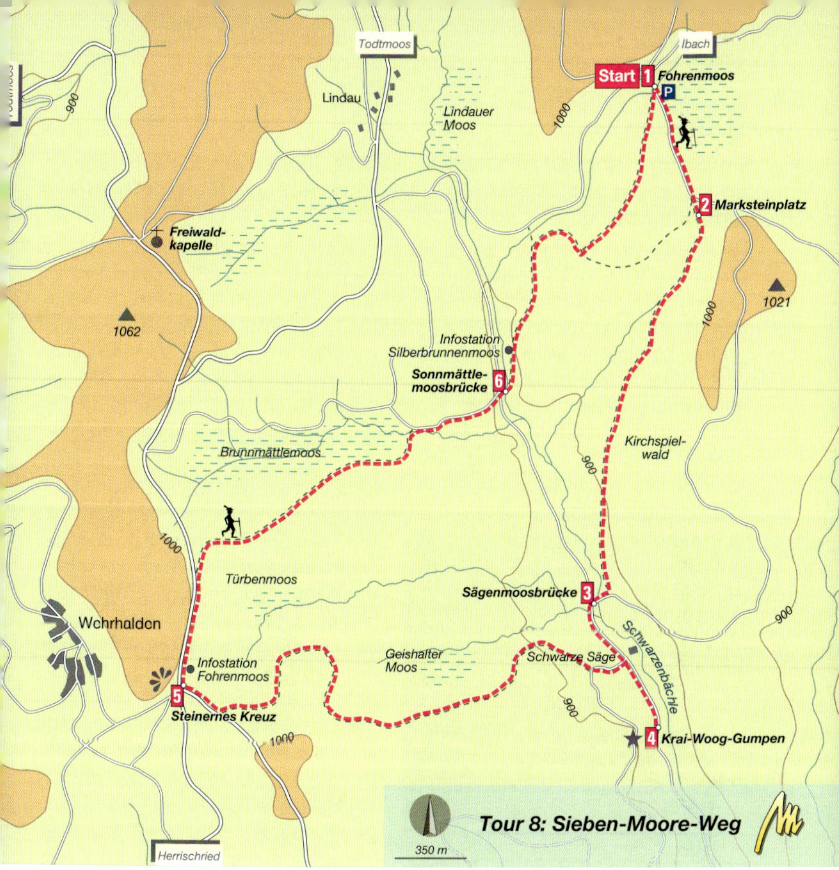

einer der größten Gletschermühlen des Schwarzwalds. Sie besteht aus zwei dicht nebeneinanderliegenden Steinbecken mit einem Durchmesser von 2,70 m. Diese wurden in der Rißeiszeit durch unter der Eisdecke im Gletscherwasser rotierende Steine ausgestrudelt. Noch weiter bachab erinnert das Gewann „Erzlöcher" an den einstigen Abbau von silberhaltigem Bleiglanz.

Zurück zur Säge und links in den Sieben-Moore-Weg, der nun westlich der Straße bergauf in den Wald führt und diesen in etwa 1 Std. zum **Aussichtspunkt Steinernes Kreuz (5)** quert. Etwas versteckt liegt nordöstlich der Straßenkreuzung die *Infostation Fohrenmoos* (nicht zu verwechseln mit jenem Fohrenmoos, wo unsere Tour begann!) mit erklärenden Tafeln und einem Steg ins Moor. Vom Steinernen Kreuz führt der Weg parallel zur L 151 etwa 20 Min. nordwärts und quert diese dann Richtung Osten. Wo die Route wieder auf die Schwarzenbächlestraße (K 6591) trifft, folgt man dieser 300 m bachabwärts zur *Infostation Silberbrunnenmoos* – hier führt der Weg auf Bohlen durchs Moor, typische Pflanzen sind markiert. Wieder zurück bei der Straße quert man auf der **Brücke (6)** den Bach und muss jetzt noch einen Anstieg durchhalten, um über den Dachsweg wieder zum **Wanderparkplatz Fohrenmoos (1)** zu kommen.

St. Blasien

3900 Einw., 770 m ü. d. M.

Ein Dorf mit Dom. Dazu hübsch renovierter Klosterbarock, ein berühmtes Jesuitenkolleg und „die Kur". So ist St. Blasien nicht nur für Sommerfrischler Anziehungspunkt.

Die Kloster- und Kurstadt schmiegt sich ins Tal der oberen Alb. Ich hätte Größeres erwartet – doch groß sind allein die alles überragende Kuppel des Doms und die Klosteranlagen. Ansonsten ist die Stadt nur ein langes, schmales Handtuch entlang dem Bach und der zur Sonnenterrasse verkehrsberuhigten Hauptstraße. Auch Kurpark und Domplatz laden zum Flanieren ein. Blickfang jenseits von Kloster und Dom ist das **Haus Schmidt** (1906) mit seinen verspielten Balustraden. Im **Glasgarten** am Fluss neben dem Rathaus erzählen drei gläserne Lichtskulpturen die Geschichte der Glashütten des Klosters St. Blasien. Moderne Kunst möbliert als **Holzskulptur** verschiedenster Gestalt den öffentlichen Raum – wohl 50 solcher Plastiken stehen in der Stadt, sie alle wurden im Rahmen der allsommerlichen Holzbildhauersymposien geschaffen.

Der Schwarzwälder Dom

Mit wenigen Schritten hat man die Stadt unter sich gelassen und ist mitten im **Wald.** Dort erinnern unvermutete Stationen wie Kneipptretbecken oder das Luftbad mit seinem Wildgehege an die Tradition als Kneipp- und Luftkurort. Wo die Waldwege Ausblick gen Süden erlauben, entdeckt man dann auch die Neubaugebiete und Kliniken jenseits der Umgehungsstraße im Tal des Steinenbächles.

Geschichte: Im 9. Jh. wurde das obere Albtal zu einem Rückzugsgebiet von Einsiedlern aus der Abtei Rheinau, die dann auch das *Kloster St. Blasien* gründeten und mit den Reliquien des heiligen Blasius ausstatteten. Von Otto II. und anderen Kaisern üppig beschenkt, war St. Blasien die treibende Kraft bei der Kolonisation von Hotzenwald und Hochschwarzwald. Die Chroniken nennen uns geborene Grafen, Ritter, Vons und Zus als Klosterbrüder, sodass St. Blasien auch als ein Stift zur Versorgung ausgesteuerter Adelsnachkommen erscheint. Im 13. Jh. kam der Klosterbesitz unter die Oberhoheit der Habsburger. 1609 konnte St. Blasien jedoch die benachbarte Herrschaft Bonndorf erwerben und wurde auf diesem Umweg doch noch reichsunmittelbar. Das 18. Jh. brachte die große Kuppelkirche und den Äbten viel Ruhm, Ehr und tolle Titel wie „Reichsfürst“ und „kaiserlicher Erberzhofkaplan“. Als führende Persönlichkeit dieser Zeit ist *Fürstabt Martin II. Gerbert* (1720–1793) zu nennen, ein genialer Administrator, Politiker und Gelehrter, der das Kloster nach dem vernichtenden Brand 1768 wieder aufbauen ließ.

Kleinstädtische Flaniermeile

Mit der napoleonischen Neugliederung Deutschlands wurde die Abtei 1806 aufgehoben und dem *Land Baden* zugeschlagen. Die Mönche zogen samt den Gebeinen der ältesten Habsburger Ahnen und den Handschriften der Klosterbibliothek in einen Konvent nach Kärnten. Die Klostergebäude in St. Blasien verpachtete der badische Staat an Industrielle: Der Schweizer Mechaniker Caspar Bodmer richtete eine Fabrik für Spinn- und Webmaschinen ein, nebenan fabrizierte sein Landsmann Heinrich Düggli Gewehre, und in der Klostermühle klapperten die Spinnautomaten.

Doch die Industrie blieb nur eine Episode der Ortsgeschichte. Wie Höchenschwand wurde auch St. Blasien Ende des 19. Jh. als Kurort entdeckt. Ein Freiburger Hotelier und ein sächsischer Arzt taten sich zusammen und bauten das erste Sanatorium. Regelmäßig kam der badische Großherzog zur *Sommerfrische* und machte St. Blasien zum Treffpunkt des europäischen Hochadels und der besseren Gesellschaft. Das Gästebuch verzeichnet Prominente wie den Schriftsteller Maxim Gorki, den kaiserlichen Flottenchef Tirpitz und später auch den Kölner Oberbürgermeister Konrad Adenauer. Ausgerechnet die Nationalsozialisten erlaubten dann 1933 dem Jesuitenorden, das ehemalige Klostergebäude zu erwerben und mit der Einrichtung des *Kollegs,* eines humanistischen Gymnasiums mit Internat, an die Bildungsarbeit der vormaligen Benediktinerabtei anzuknüpfen.

> Weil er einem Buben einmal eine Gräte aus dem Hals betete, gilt der Märtyrer Blasius aus dem fernen Kappadokien als Schutzpatron gegen Halsschmerzen.

• *Vorwahl* 07672

• *Information* **Tourist-Info**, Am Kurgarten 1–3, 79837 St. Blasien, ✆ 41430, www.st-blasien.de. Mo–Fr 10–12 und 15–17 Uhr, Mai–Sept. auch samstagvormittags.

• *Veranstaltung* Von Mitte Juli bis Mitte Sept. finden im Dom die **Internationalen Domkonzerte** mit bekannten Chören, Ensembles und Organisten statt.

• *Übernachten* **Dom-Hotel**, das schräg geschnittene Gebäude zwischen Domplatz und Alb gleicht einem gestrandeten Schiff. Für seine 1-a-Lage ist das Hotel überraschend preiswert. Allerdings sind die Zimmer trotz TV, Minibar und Telefon (wer braucht das noch im Handyzeitalter?) etwas altbacken eingerichtet und ohne Balkon. DZ 80–100 €. Hauptstr. 4, ✆ 07672/924690, ℻ 9246999, www.dom-hotel-st-blasien.de.

Hotel Kehrwieder, nicht in der ersten Reihe, dafür am sonnigen Südhang des Bötzbergrückens in einem herrlichen Park gelegen. Das Haus hat den Charme einer großen Jugendstilvilla, doch die 25 Gästezimmer sind alle mit dem Hotelkomfort unserer Tage ausgestattet. DZ 80–95 €. Bötzbergstr. 2, ✆ 07672/506, 📠 508, www.hotel-kehrwieder.de.

Gästehaus Bernhardt-Fromm, ein gepflegtes Gästehaus in sonniger Lage am Waldrand. Ausgestattet mit Aufenthaltsraum, Sauna, Solarium und Liegewiese. Zimmer teilweise mit Etagenbad. DZ 45–50 €. Hasenmatt 3, ✆ 07672/2132, 📠 9464, www.sbo.de/bernhardt.

Ferienappartements St. Paul, das alte Haus und der neue Anbau passen gut zusammen. Insgesamt neun Ferienwohnungen mit ein bis drei Zimmern, Küche und akzeptabler Einrichtung. Ferienwohnung für 2 Pers. je nach Größe 35–50 €. Menzenschwander Str. 22, ✆ 07672/481930, 📠 481950, www.haus-st-paul.de.

• *Essen* Ein Spitzenrestaurant hat die Stadt nicht, doch für Snack und Imbiss gibt es eine Reihe ansprechender Alternativen:

Vom **Café Domspatz** (Im Süßen Winkel 6) oder der **Terrasse des Dom-Hotels** (s. o.) blickt man über das weite Rund des Domplatzes und isst dazu Schwarzwälder Kirschtorte.

Metzgerei Flügel, die Gewinnerin einer Silbermedaille im DLG-Wettbewerb um die beste Fleischwurst verkauft eben diese nebst heißen Fleischkäsbrötchen u. Ä. als Imbiss – nur leider nicht zwischen 12.30 und 14.30 Uhr, denn dann macht Flügel wie auch die meisten anderen Läden im Ort eisern Mittagspause. Todtmooser Straße, im Zentrum hinter der Tourist-Information. www.metzgerei-fluegel.de.

Café Ell, die Bäckerei und Konditorei war ehemals großherzoglich-badischer Hoflieferant, heute ist sie Treff von Jesuitenschülern und Honoratioren. Auch Tagesessen und einige Tische im Freien. Mo–Sa 6–18 Uhr. Hauptstr. 13, www.cafe-ell.de.

Eiscafé Claudio, besetzt den Bürgersteig gleich neben der Bäckerei und überzeugt im Herbst auch mit heißem Apfelstrudel.

Sehens- und Erlebenswertes

Abteikirche: Ob man nun vor der monumentalen Fassade staunt oder sich innen beim Blick in die Kuppel den Hals ausrenkt – hier wie dort überwältigt die Abteikirche mit schierer Größe und ist doch zugleich schlicht und zurückhaltend. Der „Schwarzwälder Dom“ entstand 1768–1781 nach Vorlagen des französischen Architekten Pierre Michel d'Ixnard. Mit seiner Rotunde und dem von zwei Türmen flankierten Kolonnadenportal gilt der dem römischen Pantheon nachempfundene Kuppelbau als ein Meisterwerk des Frühklassizismus. Im blendend weißen Innenraum scheint ein Kreis von 20 Säulen die zweischalige Kuppel zu tragen, die mit einer Scheitelhöhe von 63 m zu den höchsten Europas zählt. Die 1775 aufgestellte Silbermann-Orgel wurde zwar später nach Karlsruhe verkauft und dort im Zweiten Weltkrieg zerstört, doch auch der Nachbau (1912/13) lockt mit seinem wunderbaren Klang namhafte Organisten zu den Sommerkonzerten und ist wohl das bedeutendste südbadische Orgelinstrument.

Klostergebäude: Vom barocken *Hauptbau* überstand nur die repräsentative Fassade des Westportals den großen Klosterbrand. Der Wiederaufbau des Konvents wurde bis 1777 fertiggestellt und beherbergt nun das Kolleg, sodass auch die Prunkräume wie z. B. der Habsburgersaal nur ausnahmsweise öffentlich zugänglich sind. Lediglich von außen kann man die Nebengebäude auf der Rückseite bestaunen. Die *Bleiche*, das winkelförmige Gebäude an der Südostecke des Klostergevierts, stammt noch aus der Zeit vor dem großen Klosterbrand. Heute ist hier die Musikschule des Kollegs zu Hause. Das *Alte Forsthaus* wurde nach Entwürfen des Barockarchitekten Johann Caspar Bagnato gebaut – im Jahre 1977! Sein maroder Vorgänger war bei Umbauarbeiten eingestürzt, der Neubau gleicht nur äußerlich dem ursprünglichen Bagnato-Haus. Als drittes Gebäude der Reihe bleibt die *Alte Mühle* oder Pfisterei zu erwähnen, die ebenfalls auf Bagnato zurückgeht. Hinter den Außenmauern der

Barockzeit verbirgt sich ein neu gebautes Mädcheninternat. Als ein Zeugnis frühbarocker Architektur ist die *Friedhofskapelle* aus der Zeit des Dreißigjährigen Krieges erhalten geblieben.

Museum: Der umgebaute Pferdestall der Abtei fungiert jetzt als *Haus des Gastes,* in dem auch das Museum St. Blasiens untergebracht ist. Wir lernen die Entwicklung des Klosters von der einsamen „Cella Alba" bis zur bedeutendsten und wichtigsten Benediktinerabtei des Schwarzwalds kennen. Präsentiert werden die Geschichte des Dombaus sowie der Klosteraufhebung während der Säkularisation, die anschließende Fabrikzeit und der Aufschwung St. Blasiens zum Kurort des Adels, des Großbürgertums und bedeutender Künstler um 1900. Als Kuriosität wird das erste in Deutschland hergestellte Paar Skier gezeigt. Ein weiterer Schwerpunkt sind Gemälde des „Schwarzwaldmalers" Hans Thoma oder der Menzenschwander Brüder Winterhalter, von denen Franz Xaver (1805–1873) der beliebteste Porträtmaler seiner Zeit war und den europäischen Hochadel von Queen Victoria bis Kaiserin Sissi in überirdischer Schönheit auf Leinwand bannte. Außerdem finden Sonderausstellungen statt.

Kurgarten 1–3. Di–So 14.30–17 Uhr. Eintritt 1,60 €.

Abteikirche St. Blasien: Kühle Pracht unter hoher Kuppel

Hotzenwald Karte S. 159

Menzenschwand

700 Einw., 850 m ü. d. M.

Das 7 km nordwestlich von St. Blasien gelegene Menzenschwand ist ein Schwarzwalddorf wie aus dem Bilderbuch: Typische Häuser mit tief herabgezogenen Walmdächern prägen den Ort in einem aussichtsreichen, sanft nach Süden hin abfallenden Hochtal.

Das Tourismuszeitalter begann hier bereits im 19. Jh. mit Luftkuren und Wintersport. Die beiden Schlepplifte und die Jugendsprungschanze haben heute in der Konkurrenz mit den Alpen allerdings eher schlechte Karten. Die Häuschen sind auf alemannische Art nach ihren Besitzern mit „'s Reiners", „'s Messmers" oder „'s Kohle-Willis" benannt, die Kuranlagen wie Kurhaus, Kurpark und ein Wildgehege wirken bescheiden, romantisch immerhin die an manchen Abenden beleuchteten **Wasserfälle** (Mai–Sept. Mi/Sa/So 20.30–22.30 Uhr, Okt. 19–21 Uhr). Das **Winterhalter-Museum** würdigt im alten Schulhaus das Lebenswerk der beiden Malerbrüder (Hinterdorfstr. 15, Mi/Sa/So 14.30–17 Uhr, Eintritt 2 €, www.winterhalter-menzenschwand.de). Als Publikumsmagnet lockt das **Radonbad** (→ Kasten). Außer bei medizinischen Bädern und Massagen kann man sich hier auch, ganz ohne Radon, einfach in einem Schwimmbecken tummeln oder in der Sauna schwitzen.

Blumenschmuck am Gasthof Hirschen

- *Vorwahl* 07675
- *Information/Fahrradverleih* **Sport Gfrörer** beim Kurhaus verleiht Mountainbikes (15 €/Tag), im Winter auch Skiausrüstungen, und ist zugleich die örtliche Tourist-Information. Winterhalterweg 4, ☎ 923810, www.sport-gfroerer.de.
- *Baden* Das **Radonbad** mit einem etwa 10 x 10 m großen Hallenbecken, Außenpool und Sauna liegt zwischen Vorder- und Hinterdorf nahe der Skisprunganlage. Tägl. 10–21 Uhr. Eintritt 9 €, mit Sauna 13 €. In der Friedrichsruhe 13, www.radonrevitalbad.de.
- *Wintersport* Mit seiner Skiarena **Spießhorn** und dem nahen **Feldberg** ist Menzenschwand das Wintersportzentrum des St. Blasier Lands. Insgesamt 26 Lifte erschließen 36 Abfahrten mit einer Gesamtlänge von 50 km, und natürlich gibt es auch Rodelbahnen und eine Skischule.
- *Veranstaltung* Im Feb. finden in Menzenschwand **Hornschlittenrennen** statt.
- *Übernachten/Essen* **Gasthof Waldeck**, ein neuerer Bau mit 15 Gästezimmern in dezentem Schwarzwaldstil, daneben der Altbau mit üppig dekorierter Gaststube samt gemütlichem Kachelofen und einigen einfachen Fremdenzimmern. Viele Stammgäste älteren Semesters, die von der Gastgeberfamilie Kapferer aufmerksam und herzlich umsorgt werden. Gutbürgerliche Küche. Hauptgericht bis 20 €. Mo Ruhetag. DZ 55–85 €. Vorderdorfstr. 74, ☎ 07675/90540, 📠 9054-55, www.menzenschwand-waldeck.de.

Hotel Hirschen, hier stiegen schon die Jagdgesellschaften der sankt-blasischen Äbte ab. Heimelige, doch nicht überladene Zimmer mit neuen Bädern, TV und Lesestoff, Terrasse. Die Bilder in den Fluren und der Gaststube stammen überwiegend aus der Hand des Hausherrn Gottfried Staron, der als Hobbymaler genauso begabt ist wie als Hirschenwirt. Restaurant mit Kinderkarte, sparsame Schwaben können sich auf Spätzle mit Soß freuen. Mi Ruhetag. DZ 80–100 €. Hinterdorfstr. 18, ☎ 07675/881, www.hirschen-menzenschwand.de.

Haus Wolfsgrund, ein gemütliches Schwarzwaldhaus abseits der Straße in kinderfreundlicher Umgebung mit vielen Wiesen. Vier Zimmer mit TV und Balkon, Aufenthaltsraum mit Teeküche. DZ 50 €. Vorderdorf, hinter der Klinik Pieper, Im Wolfsteil 10, ☎/📠 07675/202, www.haus-wolfsgrund.de.

Jugendherberge Menzenschwand, die Jugendherberge befindet sich in einem ehemaligen Bauernhof an der Straße nach St. Blasien. Das 1998 sanierte Haus hat 104 Betten in Zwei- bis Achtbettzimmern, allerdings nur vier Sanitärräume. Daneben stehen acht Betreuerzimmer mit separaten Duschen und WCs zur Verfügung. Bett 18–25 €, DZ 60 €. Vorderdorfstr. 10, ☎ 07576/326, 📠 1435, www.jugendherberge-menzenschwand.de.

Radonbad Menzenschwand – Rheuma oder Lungenkrebs?

Das Krunkelbachtal ist heute so idyllisch wie sein Name und Menzenschwand ein Heilbad. Es hätte anders kommen können. 1960 legte ein niedersächsisches Bergbauunternehmen in besagtem Krunkelbachtal kurz hinter dem Dorfausgang von Menzenschwand ein Uranbergwerk an. Auf dem Papier hatte die Gewerkschaft Brunhilde eigentlich nur die Genehmigung zur Erkundung der Lagerstätte, nicht zum kommerziellen Abbau. Doch bis zur endgültigen Schließung der Grube im Sommer 1991 baute Brunhilde 100.000 Tonnen Uranerz in Menzenschwand ab und gewann daraus 720 Tonnen Uran.

Im Widerstand gegen den Bergbau kam es damals zu manch absonderlicher Allianz. Bauern und Touristiker waren dagegen, natürlich auch Atomkraftgegner und Pazifisten, doch an vorderster Front stand auch der Offenburger Verleger und Senator Franz Burda. Der hatte in Menzenschwand eine Jagdpacht und bekämpfte den Bergbau mit der Idee, hier ein gigantisches Heilbad zu bauen. Doch Burdas Rechnung ging nicht auf, und sein 56 Mio. Euro teures Projekt „Radonbad" platzte. Einzig die neue Kirche, viel zu groß für das kleine Menzenschwand, wurde schon im (Gott-)Vertrauen auf die Invasion frommer Kurgäste gebaut.

Im neuen Jahrtausend kam der Plan, ein Radonbad zu bauen, wieder auf den Tisch. Eine stark abgespeckte Version, denn statt gigantischer Bettenburgen wurde nun lediglich ein Hallenbad mit Sauna und angeschlossenem Kurhaus für die Radontherapie gebaut, die Patienten mit Gelenkerkrankungen Linderung ihrer Schmerzen verheißt.

Viele Experten bezweifeln indes die medizinische Wirksamkeit von Radonkuren und warnen vor einem erhöhten Lungenkrebsrisiko. Auch die Krankenkassen bleiben reserviert: Radon ist kein verordnungsfähiges Heilmittel. Die Patienten ficht das nicht an. Gerade mal zehn deutsche Kurorte bieten den 2,3 Mio. Rheumakranken des Landes Radontherapien – da dürfte auch für Menzenschwand noch ein Stück vom Kuchen drin sein.

Hotzenwald Karte S. 159

Bernau

1900 Einw., 893 m ü. d. M.

In einem sonnigen, sanft nach Südosten geneigten Hochtal verlieren sich die zwölf Teilorte von Bernau, als seien sie von einem spielenden Riesen dahingestreut. Der Geburtsort des Malers Hans Thoma lockt mit „besten Aussichten für stille Genießer und Aktive gleichermaßen".

Die Höhenzüge bedeckt ein dichter Forst, doch die von Panoramawegen durchzogenen Hänge sind weitgehend waldfrei. Sie offen zu halten, wird heute viel mechanischer Aufwand betrieben, denn es gibt nur noch wenige Rinder und Schafe im Tal. Auf dem Talgrund sprudelt und plätschert die Bernauer Alb, begleitet von einem Wanderweg und gespeist von munteren Bächen und Bächlein aus den Seitentälern.

Von der Land- und Waldwirtschaft allein konnten die Menschen im Bernauer Hochtal auch früher nicht leben. So arbeiteten viele als „Schnefler", d. h. Holzhandwerker. Um 1850 zählte man 120 Böttcher, 30 Schachtelmacher, dazu Drechsler, Holzschnitzer, Bürstenbinder, Hersteller von Mausefallen und Kinderspielzeug. Die

Schindeln fürs Haus spaltete sowieso jede Familie selbst. Aus dem Schneflergewerbe entwickelten sich die bis heute im Ort präsente Holzzurichtung und Möbelschreinerei. Die alten Berufe kann man noch im Museum Resenhof erleben. Jedes Jahr Ende August werden am Schneflertag die dort aufgebauten Werkstätten wieder lebendig, wenn wie zu Großvaters Zeiten Fallmacher, Kübler und andere Berufsleute am Schniedesel sitzen und ihr Handwerk demonstrieren.

• *Vorwahl* 07675

• *Information* **Tourist-Information**, neben dem Rathaus in Innerlehen, 79872 Bernau, ✆ 160030, www.bernau-schwarzwald.de. Mo–Fr 8–12 und 14–17 Uhr.

• *Fahrradverleih* Fragen Sie beim **Sportgeschäft Thoma**, Innerlehen, Rathausstr. 6, ✆ 405.

• *Wintersport* Jedes Jahr finden an einem Februarwochenende **Schlittenhunderennen** mit Hundeshow statt (vorausgesetzt natürlich, es liegt genug Schnee). Tickets inkl. Shuttle-Service zu den Rennstrecken 6–10 €, Kinder frei. Als Vorprogramm zum Rennwochenende wird ein **Schneedorf** aus Tipis und Jurten aufgebaut. Kinder wie Erwachsene lernen hier, Iglus zu bauen, mit Feuerstein und Zunder Flammen zu entfachen und Fladenbrot zu backen. Dazu vergängliche Kunst mit Eis- und Schneeskulpturen, die den guten alten Schneemann wirklich alt aussehen lassen.

Rodeln: Die wohl längste Rodelpiste des Schwarzwalds geht über 3,5 km von der Krunkelbachhütte nach Bernau-Hof. Schlitten können oben für 5 € ausgeliehen und unten wieder abgegeben werden.

Skischule Bernau, verleiht Skier, Snowboards sowie Schneeschuhe und bietet natürlich auch entsprechende Kurse an. Sportgeschäft Thoma, Innerlehen, Rathausstr. 6, ✆ 405, www.skischule-bernau.de.

> In der winterlichen Ferienzeit fährt bei Schnee ein **Pistenbully-Sammeltaxi** (!) tägl. um 10.30 und 15 Uhr vom Gasthaus Hofeck (Bernau-Hof) zur Krunkelbachhütte.

• *Veranstaltungen* Das alljährlich Mitte Juli in Innerlehen stattfindende Dorffest nennt sich **Kurparkfest**. 2005 wurde hier zwecks Eintrag ins Guinnessbuch der Rekorde eine 34 m lange Holzbank gezimmert.

Hans-Thoma-Tag: Am zweiten Wochenende im Aug. feiert Bernau sein Heimatfest mit Musik, Trachten, Tanz und Prominenz.

Schneflertag: Am dritten Sonntag im Aug., Demonstrationen alter Holzhandwerkskunst am Resenhof.

Fackelabfahrtslauf: Am „Schmutzigen Donnerstag"; anschließend Hemdglunker-Ball im Kurhaus.

• *Übernachten/Essen* Für **Privatzimmer** (DZ) und **Ferienwohnungen** (2 Pers., 2 Zi.) zahlt man 30–45 €. Die beste Übernachtungs- und Essensadresse in Bernau ist der

Bergblick. Das Haupthaus liegt an einer wenig befahrenen Straße. Ein Dutzend Zimmer und Appartements, als „Komfortzimmer" neu im Landhausstil möbliert und teilweise mit Balkon, weiter oben die älteren und schlichteren Standardzimmer. TV, DVD- und Spielesammlung, familiäre und herzliche Atmosphäre. Empfehlenswert ist v. a. das Restaurant mit seinem breiten Angebot vom Vesperteller bis zum Gourmetmenü. Der Sohn des Hauses setzt als Küchenchef einen hohen Standard zu erstaunlich günstigen Preisen, und beim Senior können Sie das Alphornblasen lernen. Hauptgericht 10–20 €. DZ 90–120 €, ver-

Der Bürstenmacher vom Resenhof

schiedene Pauschalarrangements. Bernau-Dorf, Hasenbuckweg 1, ✆ 07675/273, 📠 1466, www.bergblick-bernau.de.

Schwanen, mit knapp 50 Betten ist der Schwanen das größte Hotel im Tal. Die unaufgeregten, mit Spannteppichen ausgelegten Zimmer sind von unterschiedlichem Zuschnitt und konservativ möbliert, ein Wellnessbereich ist im Bau. Das Restaurant kocht solide gutbürgerlich. Hauptgericht bis 20 €. DZ 70–90 €. Oberlehen, ✆ 07675/348, 📠 1758, www.schwanen-bernau.de.

Bernauer Hof, ein Traditionsgasthof in einem ruhigen Weiler am oberen Ende des Bernauer Tals. Gästezimmer im Landhausstil, gefrühstückt wird in der Stube von anno dazumal. Restaurant mit Gartenwirtschaft, auch zwei Ferienwohnungen. Hauptgericht bis 20 €. Mo Ruhetag. DZ 55–65 €. Bernau-Hof, Hofstr. 11, ✆ 07675/361, 📠 929296, www.bernauerhof.de.

Krunkelbachhütte, schon die Auffahrt mit dem Pistenbully ist eine Attraktion (→ Kasten). Oben wartet dann u. a. ein heißes Bad in einem großen Holzzuber unter freiem Himmel. Spezialitäten der eher schlichten Hausfrauenküche sind Flädlesuppe und selbst gebackenes Brot. Gaststube tägl. 9–19 Uhr geöffnet. Übernachtung mit Frühstück 25 € pro Pers. Bernau-Dorf, Krunkelbachweg 10, ✆ 07675/338, www.krunkelbach.de.

Café Stoll, schräg gegenüber dem Rathaus. Holzofenbrot, Kirschtorte natürlich, ein paar Tische im Freien. Sa/So Ruhetag. Innerlehen, Rathausstr. 17.

Sehens- und Erlebenswertes

Hans-Thoma-Museum: Mit viel Pomp verleiht Baden-Württemberg alle zwei Jahre einem bereits etablierten, dem Ländle verbundenen Künstler den Hans-Thoma-Staatspreis. Unter den Preisträgern finden sich Größen wie Otto Dix und Emil Wachter. Auch der gebürtige Bernauer Maler Hans Thoma (1839–1924) selbst wurde schon zu Lebzeiten hoch gelobt und geehrt. Seine naturalistischen Landschaftsbilder und die Darstellungen der bäuerlichen Lebenswelt waren ganz nach dem Geschmack von Großherzog Friedrich, der Thoma 1899 zum Direktor der Karlsruher Kunsthalle berief. Auch die Porträts können sich sehen lassen, während die religiös-mythologischen, von Thomas Freund Arnold Böcklin beeinflussten Sujets heutigen Augen ziemlich überzogen erscheinen. Außer der Werkschau des Meisters zeigt das Museum auch die Entwicklung der (west-)deutschen Kunst seit 1949 – die Arbeiten der verschiedenen Hans-Thoma-Preisträger geben einen guten Querschnitt.

Innerlehen, Rathausstr. 18, www.hans-thoma-museum.de. Mi–Fr 10.30–12 und 14–17 Uhr, Sa/So 11.30–17 Uhr. Eintritt je nach Sonderausstellung bis 5 €.

Bauernmuseum Resenhof: Der 1789 gebaute Resenhof versetzt die Besucher in die (nicht nur gute) alte Zeit zurück. Mensch und Tier lebten hier unter einem Dach aus 120.000 Schindeln. In der Stube lernen wir den letzten Hausherrn kennen: Johann Bauer, Kübler und Landwirt, verstorben 1976. Als Puppe hält er im Schlafzimmer sein finales Nickerchen. Die Vitrine birgt ein paar fromme Büchlein und ein Wetterglas („Goethebarometer"). An die nach oben zum mit Schinken behängten Rauchfang offene Küche schließt sich ein langer Gang an, der Wohn- und Wirtschaftsteil des Hauses verbindet. Ein Brunnen plätschert, an der Wand hängen hölzerne Wasserrohre („Deuchel"), wie sie bis ins 20. Jh. hinein üblich waren. In den früheren Stallungen und im Obergeschoss wurden die Werkstätten der Holzhandwerke eingerichtet: Schnitzer, Schindler, Schachtler, Löffelmacher, Bürstenmacher und Böttcher, ja sogar auf die Herstellung von Mausefallen konnte man sich spezialisieren. Im Winter kann man im Resenhof beim Schnapsbrennen zuschauen, die Obstbrände und Raritäten wie Arnikaschnaps geben auch ein gutes Souvenir ab. Neben dem Hof präsentieren in einem Pavillon unter dem Motto **Erlebnis Holz** Bernauer Firmen die Holzverarbeitung unserer Tage.

Oberlehen. Mitte Mai bis Mitte Okt. Mi–So 14–17 Uhr (Juli/Aug. Sa/So ab 11.30 Uhr), sonst Mi/So 14–16 Uhr. Eintritt 2,50 €.

Hotzenwald Karte S. 159

Nur wer gut vorsorgt, kommt warm durch den Winter

Winterzentrum Rot-Kreuz-Loipe: Kinder finden Langlauf todlangweilig. Und vergnügen sich, während die Alten ihre Runden loipen, lieber auf der Märchenrodelbahn. Auf Jugendliche und Junggebliebene zielt das *Snowtubing* ab. Bei diesem aus Amerika importierten Funsport kurvt und schlittert man auf autoreifenähnlichen Gummiwülsten talwärts. Schneewälle begrenzen die Bahn und den langen Auslauf. Denn die Tubes haben keine Lenkung und außer den Füßen der Fahrer auch keine Bremsen.
An der Landstraße zwischen Bernau und Todtmoos, ✆ 921985, www.loipenzentrum.de. Am Wochenende sowie in den Winter- und Fasnachtsferien tägl. geöffnet. Tubes 5 €/Std., 8 €/2Std.

Naturschutzgebiet Taubenmoos: Wenige Gehminuten außerhalb von Oberlehen ist im Taubenmoos neben der L 148 das Schweinewiibli zu Hause – die alte Frau mit dem langen Haar pflegt als geisterhafte Erscheinung besonders Kinder zu erschrecken und klaut gerne gesammelte Beeren und Pilze. Ihren Lebensraum, ein von lichten Nadelwäldern bestandenes Hochmoor samt Weiden und Wollgraswiesen, teilt sie mit seltenen Pflänzlein wie dem Sumpf-Herzblatt *(Parnassia palustris)* und dem Hochmoorgelbling *(Colias palaeno)*, einem Tagfalter, dessen Raupen sich ausschließlich von Rauschbeeren ernähren.

Minusgrade im Hochsommer

Wenn das übrige Deutschland in der Sommerhitze schwitzt, kann im Bernauer Taubenmoos schon mal Bodenfrost herrschen. In klaren, trockenen und windstillen Nächten sammelt sich die kalte Luft auf dem Talgrund und legt sich vor Sonnenaufgang als eisiger Film über den Grund. Um dieses Phänomen am Schwarzwälder Kältepol ordentlich zu vermessen und aufzuzeichnen, hat der Wetterdienst Kachelmann eigens eine Messstation im Taubenmoos eingerichtet.

Tour 9: Auf dem Bernauer Panoramaweg zum Herzogenhorn

Das Herzogenhorn ist mit 1415 m der zweithöchste Gipfel des Schwarzwalds. Ich habe die Gipfeltour mit dem Panoramaweg auf der Sonnenseite des Bernauer Tals zu einer 17 km langen, abwechslungsreichen Rundwanderung kombiniert (5 Std., 700 m Anstieg). Wer die Wanderung abkürzen will, kann auf den Panoramaweg verzichten und die Tour direkt in Bernau-Dorf mit dem Hans-Thoma-Weg beginnen (6 km Wegersparnis).

Der Panoramaweg beginnt an der Kreuzung beim Gewerbegebiet zu Beginn des Bernauer Tals **(Bushaltestelle Weierlestraße, 1).** Man geht ein Stück die Straße hinauf und schlägt an der Infotafel links den Wiesenweg ein. Er führt oberhalb an den beiden Schullandheimen vorbei und folgt an einer **Gabelung (2)** der gelben Raute nach rechts. An der **Gabelung Kaiserbergweg (3)** hält man sich links. Nach dem Umrunden eines Taleinschnitts lädt die **Emil-Mutterer-Bank (4)** zur Rast mit Blick auf Innerlehen ein. Nun verliert der Panoramaweg allmählich an Höhe und bringt uns nach Bernau-Dorf. Hier verlassen wir den Panoramaweg, der noch weiter zum Ortsteil Hof geht, und schlagen stattdessen an den ersten Häusern rechts den **Hans-Thoma-Weg** (**5,** 1:30 Std. Gehzeit ab der Bushaltestelle) ein. In steilen Serpentinen führt er zum **Aussichtspunkt Scheibenfelsen (6).** An der **Abzweigung (7)** unterhalb des Gleitschirmstartplatzes links und in den angenehm kühlen Wald hinein, weiter bergauf die Zufahrt **Krunkelbachweg (8)** querend, bis am **Bertholdsbrunnen (9)** wieder offenes Gelände erreicht wird. Nach 2:30 Std. Gehzeit sind wir an der geschützt in einer Senke liegenden **Krunkelbachhütte** (**10,** Einkehrmöglichkeit).

An der Infotafel am Parkplatz der Hütte beginnt der *Naturlehrpfad Herzogenhorn.* Begleitet von erklärenden Tafeln zur Naturkunde, umrundet er den Berg, wir wählen die Richtung gegen den Uhrzeigersinn. Über die nach Regenfällen nicht einfach zu begehende Nordostflanke des Bergs, vorbei an Lawinenrinnen und bis ins Frühjahr mit Schnee gefüllten Mulden, erreichen wir den sanft gewölbten Sattel zwischen Herzogenhorn und Grafenmatt. Bei einem Ruhebänklein vor dem **Gedenkstein (11)** für den Turnvater Jahn stoßen wir auf den Westweg. Er kommt vom Sportzentrum Herzogenhorn, das die einen zu Trainingsschweiß und Spitzenleistungen, die anderen zur Einkehr in die Gaststätte animiert. Wir schlagen den Westweg nach links ein, erreichen den Waldrand und können dann auf einem **Waldpfad (12),** der links vom Westweg abzweigt, den Aufstieg zum Gipfel etwas abkürzen. Auf der **Spitze des Herzogenhorns** (**13,** 3:30 Std.) laden Bänke zur Rast, eine Panoramatafel benennt die Alpengipfel, die man bei klarem Wetter in der Ferne sehen kann.

Der schnellste Abstieg führt von der **Schwedenschanze (14)** nach Bernau-Hof. Die barocke Sternschanze hat in Wahrheit nichts mit den Schweden zu tun, sondern gehört zu einer ganzen Reihe von Befestigungsanlagen, die der Markgraf und Reichsfeldmarschall Ludwig Wilhelm Ende des 17. Jh. bauen ließ (→ S. 219).

Wir schlagen an der Schwedenschanze den Westweg nach links ein und kommen bergab durch den Wald zum **Hofeck** (**15,** 4:15 Std.). An der Hütte geht es rechts, über den feuchten Talgrund, dann am nächsten Wegweiser vor dem Waldrand links in den Ecklewald hinein. In einer **Kurve (16)** den Fahrweg nach rechts verlassen, der Pfad ist mit einer gelben Raute markiert. Nach wenigen Minuten zeigt ein Schild (links) den Abstieg zu einem kleinen **Wasserfall (17).** Schließlich auf dem Talgrund angelangt, geht es rechts in den **Albweg (18)** und auf einer Brücke über den Bach, um nach etwa 5 Std. Gehzeit insgesamt an der **Bushaltestelle Poche (19)** die L 149 nach **Bernau-Dorf (20)** zu erreichen.

„Expedition" aufs Herzogenhorn

Die subalpine Trekkingtour verspricht Himalaya-Gefühle. Ein bisschen wenigstens. Vom Basislager Krunkelbachhütte (Anfahrt mit der Pistenwalze) wird auf Schneeschuhen das Herzogenhorn erklommen. Nach Sonnenuntergang Abstieg im Fackelschein und Kräftigung im Basislager, dann per Schlitten wieder zu Tal – alles in allem ein originelles und humoriges Programm, das da in der Wintersaison mehrmals die Woche angeboten wird.

Anmeldung bei der Krunkelbachhütte, ✆ 07675/338, www.schneeschuh-xc.de. Mit Führung und Vesper 35 €.

Todtmoos

2000 Einw., 820 m ü. d. M.

Am Fuß des 1263 m hohen Hochkopfs schmiegt sich Todtmoos ins tief eingeschnittene Tal der Wehra, das glücklicherweise nach Süden blickt und so auch im Winter ein paar Sonnenstrahlen ins Dorf lässt.

Mit Kurhaus, Wallfahrtskirche und Einkaufsmeile ist **Vordertodtmoos** der Mittelpunkt der Gemeinde, die insgesamt 13 Ortsteile umfasst. Gepflegt präsentieren sich Alter und Neuer Kurpark, die verkehrsberuhigte Hauptstraße reklamiert „urbanes Flair". Drei Viertel der Bewohner leben vom Kurbetrieb und Fremdenverkehr. Das Gewerbe ist mit kleinen Handwerksbetrieben, einer Bürstenfabrik und mehreren Sägewerken v. a. in den südlichen Ortsteilen Au, Glashütte und Schwarzenbach sichtbar.

Ohne die Gottesmutter wäre Todtmoos wohl noch immer ein „Totes Moos", über dem dereinst, so die Sage, giftige Dämpfe waberten. Bis Maria im Jahre des Herrn 1255 den frommen Dietrich von Rickenbach anwies, auf dem Schönen Bühl eine Tanne mit Kreuz in der Rinde zu suchen und daraus eine Kapelle zu bauen. So überliefert es wenigstens die Legende. Geschichtlich verbürgt ist Walter von Klingen, Herr über Wehr, der den Rittern der Kommende Beuggen und dem Bischof von Konstanz um 1260 das obere Wehratal schenkte. Und dabei zur Bedingung machte, dass dort für die Holzhauer ein Gotteshaus erbaut würde.

Im Spätmittelalter unter die Obhut des Klosters St. Blasien gekommen, wurde Todtmoos zum weithin bekannten **Wallfahrtsort.** So verordnete der Basler Rat, als die Stadt 1439 während des Konzils von der Pest heimgesucht wurde, eine Bittprozession nach Todtmoos. Später durften die VIPs unter den Wallfahrern gleich neben der Kirche im barocken Pfarrhaus wohnen. Die schindelgedeckten Buden standen einst auf beiden Seiten des Aufwegs zur Kirche und wurden bereits 1640 erwähnt: Hier kauften die Pilger Devotionalien und Souvenirs. Jetzt sind sie nur noch zu Mariä Himmelfahrt und vor Weihnachten geöffnet. Spezialität ist seit eh und je ein süßer Lebkuchen, dessen Rezept die Todtmooser Bäcker als Geheimnis hüten.

Willkommen im Hoffnungsstollen

Der Baedeker von anno dazumal empfahl Todtmoos den „Leichtlungenkranken". Der Kurbetrieb reicht bis ins 19. Jh. zurück, 1924 gab es das Prädikat **„Heilklimatischer Kurort".** Heute ist die allseits beklagte Krise der herkömmlichen Kur, für welche die Versicherungen kein Geld und die betuchten Selbstzahler keine Zeit mehr haben, kaum zu übersehen: Pensionen und Sanatorien stehen leer und verfallen. Umso mehr träumt der Ort von einer Beschneiungsanlage am Skilift, um den Wintersport zu beleben.

- *Vorwahl* 07674
- *Information* **Tourist-Info**, Wehratalstr. 19, 79682 Todtmoos, ✆ 90600, www.todtmoos.de. Mo–Fr 9.30–17 Uhr, Mai–Okt. auch Sa 10–12 Uhr und So 11–12 Uhr.
- *Übernachten* **Rössle**, mit Tradition seit 1670, früher erholten sich hier die Fuhrleute vom steilen Anstieg. Leider ist die am Haus vorbeiführende Straße heute auch bei Motorradfahrern beliebt. Der Übernachtungsgast hat die Wahl zwischen Hauptbau, Gästehaus und Ökohaus, ein weiterer Anbau beherbergt den Wellnessbereich. Kinder erfreuen sich am Spielplatz. Küche mit badischen Spezialitäten. , Hauptgericht 10–30 €. Di Ruhetag. DZ 105–130 €. Todtmoos-Strick, Kapellenweg 2 (L 151), ✆ 07674/90660, ✆ 8838, www.hotel-roessle.de.

Pension Mattenhof, in einem alten Schwarzwaldhaus mit knarrenden Dielen werden neun Gästezimmer (teilweise mit Balkon und TV) vermietet. Berühmt ist der Mattenhof für die Speckseminare seines „singenden Wirts" Joachim Kaiser, der auf unterhaltsame Art erklärt, was den Schwarzwälder Schinken auszeichnet – Kostprobe inbegriffen. Speckseminar ab 5 €. DZ 50–60 €. Hintertodtmoos, Mattenweg 10, ✆ 07674/367, ✆ 920878, www.mattenhof-todtmoos.de.

Europäisches Gästehaus, mitten im Dorf wurde das frühere Kurhaus Adler mit viel Aufwand zu einem Jugendhotel umgebaut. Die Ein- bis Dreibettzimmer (jeweils zwei teilen sich ein Bad) sind zu acht Wohnbereichen gruppiert. Dazu gibt es einige Vierbettzimmer mit integriertem Bad. Im Winter werden Snowboards, Schlitten und Skier verliehen. DZ 45 €. Vordertodtmoos, Kirchbergstr. 2, ✆ 07674/410, ✆ 1039, www.europaeisches-gaestehaus.de.

Ferienwohnung Batzenhaus, nicht die billigste Alternative, doch eine mit Geschmack eingerichtete Wohnung, in der man sich wirklich wie zu Hause fühlt. Das ältere Haus mit Ausblick liegt wenige Gehminuten über dem Zentrum. 2 Pers. 40 € plus 20 € Endreinigung. Vordertodtmoos, Herrenkopfweg 3, ✆ 0172-2364544, www.nicole-schwerdt.de.

- *Essen* **Konditorei/Café Bockstaller**, die beste Schwarzwälder Kirschtorte? Auf jeden Fall ist sie hier üppig und schnapsreich. Für unterwegs gibt's Todtmooser Lebkuchen und Pralinen zum Mitnehmen. Der Familienbetrieb hat auch sonntags geöffnet und ist dann ein beliebter Treffpunkt der älteren Generation. Über Mittag einfache warme Gerichte. Mo Ruhetag. Vordertodtmoos, zwischen Busbahnhof und St.-Blasier-Straße, Hohwehraweg 3, www.cafe-bockstaller.de.

Konditorei/Café Zimmermann, veranstaltet regelmäßig Backkurse in Sachen Schwarzwälder Kirsch. 1 Std. dauert es, bis der Hobbytortenbäcker gebacken ist. Zum Abschluss werden die Kreationen gemeinsam verkostet und beurteilt. Tägl. 8–19 Uhr geöffnet. Vordertodtmoos, Kurparkweg 2, Kurstermine unter ✆ 90570.

Metzgerei Bär, Schinken aus eigener Räucherei, auch Versand. Vordertodtmoos, Bergleweg 2, www.schinken-baer.de.

Sehens- und Erlebenswertes

Heimatmuseum: Im „Heimethus", einem 250 Jahre alten Schindelhaus mit weit ausladendem Dach, präsentiert Todtmoos seine Geschichte als Wallfahrtsort und Berg–bauzentrum. Die Exponate sind weitgehend Spenden und Leihgaben der Bevölkerung. Das Handwerk ist mit Webstühlen, einer Schusterwerkstatt und Glaswaren vertreten, ab und an zeigt ein Glasbläser sein Können. Nach Voranmeldung kann man hier sogar heiraten.

Vordertodtmoos, Murgtalstr. 15. Mi/Fr/So 14.30–17 Uhr, Juni–Sept. auch Di. Eintritt 2,50 €.

Hoffnungsstollen: Seit 1798 wurde in Todtmoos-Mättle Magnetkies (FeS) abgebaut. Der Chemiker Rudolph Glauber (1604–1670), dessen Name noch im Glaubersalz fortlebt, hatte ein Verfahren entwickelt, mit dem sich daraus über das Zwischenprodukt Vitriol Schwefelsäure herstellen ließ. Die wurde bei der Lederverarbeitung und bei der Herstellung von Seife und Glas gebraucht. Dass das von den Schwefelsäurefabriken freigesetzte Schwefeldioxid die Bäume ringsum absterben ließ, wurde schon damals als „Waldschadenkalamität" von den adligen Jagd- und Forstherren beklagt. Als dann neue technische Verfahren Vitriol und Magnetkies

Hoch hinaus – auch die Feuerwehr übt im Hochseilgarten

überflüssig machten, konzentrierte man sich im Hoffnungsstollen auf den Abbau von Nickelerz, das zur Härtung von Stahl gebraucht wurde. Der Laie wundert sich, dass die Grube ausgerechnet 1937, als die Nazis sich bereits Gedanken über die Rohstoffsicherung im kommen den Krieg machten, als nicht mehr abbauwürdig stillgelegt wurde.

Nach Jahrzehnten als Abenteuerspielplatz der örtlichen Jugend ist der Hoffnungsstollen nun als Schaubergwerk zugänglich. Die erklärenden Tafeln und auch die Führung konzentrieren sich auf die geologischen Gegebenheiten – wer an Gesteinsfalten, dem Wechsel von Granit und Gneis, bizarren Ausblühungen und allerlei Mineralien Freude findet, für den ist der Besuch ein Muss.

Man steigt an der Kirche vorbei und die Forsthausstraße hinauf, dann halb links den Schildern folgen. Von der Kirche sind es zu Fuß knapp 30 Min. zum Bergwerk. Der Hauptstollen ist rollstuhlgängig. Mai–Okt. Do/Sa/So 14–17 Uhr, Nov.–April Sa/So. Eintritt 3 €.

Hochseilgarten: Die Knie zittern, der Magen hängt durch, die Spannung steigt. „Da soll ich rüber ...?" Der Hochseilgarten verspricht Selbsterfahrung zwischen Himmel und Erde: die eigenen Grenzen ausloten und die Angst überwinden. Ausgestattet mit Helm, Klettergurt und Sicherungsseil bewegen sich die Grenzgänger allein oder im Team auf Plattformen in 13 m Höhe, auf einer 18 m langen Hängebrücke ohne Geländer oder auf den „Speckbrettle", wie die an Seilen schwingenden Trittbretter hier genannt werden.

Hochseilgarten Schwarzwald, an der Hochkopfhütte (L 151), ✆ 921055, www.hochseilgarten.com. Termine für Einzelgäste v. a. Sa und So (halber Tag 40 €), sonst nur für Gruppen.

Schlittenhunderennen: Tierisch lebhaft geht es am letzten Januarwochenende zu, wenn sich die Elite der Schlittenhundegespanne am Trail in Todtmoos-Schwarzenbach trifft – dann hecheln Hunde, dudelt Dave Dudley und wird der Ort mit Zehntausenden von Zuschauern zur Country-Hauptstadt von Badisch-Alaska. Zweimal gab es hier gar schon Weltmeisterschaften. Wer mitmachen will, kann ja schon mal mit einem Schnuppertraining beginnen. Die Termine der ein- bis zweitätigen Anfängerkurse, zu denen Hunde und Gerät gestellt werden, weiß die Tourist-Information.

Schneeschuhlaufen: Abseits der Wege über unberührte Schneeflächen laufen hat seinen besonderen Reiz. Sich in einer Traumwelt aus Schnee und Eis fortbewegen, den Alltag hinter sich lassen und das Gefühl von Einsamkeit, Ruhe und Freiheit neu entdecken. Vorkenntnisse sind nicht notwendig – auch alle Nichtwintersportler können sofort starten.

Schneeschuhverleih im Hotel Rössle oder beim **SchneeschuhCenter**, Todtmoos-Weg, Am Mühlenbach 3, www.schneeschuhcenter.de.

Klinik Wehrawald – der Schwarzwälder „Zauberberg"

1901 eröffnete der Freiburger Kommerzienrat Hüglin auf dem Schwammberg, am südlichen Ausgang von Todtmoos, das Sanatorium Wehrawald. Seine Gäste gehörten zu jenen Unglücklichen unter den oberen Zehntausend, die an Lungentuberkulose erkrankt waren und sich deshalb monatelangen Kuren unterzogen. Mit seinen Balkonen und Türmchen glich das Haus einem Märchenschloss. Das „Deutsche Davos", wie es in den Prospekten hieß, hatte seine Vorbilder tatsächlich im Schweizer Höhenkurort. Beim Bau hielt man sich streng an die Vorgaben, die der Davoser „Lungenpapst" Karl Turban (1856–1935) in seinen „Normalien für die Erstellung von Heilstätten für Lungenkranke" gemacht hatte. In Thomas Manns Zauberberg begegnet uns Turban als „Professor Kafka".

1928 verkaufte Hüglin das Sanatorium an die Reichsversicherungsanstalt für Angestellte. Diese, inzwischen in Bundesversicherungsanstalt für Angestellte (BVA) umbenannt, errichtete 1964 am Hang unter dem Sanatorium einen Neubau. Statt auf Liege- und Luftkuren setzte man dort auf Knochensäge und Skalpell. Der in den USA ausgebildete Dr. Good machte Wehrawald zu einem Zentrum der Lungenresektion, also der operativen Entfernung eines Lungenteils. Das alte Sanatorium wurde schließlich abgerissen.

Trotz des neuen Schwerpunkts Thoraxchirurgie hatte die Wehrawald-Klinik zunehmend Mühe, genügend Patienten zu finden. Noch im 19. Jh. war die Tuberkulose oder Schwindsucht für jeden zehnten Todesfall verantwortlich. Wachsender Lebensstandard, bessere Hygiene, Schutzimpfungen und schließlich das Wundermittel Streptomycin machten der vormaligen Volkskrankheit aber den Garaus (dachte man wenigstens – neuerdings sind tuberkulöse Erkrankungen wieder auf dem Vormarsch). Anfang 1983 verließ der letzte Tuberkulosekranke die Klinik. So veränderte Wehrawald sein Angebot und kümmert sich nun um die Rehabilitation von Patienten mit jedweden Erkrankungen der Atmungsorgane, um Herz- und Kreislaufkranke sowie Krebspatienten. Ende 2005, die BVA war inzwischen zur Deutschen Rentenversicherung Bund (DRVB) reformiert, bezog die Klinik ihr drittes Gebäude. Die Thoraxklinik der 60er Jahre galt als nicht mehr sanierenswert und wurde durch einen Neubau ersetzt – genau dort, wo einst das Hüglin'sche Sanatorium stand. Ob man der neuen Klinik eines Tages nachtrauern wird wie dem Märchenschloss?

Wandern und Radfahren

Tour 10: Rundwanderung um den Hochkopf

Die folgende 12 km lange Rundwanderung bringt Sie in einem guten halben Tag von Vordertodtmoos auf den Hausberg Hochkopf (1263 m) und wieder zurück. Das Gelände ist weitgehend offen, aussichtsreich und der Sonne zugewandt, sodass sich die Tour auch für kühlere Tage eignet. Insgesamt sind rund 500 Höhenmeter zu bewältigen, weitgehend zwischen den Punkten 4 und 8. Wer die Tour abkürzen möchte, läuft entweder von der Stricker Kapelle hinunter zum Gasthof Rössle und über den großen Parkplatz zum Skilift (1,5 km Wegersparnis) oder verzichtet auf den Gipfel und wandert von der Schanz auf dem Panoramaweg gleich hinüber zum Hochkopfhaus (2 km Wegersparnis).

Ausgangspunkt ist das **Schwimmbad (1)** in Vordertodtmoos. Man folgt den Markierungen mit der blauen Raute den Bach entlang über Höfle und den **Tannenhof (2)** bis zum **Wasserfall (3),** durchwandert dann die Schlucht bis zur L 146, geht diese 30 m bergab und überquert sie, um auf der anderen Seite einen mit Geländer gesicherten Weg einzuschlagen. Der trifft bald auf eine Teerstraße und die ersten Häuser von Hintertodtmoos. Am früheren Schulhaus geht es rechts einen Weg hinauf durch die Wiesen zur **Stricker Kapelle** (**4,** 1 Std. Gehzeit ab Schwimmbad). Von der Kapelle gehen Sie den geteerten Fahrweg bergauf, treffen an der **Stricker Höhe (5)** wieder auf die Landstraße, um gleich links abzubiegen und auf dem aussichtsreichen Feldweg die **Weggabelung Auf der Schanz (6)** zu erreichen, an der Sie den Wegweisern zum Hochkopf folgen. Bald ist der Waldrand erreicht. Nach dem **Wegkreuz Breitmoos (7)** passiert man eine gefasste Quelle, kreuzt weitere Wege und kommt am Sendemast vorbei zum Aussichtsturm auf dem **Hochkopfgipfel** (**8,** 1:45 Std.).

Zurück zur letzten Wegkreuzung und rechts durch den Wald (oder aussichtsreicher bis auf die Schanz und hier rechts auf dem Panoramaweg) geht es auf die Passhöhe zum **Hotel Hochkopfhaus (9).** An der Bushaltestelle in Fahrtrichtung Todtmoos zweigt rechts von der Straße ein mit blau-weißer Raute markierter Fußweg ins Tal ab. Auf ihm kommt man zum **Hochseilgarten (10),** berührt bei der **Bushaltestelle Tännlemühle (11)** noch einmal die Straße, um dann, durch Wiesen und ein Waldstück, die Neubauten am Rande des Todtmooser Ortsteils **Lehen** (**12,** 3:15 Std.) zu erreichen. Schilder zeigen die Richtung nach Todtmoos. In sanften Bögen geht es den Hang hinunter über die L 146 zu einem Fahrweg, der uns rechts über Mättle direkt nach Todtmoos bringen würde.

Der noch immer mit der blau-weißen Raute markierte Wanderweg macht jedoch noch einen Umweg: Er quert die Mättlestraße, nimmt für 50 m den Teerweg bergauf und biegt dann an einem Ahornbaum als unauffälliger Pfad links ab. Es geht hinunter zu einer kleinen Siedlung mit **Weiher (13)**, an diesem rechts vorbei und um den Hügel herum zum Skilift, den man etwas oberhalb der Talstation passiert. Nächste Station ist ein kleiner Stausee, hinter dem die **Rabenschlucht (14)** beginnt. Sie mündet im Ortsteil **Höfle (15)** auf die Landstraße. Überquert man diese und wendet sich auf der anderen Talseite nach rechts, kommt man wieder ans **Schwimmbad (1)**, wo die Wanderung begann.

B 315
Todtnau
Brandenberg
Schwedenschanze 16
15 Herzogenhorn
1415
Spießhorn
1349
Krunkelbach-
hütte
Hof
14 Wegkreuz
Hofeck
Sengalenkopf
1208
Bernau
Poche
Riggenbach
13 Wachtstraße
Wasserfall 12
Innerlehen
Altenrond
11 Blößling
1310
Oberlehen
Präger Eck 10
Präg
9 Leder
Tschobenstein
Hochkopf
1263
Oren
1168
Hochkopf-
haus 9
8
7
Breitmoos
Auf der
Schanz 6
Stricker
Höhe
5
Farnberg
1218
Hochseil-
garten 10
BUS 11
Tännlemühle
3 Wasserfall
Weg
Kapelle
Strick
4
Skilift
2 Tannenhof
Lehen 12
13
3 14
Höfle
Weiher
Höfle 2 15
Start
Tour 10
Rabenschlucht
Start
Tour 11
1 Schwimm-
bad
Todtmoos
650 m
Tour 10: Um den Hochkopf
Tour 11: Von Todtmoos ins
Bernauer Tal

Tour 11: Von Todtmoos über Hochkopf und Blößling ins Bernauer Tal

Eine lange und anstrengende Tour (23 km, ca. 900 m Anstieg) durch den Wald über drei Gipfel, bei der Sie rund 7 Std. hauptsächlich auf dem mit einer roten Raute markierten Westweg unterwegs sind. Wer nach der Wanderung wieder nach Todtmoos muss, sollte die Tour in umgekehrter Richtung machen und am frühen Morgen zunächst mit dem (einzigen) Bus von Todtmoos nach Bernau fahren. Um abzukürzen, finden Sie nach dem Präger Eck wiederholt Forstwege hinunter nach Bernau.

Für den ersten Teil der Wanderung nehmen Sie von Todtmoos den kürzesten Weg via **Schwimmbad Vordertodtmoos (1), Höfle (2), Rabenschlucht (3)** und Rössle zur **Stricker Kapelle (4)** und von dieser wie oben beschrieben zum **Hochkopf (8).**

Vom Hochkopf-Sender geht ein mit roter Raute markierter Weg über den Lothar-geschädigten Höhenkamm zur **Kreuzung Leder Tschobenstein (9)** und weiter auf einem Forstweg zum **Präger Eck** (**10,** 1100 m, 2:45 Std. Gehzeit ab Schwimmbad Vordertodtmoos). Hier beginnt der Aufstieg auf den **Blößling** (**11,** 1310 m), eine offene, sanft gerundete Kuppe mit Bänken, Grillstellen, Schutzhütte und Gipfelkreuz. Im Zickzack windet sich der bequeme Weg auf der Nordseite wieder bergab – an Arbeitstagen stören die Maschinen eines Steinbruchs die Waldesruh. Ein rauschender **Wasserfall (12),** dann quert man an einer Bushaltestelle die **Wachtstraße** (**13,** 4:45 Std.). Kurzer Anstieg zu einem Aussichtspunkt am Ecklekopf, dann weitgehend eben zu den Hochweiden von Bernau. Wer unterwegs zu sehr getrödelt hat, kann am **Hofeck** (**14,** 5:30 Std.) nach Bernau absteigen. Der Weg zum **Herzogenhorn** (**15,** 6:30 Std.) jedoch führt neben der Hütte in den Wald. Für den Abstieg vom Gipfel nach Bernau-Hof (weitere 45 Min.) geht man den gleichen Weg bis zur **Schwedenschanze (16)** zurück und folgt ab dort links den Wegweisern ins Tal.

Mountainbiketrail

Hier ein Vorschlag von der Website der Tourist-Information. Der ausgeschilderte Weg führt zuerst vom Zentrum hinauf zur Wehrawald-Klinik. Vor dem Parkplatz rechts, dann geradeaus auf dem **Herrenkopfweg** mit herrlichem Blick auf Todtmoos zum Parkplatz St. Antoni, wo die Straße nach Häg überquert wird. Links vom Schrein in den Wald. Nach einigen Hundert Metern rechts in den **Oberen Schweinelekopfweg** und zum Hochkopfhaus. Links vom Gasthof weiter, beim Wanderparkplatz die Straße nach Präg überqueren und den Waldweg zum Präger Eck nehmen. Nun auf dem **Unteren Spitzenbergweg** Richtung Köpfle. Dort der Markierung nach Bernau zum Sportplatz folgen (erst einige Meter links, dann gleich wieder rechts). Weiter nach Innerlehen leicht bergan und hinter der Kirche vorbei. An der Weggabelung erst links und gleich wieder rechts. Der ansteigende Weg führt zum Waldlehrpfad. An dieser Kreuzung den zweiten Weg rechts zum Roten Kreuz (1090 m) nehmen. Jetzt geht's ca. 2 km bergab nach Rütte. Bei der kleinen Kapelle erst geradeaus, dann links fahren. Dieser **Glühwelnpfad** führt an den Wasserfällen vorbei und am Bach entlang nach Höfle. Hier gabelt sich der Weg erneut. Links kommt man am Freibad vorbei nach Todtmoos zurück. Insgesamt 32 km, 750 m Höhenunterschied.

Einsames Wehratal

Käme da nicht ab und an ein Auto vorbei, wäre das Wehratal zwischen Todtmoos-Au und Wehr die einsamste Landschaft des Schwarzwalds. Sogar Gämsen soll es hier geben. Hören wir, was der Holsteiner Wilhelm Jensen über die Fahrt schrieb, die er Ende des 19. Jh. noch in einer Postkutsche unternahm: „Das Thal erregt den Gefühlsausdruck eines unendlich gedehnten, schmalen Kerkers, aus dem kein Entrinnen möglich fällt. Nur höchst selten steigt einmal ein kleiner Pfad steil an den Felswandungen empor. Es ist vollständig unbewohnt und bietet wohl die längste Strecke menschenlosester Einsamkeit im Schwarzwald, denn von Wehr bis Todtmoosau befindet sich, drei Wegstunden lang, keine Ortschaft und kein Haus. Von der, freilich gleichfalls äußerst bewohnerleeren Hochwelt droben zur Rechten und zur Linken, unter der die Straße sich langsam nach Norden emporhebt, gewinnt man nicht die leiseste Ahnung." Ein Wanderweg begleitet das Tal oben am Hang. Und bei ausreichendem Wasserstand ist die Wehra von Vordertodtmoos bis zum Sägewerk Maier auch mit dem Kanu befahrbar.

Herrischried

2700 Einw., 884 m ü. d. M.

Herrischried hat nicht nur eines der ältesten Bauernhäuser des Schwarzwalds, sondern auch die besten Wintersportmöglichkeiten im Hotzenwald.

„Minen Auge gfallt – Herrischried im Wald", notierte Volksdichter Johann Peter Hebel vor 200 Jahren in seinen „Alemannischen Gedichten". Ob es ihm heute noch gefallen würde? Ein aufgeräumter Dorfplatz mit Edeka-Laden und die riesige Kirche markieren den Mittelpunkt der aus zwölf Dörfern und Weilern bestehenden Gemeinde, die mit Skiliften und dem Bau einer Eissporthalle schon früh auf den Freizeitsektor setzte. Die Halle schreibt mit Eislauf, -tanz und -hockey eine Erfolgsgeschichte. Doch wer geht nach Herrischried zum Skilauf, wo doch die Alpen nicht weit sind? Ein ganz anderes Standbein sind vier Seniorenheime, die größten Arbeitgeber am Ort.

- *Vorwahl* 07764
- *Information* **Hotzenwald Tourismus**, Hauptstr. 28, 79737 Herrischried, ✆ 920040, www.herrischried.de. Mo–Fr 9–12 und 14.30–16.30 Uhr, während der Sommerferien auch Sa 10–12 Uhr.
- *Einkaufen* **Glaswerkstatt beim Klausenhof**. Dirk Bürklins farbenfrohe und transparente Kunstwerke haben auch Gebrauchswert: als Vasen, Becher, Briefbeschwerer oder gar als Bohnenstangenhüte. Di–Sa (im Sommer auch So) 14–17 Uhr. Großherrischwand, Lindenweg 2, ✆ 6170, www.glaswerkstatt-herrischried.de.

Ebenfalls am Klausenhof wird jedes Jahr im Juni auf dem **Kunststückchenmarkt** allerlei Kunsthandwerk verkauft.

Mineralien und **Steinschmuck** gibt's in Herrischried neben dem Rathaus.

- *Sport* Die Winter werden immer wärmer und der Schwarzwaldschnee damit rar. Die **Eissporthalle** kümmert das nicht, denn hier tummelt man sich von Okt. bis April auf einer frostsicheren, weil künstlichen Eisfläche. Samstagabends Eisdisco und -party. Di–Do, Sa 14–17.30 Uhr, Fr 14–22 Uhr, So 10–17.30 Uhr. Eintritt 2–6,50 €, Leihschuhe 2,50–3,50 €.

Im Sommer kann man sich in der Eissporthalle an einer **Kletterwand** üben, Termine und Preise bei Michael Niemann, ✆ 0171/2773981.

Neben der Eissporthalle gibt's ein **Hallenbad**. Mi/Fr 11–21 Uhr, Do/Sa 11–16 Uhr, So 10–18 Uhr. Eintritt 3 €.

Eissporthalle und Hallenbad sind Teil des Sport- und Freizeitzentrums am Westrand von Herrischried. Dort befinden sich auch

Hotzenwald Karte S. 159

Strohdach wie anno dazumal im Freilichtmuseum Klausenhof

zwei **Schlepplifte**. Die Piste kann dank Flutlichtanlage auch am Abend befahren werden. Einen Übungslift für Anfänger finden Sie im Ortsteil Wehrhalden.

Die **Langlaufloipen** in Herrischried betreut der Loipenverein Hotzenwald (www.loipen-hotzenwald.de). Die Spuren gelten als mittelschwer, Mo/Mi/Fr 19–21 Uhr wird eine Nachtloipe beleuchtet. Loipenpläne hält die Tourist-Information bereit.

• *Theater* **Freilichtbühne Klausenhof**. Am Großherrischwander Klausenhof wird jeden Sommer von einer Laienspielgruppe Theater mit Lokalbezug gespielt. Auskunft im Museum, bei der Tourist-Information oder unter www.hotzenwald.de/freilichtbuehne.

• *Veranstaltungen* Badesaison in Wehrhalden! Beim **Pfützefäscht** begibt es sich alle Jahre an einem saukalten Januarsonntag, dass gestandene Mannsbilder auf Schlitten sitzend den Hang hinabsausen, um unten in einer Wasserpfütze zu landen. Doch sind diese kuriosen, selbst gebauten Seifenkisten noch Schlitten zu nennen? „Ziel ist es nicht, die Pfütze zu erreichen, sondern sie zu überqueren", belehrt uns das Reglement. „Dazu müssen die Gefährte gewisse Gleiteigenschaften und einen großen Auftrieb im vorderen Teil beim Eintreten ins Wasser haben. Nicht die Größe des Gerätes ist ausschlaggebend, sondern Idee und Performance." Mehr zu diesem winterlichen Megaevent unter www.pfuetze-faescht.de.

• *Übernachten/Essen* **Gasthaus-Pension Ochsen**, der mitten im Ort, doch ruhig gelegene Gasthof hat außer seinem hübschen Biergarten auch zwei Dutzend Gästezimmer mit Balkon. Hauptgericht bis 20 €. Di Ruhetag. DZ 60–70 €, Ferienwohnung für 2 Pers. 30 €. Hauptstr. 14, ✆ 07764/9333599, www.ochsen-herrischried.de.

Haus Hetzlenmühle, ein neues Haus mit markantem Solarzellendach. Drum herum viel Platz zum Spielen, es gibt Forellenteiche und Weidetiere. Nur die Straße stört etwas. 2 Pers. 30–40 €. An der Südabfahrt Herrischried von der L 151, ✆ 07764/1249, ℻ 91049, www.hetzlenmuehle.de.

Gästehaus Eckert, ein Neubau mit Gemütlichkeit im Landhausstil. Zwei- und Vier-Zimmer-Ferienwohnung mit gefliesten Böden, Sat-TV, gut eingerichteter Küche, Garage, Terrasse oder Balkon. 2 Pers. 46 €. Wehrhalden, Obere Wehrhalden 14, ✆ 07674/1280, ℻ 1280 , www.gaestehaus-herrenkopfblick.de.

Naturfreundehaus, das Haus wird von der Ortsgruppe Rheinfelden bewirtschaftet und steht Gruppen, Familien und Einzelpersonen offen. Zwölf neu renovierte Zimmer mit zwei bis sechs Betten, fließend Wasser und teilweise Balkon. Toiletten auf der Etage, Duschen im Untergeschoss. Küche, Aufenthaltsraum. Wehrhalden-Lochhäuser. ✆ 07623/966656, www.naturfreunde-rheinfelden.de.

Gasthof Engel, Blickfang in der Gaststube ist der flaschengrüne Kachelofen. Deftige Küche: im Herbst mit Schlachtplatte, sonst mit Schnitzel, Bratwurst, hausgemachtem Kartoffelsalat. Hauptgericht bis 15 €. Unter der Woche nachmittags geschlossen, Di Ruhetag. Engelschwand, ✆ 07754/7257, www.engel-engelschwand.de.

Sehens- und Erlebenswertes

Freilichtmuseum Klausenhof: Der strohgedeckte Klausenhof in Großherrischwand ist eines der ältesten Häuser des Schwarzwalds. Lange Zeit stand er unbewohnt und zerfiel, doch nach der Sanierung zeigt er sich heute dem Besucher wieder so, als hätten ihn die letzten Bewohner gerade erst verlassen – sogar das Nachthemd der Magd wurde aufs Bett drapiert. Zum Freilichtmuseum gehören die hierher verpflanzte Lindauer Säge, eine Dorfschmiede, Backhaus, Scheune und ein Bauerngarten.
Jan.–Mai So 14.30–17.30 Uhr, Juni–Okt. Mi/Sa/So 14.30–17.30 Uhr, Nov./Dez. zu. Eintritt 2 €.

Der **Hof Berg-Garten** beim Klausenhof hat sich auf die Anzucht und den Vertrieb von Wildpflanzen spezialisiert. Wer Samen und Zwiebeln online bestellt (www.hofberggarten.de), dem entgeht der hübsche Schaugarten mit den lebensgroßen Skulpturen von Sagengestalten des Hotzenwalds.
Mo–Fr 9–12 und 14–17 Uhr, Sa nur vormittags.

Strömungsforschungsinstitut: Das anthroposophisch orientierte Institut widmet sich der Erforschung des Wassers und bedient sich dabei der vom Institutsgründer Theodor Schwenk entwickelten Methode, die das Strömungsverhalten unterschiedlicher Flüssigkeiten in geradezu künstlerischen Tropfbildern visualisiert und so auch kleinste Veränderungen der Wasserqualität eindrucksvoll ins Bild setzt. Alle paar Wochen präsentiert das Institut seine Arbeit der Öffentlichkeit – die Termine erfährt man auf der Website, Voranmeldung ist erwünscht.
Stutzhofweg 11, ✆ 93330, www.stroemungsinstitut.de. Eintritt 6 €.

Wandern und Radfahren

Der markante **Gugelturm** auf der gleichnamigen Höhe (997 m ü. d. M.) ist ein guter Panoramapunkt. Von unten entdeckt man ihn aber nur mühsam, denn der Gipfel ist bewaldet, und nur die Turmspitze ragt über die Bäume. Der Schwarzwaldverein baute diese eigenwillig dreibeinige, 30 m hohe Holzkonstruktion mit Wendeltreppe, deren Aussichtsplattform an Drahtseilen hängt. Ein Kiosk versorgt in der Saison die Ausflügler, die dieses Wahrzeichen des Hotzenwalds ansteuern. Ortskundige Trinker aus der Region fahren auf Schleichwegen bis auf den Gipfel. Zu Fuß steigt man über den Kreuzweg von Giersbach (I, 151) oder von Engelschwand auf.

Von fern ist der **Hornberg-Speichersee** nicht zu entdecken, denn er versteckt sich 1048 m ü. d. M. auf dem höchsten Gipfel des Hotzenwalds mitten im Wald. Aus der Vogelperspektive erscheint er wie eine riesige Badewanne – doch wer einmal hineinfällt, kommt aus eigener Kraft nicht wieder heraus. Ein Ringdamm umschließt das mit Asphaltbeton abgedichtete Becken, aus dem das Wasser bei Bedarf durch einen Stollen ins 630 m tiefer gelegene Kraftwerk Wehr abstürzt und dort die Turbinen antreibt. Maximal 7 Std. kann so mit voller Kraft Spitzenstrom erzeugt werden, dann ist das Becken leer. Nachts, wenn der Strom im Überangebot und billig ist, wird dann wieder frisches Wasser nach oben gepumpt. Wanderer können von den beiden Aussichtspunkten am See prächtige Panoramablicke genießen.

500 m südlich des Hornberg-Beckens planen die Schluchseewerke, eine Tochter der Energieriesen RGW und EnBW, Deutschlands größtes Pumpspeicherwerk. Für den

neuen Speichersee müsste der Gipfel des *Abhau*, wie der Berg bezeichnenderweise heißt, komplett abgetragen werden, weshalb die örtliche Bevölkerung alles andere als begeistert ist.

In der Nachbarschaft des Hornbergspeichers haben fromme Bauern um 1780 die *Ödlandkapelle* als Dank dafür errichtet, dass ihr Vieh von der Rinderpest verschont geblieben war. Heute lädt die 1897 gebaute Nachfolgerkapelle zu Meditation und Rast ein. Am ersten Sonntag im September ist sie das Ziel einer Wallfahrt. Ein Gedenkstein vor der Kapelle erinnert an die Auswanderung vieler Hotzenwälder ins rumänische Banat – und die Rückkehr ihrer Nachkommen und anderer Donauschwaben, die nach dem Zusammenbruch des Kommunismus ihre Zukunft in Deutschland suchten.

Auch am Gugelturm gibt's Bier und Vesper

• *Route* Eine Tour zum Hornbergspeicher eignet sich eher für **Mountainbiker** als für Wanderer. Vom Freizeitzentrum am Westende Herrischrieds geht ein Asphaltweg den Berg hinauf zur Kreuzung Ödlandhütte (20 von der Kapelle). Den (unsichtbar bleibenden) See umrundet man auf der K 6536 via Hornberg. Für die Rückfahrt kann man ab der Ödlandhütte den sanft abfallenden, einen weiten Bogen über Rütte schlagenden Weg nehmen oder auf der K 6535 über Niedergebisbach und Lochmatt zurück nach Herrischried fahren – alles in allem etwa 11 km bei einem Höhenunterschied von 170 m.

• *Essen* **Jägerstüble**, herrliche Sonnenterrasse, guter Kuchen. Mi/Do Ruhetag. Hornberg 27.

Tour 12: Murgtalpfad

Die Murg, so heißt es, verbinde Skandinavien mit dem Tessin. Wie das? Der clevere Marketingspruch spielt auf die landschaftliche Vielfalt entlang dem Flusslauf an. Oben im Quellgebiet haben eiszeitliche („skandinavische") Arten ein Rückzugsgebiet gefunden, z. B. Auerhahn und Tannenhäher oder Wollgräser und Moororchideen. Unten, wo die Murg beim gleichnamigen Städtchen in den Rhein mündet, findet man auf den gen Süden gerichteten Hängen bereits mediterrane Einwanderer wie etwa Mauereidechsen und Esskastanien. Dazwischen liegen Höhen mit Alpenpanoramablick und Talauen mit farbenprächtigen, schmetterlingsreichen Blumenwiesen.

Der insgesamt 23 km lange Murgtalpfad folgt dem Fluss von der Quelle bis zur Mündung. Seine 55 Stationen, meist offene Hütten mit Text- und Bildtafeln, decken eine breite Themenpalette von der Naturkunde über die Geschichte bis zur Kunst ab. Dazu kommen Spielgeräte, Anlagen zur Sinneswahrnehmung und Ausstellungsstücke. Ein Faltblatt beschreibt den Weg, der streckenweise nur schlecht markiert ist – ohne zusätzliche Wanderkarte hätte ich ihn mehrmals verloren. Mit einigen kleineren Umwegen eignet sich die Route auch für Radfahrer. Fußgänger teilen sich die Tour besser in zwei Tagesetappen, wobei sich die „Sonne" in Rickenbach-Hottingen (→ S. 194) zum Übernachten anbietet.

Beginn ist am **Aussichtspunkt Steinernes Kreuz** (Bushaltestelle SBG 7328, auch Fahrradbus), wo die Murg an der Siedlungsgrenze knapp 1000 m ü. d. M. entspringt. Über **Lochhäuser** und dann durch den Wald geht es nach **Großherrischwand** mit dem **Museum Klausenhof** (→ S. 191). Der Pfad hält sich in Bachnähe, umgeht Herrischried. Er trifft beim **Gasthof Heidewiebli** (Mo/Di Ruhetag) und der **Fronmühle** wieder auf die Straße, überquert diese und folgt dem Stutzhofweg in Richtung Strömungsforschungsinstitut. Noch vor diesem geht es eine Stiege hinunter zur **Hetzlenmühle** und auf der anderen Bachseite entlang dem Hochsaler Wuhr (→ Kasten) nach **Hogschür.** Wir verlassen den Weiler durch eine düstere Feriensiedlung, halten oberhalb des Wuhrs auf den Wald zu, überqueren den Kanal und kommen an der **Schlagsäge** wieder in Sichtweite der Straße. Nach der Wasserentnahme für das Kraftwerk Hottingen verzweigt sich der Weg: Die Forststraße bringt Radler direkt nach **Hottingen,** während Fußgänger rechts auf einem Pfad in den Talgrund zum **Kraftwerk** und zum **Energiemuseum** (→ S. 196) absteigen können.

Läuft der Murgtalpfad anfangs mal kreuz, mal quer über allerlei Wege und Schneisen, so folgt er ab der Weberei in Hottingen einer alten Postkutschenstraße. Diese **Murgtalstraße** wurde 1867–1869 unter dem Ingenieur Robert Gerwig gebaut, der später auch die Trasse der Schwarzwaldbahn plante. Mit ihren Felspassagen und höchstens 3,8 % Steigung war sie damals ein straßenbauliches Meisterwerk. Statt mit wandernden Boten konnte die Post mit der Kutsche nach Herrischried gebracht werden, ab 1913 gab es regelmäßigen Omnibusverkehr. Mit dem Bau neuer Landstraßen oben auf den Hügeln geriet die Murgtalstraße dann aber ins Abseits – und entging so dem Ausbau. Heute ge-

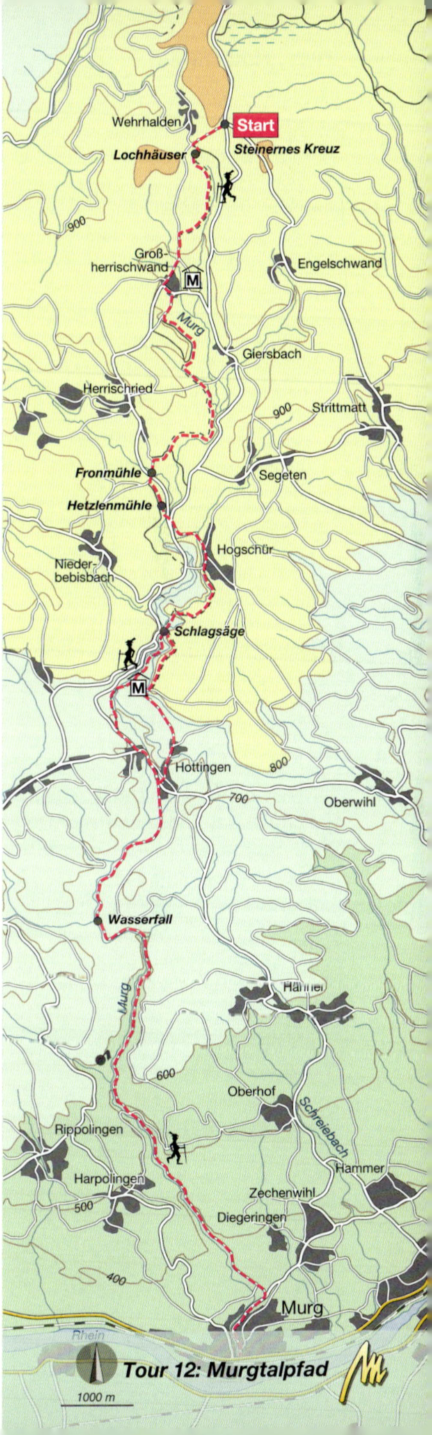

hört sie Wanderern und Radfahrern. Abgesehen von der Lochmühle, wo die Kutschen früher die Pferde wechselten, gibt es kein Haus in der romantischen Schlucht, keine Zivilisationsgeräusche. Nur das dichte Grün des Waldes und das Brausen und Gurgeln des **Wasserfalls,** der über die Felsen stürzt. Umso drastischer wird der Wiedereintritt in die Zivilisation, denn die Murgtalstraße endet in **Murg** an einer der letzten Textilfabriken der Region. Das Werk im Gewann „Hinterer Hammer" hat sich auf Sicherheitsgurte und Airbags spezialisiert.

Wuhre nennt man im Hotzenwald künstlich geschaffene Wasserläufe. Dazu gehören z. B. jene Kanäle, mit denen das Wasser zu den Mühlen, Sägewerken, Hammerschmieden und Fabriken im Rheintal gebracht wurde. Solche großen Wuhre, von denen das Hochsaler Wuhr mit stolzen 27 km das längste ist, sind Meisterleistungen mittelalterlicher Ingenieurskunst. Wurden sie doch ohne Karte so durch das Gelände gelegt, dass sie in Bögen und Schleifen die Höhe hielten und sogar Wasserscheiden überwanden.

Andere Wuhre sind nur spatenbreite Gräben, die Wasser in die „Wässerwiesen" auf dem Talgrund leiteten, um dort im Frühjahr schneller den Schnee abzuschmelzen und so die Wachstumsperiode zu verlängern oder in trockenen Sommern für Feuchtigkeit zu sorgen. Wieder andere dienten der Entwässerung von versumpften Wiesen und drängten damit auch die beim Vieh unbeliebten Sauergräser zurück.

Rickenbach

3900 Einw., 696 m ü. d. M.

Sehenswert sind die Dorfkirche mit ihren modernen Glasfenstern und eventuell noch das Energiemuseum, wenn es denn gerade geöffnet ist. Auf Burg Wieladingen darf man sich als Ritter fühlen.

Rickenbach, vom Murgtalpfad rechts liegen gelassen, ist die am tiefsten gelegene und am wenigsten interessante Hotzenwald-Gemeinde. Sie wurde 1975 aus sechs zuvor selbstständigen Ortsteilen mit insgesamt 13 Ortschaften gebildet. Die Ortschaft Rickenbach hat schon seit dem 13. Jh. eine Pfarrkirche und ist damit sozusagen der gottgegebene Mittelpunkt der Gemeinde.

- *Vorwahl* 07765
- *Information* **Hotzenwald Tourismus**, im Rathaus, Hauptstr. 7, 79736 Rickenbach, ✆ 920017, www.rickenbach.de. Mo–Fr 8–13 Uhr, Do 8–19 Uhr.
- *Sport* **Golfclub Rickenbach**. Platz und Hügel gibt es hier genug, und so erfordert die bald 80 ha große Anlage Ausdauer und Gehvermögen – und belohnt manchmal mit Alpenblick. Gäste sind willkommen. ✆ 777, www.golfclub-rickenbach.de.
- *Übernachten/Essen* **Alemannenhof Engel**, ein gern von Schweizern besuchtes „Erlebnishotel" mit 60 Zimmern im Schwarzwaldstil. Zum Haus gehören Sauna und Kegelbahn, Kinder freuen sich über den Streichelzoo mit Eseln. Auch die Gastronomie setzt auf Erlebnis und bietet jeden Samstag „Schweinchenessen mit Tanz" – zur Erinnerung an diese Sauerei gibt's bedruckte T-Shirts. , Hauptgericht bis 20 €. Kein Ruhetag. DZ 60–80 €. Hauptstr. 6, ✆ 07765/92010, 920188, www.alemannenhof.com.

Adler, das klassische Dorfwirtshaus mitten in Rickenbach, seit 800 Jahren nachgewiesen! In den oberen Etagen werden einige wenige Fremdenzimmer vermietet. Hauptgericht bis 20 €. Mo und Di Ruhetag. DZ 55 €. Kirchstr. 3, ✆ 07765/230, 919638, www.adler-rickenbach.de.

Sonne, die frühere Postkutschenstation ist nun eine einfache Pension und gut geeignet für die Zwischenübernachtung auf der Murgtalpfad-Wanderung. Einfach eingerichtete Zimmer mit TV und neuen Bädern. DZ 45 €. Hottingen, Hohlgasse 1, ✆ 07765/9185920, 📠 918751, www.sonnerickenbach.de.

Schmidt's Markt, der Edeka im Zentrum von Rickenbach hat auch einen Imbiss, an dem sich mittags die Handwerker aus der Umgebung verpflegen. Mo–Sa 7.30–20 Uhr. Kirchstr. 11.

Sehens- und Erlebenswertes

Dorfkirche Rickenbach: Die äußerlich unscheinbare Dorfkirche (erbaut 1838–1841) birgt seit ihrer Renovierung mit den Glasfenstern und dem Chorbild bedeutende Sakralkunst. Der Karlsruher Glaskünstler Emil Wachter (geb. 1921) stellte

Hotzenwald unter Strom – die Waldelektra und das Kraftwerk Hottingen

Fedinand Faller, ein Textilunternehmer aus dem Wiesental, erkannte Ende des 19. Jh. das Potenzial der Murg zur Erzeugung elektrischer Energie. Er erwarb Ufergrundstücke und die Wasserrechte oberhalb von Hottingen. Doch mit seinen von der AEG ausgearbeiteten Plänen für ein Kraftwerk kam Faller nicht recht voran. Zwar forcierte die großherzogliche Regierung die flächendeckende Elektrifizierung, um damit die Webstühle der Heimarbeiter im Hotzenwald anzutreiben und so mit der Konkurrenz der Textilfabriken mithalten zu können. Doch bei Faller stand zu befürchten, dass er mit seinem Strom auch die Industriewebereien ins Land holen würde.

So kaufte die 1903 gegründete „Kraftabsatzgenossenschaft Waldelektra" ihren Strom nicht von Faller, sondern vom Flusskraftwerk Rheinfelden. Die Waldelektra war der erste ländliche Energieversorger Deutschlands. Ihre rund 400 Mitglieder bezahlten pauschal 100 Mark und durften dafür bis zu fünf Webstühle elektrisch antreiben. Leider waren die Freileitungen der Waldelektra den rauen Bedingungen des Hotzenwalds nicht immer gewachsen, was besonders im Winter zu häufigen Stromausfällen und erbosten Kunden führte.

Nachdem Faller nun nicht mehr damit rechnen konnte, seinen Strom zu verkaufen, wollte er ihn selbst nutzen und bekam von der Bezirksregierung schließlich die Erlaubnis, in Hottingen eine Baumwollspinnerei und -weberei zu errichten. Zu groß war die Not in der Gemeinde, um den investitionsbereiten Fabrikanten noch länger abweisen zu können. Als die Fabrik 1906 in Betrieb ging, war das Kraftwerk noch immer nicht fertig. So ließ Faller eine Dampfmaschine nach Hottingen bringen. Ein von 20 Pferden gezogenes Fuhrwerk soll sie die Murgtalstraße hinaufgebracht haben.

Erst 1908 lieferte das Hottinger Kraftwerk elektrischen Strom – 10 Std. am Tag, so lange, wie in der Spinnerei gearbeitet wurde. Jeden Morgen warf Maschinist und Bauer Hugo Dötsch zunächst den Generator an, bevor er zur Arbeit aufs Feld zog. Gab es im Kraftwerk wieder mal eine Störung, rief ihn seine Frau mit einem Signalhorn. Von Vater Hugo erbte Sohn Rudolf den Job. Mit seiner Pensionierung wurde das inzwischen zu Rheinfelden gehörende Kraftwerk 1975 auf automatischen Betrieb umgestellt. Zu dieser Zeit war auch die Waldelektra längst in den Besitz der Kraftwerke Rheinfelden übergegangen.

Kraftwerk Hottingen. Von Mai bis Sept. jeden zweiten und vierten Sonntag des Monats von 14 bis 16 Uhr kostenlos zu besichtigen.

Hotzenwald Karte S. 159

den biblischen Bildern farbenprächtige Szenen aus der Gegenwart gegenüber. Wir entdecken U-Bahnen, das Atomkraftwerk Leibstadt und einen modernen Turmbau zu Babel, an dem Unternehmer, Gewerkschaftler, Politiker und Journalisten mitwirken.

Energiemuseum Rickenbach: Das Museum liegt ziemlich genau in der Mitte des Murgtal-Lehrpfads und widmet sich v. a. der Wasserkraftnutzung. Die unterschiedlichen Typen von Wasserrädern und Turbinen sind anschaulich dargestellt. Weitere Schwerpunkte sind Solarenergie und Kraftübertragung, auch alte Schalter und Steckdosen sind zu sehen. Im Außenbereich des Museums wird der Murg Wasser für das Pumpspeicherwerk Eggberg abgezapft. Weiter flussauf erzeugt das Kraftwerk Hottingen seit bald hundert Jahren elektrischen Strom.

Hottingen, www.energiemuseum-rickenbach.de. Jan.–Nov. So 14–16 Uhr. Eintritt frei.

Burg Wieladingen: Die am besten erhaltene Burgruine des südlichen Schwarzwalds thront auf einem Felssporn am Westhang des Murgtals. Sie beherrscht den Talweg und den Übergang bei der Lochmühle. Erbaut wurde das Gemäuer Ende des 12. Jh. von den Herren von Wieladingen, die 1245–1376 als Meier des Stiftes Säckingen walteten. Die drei roten Geigen im Wappen erinnern an die Sage vom Raubritter Hans mit der „Giige", der als Spielmann verkleidet im Tal mit den Kaufleuten zechte und seine Tochter als Lockvogel tanzen ließ, während seine Knechte die Ladung der Händler plünderten und zur Burg hinaufschleppten. Heute erhält ein Förderverein die Ruine mit dem aussichtsreichen Turm. Im Sommer ist Burg Wieladingen Schauplatz eines großen Musikfests.

Raubritterburg Wieladingen

• *Zugang* **Bequem** in 10 Min. von der Abzweigung der L 152 (Rippolingen – Willaringen) zur Kurklinik Friedborn: Den Wegweisern zur Kurklinik folgen, vor deren Parkplatz an einem Trafomasten den rechts abzweigenden Teerweg nehmen. Alternativ und **anstrengend** steil in 40 Min. vom Murgtal (Parkplatz Lochmühle) an den Lehenbachwasserfällen vorbei.

Laufenburg

8600 Einw., 337 m ü. d. M.

Eine Name – zwei Städte. Die Geschichte und eine Brücke über den Rhein verbinden Laufenburg (D) und Laufenburg (CH). Die Fasnacht feiern beide gemeinsam.

Wie ehedem führt die Hauptstraße, eine romantische und zugleich lebhafte Gasse mit Geschäften des täglichen Bedarfs und nur wenig Autoverkehr, vom **Waldtor** schnurstracks hinunter zur **Brücke.** Bleibt man unten auf dem deutschen Ufer, geht es an Gasthöfen vorbei zum ehemaligen Park der **Villa Codman.** Auf dem Aussichtsfelsen neben dem Bahnhof, wo einmal eine Burg gestanden haben soll, krallt sich ein bronzener Adler ein Kreuz.

Am Brückenheiligen Nepomuk vorbei geht's hinüber ins linksrheinische Laufenburg. Hier zeigt sich die sonst so propere Schweiz einmal nicht ganz so geschleckt: Manche Fassade bröckelt, die Ladenlokale entlang der kopfsteingepflasterten Gassen sind verwaist. Diese Altstadt ist noch nicht schick, sondern verfällt, was ihren Charme aber nicht mindert. Vorbei an Häuschen, Gärtlein und Hinterhöfen ersteigen wir auf steilen Stiegen den **Burgberg.** Als Granitfelsen ist er geologisch der südlichste Ausläufer des Schwarzwalds, während die Höhen hinter der Stadt bereits zum Tafeljura gehören. Vom Schloss der Habsburger Grafen sind nur Mauerreste und ein mächtiger Bergfried erhalten geblieben. Auch von hier oben zeigt sich, dass Investoren an der Altstadt kaum interessiert sind: keine nachträglichen Dachgauben, keine für Sonnendecks aufgerissenen Firste, sondern eine weitgehend unversehrte Dachlandschaft. Den Burgturm überragt noch die **Stadtkirche St. Johann,** ein gotischer Bau mit üppig barockisiertem Innenraum.

Geschichte: Das mittelalterliche Laufenburg verdankte seinen Wohlstand dem Rhein. Der zwängte sich hier durch den *Louffen,* einen natürlichen Engpass aus rotem Gneis. Fotos auf der Fassade des Schweizer Brückenhauses zeigen, wie der Laufen im Zuge des Kraftwerkbaus gesprengt und abgetragen wurde. Zuvor versank der Rhein hier in einer nur noch 12 m breiten Schlucht und tanzte in wilden Strudeln über zackige Felsnasen, bis er sich nach etwa 10 m Gefälle von einem wilden Burschen wieder in einen behäbigen Herrn verwandelte.

An den Stromschnellen sprangen die *Fische* den Fischern sozusagen ins Boot – ohne dass Fischbrutanstalten nachgeholfen hätten! Kleinfische waren in der Stadt das täglich Brot und wurden auch als Viehfutter benutzt. Die mit Reusen (am Schweizer Ufer hängt noch eine) gefangenen Lachse schickte man geräuchert oder in Salz eingelegt als begehrte Delikatesse bis nach Innsbruck und Paris.

Außer für die stromauf ziehenden Lachse war der Laufen auch für die *Schifffahrt* ein großes Hindernis. Laufenknechte und Karrer entluden die Kähne, seilten sie leer durch die Stromschnellen und brachten die Ladung mit Karren zur Schiffsländе auf der anderen Seite des Engpasses. Diese Arbeit war lange ein Privileg der Laufenburger und brachte ihnen ebenso wie das Auffangen der über den Laufen kommenden Flöße und Baumstämme gute Einnahmen.

Zusammen mit dem Fricktal gehörte Laufenburg zu Vorderösterreich und war damit auch „Frontstadt" in den Auseinandersetzungen zwischen Habsburgern und Eidgenossen. Bis heute wird hier nicht Wilhelm Tell, sondern *Maria Theresia* verehrt. Ein Bildnis im Gerichtshaus zeigt die Kaiserin mit Gatten und Sohn. Das Ende der Habsburger Herrschaft mit dem Frieden von Lunéville (1801) bedeutete zugleich die *Teilung der Stadt:* Das Zentrum fiel wie alle linksrheinischen Gebiete zwischen Basel und Bodensee an die Schweiz, die Vorstadt am rechten Ufer fiel ans Großherzogtum Baden.

• *Vorwahl* 0049-(0)7763 (D) bzw. 0041-(0)62 (CH)

• *Information* **Verkehrsamt**, in der Postagentur, Hauptstr. 26, D-79725 Laufenburg, ✆ 80651, www.laufenburg.de. Mo–Fr 9–12 Uhr.

Verkehrsbüro, am Laufenplatz, CH-5080 Laufenburg, ✆ 874 4455, www.laufenburg-tourismus.ch. Di–Fr 14–17 Uhr, Juli–Sept. auch Sa/So 13–16 Uhr. Hier erfährt man die Termine der historischen Stadtführungen mit dem kostümierten „Graf Hans".

• *Übernachten/Essen* **Rebstock**. Der Platzhirsch im deutschen Laufenburg serviert

Hotzenwald Karte S. 159

badische Küche auf einer Aussichtsterrasse und im Wintergarten. Zimmer mit Teppichböden, gediegen möbliert, teilweise mit Balkon. DZ 70–85 €, Hauptgericht bis 22 €. Sa/So Ruhetag. Hauptstr. 28, ✆ 2170, www.hotel-rebstock-laufenburg.de.

Sehens- und Erlebenswertes

Museum Schiff: Nur mit der hauchdünnen Mehrheit von drei Stimmen bewilligten die Stimmbürger von Laufenburg (CH) in den 80er Jahren das Heimatmuseum der Doppelstadt. Eingerichtet ist es im Haus zum Schiff, das auch ein Restaurant mit den Zunftstuben zweier Narrenvereinigungen beherbergt. Im 1. Stock präsentiert das Museum seine Wechselausstellungen, im Dachgeschoss die ständige Heimatkunde samt einem aufwendigen Stadtmodell von 1905.

Fluhgasse 156, www.museum-schiff.ch. Mi 14–16 Uhr, Sa/So bis 17 Uhr. Eintritt frei.

Museum Erwin Rehmann: Im Mittelpunkt dieses Museums steht das Werk des aus Laufenburg stammenden Bildhauers Erwin Rehmann. Auch die Werkstatt und die einstige Gießerei des Künstlers werden gezeigt. Der 1921 geborene Rehmann hat in mehr als sechs Jahrzehnten ein beachtliches Œuvre geschaffen, das von steinernen Büsten bis hin zu hoch abstrakten Metallskulpturen reicht. Neben Erwin Rehmann werden in Wechselausstellungen auch andere Bildhauer und Bildhauerinnen vorgestellt.

Schimelrych 12, www.rehmann-museum.ch. Mi/Sa/So 14–17 Uhr. Eintritt je nach Sonderausstellung.

Die reiche Tante aus Amerika

Die als Kind deutscher Auswanderer in New York geborene Mary Elisabeth Codman-Beikamp (1836–1929) kehrte als Sechzigjährige mit ihrem amerikanischen Ehemann in die elterliche Heimat zurück. Das „Schlössle", in dem die Codmans nun lebten, wurde schnell zum Mittelpunkt des gesellschaftlichen Lebens von Laufenburg. So besuchten Béla Bartók und Richard Strauss die mittlerweile in zweiter Ehe mit dem Pianisten Robert Freund verheiratete Mäzenin. Die vermögende Grande Dame richtete im Haus Mariagrün ein Kinderheim ein, pflanzte unten am Rheinufer den heutigen Codman-Park und stiftete ihrer Stadt das ungewöhnliche Kriegerdenkmal mit dem Adler. Örtliche Firmen konnten in den wirtschaftlich schwierigen Kriegsjahren auf Codman'sche Kohlespenden hoffen. Ein Grab der edlen Spenderin sucht man in Laufenburg vergebens. Sie verfügte im Testament eine Beisetzung in der Neuen Welt. Doch das Heimatmuseum widmet ihr einen Raum. Im Schlössle wohnen nun Kunststipendiaten der Stadt.

Bad Säckingen

16.800 Einw., 291 m ü. d. M.

Die durch einen frühen Bestseller bekannt gewordene „Trompeterstadt" am Rhein überzeugt mit einem mittelalterlichen Stadtkern und der längsten gedeckten Holzbrücke Europas. Wohl seit den Römern wird Bad Säckingen auch wegen seiner heilkräftigen Thermalquellen geschätzt. Heute gewinnt es alle Jahre wieder einen Preis für seinen Blumenschmuck.

Am Anfang war das **Stift.** Kein Nonnenkloster, wie man es heute kennt, sondern ein Konvent adliger Damen, die sich zu Keuschheit und Gehorsam gegenüber ihrer Äbtissin verpflichtet hatten, nicht aber zu Armut. Jede konnte mit ihrem privaten

Vermögen nach Belieben schalten und walten und notfalls auch aus dem Stift wieder austreten. Erstmals urkundlich erwähnt wurde das Säckinger Stift 878, als Karl der Dicke, ein Ururenkel Karls des Großen, es seiner Gemahlin Richgard vermachte. Wirtschaftliche Schwierigkeiten nötigten die Stiftsdamen 1401, die um einen Markt entstandene Stadt an das Haus Habsburg abzutreten. Dem diente Säckingen als Stützpunkt für kriegerische Auszüge gen Basel und die Eidgenossenschaft.

Der Trompeter von Säckingen

Das 19. Jh. bedeutete den Aufstieg zur Industriestadt. Aus der Schweiz stammende Unternehmer wie etwa Theodor Bally produzierten hier Textilien zu deutlich niedrigeren Lohnkosten als südlich des Rheins und hatten zudem einen Fuß im deutschen Zollgebiet. Und mit dem Bestseller **„Der Trompeter von Säckingen"** des jungen Joseph Victor von Scheffel, der 1850/51 als Rechtspraktikant in Säckingen wirkte, fand Säckingen Eingang in die Literaturgeschichte.

Von den Gründerzeitbetrieben profitierte die Stadt bis etwa 1970. Dann schloss die Textilindustrie Werk um Werk ihre Tore, und zu allem Unglück verlor der Ort mit der Gebietsreform auch seinen Status als Kreisstadt. Seither setzt man auf Kur und Tourismus. Die durch Felssprengungen beim Kraftwerkbau versiegte **Thermalquelle** wurde neu erbohrt und jenseits der Bahn ein neues Kurviertel hochgezogen. Eine zweite Brücke ermöglichte es, den Durchgangsverkehr aus der Altstadt zu verbannen.

Hotzenwald
Karte S. 159

Der heilige Fridolin

Die einzige historische Quelle über den heiligen Fridolin ist eine legendenhafte Lebensbeschreibung aus der Feder des Balther von Säckingen, der 986 als Bischof von Speyer starb. Demnach stammte Fridolin aus Irland, missionierte im 7. Jh. zunächst im Poitou und zog dann als Glaubensbote und Kirchengründer über Straßburg rheinaufwärts. Außer in Säckingen, wo er als Stadtheiliger und Klostergründer verehrt wird und auch seine Reliquien verwahrt werden, gilt er auch im Schweizer Kanton Glarus als Schutzpatron. Glaubt man Balther, wäre Fridolin ein Zeitgenosse von Gallus und Kolumban gewesen. Bilder zeigen ihn oft beim Roden der Säckinger Klosterinsel oder mit dem toten Urso aus Glarus, der den Säckingern reiche Besitztümer vermacht hatte. Als Ursos Erben die Schenkung anfochten, erweckte Fridolin den Verstorbenen für die Gerichtsverhandlung zum Leben, damit er als Zeuge aussagen konnte. Evangelische Gelehrte bezweifeln die Echtheit nicht nur dieser Episode der Fridolinlegende.

• *Vorwahl* 07761

• *Information* **Tourismuszentrum**, am Bahnhof, Waldshuter Str. 20, 79713 Bad Säckingen, ✆ 56830, www.bad-saeckingen.de. Mo–Fr 9–18 Uhr. Filiale im Hallwyler Hof, Rheinbrückstr. 48, tägl. 8–13 und 14–19 Uhr. Weitere interessante Internetseiten zur Stadt sind www.trompeter-von-saeckingen.de und www.saeckinger-geschichte.de. Bei der Kurverwaltung erfährt man die Termine der originellen *Nachtwächter-Stadtführungen*.

• *Baden* **Aqualon Thermalbad**, eine ausgedehnte Bäderlandschaft mit heilkräftigem Mineralwasser bis 34 °C. Thermalbaden, Sauna und Massagen. Mo–Fr 9–22 Uhr, Sa/So bis 20 Uhr. Eintritt 9,50 €, mit Sauna 15 €. Bergseestr. 59, www.aqualon.de.

• *Schiffsfahrten* Mit der MS „Trompeter von Säckingen" auf dem Rhein, Abfahrt in der Saison Di–Fr und So 14.30 Uhr vom Landungssteg unter dem Diebsturm. www.trompeter-schiff.de.

• *Übernachten/Essen* **Goldener Knopf**, historisches Haus am Rhein und zugleich im Herzen der Altstadt. Geräumige Zimmer, teilweise mit Balkon und Rheinblick, gutbürgerliche Gastronomie, Sonnenterrasse, Hauptgericht 25–30 €. DZ 120–150 €. Rathausplatz 9, ✆ 07761/5650, 565444, www.goldenerknopf.de.

Hallwyler Hof, das historische Gemäuer direkt an der Rheinbrücke und mit Blick auf den Fluss, in dem einst Victor von Scheffel wohnte, ist nun ein von der Tourist-Information betriebenes Gästehaus. Die geräumigen, neu eingerichteten Zimmer sind ideal für Radfahrer, Familien und Kleingruppen. Leihräder, auch E-Bikes und 2 Vespas, sowie abschließbare Rad-Unterstellmöglichkeit vorhanden. DZ 50–55 €, Frühstück extra. Rheinbrückstr. 48, ✆ 07761/5534523, www.hallwylerhof.de.

Fuchshöhle, ein mehrfach prämiertes Gourmetrestaurant in historischen Räumlichkeiten. Für seine aromatische „Frischeküche", die auf industrielle Vorprodukte verzichtet, zieht Raimar Pilz die Kräuter im Pfarrgarten am Münster. Hauptgericht 30–40 €, Menü 40–75 €. Di–Sa 12–14 und 18–23 Uhr. Rheinbrückstr. 7, ✆ 9333767, www.fuchshoehle.com.

Flora, Cafébar und Restaurant mit italienisch beeinflusster Küche. Der Innenraum ist mit dunklen Möbeln klassisch modern gestylt, an warmen Tagen Außenrestaurant mit Münsterblick. Hauptgericht bis 20 €. Mo Ruhetag, sonst ab 15 Uhr, im Sommer auch über Mittag. Münsterplatz 32. www.ristorante-flora.de.

Villa Berberich, das Café mit hübscher Terrasse steht mitten im Kurpark. Es bietet auch wechselnde Mittagsgerichte für 10–12 €. Di Ruhetag, sonst 10–18 Uhr.

Pfeiffer-Beck, das traditionsreiche Café in der Altstadt verwöhnt mit „Trompeter-Nüssen" und anderen Pralinenspezialitäten aus eigener Herstellung. Mo–Fr 7–18 Uhr, Sa 6.30–16 Uhr. Rheinbrückstr. 18, www.pfeiffer-beck.de.

Schlosspark-Café, nur im Sommer ist das Café im Schlosspark geöffnet. Unbedingt einen Platz auf der Außenterrasse mit Ausblick auf den Rhein sichern! Schönaugasse 5.

Café-Restaurant Bergsee, am Bergsee, bietet Bier, Vesper, Kaffee und Kuchen und sogar warme Gerichte. Schwarzwälder Schäufele mit Kässpätzle passt gut, doch wer hätte hier Blauhai-Steak erwartet? Hauptgericht bis 20 €. Mo Ruhetag, sonst ab 11 Uhr. Bergseestr. 93.

• *Lesetipp* Petra Gabriel: *Zeit des Lavendels*. Man schreibt das Jahr 1543. Die 15-jährige Katharina, die als Dienerin der Äbtissin im Stift zu Seggingen lebt, lässt sich von der alten Heilerin in Kräuterkunde unterweisen. Doch schon bald wird sie der Hexerei verdächtigt. Auf der Flucht begegnet Katharina dem abtrünnigen Mönch Thomas Leimer, in den sie sich Hals über Kopf verliebt. Zu spät erkennt sie, dass er ein falsches Spiel mit ihr spielt …

Stadtrundgang

Beginnen wir den Stadtrundgang, zu dem es bei der Tourist-Info auch einen Flyer gibt, am **Bahnhofsplatz.** Hier feiert ein Steinkreis von 14 Stelen den Kater Hiddigeigei, der in Scheffels Werken als Erzähler fungiert. Vorbei an der Tourist-Information kommen wir auf den von Neubauten der 70er Jahre umgebenen **Rudolf-Eberle-Platz.** Bis man ihn 1830 zuschüttete, floss hier der rechte Rheinarm – das alte Säckingen stand auf einer Insel. Eine Bronzestele zeigt mit dem Bad, dem heiligen Fridolin und dem Trompeter drei Episoden der Stadtgeschichte.

Der mächtige **Gallusturm** markiert die Ostspitze der ehemaligen Altstadtinsel. Vom Bollwerk gegen den sich hier teilenden Strom und gegen menschliche Feinde der Stadt mutierte er, nun Sitz der Narrenzunft, zum „Bollwerk gegen Trübsal". In der **Fischergasse** Nr. 12, dem frisch renovierten Zunfthaus der Fischer und Flößer, zeigen Wechselausstellungen zeitgenössische Kunst.

Im Bad Säckinger Fridolinsmünster

Vorbei am ummauerten Pfarrgarten und einer monumentalen Marienstatue erreicht man das dem heiligen Fridolin geweihte **Münster.** Das gotische Kirchenschiff (erbaut 1343–1360) steht über einer romanischen Krypta. Nach zwei schweren Bränden wurde das Innere v. a. durch den Stuckateur Johann Michael Feuchtmayer und den Freskenmaler Franz Joseph Spiegler im Rokokostil neu gestaltet. Die Fresken im Chor zeigen, den hier betenden Stiftsdamen zum Vorbild, Szenen aus dem Leben der Gottesmutter; das Langhaus ist dagegen der Vita Fridolins gewidmet. Der massiv silberne **Schrein** mit den Reliquien des Heiligen wird am Patronatstag (6. März) in feierlicher Prozession durch die Stadt getragen. Nur im Rahmen von Führungen sind der Betsaal der Stiftsdamen, die Krypta und der **Kirchenschatz** zu besichtigen. Damit bleibt auch der bemerkenswerte „Amazonenstoff" meist verborgen, ein Seidengewebe mit fortlaufenden Medaillons von Amazonen, das irgendwann im Frühmittelalter im persischen Kulturraum gefertigt wurde. Leider in Stücke zerschnitten, wurde es in ein Messgewand eingearbeitet.

Machen wir noch einen Gang außen um die Kirche herum. Am Chor wurde das **Grabmal des Trompeters** und seiner Gattin angebracht. Zwei Nischen weiter wird die Legende von Fridolins Erweckung des toten Urso leibhaftig. Gegenüber im **Alten Hof** (heute eine Sozialstation) residierten einst die Äbtissinnen des Stifts. Der Platz mit der mächtigen Linde und der Brunnenfigur des Scheffel'schen Katers Hiddigeigei eröffnet einen schönen Blick über den Rhein. Auf der Münsterseite dient das im 19. Jh. vom Freiherrn Landenberg gebaute Palais nun als **Rathaus.** Durch eine Passage mit den Wappen der Säckinger Ortsteile kommt man in einen Innenhof mit hübschem Brunnen.

Am **Rathausplatz** stehen die wichtigsten weltlichen Gebäude der Stadt: auf der Rheinseite das honorige Hotel Goldener Knopf, dann (im Uhrzeigersinn) das von einem markanten Staffelgiebel gezierte Stiftsgebäude (heute Straßenbauverwaltung) und die Polizeiwache. Zwischen Letzterer und dem Marktbrunnen kommt man auf die **Rheinbrückstraße.** Diese von kleinen Geschäften und Cafés gesäumte Hauptstraße der Altstadt führt mit leichtem Knick zur berühmten **Holzbrücke.** Mit genau 200 m ist sie die längste gedeckte Holzbrücke Europas. Ihre Pfeiler wurden 1570 in den Rhein gesetzt, die Holzkonstruktion ist weitgehend das Werk des Laufenburger

Hotzenwald
Karte S. 159

Von Bad Säckingen in die Schweiz: Europas längste gedeckte Holzbrücke

Brückenbauers Blasius Baldischwiler (1752–1832), dessen Nachfahren die renommierte Zimmerei bis heute betreiben. Ein weißer Strich in der Brückenmitte markiert die Staatsgrenze zwischen Deutschland und der Schweiz. Im rechtsseitigen Erkerhäuschen veranschaulichen Tafeln die Geschichte und Technik der Brücke, in den linksseitigen Erkern wachen die Brückenheiligen Nepomuk und Franz Xaver.

Im **Hallwyler Hof,** dem letzten Haus vor der Brücke, wohnte Scheffel während seines Säckinger Aufenthalts. Die **Rheinpromenade** ist der beliebteste Spazierweg der Stadt. Neben dem im neugotischen Stil umgebauten **Diebsturm** führt eine Treppe in den **Schlosspark** mit dem Teepavillon, dessen Inneres der auch im Fridolinsmünster tätige Francesco Antonio Giorgioli mit Fresken schmückte. Auf dem alten Au-Friedhof, der südlich an den Schlosspark grenzt, verdienen die Gräber der Industriemagnaten Bally und Berberich Beachtung.

Schloss Schönau

Das um 1600 gebaute „Trompeterschloss" beherbergt die städtischen Museen, darunter das berühmte Trompetenmuseum. Daneben wird es für Empfänge und kulturelle Veranstaltungen genutzt.

Eine Burg an der Südwestecke der alten Stadtbefestigung wurde erstmals um 1300 erwähnt. Anfang des 15. Jh. zogen hier die Herren von Schönau ein. Diese stammten aus dem gleichnamigen Ort im Elsass und hatten als treue Gefolgsleute der Habsburger wichtige Ämter in der Klosterherrschaft Säckingen inne. Sie errichteten um 1600 einen Neubau nach dem Geschmack der Zeit: ein wuchtiges Herrenhaus, flankiert von Ecktürmen und umgeben von einem Wassergraben. Ende des 17. Jh. bekamen die Innenräume ihre reich profilierten Stuckdecken. Zwei Ecktürme wurden abgerissen, stattdessen zog man einen zusätzlichen Turm in der Mitte der Westfassade hoch. Außen wurde ein großer Park nach französischem Vorbild angelegt. Un-

Schloss Schönau, heute Heimat- und Trompetenmuseum

ter wechselnden Besitzern verkam das Schloss dann mehr und mehr, bis es im 19. Jh. vom Industriellen Theodor Bally erworben und saniert wurde. Seit 1928 gehört es der Stadt, die darin ihr Heimatmuseum, das sog. Hochrheinmuseum, einrichtete.

Das **Hochrheinmuseum** ist kein Muss. Nach dem Kassenraum gehen wir durch ein irgendwie altbürgerlich eingerichtetes Zimmer in die „Hotzenstube", eine Reminiszenz an die bäuerliche Wohnkultur des Hotzenwalds. Ein paar Haushaltsgeräte, Püppchen in Tracht, ein Modell des Herrischrieder Klausenhofs. Auf der anderen Seite des Flurs die *Uhrensammlung*. Tagesuhren, Wochenuhren, eine neben der anderen hängt stumm an der Wand – eine Sammlung alten Stils mit nichts als den Stücken selbst. Keine Erklärung, kein Zusammenhang. Aus dem Rahmen fallen zwei altertümliche Stechuhren. In den beiden obersten Etagen reihen sich Schaukästen mit *archäologischen Funden* wie Knochen von Mammut, Wollnashorn und Konsorten, mit römischen Scherben und alamannischen Waffen. Wieder alles ohne Erklärung und ganz so, als habe niemand gewagt, an der von Emil Gersbach (1885–1963) eingerichteten Ausstellung irgendwas zu verändern.

Bleibt das **Trompetenmuseum** im 1. Stock. 1979 gab es auf Schloss Schönau die erste Ausstellung zum Thema. Ein Schweizer Sammler und ein amerikanischer Trompeter und Musikwissenschaftler zeigten aus ihrem Besitz etwa 50 Instrumente. Inzwischen birgt das Museum Europas größte und bedeutendste Trompetensammlung. Doch auch hier kann es in Sachen Museumsdidaktik nicht mehr als ein „Mangelhaft" geben. Zwischen all den Flügelhörnern und Kornetten, den Instrumenten mit Drehventil, solchen mit Blattventil und jenen ganz ohne bleibt der Laie seinem Unwissen überlassen. Wieder keine Erklärungen. Und keine Hörproben, kein einziger Ton! Bei der **Werkstatt eines Trompetenmachers** im Torhaus wundert mich dann nicht mehr, dass sie verschlossen ist.

www.trompetenmuseum.de. Beide Museen sind Di/Do/So 14–17 Uhr geöffnet. Eintritt 2 €.

Hotzenwald
Karte S. 159

Der Trompeter von Säckingen

Die Liebesgeschichte zwischen der adeligen, im Schloss aufgewachsenen Maria Ursula von Schönau (1632–1691) und dem Bürgersohn Franz Werner Kirchhofer (1633–1690) inspirierte Scheffel zu seinem Versepos „Der Trompeter von Säckingen". Jakob Kirchhofer, der Großvater des „Trompeters", kam 1580 von Laufenburg nach Säckingen und erwarb dort das Bürgerrecht. Er war offenbar ein vermögender und gebildeter Mann, der es bis zum Stadtschreiber brachte. Sein Enkel Franz Werner begann nach der Rückkehr vom Studium in Freiburg eine unstandesgemäße Liaison mit der jungen Maria Ursula, worauf deren Familie den Bürgersohn mit allen Mitteln aus der Stadt zu vertreiben suchte. So konnte das Paar nur irgendwo in der Fremde heiraten. In seiner Not suchte Kirchhofer die Hilfe der vorderösterreichischen Regierung – mit Erfolg, denn nach einem bösen Brief von Erzherzog Ferdinand an die Schönaus gab die Familie schließlich klein bei. Durch den Salzhandel kam der Säckinger Romeo zu Vermögen und erwarb das „Haus zum Sternen" nahe der Rheinbrücke, wo er mit Frau und Kindern ab 1679 wohnte. Wie schon sein Großvater wurde er ebenfalls Ratsherr und auch Stadtschreiber. Zudem begegnet er uns als „Symphoniacus" und Dirigent der Sängerknaben beim Stift. Dass er auch Trompete spielte, ist dagegen nicht überliefert.

Bergsee

Der auf zahllosen Landschaftsbildern und Postkarten abgebildete Bergsee liegt etwa eine halbe Gehstunde oberhalb der Stadt. Er war ursprünglich nur ein kleiner Weiher, in dem die Fischzucht des Stifts betrieben wurde. 1803 wurde das Gewässer reguliert, um die Säckinger Hammerwerke mit Wasserkraft zu versorgen. Man führte dem See durch einen Tunnel zusätzliches Wasser aus dem Oberlauf des Schöpfebachs zu, verschloss den natürlichen Abfluss auf der Westseite und leitete den regulierten Überlauf in die Stadt. Damit war auch ein attraktives Ausflugsziel entstanden. Im Sommer konnte man schwimmen, im Winter eislaufen. Rund um den See wurden Spazierwege angelegt, man baute das Café-Restaurant Bergsee (s. o.), und zeitweise konkurrierte gar ein Dampfboot mit den romantischen Ruderkähnen und Schwänen. Trotz einer Tiefenwasserbelüftung, die dem See heute künstlich Sauerstoff zuführt, hätte der Bergsee keine Chance auf eine Blaue Flagge aus Brüssel. So ist das Schwimmbad schon lange geschlossen und zu einer Flachwasserzone renaturiert. Statt Damen mit Reifrock und Sonnenschirm umrunden nun Joggerinnen und Walking-Gruppen den See. Geblieben sind immerhin die Gartenwirtschaft und der Bootsverleih.

Zum Bergsee gelangt man auf dem beim Bahnhof beginnenden Ökopfad (markiert mit einem blauen Ö, abschnittsweise auch mit einer blauen, weiß gebalkten Raute).

Ein Zusatzkapitel zu Wehr und Haseltal finden Sie auf der Homepage des Michael Müller Verlags: http://www.michael-mueller-verlag.de/deutschland/suedschwarzwald/homepage.html.

Das Kleine Wiesental – Fuchs und Has schlafen gerade

Das Wiesental

Die Wiese entspringt am Feldberg, plätschert bald 80 km zu Tal, strömt bei Basel unauffällig über die Grenze und mündet gleich danach in den Rhein. „Wo de bisch, isch Nahrig und Lebe", dichtete Johann Peter Hebel über „des Feldbergs liebliche Tochter". Der Fluss brachte Wasser und damit auch Energie, aus der Schweiz kam das Geld. So entstanden Mühlen, Hammerwerke und im 18. und 19. Jh. die großen Spinnereien, Webereien und Stoffdruckereien, mit denen das Wiesental zu einem Vorreiter bei der Industrialisierung des Schwarzwalds wurde. Ende des 20. Jh. kam der Strukturwandel. Besonders zwischen Lörrach und Zell erinnern leere, dem Verfall überlassene Fabrikhallen an den Niedergang der Textilindustrie. Doch das Wiesental hat diesen Kahlschlag gut weggesteckt und zählt zu den Wachstumsregionen im Südwesten Deutschlands. Auch wenn viele Wiesentäler heute zur Arbeit nach Basel fahren, geben sie das dort verdiente Geld doch zu Hause aus und stärken so die heimische Wirtschaft. Und dann sind da noch die Hidden Champions im Wiesental, Spezialbetriebe für Pumpen, Messtechnik, Elektronik und seltene Maschinen, die in ihren Branchen Weltmarktführer sind, deren Namen der Laie aber noch nie gehört hat.

Wiesental
Karte S. 206

Für Urlauber interessant und bekannt sind v. a. Todtnau, sozusagen das Tor zum Feldberg, und der mystische Aussichtsberg Belchen. Außerdem empfehlen sich der noch immer bäuerlich geprägte Schopfheimer Ortsteil Gersbach und der Vogelpark Steinen für einen Besuch.

Radwanderweg Wiesental: Anfangs gut, ab Lörrach mittelmäßig ausgeschilderter Radweg mit nur leichter Steigung vom Badischen Bahnhof in Basel über Lörrach, Schopfheim und Hausen nach Zell, wo das obere Wiesental beginnt – bis Zell kann

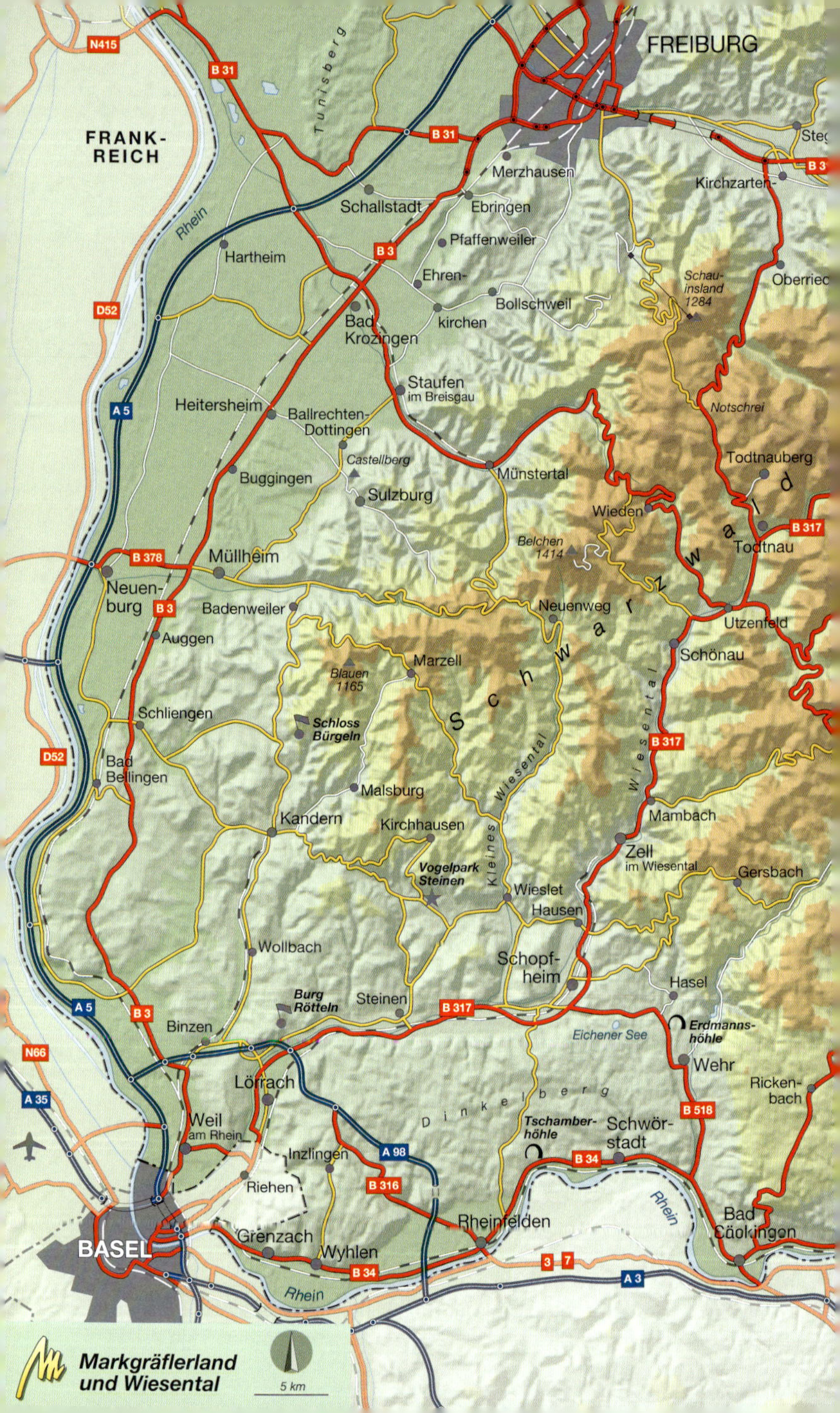
FREIBURG
FRANK-
REICH
N415
B 31
Tunisberg
Rhein
Merzhausen
Schallstadt
Ebringen
Pfaffenweiler
Kirchzarten
Steg
Hartheim
B 3
Ehren-
kirchen
Bollschweil
Schau-
insland
1284
Oberried
D52
Bad
Krozingen
Staufen
im Breisgau
A 5
Heitersheim
Ballrechten-
Dottingen
Notschrei
Castellberg
Todtnauberg
Buggingen
Sulzburg
Münstertal
Wieden
B 317
Todtnau
Belchen
1414
B 378
Müllheim
Neuen-
burg
Badenweiler
Neuenweg
Utzenfeld
Auggen
Schönau
Marzell
Blauen
1165
Schwarzwald
Schliengen
Schloss
Bürgeln
Wiesental
D52
Bad
Bellingen
Malsburg
Kleines Wiesental
Kandern
Kirchhausen
Mambach
Zell
im Wiesental
Vogelpark
Steinen
Gersbach
Wieslet
Hausen
Wollbach
Schopf-
heim
Hasel
Burg
Rötteln
Steinen
A 5
B 3
Binzen
Erdmanns-
höhle
Eichener See
N66
Wehr
A 35
Lörrach
Dinkelberg
Ricken-
bach
B 518
Weil
am Rhein
Tschamber-
höhle
Schwör-
stadt
Inzlingen
A 98
B 34
Riehen
B 316
Rhein
Rheinfelden
Bad
Säckingen
BASEL
Grenzach
Wyhlen
B 34
3
7
A 3
Rhein
Markgräflerland
und Wiesental
5 km

Schönau ist der schönste des Weges, folgt er doch weitgehend der Trasse des „Todtnauerli“, einer ehemaligen Schmalspurbahn entlang der Wiese, und passiert dabei sogar einen Tunnel. Der Radweg endet nach ca. 50 km in Todtnau.

Schopfheim

19.000 Einw., 373 m ü. d. M.

Schopfheim gehört zu den Wachstumspolen im Dreiländereck. Das prosperierende Markgrafenstädtchen gefällt mit einer beschaulichen Altstadt, die Industrie bleibt unauffällig am Stadtrand.

Schopfheim liegt etwa dort, wo der Schwarzwald in den Dinkelberg übergeht. Im Norden begrenzt die Wiese, im Süden die Bundesstraße die zu einem halbrunden Schlauch gebogene Kernstadt. Die Herren von Rötteln (→ S. 252) gewährten um 1250 das Stadtrecht, ließen Stadtmauer und -graben anlegen und für sich mittendrin eine Burg. Begünstigt durch das Marktprivileg und ein Monopol auf den Salzhandel, entwickelte sich Schopfheim zu einem wohlhabenden Ort, der nach 1750 auch von Schweizer Fabrikanten entdeckt wurde. Angelockt von der Wasserkraft der Wiese, errichteten sie eine Bleiche, Spinnereien und Färbereien. Heute sind in Schopfheim Firmen wie der Pumpenhersteller Gardner Denver, der Rührwerkproduzent Ekato und andere Spezialisten zu Hause. Während anderswo im Zuge der Globalisierung in den 1990er Jahren viele Industriearbeitsplätze auf immer verloren gingen, nimmt deren Anteil in Schopfheim zu.

- *Vorwahl* 07622
- *Information* **Tourist-Information**, Hauptstr. 23, 79650 Schopfheim, ✆ 396145, www.schopfheim.de. Mo–Fr 8.30–12 Uhr, Mo–Do auch 14–16.30 Uhr.
- *Einkaufen* Der Schopfheimer **Wochenmarkt** findet Mittwoch- und Samstagvormittag vor dem Rathaus statt. **Flohmarkt**: In der Altstadt, immer am letzten Samstag im Mai, Juli und Sept.
- *Fahrradverleih* Im **Fahrwerk** kann man Fahrräder leihen und reparieren lassen. Hauptstr. 245, Fahrnau, ✆ 6844838, www.fahrwerk-veloservice.de.
- *Baden* Das **Freibad** im innenstadtnahen Sportzentrum (Schlattholzstraße, ✆ 668400) ist von Mai bis Sept. geöffnet, das schön gelegene, solarbeheizte Kleinfreibad in Raitbach-Schweigmatt (✆ 3811, www.schwimmbad-schweigmatt.raitbach.de) von Juni bis Aug.; in dieser Zeit fährt sonntags ein kostenloser Schwimmbad- und Wanderbus vom Marktplatz Schopfheim nach Schweigmatt.
- *Übernachten/Essen* Unter www.suedwaerts.com präsentieren sich verschiedene Quartiere in Schopfheim. Besonders empfohlen seien folgende:

Adler, das jahrhundertealte Gasthaus wird seit vier Generationen von der Familie Buchleither geführt. Es steht 10 Gehminuten vom Rathaus, hat ansprechende Gästezimmer (im Neubau größer, komfortabler und teurer) und ein Restaurant mit Terrasse am Bach. DZ 80–100 €, Hauptgericht bis 25 €. Fr/Sa Ruhetag. Hauptstr. 100, ✆ 07622/6884880, ✆ 68848844, www.adler-schopfheim.de.

Ferienwohnung Alpenblick-Steinegghof, der großzügige Landsitz steht wenige Meter von der ehemaligen Burg Steinegg entfernt inmitten von Gärten und Wiesen. Zum Schwimmbad geht man nur wenige Minuten. Die beiden Ferienwohnungen sind mit Geschmack und doch neutral eingerichtet, zum Haus gehören eine Liegewiese, eine Grillstelle und sogar ein Bouleplatz. Kinder haben ein eigenes Spielhaus und erfreuen sich an den Hühnern, Schafen und anderen Vierbeinern. Ferienwohnung für 2 Pers. 45–50 €. Annette Stahl, Schweigmatt 1, ✆ 07622/3401, ✆ 688803, www.sbo.de/steinegghof.

Wirtschaft zum Hans Sachs, anstelle der mittelalterlichen Burg. Spezialität sind Röstivariationen (bis 10 €). So Ruhetag. Wallstr. 21, http://hanssachs.npage.de.

Cafébar Tesnaz, netter Treffpunkt mit Frühstück, Snacks und Cocktails am zentralen Platz der Stadt. Di–Sa ab 8 Uhr, So ab 14 Uhr. Hauptstr. 37, www.tesnaz.de.

Restaurant Café Reichert, das Ausflugslokal mit Nichtraucherraum und Terrasse steht in einem winzigen Weiler zwischen Schopfheim-Raitbach und Hasel. Die Küche bietet frische Saisongerichte: im Frühling

Wiesental
Karte S. 206

etwa Bärlauch und Spargel, im Sommer Pfifferlinge und Salate und in der kalten Jahreszeit Wild und Schlachtplatte. Hauptgericht bis 20 €. Nachmittags gibt's hausgemachte Kuchen und Vesperspezialitäten. Mo/Di Ruhetag, sonst ab 11 Uhr. Sattelhof 3a, www.sattelhof.de.

Kulturkneipe Goldener Löwe, es gibt ihn gleich mehrfach, den Löwen, nämlich als vergoldete Holzfigur über dem Eingang und innen als Monumentalbild eines tschechischen Künstlers. Der Schopfheimer Löwe ist in der Region für seine Konzerte und Kleinkunstveranstaltungen bekannt und lebt mehr von der Mund-zu-Mund-Propaganda als von der Medienwerbung. Mit warmer Küche, einfache Gerichte wie Weißwürste und Schnitzel. So Ruhetag, sonst ab 17 Uhr. Hauptstr. 99, www.goldener-loewe-schopfheim.de.

Sehens- und Erlebenswertes

Der repräsentative **Marktplatz** wurde anstelle der hier geschleiften Stadtbefestigung angelegt. Auf der Westseite, wo heute die Tourist-Information ist, waltete ab 1824 das Bezirksamt. Das **Rathaus** wurde 1826 im Stil des Landesbaudirektors Friedrich Weinbrenner (1766–1826) errichtet, einem in Baden einflussreichen Meister klassizistischer Architektur. Rechts und links schließt sich die kurze, kleinstädtische Einkaufsmeile an, auf der Rückseite des Rathauses liegt die schmucke, zum reinen Wohnviertel gewordene Altstadt. Überragt wird sie von der 1482 im spätgotischen Stil fertiggestellten **Michaelskirche** (April–Sept. tägl. 9–16 Uhr). Gleich gegenüber ist im ehemaligen städtischen Kornspeicher das **Stadtmuseum** untergebracht (Mi 14–17 Uhr, Sa 10–17 Uhr, So 11–17 Uhr, Eintritt 2 €). An einem Regentag lohnt sich der Besuch durchaus. Die Bestände wurden weitgehend von Bürgern gestiftet und sind entsprechend vielfältig: mittelalterliche Grabplatten, nachgestellte Wohn- und Arbeitsräume aus Urgroßvaters Jugendzeit, Ausstellungen zur Textilverarbeitung und schließlich ein funktionstüchtiger Musikautomat von anno 1880.

Himmliche Blautöne in der Schopfenheimer Altstadt

„Leis, Kinder, leis, draußen schleicht der Preiß", mahnt eine Figur in **Peter Lenks** Großplastik **Badische Revolution** neben dem Rathaus. Lenk, der mit seinen kalkulierten Provokationen gerne Auftraggeber und Prominente foppt, verbindet hier die historischen Akteure mit Personen der jüngeren Geschichte. So zieht der beim Bau des Denkmals (2004) amtierende baden-württembergische Ministerpräsident Erwin Teufel, sechsfach als preußischer Soldat mit Pickelhaube und grimmigem Blick geklont, auf einem 3,5 m hohen Schwebebalken gegen den Haufen der Aufrührer zu Felde. Unter ihnen erkennt man den Kommunarden Fritz Teufel mit einem Kasperle-Polizisten am Daumen seiner Pistolenhand, während die Revolutionärin Emma Herwegh der Staatsmacht ihren Hintern zeigt. Für die Badische Revolution zeigten die Schopfheimer seinerzeit wenig Begeisterung. Nur gezwungen und notgedrungen, so behauptete man später gegenüber der Obrigkeit, habe sich die Bürgerwehr Heckers Revolutionszug angeschlossen. Als Beweis für die Loyalität gegenüber der Monarchie konnten die Schopfheimer immerhin anführen, dass es zwei der ihren gewesen waren, die den flüchtenden Revolutionär Gustav Struve in einem Wehrer Wirtschaftshaus erkannt und festgesetzt hatten.

Mehr zur Skulptur und zu Peter Lenk unter www.peter-lenk.de.

Peter Lenks „Badische Revolution" beim Schopfheimer Rathaus

Linotype-Museum: Als Johann Gutenberg und seine Helfer die erste Bibel druckten, setzten sie den Text noch Buchstabe für Buchstabe aus dem Setzkasten zusammen. Erst dem nach Amerika ausgewanderten Schwaben Ottmar Mergenthaler gelang es 1884, eine brauchbare Maschine zum Setzen und Gießen von Schriftzeichen zu entwickeln: die Linotype, ein Wunder der Mechanik und bald Standard im Buch- und Zeitungsdruck, bis sie ab 1970 vom Fotosatz abgelöst wurde. Klaus Max Trefzer hat die ausrangierten Bleisetzmaschinen gesammelt und restauriert. Seine einzigartige Sammlung steht in einem 1907 von Philipp Jakob Manz (1861–1936), dem bekanntesten badischen Industriearchitekten seiner Zeit, errichteten Bau der Schuhfabrik Krafft.

Fahrnau, Krafft-Areal, Hauptstr. 269. So 10–12 Uhr. Spende erwünscht.

Umgebung von Schopfheim

Gersbach: Ein „Golddorf" in doppelter Hinsicht: 2004 wurde der Ort, der verwaltungstechnisch zu Schopfheim gehört, im Wettbewerb „Unser Dorf soll schöner werden" mit der Goldmedaille ausgezeichnet. Und: In den Bergbächen der Gegend finden Goldwäscher tatsächlich noch Gold! Zwar reicht es in der Regel nicht, um den Urlaub zu bezahlen, doch spannend ist die Aktion allemal. Gersbach wirkt noch recht bäuerlich. Hier und da riecht es nach Vieh und Mist, Fliegen kitzeln, Schilder werben für „Rindfleisch direkt vom Erzeuger", in Bioqualität natürlich. Und es tut sich was in dem Dorf, das noch über mehrere Gaststätten und ein Lebensmittelgeschäft verfügt. Gleich am Ortseingang erfährt man im neuen *Infopavillon* allerlei Wissenswertes über den Ort. Im Rathaus erinnert ein *Waldglaszentrum* (Mo/Mi/Sa 8–12 Uhr, Do 15–18 Uhr, So 15–17 Uhr) an Gernsbachs Glas-

Wiesental Karte S. 206

bläservergangenheit. Beim Sportplatz bekam das Golddorf mit dem Nachbau einer *Barockschanze* ein neues Wahrzeichen. Das Wandernetz bietet leichte und anspruchsvolle Routen mit aussichtsreichen Panoramawegen und Pfaden, die an saftigen Weiden entlangführen. Der 3 km lange *Rinderlehrpfad* umrundet das sinnigerweise „Tiergarten" heißende Gewann. Tafeln am Weg vermitteln Wissenswertes und Unterhaltsames über das Rindvieh und seine Verwandten, auf einer Waldweide („Füttern verboten") sind Wisente zu bestaunen, wenn sie sich denn zeigen.

- *Vorwahl* 07620
- *Information* **Ortsverwaltung**, Wehratalstr. 10, 79650 Schopfheim-Gersbach, ✆ 227, www.schopfheim.de → Tourismus → Tourismus Gersbach. Mo–Do 7.30–12 Uhr, Fr bis 9.30 Uhr. Eine kleine Enzyklopädie über Gersbach stellen die Seiten www.jugendheim-gersbach.de dar.
- *Einkaufen* **Chäs-Chuchi**. Die Käserei zwischen Rathaus und Sparkasse bietet handwerklich hergestellten Frischkäse, Weichkäse und andere Milchprodukte an. Mo/Mi/Sa 8–12, Do/So 15–18 Uhr. Wehratalstr. 12.
- *Wintersport* In Gersbach gibt es eine 7 km lange Loipe mit herrlichen Ausblicken; die Route hat Anschluss an das Loipennetz von Todtmoos. Der Skilift Gersbach erschließt eine 700 m lange Piste. Nahe dem Skihang wartet ein Rodelhang. Auskunft über die Schneehöhe erhält man im Winter unter www.schopfheim.de.
- *Übernachten/Essen* **Mühle**, mit zeitgemäßer Gastronomie und immer neuen Ideen haben sich Martin und Renate Buchleither einen ausgezeichneten, auch überregional etablierten Ruf erarbeitet. Die „Mühle" verbindet familiäre und unkomplizierte Atmosphäre mit exzellenter Küche, was der mancherorts gefürchtete Gastroführer „Gault Millau" mit 13 Punkten belohnte. Michelin gewährte immerhin einen Bib Gourmand. Die Küche setzt auf regionale Produkte wie Fleisch vom Weiderind, Forelle aus dem Mühlenbach oder Käse aus der örtlichen „Chäs-Chuchi". Krönung der 15 Gästezimmer ist das Studio im Dachgeschoss mit Kachelofen und privater Sauna. DZ 80–135 €, Menü 20–60 €, Hauptgericht 15–30 €. Restaurant Di und Mittwochmittag geschlossen. Zum Bühl 4, ✆ 07620/90400, ℻ 904055, www.muehle.de.

Zum Waldhüter, der denkmalgeschützte Schwarzwaldgasthof bietet außer dem Restaurant mit Gartenterrasse auch acht individuell eingerichtete Zimmer. Dielenböden und wuchtige Deckenbalken stiften rustika-

Im Tropenhaus des Vogelparks Steinen

les Ambiente. Mit Sauna und Liegewiese. DZ 100–110 €, Hauptgericht bis 20 €. Gässle 7, ✆ 07620/988900, ℻ 988901, www.zumwald hueter.de.

Naturfreundehaus, das Naturfreundehaus liegt etwa 20 Gehminuten außerhalb von Gersbach am Rinderlehrpfad. Es bietet 46 Betten in Zwei- und Mehrbettzimmern, Etagendusche/-WC sowie eine etwas altbackene, doch gemütliche Gaststube, die zugleich Aufenthaltsraum ist. Auch Tische im Freien. Auf der Karte stehen einfache Gerichte wie Schnitzel oder Kässpätzle. Man kann sein Essen aber auch in der Selbstversorgerküche zubereiten. DZ 40–55 €, Hauptgericht bis 13 €. Do Ruhetag. Zum Hörnle 4, ✆ 07620/238, ℻ 1576, www.naturfreundehaus-gersbach.de.

Ob aus dem Wiesen- oder dem Wehratal, für Radfahrer ist die Auffahrt nach **Gersbach** anstrengend. So muss man vom 16 km entfernten Schopfheim mehr als 400 Höhenmeter bergauf kurven. Sanft bergab rollt man dagegen vom St. Antoni-Pass (Todtmoos) 10 km durch den Wald nach Gersbach.

Eichener See: Mal ist er da, meistens aber nicht. Mal taucht er auf über Nacht – wie zufällig und scheinbar aus dem Nichts. Und wenn er da ist, verweilt er ein paar Tage oder Wochen, um dann wieder im Nichts zu verschwinden. Die Rede ist von einem Naturwunder auf der Eichener Höhe in Richtung Bad Säckingen. Dort bildet sich nach starken Regenfällen oder mit der Schneeschmelze ein See, indem das Grundwasser zutage tritt. Oberirdische Zu- und Abflüsse gibt es nicht. 1772 soll es gewesen sein, als gleich fünf Menschen auf einmal ertranken. 1801/02 erschien der See viermal und drohte, in Richtung Dorf auszubrechen. Seither wurde das sporadische Erscheinen des Sees registriert. Im Jahre 1876 forderte er sein nächstes Opfer, und 1910 ertranken drei weitere Personen. Des ungeachtet feiern die Eichener ihren See, und zwar am Ostermontag mit dem Eierspringen, einem keltischen Brauch, der dem Ort die Fruchtbarkeit erhalten soll. Was den Menschen den Tod, bedeutet anderen das Leben: Wenn sich der See füllt, schlüpft *Tanymastix lacunae*, eine Flusskrebsart, die hier ihr einziges Habitat in Mitteleuropa hat. Die etwa 2 cm langen und weißlichen Urzeittierchen leben vom Plankton, das sie mit ihren elf Paar Ruderfüßchen aus dem Wasser in ihren Mund strudeln. Doch es bleibt ihnen nur wenig Zeit, denn schon bald wird der See wieder verschwinden. Die bis zu 17.000 Eier, die ein Weibchen innerhalb von zwei bis drei Monaten legt, können dagegen auch lange Trockenperioden überstehen – bis der See das nächste Mal wiederkehrt.

Vom Zentrum läuft man etwa eine halbe Stunde. Folgen Sie der weiß-schwarzen Raute auf gelbem Grund (Wehrer Straße – Eichener Straße – Eichen – Oberdorfstraße). Wer mit dem Auto unterwegs ist, parkt auf der Anhöhe 1,5 km nach Beginn der B 518 rechts auf dem Wanderparkplatz.

Wiesental Karte S. 206

Vogelpark Steinen: Der wohl schönste Vogelpark Deutschlands liegt gut ausgeschildert in einer Talsenke beim Steinener Ortsteil Hofen und bietet auf 10 ha Fläche rund tausend Vögeln ein Zuhause. Die Piepmätze aus warmen Gefilden tummeln sich in einem beheizten Tropenhaus. Eine Falkneranlage liegt auf der kleinen Anhöhe gleich beim Parkeingang. Kinder können hier einen zahmen Uhu und einen Steinkauz streicheln. Die Raubvögel zeigen ihre Flugkünste bei schönem Wetter um 11 und 15 Uhr. In einem Schaubruthaus können mit Glück schlüpfende Küken beobachtet werden. Auch Affen sind im Park zu Hause, Vorsicht also vor Taschendieben! Am oberen Ende des Parks befindet sich ein Streichelgehege mit Zwergziegen, dazu ein Imbiss mit Grill- und Spielplatz.

Der Vogelpark ist ab Steinen von der B 317 ausgeschildert und auch mit dem SBG-Bus 7305 ab dem Bahnhof Steinen zu erreichen. www.vogelpark-steinen.de. März–Juni, Okt., Anfang Nov. tägl. 10–17 Uhr, Juli–Sept. 9–18 Uhr. Eintritt 14 €, Kinder 7 €.

Bauernhausmuseum Schneiderhof: Wer einen Einblick in das beschwerliche Leben der Schwarzwaldbauern von dereinst nehmen will, besucht das Bauernhausmuseum im Steinener Ortsteil Kirchhausen. Der 1696 gebaute Schneiderhof wurde zuletzt bis ins hohe Alter von der 1986 verstorbenen Berta Schneider bewirtschaftet. Die zu jeder vollen Stunde beginnenden Führungen zeigen uns ein voll eingerichtetes Haus, das auf die Rückkehr der nur gerade mal einkaufen oder aufs Feld gegangenen Bewohner zu warten scheint. Da sind die gute Stube mit Kachelofen und Herrgottswinkel, die Rauchküche, unter deren Decke das zu räuchernde Fleisch hing (das strohgedeckte Haus hatte keinen Kamin), und oben die unbeheizte Schlafstube. An Wirtschaftsräumen sehen wir die kleine Schnapsbrennerei, im Keller die Nagelschmiede und natürlich die Scheune mit Werkzeugen und allerlei Gerätschaften. Vor dem Haus blüht der Bauerngarten.

Von Steinen fährt der SBG-Bus 7305 über Endenburg nach Kirchhausen. Vom Vogelpark Steinen wandert man eine knappe Stunde durch den Wald, via Farnbuck ist auch eine (steile) Radtour möglich. www.bauernhausmuseum-schneiderhof.de. Ostern bis Anfang Nov. Mi/Sa 15–17 Uhr, So ab 13 Uhr. Eintritt 5 €.

Im Vogelpark Steinen

Dinkelberg: Ja wo ist er denn? Es bedurfte einiger Irrwege und eines langen Kartenstudiums, um zu begreifen: *Den* Dinkelberg gibt es nicht. Der Name bezeichnet vielmehr eine ganze Landschaft, nämlich die südwestlichste Randscholle des Schwarzwalds zwischen Rhein und Wiese. Nicht mehr das Grundgebirge, sondern Muschelkalk und Keuper bilden die Scholle und stiften geologische Highlights wie Dolinen, ungewöhnliche Seen und Tropfsteinhöhlen. Die *Tschamberhöhle* in Rheinfelden-Riedmatt gewährt Einblick ins Innere des Karsts. In dieser 600 m weit begehbaren Höhle erleben Sie einen unterirdischen Bach samt tosendem Wasserfall.

Rheinfelden-Riedmatt, an der B 34 Richtung Schwörstadt, Parkmöglichkeit beim Hotel Storchen. www.schwarzwaldverein-karsau.de → Tschamberhöhle. April–Okt. So 13–17 Uhr. Eintritt 2,50 €.

Von Schopfheim nach Schönau

Hebelhaus in Hausen: Johann Peter Hebel (→ Kasten) verbrachte in diesem Haus Teile seiner Kindheit. Die Hebels besaßen und bewohnten nur das obere Stockwerk, das die Mutter als Erbteil erhalten hatte. Zum 250. Geburtstag des großen Schriftstellers wurde dieses vormals leicht angestaubte Heimatmuseum zu einer literarischen Gedenkstätte ersten Ranges umgestaltet. Erhalten blieben die unter der Treppe eingerichtete Nagelschmiede, dazu in der Küche die alte Spüle und der Herd, und nebenan in der Stube der Kachelofen und ein Tisch aus dem Lohnbüro des Hausener Eisenwerks, wo der junge Hebel einst schuftete. In einer Vitrine sehen wir den Spazierstock und eine Haarlocke des Meisters. Doch in der Hauptsache geht es um Hebels Wiesentäler Zeit und deren Nachwirkungen in seinem Werk und bis in die Gegenwart. Eine große Schautafel verzeichnet den Lebensweg, eine andere die Stationen seines Mundartgedichts *Die Wiese,* dessen Strophen man sich auf Knopfdruck anhören kann. Eine Leseecke lädt zum Schmökern in Hebels Werken ein.

Hausen, Bahnhofstr. 1, www.hebelhaus-hausen.de. Mi/Sa/So 10–17 Uhr. Eintritt 3 €.

Johann Peter Hebel: „'s Lebe freudig verbruche!"

Hebel wurde 1760 als Sohn armer Eltern in Basel geboren. Im Alter von zwei Jahren verlor er seinen Vater, mit dreizehn die Mutter. Gönner ermöglichten ihm den Besuch des Karlsruher Gymnasiums und ein Theologiestudium in Erlangen. Sein Berufsleben begann er als Vikar und Hauslehrer im heute zu Bad Bellingen gehörenden Hertingen. Ab 1791 lehrte Hebel am Gymnasium in Karlsruhe, stieg zu dessen Direktor und 1819 schließlich zum evangelischen Prälaten auf. Berühmt wurde er als Mundartdichter, der in seinen „Alemannischen Gedichten" die bäuerliche Lebensart feiert. Mit Goethe gesprochen hat Hebel „auf die naivste, anmutigste Weise durchaus das Universum verbauert".

Natürlich konnte Hebel auch Hochdeutsch! Seine Anekdoten und Kalendergeschichten im protestantischen Landkalender, den er ab 1807 unter dem Namen „Der rheinische Hausfreund" herausgab, schildern einfache Erlebnisse mal vornehmer, mal schlichter Personen und gerne Begebenheiten, die sich aus dem Zusammentreffen derer da unten mit denen da oben entwickeln. Manchmal lakonische Kommentare des Erzählers würzen die „lautersten Werke der deutschen Prosa-Gold-Schmiederei" (Walter Benjamin). Hebel bediente sich ihrer, um eine vordergründige und scheinbar glasklare Moral seiner Geschichte infrage zu stellen und den so verunsicherten Leser nachdenklich zu stimmen. Der Dichter starb 1826 auf einer Dienstreise in Schwetzingen. Zu seinem 250. Geburtstag wurde entlang der Wiese vom Feldberg bis nach Basel der *Hebel-Wanderweg* ausgewiesen. Tafeln am Wege informieren über Leben und Werk und zitieren allerlei Verse des Meisters.

Wiesentäler Textilmuseum in Zell: Das in den Hallen der einst wegen ihrer Bettwäschemarke Irisette bekannten Textilfabrik Zell-Schönau eingerichtete Museum zeigt mit funktionstüchtigen Apparaten die Entwicklung vom Spinnrad zur modernen Ringspinnmaschine, vom Handwebstuhl zum Bundautomaten. Bildtafeln dokumentieren den Weg von der Heimarbeit über die Manufakturen zur industriellen Produktion. In der „Nähschule" gibt es eine Vielzahl verschiedener Nähmaschinen zu sehen, auch Techniken textiler Handarbeit wie Stricken, Häkeln, Sticken und Klöppeln werden vorgestellt.

Zell im Wiesental, beim Rathaus, Teichstr. 4, www.wiesentaeler-textilmuseum.de. April–Okt. Mi 17–20 Uhr, Sa/So 10–12 Uhr. Eintritt 4 €.

Schönau, Stadt der Stromrebellen

Schönau

2.400 Einw., 540 m ü. d. M.

Mit Gymnasium, Krankenhaus, Amtsgericht und Sitz der Gemeindeverwaltung ist Schönau der Zentralort des oberen Wiesentals. Thematische Wanderwege erschließen die Umgebung, und Schönau dient sozusagen als „Basislager" für den Belchen.

Die Bundesstraße lässt das Zentrum links liegen, was diesem zugutekommt und einen Bummel erlaubt. Die neugotische **Pfarrkirche** nennt sich ambitiös bis scherzhaft „Münster des Wiesentals". Nur der Sockel des Turms stammt noch von einem Vorgängerbau, wie es überhaupt in Schönau nur in Fragmenten alte Bausubstanz gibt: Das im 12. Jh. erstmals erwähnte und lange zu Vorderösterreich gehörende Schönau war nie sonderlich reich und bestand v. a. aus Holzbauten, die immer wieder bei großen Feuersbrünsten (zuletzt 1902) eingeäschert wurden. An der Wiese erinnern noch die Fabriken Frisetta und Frank an die im 19. Jh. blühende **Bürstenindustrie.** Wer sich en détail für die Geschichte Schönaus interessiert, wandert von der Tourist-Information auf dem „stadtgeschichtlichen Pfad" durch den Ort. Eine Broschüre erläutert die einzelnen Stationen, darunter auch Spuren von Eiszeitgletschern. In einem alten Bauernhaus aus dem 18. Jh. hat die Stadt ihr **Heimatmuseum „Klösterle"** eingerichtet. Dank minimalistischer Öffnungszeiten (Mai–Sept. Mi 16–18 Uhr, Eintritt 2 €) wird es nur selten besucht.

Über das wichtigste Monument Schönaus, das **Schlageterdenkmal**, verliert die Geschichtspfad-Broschüre kein Wort. Auch Wegweiser oder eine erklärende Tafel sucht man vergebens. Weil es zu umstritten ist? Über dem Ort steht in bester Aussichtslage das nie vollendete Denkmal für den in Schönau geborenen Albert Leo Schlageter, den die Franzosen 1923 im besetzten Ruhrgebiet als Saboteur hinrichteten. Nazis und andere Nationalisten stilisierten den Freikorpskämpfer zum Märtyrer und Freiheitshelden, doch aus anderer Sicht würde man ihn heute als Terroristen etikettieren. Für das Schönauer Ehrenmal trug man ab 1937 einen ganzen Felsen ab, planierte einen fußballfeldgroßen Aufmarschplatz und schichtete einen mächtigen Sockel mit altarähnlichem Vorbau auf. Dann kam der Krieg, und die Vaterländischen waren anderweitig beschäftigt, das Denkmal wurde nie zu Ende gebaut. Immerhin bewahrt das Betongewölbe seines Sockels einen Gletscherschliff vor weiterer Erosion.

Weg zum Schlageterdenkmal: Rathaus → Talstraße → Felsenweg → evangelische Kirche → Letzbergstraße, an deren Ende (Schranke) noch 5 Min. durch den Wald.

Die Stromrebellen von Schönau

Gemessen an der Einwohnerzahl hat Schönau den Spitzenplatz in der Liga der Solarstromproduzenten inne. Den größten Anteil daran hat das „Schönauer Schöpfungsfenster“ auf dem Gemeindehaus und dem Turm der evangelischen Kirche. Doch auch andere Dächer künden vom neuen Energiezeitalter, das in Schönau mit dem Reaktorunglück von Tschernobyl begann. Unter dem Eindruck dieser Katastrophe entstand in Schönau eine Bürgerinitiative, der nach harten Verhandlungen, viel Medienrummel und zwei Bürgerentscheiden 1997 das Kunststück gelang, das örtliche Stromnetz vom regionalen Energieversorger zurückzukaufen und fortan selbst zu betreiben. Atomstromfrei! Die Elektrizitätswerke Schönau (EWS), die ihren Strom heute deutschlandweit vertreiben, setzen auf erneuerbare Energie aus Sonnenlicht und Wasserkraft, auf Blockheizkraftwerke und aufs Stromsparen. Mehr dazu unter www.ews-schoenau.de.

- *Vorwahl* 07673
- *Information* **Belchenland Tourist-Information**, Gentnerstr. 2, 79677 Schönau, ☎ 918130, www.belchenland.de und www.schoenau-im-schwarzwald.de. Mo–Fr 9–12.30 und 13.30–17 Uhr.
- *Einkaufen* **Fallers Lädele**, Fabrikverkauf der handwerklich hergestellten Edelkonfitüren aus dem Hause Faller. Mo–Fr 8.30–16.30 Uhr. Utzenfeld, an der Straße nach Wieden, Seeweg 3, www.fallerkonfitueren.de.
- *Fahrradverleih* In der Tourist-Information, pro Tag 8–15 €.
- *Fliegen* **Skymaster Paragliding**, Schulung, Verkauf und Service, Friedrichstr. 7, ☎ 8511, www.skymaster-paragliding.de. Beliebte Startplätze für Gleitschirmflieger sind in der schneefreien Zeit das *Ittenschwander Horn* (996 m, Parkplatz oberhalb von Fröhnd) und, auf der anderen Seite des Wiesentals, der *Ehrsberg* in der Gemeinde Häg-Ehrsberg.
- *Schneeschuhverleih* Dank globaler Erwärmung schüttelt Frau Holle ihre Betten nur noch selten über dem Schwarzwald aus. Doch im Falle des Falles bekommen Sie Schneeschuhe leihweise bei der Talstation der **Belchen-Seilbahn** (→ S. 220). Personalausweis nicht vergessen!
- *Übernachten/Essen* **Adler**, hat sechs Themenzimmer mit den Dekosujets Terrakotta, Kaffee, Asien, Afrika, Rosen (überraschenderweise nur mit Einzelbett) und Fußball (zu Ehren des in Schönau aufgewachsenen Bundestrainers Joachim Löw). Restaurant im Faller-Stil, gutbürgerliche Küche mit Wildspezialitäten, Gartenterrasse. DZ 65–80 €, Hauptgericht bis 20 €. Talstr. 7, ☎ 07673/889168, 📠 889252, www.adler-schoenau.de.

Tanne, 2 km außerhalb von Schönau in einem ruhigen, sonnigen Weiler. Das Haus mit Schindelfassade, Balkonen und ausladendem Walmdach wurde 1938 nach einem großen Dorfbrand im Einheitsstil mit den Nachbarhöfen neu gebaut. 25 Zimmer, Hallenbad, Sauna, Liegewiese. Freundliche und humorvolle Wirtsleute. Küche mit konventionellem Angebot. DZ 80–90 €, Hauptgericht bis 20 €. Mo'abend und Di Ruhetag. Tunau, Alter Weg 4, ☎ 07673/310, 📠 1000, www.tanne-tunau.de.

Wiesental Karte S. 206

Umgebung von Schönau

Klopfsäge Fröhnd: Das technische Denkmal wurde 1808 weitgehend aus Stein und Holz errichtet. Gerade bekommt es von den angehenden Zimmerleuten der Gewerbeschule Schopfheim ein neues Mühlrad. Ihren Namen hat die Museumssäge vom Klopfgeräusch, das sie von sich gibt, wenn sich das Sägeblatt durch den Stamm gefressen hat und unten von einer Holzkonstruktion abgefedert wird. Bis 1953 sei die Klopfsäge noch in Betrieb gewesen, berichtete Werner Kiefer, Seniorwirt vom Holzer Kreuz und Führer durch die Säge. Fast jeder Bauer in der Umgebung habe hier früher mindestens einmal im Jahr sägen lassen.

• *Anfahrt/Vorführungen* Die **Klopfsäge** steht an der K 6303 zwischen Holzer Kreuz und Ehrsberg und ist immer einsehbar. Vorführungen (Auskunft unter ✆ 07673/332) von Mai bis Sept. und in den Osterferien immer sonn- und feiertags.

• *Übernachten/Essen* **Holzer Kreuz**, Vesperstube in Sonnenlage mit Terrasse. Beachtenswerter Kachelofen, einfache Gästezimmer. DZ 50–55 €, Ferienwohnung für 2 Pers. 35–45 €. Mo–Mi ab 14 Uhr, Fr bis 17 Uhr, Sa/So ganztags geöffnet. Fröhnd, Holz 9, ✆ 07673/286, ✆ 889912, www.holzerkreuz.de.

Bergwerk Finstergrund: Was dem Münstertal der Teufelsgrund, ist dem Wiesental der Finstergrund. Von den 1920er Jahren bis 1972 sprengten die Kumpel auf der Suche nach Flussspat rund 20 km Stollen in den Berg. Ein von ehemaligen Bergleuten gegründeter Verein hat einen Teil der Grube gesichert und instand gesetzt, manche der ehrenamtlichen Führer haben hier in jungen Jahren noch selbst geschuftet. An besonderen Tagen fährt man mit der Grubenbahn ein, doch gewöhnlich geht es zu Fuß zu den Abbaustellen. Vorbei an alten Schubkarren, Bohrhämmern und Loren lernt man Erzgänge und Quarze kennen. Interesse für Technik und Geologie sind von Vorteil. Nach einer kühlen, feuchten und düsteren Stunde

„Glück auf" bei der Fahrt ins Innere des Schwarzwalds

danken wir am Ausgang der heiligen Barbara, dass wir wieder wohlbehalten ans Tageslicht gekommen sind und lassen uns in der Vereinsgaststätte bewirten.

Ab der L 123 zwischen Utzenfeld und Wieden ausgeschildert. www.finstergrund.de. Mai–Okt. Sa/So (Juli/Aug. auch Mi) 10–16 Uhr (letzte Führung). Eintritt 6,50 €. Wasserfeste Schuhe und warme Kleidung anziehen – im Berg ist es ganzjährig etwa 8 C kalt!

Wandern

Um Schönau wurden verschiedene **Themen-Rundwanderwege** angelegt, zu denen es bei der Tourist-Information und vielen Gastgebern handliche Broschüren (1,50 €) mit Karte und Begleittext gibt.

Der **Gletscherpfad** (9 km) führt vom Schlageterdenkmal in die frostige Vergangenheit, als der südwestliche Schwarzwald vom Feldberg bis ins Wiesental mit einem großen Gletscher bedeckt war. Findlinge, Ablagerungen, Schliffe und andere Spuren werden gezeigt.

Der **Pfad ins Erdaltertum** (von Schönau 9,5 km), ein sonniger Rundweg über den Aussichtspunkt „Zweistädteblick" mit Einstiegen von Schönau und Tunau, erläutert die abwechslungsreichen Gesteine der Gegend, die mal aus Lava, mal aus tonigen Meeresablagerungen entstanden.

Der **Urwaldpfad** (5,5 km) führt südlich von Schönau in den Bannwald Flüh. Seit einem halben Jahrhundert wird er nicht mehr bewirtschaftet, sodass man beobachten kann, wie nach und nach wieder eine Wildnis heranwächst. Der Weg thematisiert die mittelalterlichen Rodungen und die Geschichte der Wald- und Landnutzung.

Auf dem **Wiedener Kirchweg** (9 km, zurück per Bus) gingen die Wiedener, bevor sie im 19. Jh. eine eigene Pfarrkirche bekamen, jeden Sonntag nach Schönau zur Messe – und danach wieder 3 Gehstunden zurück.

Kleines Wiesental

2.900 Einw., 387–722 m ü. d. M.

Ein schönes und doch armes Land zu Füßen des Belchen. Wer hier einkaufen oder gar zum Arzt will, der muss weit fahren.

Die Kleine Wiese entspringt am Belchen und mündet gleich unterhalb von Schopfheim in ihre große Schwester. Am Mittel- und Unterlauf erinnert die liebliche, reich gegliederte Landschaft an den Hotzenwald. Felder, Wiesen und Wälder wechseln einander ab, bei guter Laune gewährt der Wettergott den Wanderern ein Alpenpanorama. Hier wünschen sich Fuchs und Has Gute Nacht. Namen wie Elbenschwand und Wieslet könnten von Fantasy-Autoren ersonnen sein, bezeichnen hier aber real existierende Ortschaften, die sich erst 2009 zur Gemeinde Kleines Wiesental zusammenschlossen. Diese wirkt vergleichsweise ärmlich, und die Wege in die nächste Schule oder zum nächsten Supermarkt sind lang.

Der Maler *Ernst Schleith* (1871–1940) hat das Kleine Wiesental in seinen melancholischen „Bleistiftgemälden" originalgetreu festgehalten. Zu sehen sind Schleiths Bilder in **Wieslet** in der nach ihm benannten Grundschule. Ebenfalls in Wieslet stellt ein kleines Museum im früheren Pfarrhaus den weithin vergessenen Expressionisten *Friedrich Ludwig* (1895–1970) vor (www.ludwig-museum.de, So 14–17 Uhr). Ein Verein betreibt die frühere „Krone" in **Tegernau** als Wirtshausmuseum.

Das Kleine Wiesental endet oben im 330 Seelen zählenden **Neuenweg**, das auch von Schönau, vom Münstertal und von Badenweiler aus gut zu erreichen ist. Im

Wiesental Karte S. 206

Auch Badegäste sind am Nonnenmattweiher willkommen

Mittelalter wurde das im oberen Wiesental abgebaute Silber durch Neuenweg zum Rhein getragen. Damals mag mehr los gewesen sein als heute. Noch 2001 gewann Neuenweg die Goldmedaille im Wettbewerb „Unser Dorf soll schöner werden". Doch jetzt? Der letzte Laden hat aufgegeben und der Busfahrer als einzigen Passagier seinen Hund dabei. Bonjour Tristesse und nur schnell raus aus dem Dorf. Wanderer können von Neuenweg auf den Belchen steigen (→ Tour 15, S. 222), Radler und Autofahrer machen am idyllischen Nonnenmattweiher Station.

- *Information* Eine Tourist-Information gibt es nicht, jedoch informieren interessante Webseiten wie www.kleines-wiesental.com und www.kleines-wiesental-entdecken.de. Die Gemeinde selbst präsentiert sich unter www.gvvkw.de.
- *Übernachten/Essen* **Haldenhof**, ein klassischer Schwarzwaldgasthof in aussichtsreicher Alleinlage in nahezu 1000 m Höhe, verkehrsgünstig an einer Kreuzung (Ausflugsverkehr, Bushaltestelle). Zimmer im Landhausstil, Sauna im Haus. Gutbürgerliche Küche. DZ 70–90 €, Hauptgericht bis 20 €. Haldenhof 1, ✆ 07673/284, ✆ 8718, www.haldenhof-schwarzwald.de.

Sehens- und Erlebenswertes

Nonnenmattweiher: Im Neuenweger Ortsteil Mittelheubronn weist ein Schild von der L 131 zum Nonnenmattweiher. Der mitten im Wald auf einem früheren Moor künstlich aufgestaute See ist das Zentrum eines kleinen Naturschutzgebiets, doch an einer Stelle sind auch Picknick- und Badegäste willkommen, ja in der Fischerhütte wird sogar gewirtet (www.fischerhuette-nonnenmattweiher.de, im Sommer Di–So 11–19 Uhr, gute Forellen). Eine Besonderheit des Weihers ist eine schwimmende, vom aufsteigenden Moor gebildete Torfinsel. Der Volksmund weiß von einem im See versunkenen Kloster – Gottes Strafe für die unkeuschen Nonnen. Sprachforscher sehen allerdings die alemannisch „Nunnen" heißenden Mastkühe als Namensgeber, die hier vor der Aufstauung des Weihers zu weiden pflegten (alem. Matte = Weide, Wiese).

Verteidigungsschanze: Wenige Schritte über dem Wanderparkplatz Hau (1 km östlich von Neuenweg an der L 131) findet man die Konturen einer Rechteckbastion und auf dem Gegenhang eine vom Gras überwucherte, barocke Sternschanze. Beide sind Teil einer Verteidigungslinie, die der nach seinen Verdiensten in den Türkenkriegen „Türkenlouis" genannte Markgraf und Reichsfeldmarschall Ludwig Wilhelm 1696–1701 bauen ließ, um das ostwärts liegende Land gegen einen etwaigen Vorstoß der Franzosen zu verteidigen.

Vom Parkplatz einfach dem Belchenweg folgen, die Sternschanze liegt links vom Weg. Eine Tafel erklärt die gesamte Anlage. Infos unter www.jugendheim-gersbach.de.

Belchen

1.415 m ü. d. M.

Vielen gilt der 1415 m hohe Belchen als der schönste unter den Schwarzwaldgipfeln. Für Johann Peter Hebel war er „die erste Station von der Erde zum Himmel". Unbestritten hat er den besten Panoramablick, denn seine Granitkuppel ragt deutlich über das umgebende Terrain und fällt auf allen Seiten stark ab.

Der Name soll auf den keltischen Sonnengott Belenus zurückgehen. Noch andere Berge, einer im Jura und drei in den Vogesen, heißen „Belchen", auf allen sollen sich vorgeschichtliche Kultstätten befunden haben, und sie sollen in einer geheimnisvollen Beziehung zueinander stehen. So befindet sich vom Schwarzwälder Belchen aus gesehen der Jura-Belchen genau im Süden und der Elsässer Belchen im Westen. Zusammen bilden die drei also ein rechtwinkliges Dreieck. Zwar hatten die Druiden noch keinen Kompass und kein GPS, doch konnten sie die Himmelsrichtungen anhand der Sonne feststellen: Die steht zur astronomischen Mittagszeit genau im Süden, also über dem Jura-Belchen, und geht zur Tag-und-Nacht-Gleiche (Frühlings- und Herbstanfang) genau im Westen, nämlich über dem Elsässer Belchen,

Alle Wege führen zum Belchenhaus

Wiesental
Karte S. 206

unter. Dazu steht der Elsässer Belchen wiederum zur Mittsommerwende mit dem Kleinen Belchen ... Alles Belchismus? So nannte Hebel seine Wiesentäler Mischung aus griechischer Mythologie und Sturm und Drang. Kein Wunder, dass der Belchen auch viele Anhänger keltisch-esoterischer Naturfrömmigkeit lockt. So kaufte Schamane Jürgen aus Mönchengladbach die alte Jugendherberge und erfreute sich bei der Umwidmung zum Meditationshaus honoriger Unterstützung durch Bürgermeister und Landrat – natürlich erst, nachdem diese sich vom landeskirchlichen Sektenbeauftragten hatten bestätigen lassen, dass die Schamanenanhänger keine Sektenjünger seien. Doch das nur am Rande.

Alpenpflanzen am Belchenfelsen

Pflanzenfreunden sei der Abstecher zu den sonnigen Felsstandorten an der Südseite des Belchen empfohlen: Hier gedeiht neben Frauenmantel *(Alchemilla plicatula)* und Felsenleimkraut *(Silene rupestris)* auch der Belchenhauswurz *(Sempervivum arachnoideum)*. Mit weiteren Alpenpflanzen 1867 vom Müllheimer Apotheker Vulpius zur „Bereicherung" des Belchen angesiedelt, hat er als einzige Art überlebt. Andere, seit der Eiszeit hier natürlich verbreitete Alpenschönheiten wie der Felsenehrenpreis *(Veronica fruticans)* mit seinen blau-weißen Blüten und die Alpenaurikel *(Primula auricula)* wurden von sammelwütigen Hobbybotanikern auf schwer zugängliche Standorte zurückgedrängt.

Seit die zuerst auf der Expo zu Hannover eingesetzten Achtsitzer-Skyliner-Kabinen die letzten 262 Höhenmeter auf den Gipfel gondeln, ist der zuvor arg geplagte Berg wieder autofrei. Auf der alten Höhenstraße schwitzen und sausen nun Radler, winters dient sie als rasante Rodelbahn. Vom Belchenhaus umrundet der bequeme, auch für Kinderwagen geeignete **Entdeckungspfad Belchen** den Gipfel. Tafeln mahnen, im Naturschutzgebiet auf den Wegen zu bleiben, andere erklären das Drumherum. Etwas tiefer läuft ein zweiter, längerer Rundweg.

Fünf miteinander durch Ziehwege verbundene Lifte machen das 800–1300 m ü. d. M. gelegene Skikarussell rund um das **Wiedener Eck** zum größten Alpinskigebiet des Schwarzwalds (www.skilifte-muenstertal-wieden.de). Die insgesamt 24 km langen Abfahrten sind leicht bis anspruchsvoll, auf der Münstertäler Seite gibt es sogar eine FIS-Strecke, auf der schon Deutsche Meisterschaften ausgetragen wurden. Der separat zu erreichende Scheuermattlift eignet sich besonders für Anfänger. Wie überall im Schwarzwald ist das Skivergnügen aber von den Launen des Wetters abhängig, und so gab es auch schon (sogenannte) Winter, in denen die Lifte regungslos blieben.

• *Vorwahl der Belchengemeinden* 07673

• *Information* **Belchenland Tourist-Information**, Gentnerstr. 2, 79677 Schönau, ✆ 918130, www.belchenland.de. Mo–Fr 9–12 und 13.30–17 Uhr, Sa 10–12 Uhr. Unter dem Namen „Belchenland" vermarkten sich die Gemeinden Schönau, Aitern, Böllen, Fröhnd, Schönenberg, Tunau, Utzenfeld und Wembach als Urlaubsregion. Die Gemeinde Wieden präsentiert sich unter www.wieden.de.

• *Seilbahn* Von Schönau steuern 4–7 Busse am Tag die Talstation Multen der Belchenbahn an (seltener vom Bahnhof Münstertal über das Wiedener Eck). Die Seilbahn fährt tägl. 9.30–17 Uhr, in der Skisaison auch länger. Bergfahrt 6 €, Berg- und Talfahrt 7 €, Tageskarte 22 €. www.belchen-seilbahn.de.

• *Übernachten/Essen* **Wiedener Eck**, das Passhotel mit diversen Anbauten hält mehr, als es äußerlich verspricht. Komfortable Gästezimmer in Fichtenholzgelb, an

Wochenenden übervolles Restaurant, Hallenbad und Sauna. DZ 120–150 €. In der Hauptsaison durchgehend geöffnet, sonst Di Ruhetag. Oberwieden 15, ✆ 07673/9090, ℻ 1009, www.wiedener-eck.de.

Hotel-Gasthof Belchen-Multen, 40 Gästezimmer, Hallenbad, Sauna, im Restaurant neuschwarzwälderische Gemütlichkeit. DZ 70–85 €. Aitern, an der Straße 1,5 km unterhalb der Seilbahntalstation, ✆ 07673/209, ℻ 7039, www.belchen-multen.de.

Jägerstüble, älterer Gasthof mit neuem Hoteltrakt (mit Hallenbad und Sauna) gleich an der Talstation der Seilbahn. Ausstattung und Küche („Jägerschnitzel", „Jägerbraten", „Jägerschüssel" ...) gleichen dem Haus Belchen-Multen, das aber eine Spur gemütlicher ist. DZ 90–110 €, Hauptgericht bis 25 €. Kein Ruhetag. ✆ 07673/7255, ℻ 8881864, www.belchenhotel.de.

Belchenhaus, Ausflugsgastronomie in Monopollage auf dem Berg, große Terrasse, Selbstbedienung. Hauptgerichte bis 10 €. Geöffnet zu den Betriebszeiten der Seilbahn, ✆ 281.

• *Lesetipps* *Der Belchen*. Broschüre mit Kurzinfos zu Landschaftsgeschichte, Klima, Pflanzen und Tieren, Karte mit Rundwegen. Bei der Tourist-Information oder am Berg für 1,50 € erhältlich.

Landesanstalt für Umweltschutz (Hrsg.): *Der Belchen: Geschichtlich-naturkundliche Monographie des schönsten Schwarzwaldberges*. Die „Belchenbibel" der Profis, über 1000 Seiten stark und in guten Bibliotheken vorhanden.

Kohlhepp, Dieter (Hrsg.): *Der Belchen. Schönster Berg im Schwarzwald*. Ein gelungener Bildband, weitgehend von Schülern des Markgräfler Gymnasiums in Müllheim gestaltet.

Wanderungen zum Belchen

Tour 13: Vom Schauinsland zum Wiedener Eck

→ Karte S. 223

Von Freiburg her erwandert man den Belchen über den Schauinsland Wer Kräfte sparen will, legt die 15 km lange Teilstrecke bis zur Bergstation des Schauinsland (→ S. 75) mit der Seilbahn zurück.

Von der **Bergstation** geht es hinunter zum Parkplatz und am Infopavillon vorbei auf dem mit blauer Raute markierten Weg südwärts. Bald trifft der Weg wieder auf die Straße und folgt ihr über die Kuppe zum **Hotel Halde** (30 Min. Gehzeit ab Bergstation). Hinter dem Hotel rechts und die L 124 überqueren. Nach dem Wegweiser „Kaltenbrunnen" taucht der Feldweg in den Wald ein und erreicht über die **Hütte Dreieck** (1 Std.) den mit einer roten Raute gekennzeichneten Westweg, dem man nach rechts folgt. Nach einer weiteren Hütte wird mit dem **Bergrücken Auf den Böden** (1:30 Std.) wieder offene Landschaft erreicht. Der Aussichtspunkt „Hörnle" bleibt rechts liegen, es geht nun steil bergab zum **Oberen Jetzenwald-Hof** und um eine bewaldete Kuppe herum zum **Wiedener Eck** (insgesamt 9 km, 2:30 Std. Gehzeit). Dann weiter wie bei Tour 14.

Zu den Originalen des mit kuriosen Typen ja gesegneten Südwestens zählt auch der **Badische Regenwurm** *(Lumbricus badensis)*. Der bis zu 60 cm lange Wurm ist weder gelb noch irgendwie patriotisch, doch er stellt besondere Ansprüche an das Klima und den Boden, in den er seine senkrechten, oft 2,5 m tiefen Gänge gräbt. Deshalb lebt er nur in den feuchten Mischwäldern des Südschwarzwalds. Am Wanderparkplatz Hohtann (zwischen Talstation Belchen und Wiedener Eck) wurde dem Wurm ein kindgerechter Erlebnispfad gewidmet, an dessen Stationen man mehr über ihn erfahren kann.

Wiesental
Karte S. 206

Tour 14: Belchen-Rundwanderung ab dem Wiedener Eck

→ Karte S. 224

Am bequemsten ist die Route auf dem Westweg (rote Raute auf weißem Grund) ab dem Wiedener Eck via Krinne, da es hier nur einen Höhenunterschied von etwa 400 m zu überwinden gilt. Für den Rückweg steigt man entlang der Seilbahn zur Talstation ab und nimmt dort den Bus oder geht weiter via Hinterstgrundbach zum Wiedener Eck.

Vom **Wiedener Eck** geht es zunächst auf einem breiten Forstweg westwärts und sanft bergauf. Beim Skilift taucht man in den Wald ein, dann zweigt der mit roter Raute markierte Wanderweg links ab, überquert einen Forstweg und eine Liftschneise und trifft auf einem Holzsammelplatz eine vom Münstertal kommende Route. Am Hang des **Heidsteins** geht es auf, steinigen Pfaden über Geröllhalden hinunter zum **Pass Krinne** (1 Std. Gehzeit ab Wiedener Eck; Brunnen, Wanderparkplatz) und dann in langen Kehren den Belchen hinauf. Nach 1:15 Std. sieht man hinter einer Lichtung mit auffälligem Felsbrocken die Belchenstraße. Endlich gibt der vom Sturm gelichtete Bergwald den Blick auf Münster- und Rheintal frei. An der Baumgrenze trifft man auf den **Gipfelrundweg,** der rechter Hand nach insgesamt 6 km Wegstrecke und 1:30 Std. Gehzeit zum **Gipfelkreuz** führt.

Rückweg zur **Talstation,** vom Eingang des **Belchenhauses** talab, zweimal links, am **Hotel Belchen-Multen** die Straße überqueren, rechts über die Wiese, vor der Pension links hoch, im Wald rechts auf den **Hinterstgrundbachweg,** an der nächsten Kreuzung den Bach überqueren, am **Parkplatz Lückle** die Landstraße überqueren und dann parallel zu ihr Richtung Wiedener Eck.

Tour 15: Vom Kleinen Wiesental zum Belchen

→ Karte S. 224

Am kürzesten und steilsten ist der Aufstieg vom Kleinen Wiesental her über den Südhang des Belchen. Da der Haupass schon auf 840 m ü. d. M. liegt, ist die Strecke bei Inversionswetterlagen weitgehend über der Nebeldecke. Mit dem Rückweg via Stuhlkopf und Haldenhof ergibt sich eine schöne Rundwanderung (16 km, 5:30 Std. Gehzeit, 620 m Höhendifferenz), bei der man auch den Nonnenmattweiher (→ S. 218) besuchen kann.

Vom **Dorfplatz Neuenweg (1)** geht es über *Hau* zum Wanderparkplatz am **Haupass (2,** an der L 131), wo der Aufstieg zum Belchen ausgeschildert und mit blauer Raute markiert ist. Schon nach wenigen Minuten passiert man die **Sternschanze** (**3,** → S. 219). Der Weg tritt in einen Mischwald ein und strebt auf dem Kamm nordwärts. Nach der **Gabelung Glatte Drache (4)** und dem *Aussichtspunkt Böllener Eck* (1 Std. Gehzeit ab Dorfplatz) zickzackt der Weg durch die felsige Flanke an der Stirnseite jenes Tals, das ein eiszeitlicher Firnmuldengletscher auf der Südseite des Belchen formte. Der **Hohfelsen (5)** bietet sich als Sonnenterrasse zur Rast an. Im letzten Teil geht es durch extensiv beweidete Borstgraswiesen zum **Belchenhaus** (**6,** 5,5 km, 2 Std.).

Der mit der roten Raute markierte Rückweg geht vom unteren Belchenrundweg am **Rapsfelsen (7)** vorbei hinüber zum **Hohkelchsattel (8).** Auf der Kammlinie sieht man im Gras noch die alten Grenzsteine zwischen dem badisch-evangelischen Wiesental und dem habsburgisch-katholischen Münstertal.

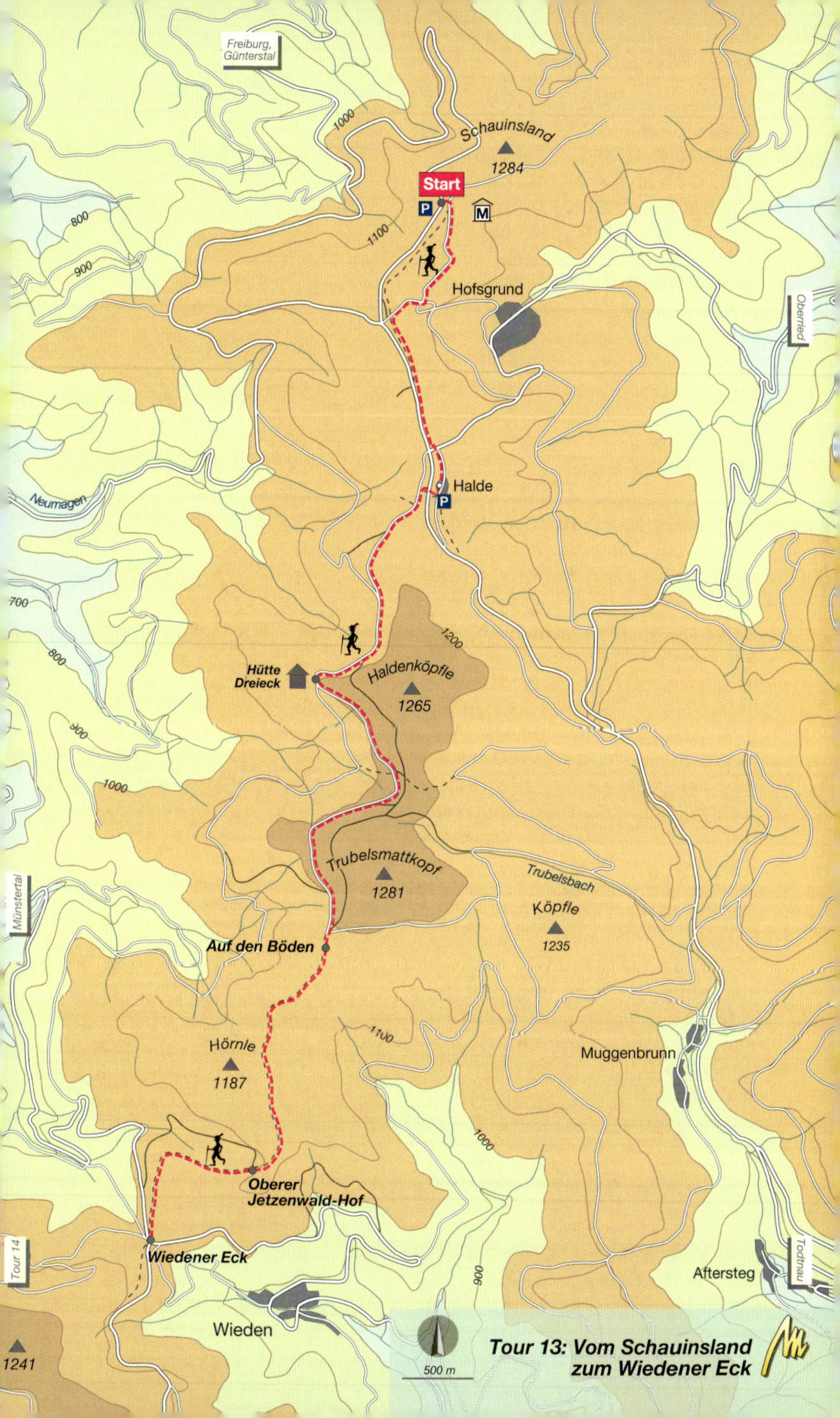

Freiburg, Günterstal
Schauinsland
1284
Start
P
M
1000
800
1100
900
Hofsgrund
Oberried
Halde
P
Neumagen
700
800
1200
Hütte Dreieck
Haldenköpfle
1265
900
1000
Trubelsmattkopf
1281
Trubelsbach
Köpfle
1235
Münstertal
Auf den Böden
1100
Hörnle
1187
Muggenbrunn
1000
Oberer Jetzenwald-Hof
Tour 14
Wiedener Eck
900
Todtnau
Aftersteg
Wieden
1241
500 m
Tour 13: Vom Schauinsland zum Wiedener Eck

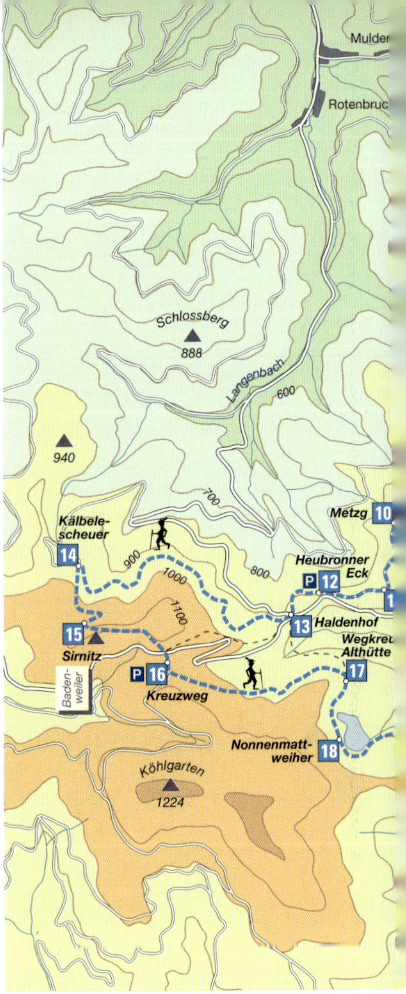

Auf einem streckenweise mit Eisengeländern gesicherten Steg wird **statt (9,** 3 Std.), die ihren Namen nicht vom Gericht, sondern vom hier „gerichteten", d. h. sortierten und bearbeiteten Holz hat, hat man die Qual der Wahl zwischen Oberem und Unterem Stuhlskopfweg, die beide an der **Metzg (10,** 10 km) wieder zusammenkommen. Am Waldsaum mit Ausblick entlang zur **Strohmeyer-Kapelle (11)** und dem **Parkplatz Heubronner Eck (12),** dann über eine Wiese hinüber zum **Haldenhof (13,** 4 Std.).

Wer nicht in den Bus steigen, sondern weiter zum Ausgangspunkt wandern will, nimmt den Weg über Weiden, Wiesen und Hinterneubronn auf die andere Talseite zum **Nonnenmattweiher (18).**

Vom Haldenhof kann man noch einen Abstecher zur 2,5 km entfernten **Kälbelescheuer (14)** machen, einer Aussichtshöhe gen Rheintal mit zünftigem Ausflugslokal (Mo Ruhetag). Am Weg erläutern Tafeln die Waldschäden. Dann geht es an einem Heidelbeerhang entlang auf den **Sirnitzkopf (15)** und zum **Parkplatz Kreuzweg (16).** Hier kann man nun auf der linken Talseite zum Haldenhof zurück (der Abstecher wäre dann 6,5 km lang) oder auf der rechten Talseite am Waldrand entlang Richtung **Nonnenmattweiher (18).** Am **Wegkreuz Althütte (17)** trifft man auf den direkten, vom Haldenhof kommenden Weg.

Vom **Nonnenmattweiher (18)** weiter Richtung Neuenweg weist an einer **Gabelung (19)** ein Wegweiser zu den *Klemmbachwasserfällen.* Doch nach mehr als 6 Gehstunden habe ich darauf verzichtet und bin via **Vorderheubronn (20)** und eine letzte Anhöhe zurück nach **Neuenweg (1).**

Tour 16: Von Schönau zum Belchen

Der mit blauer oder gelber Raute markierte, 10 km lange Weg steigt mit streckenweise gutem Fernblick in 2:30–3 Std. 850 m hoch auf den Belchen.

Von der **katholischen Kirche (1)** in Schönau nimmt man die Route Talstraße – Felsenweg – am Brunnen links in die Felsenstraße – Schützenweg. Vor

der Kneippanlage zeigt ein **Wegweiser (2)** links zum Philosophenweg. Mit klugen Sprüchen beschildert, führt er uns hoch durch den Wald und nach einer Lichtung mit Moorsee im Bogen um den Letzberg herum. Nach dem Wald liegt das Aiternbachtal mit Aitern vor uns, bis wir am **Wegkreuz Ochsenberg (3)** wieder in den Forst eintauchen. An der **Kreuzung (4)** mit dem von Böllen kommenden Fahrweg wenden wir uns rechts zu einer **Hütte (5)**.

Auf deren Rückseite zieht sich ein Wiesenpfad schnurstracks zur **Viehtränke (6)** und auf den Kamm des Höhenrückens hinauf, um am Waldrand in einen Forstweg zu münden. Wieder im Wald bietet sich ein Abstecher auf die **Aussichtshöhe Rabenfelsen (7)** oder auf die *Sonnenterrasse Obere Stuhlsebene* an. Am martialischen **Steinkreuz (8)** gabelt sich der Weg: Rechts geht's zur Seilbahntalstation, links via *Hägstutzfelsen* zum **Belchenhaus (9)**.

Blick vom Hasenhorn auf Todtnau

Todtnau

4.900 Einw., 659 m ü. d. M.

Die Vermarktung als „Todtnauer Ferienland", das Prädikat „Luftkurort" und die Nähe zum Feldberg verheißen viel Umtrieb.

Doch auch in Todtnau zeigen sich die Folgen des Klimawandels: Zuletzt versuchte die Gemeinde, mit Kunstschnee den alpinen Skiboom zu erhalten – Wintersport ist im Schwarzwald eben keine verlässliche Größe mehr. So setzt man nun auf Mountainbiker, die den Hausberg Hasenhorn hinaufliften und hinunterrasen, hat eine Sommerrodelbahn gebaut und für die Kleinen einen Zauberweg geschaffen. Neben dem Tourismus hat Todtnau noch andere Standbeine: Bereits Ende des 18. Jh. begann man mit der Herstellung von Bürsten und Besen. Die Bürstenfabriken Faller und Keller sind im Zeitalter der Globalisierung nur noch zwei unter vielen, doch in Sachen Maschinen für die Bürstenherstellung sind die Todtnauer Firmen Zahoransky und Ebser Weltmarktführer.

• *Vorwahl* 07671

• *Information* **Tourist-Information**, Meinrad-Thoma-Str. 21, 79674 Todtnau, ✆ 969690, www.todtnauer-ferienland.de. Mo–Fr 8–12 und 13.30–17 Uhr, Juli/Aug. durchgehend und auch Sa 9.30–12 Uhr. Eine Filiale gibt's im Kurhaus in Todtnauberg.

• *Klettern* Die Kletterfreunde Todtnau e. V. haben oberhalb vom Schwimmbad einen sonnigen **Klettergarten** mit bis zu 35 m hohen Wänden, einem Klettersteig und Routen aller Schwierigkeitsgrade angelegt. Leider liegt der Kletterpark im Schallkegel der Bundesstraße. www.kletterfreunde-todtnau.de.

• *Mountainbiken* **Downhill** im Bikepark am Hasenhorn (s. u.). **Crosscountry-Fahrer** finden in Todtnauberg eine technisch anspruchsvolle Trainingsstrecke.

Über die Tourist-Information werden Fahrtechnikcamps und sogar MTB-Wochenenden mit geführten Touren angeboten (www.mtb-schwarzwald.de). Von der Website kann man sich übrigens auch GPS-Daten für verschiedene Touren runterladen.

Fahrradverleih bei der *Tourist-Information* in Todtnau und Todtnauberg gibt es Centurion-MTBs ab 15 €/Tag bzw. 65 €/Woche.

Downhillräder sind ab 20 €/Tag beim *Bikepark* am Hasenhorn (s. u.) zu haben. Fr–So 9.30–17.30 Uhr.

• *Ski-, Snowboardverleih* In Todtnau beim **Sporthaus Lehr**, Friedrichstr. 5, www.sport-lehr.de, Mo–Fr 8.30–12.30 und 14.30–18 Uhr, Sa nur vormittags. In Todtnauberg beim **Sporthaus Schneider** (Kreuzmattstr. 1) oder am **Skischullift** (www.mountainsportpark.de).

• *Übernachten/Essen* **Wellnesshotel Mangler**, das Hotel im Landhausstil steht auf 1020 m an einem sonnigen Hang im Ortsteil Todtnauberg-Ennerbach. Familienpatriarch Helmut Mangler setzte früh auf den richtigen Trend und entwickelte ein anfangs bescheidenes Haus zu einer der führenden Wellnessoasen im Hochschwarzwald. Hallenbad, Sauna, vielfältiges Relax- und Fitnessprogramm, Schlemmerbuffet und Vollwertküche. DZ 125–160 €, Hauptgericht 15–25 €. Kein Ruhetag. Ennerbachstr. 28, ✆ 07671/96930, ✉ 8693, www.mangler.de.

Gasthaus Feldberg, die Ausstattung der sieben Gästezimmer ist schon etwas älter, doch das Haus liegt zentral und ist preiswert. Viele Mountainbiker, gleich hinter dem Haus ist der Bikepark. DZ 55 €. Todtnau, Schönauer Str. 5, ✆ 07671/242, ✉ 1468, www.gasthaus-feldberg.de.

Grüner Baum, das Haus liegt direkt an der Hauptstraße, die schick eingerichteten Zimmer sind jedoch gut durch dickes Fensterglas abgeschirmt. Auf der Rückseite rauscht der Bach. Kinderspielplatz, Liegewiese, Sauna im Haus. Das Hallenbad und die anderen Einrichtungen des 2 km entfernten Waldhotels am Notschrei können mitbenutzt werden. DZ 90–160 €. Todtnau-Muggenbrunn, Schauinslandstr. 3, ✆ 07671/918440, ✉ 9184499, www.gruener-baum-todtnau.de.

Jugendherberge Fleinerhaus, ein älteres Haus in Südostlage an einem Hang 1 km außerhalb von Todtnauberg. Bett 10–25 €. Radscherstr. 12, ✆ 07671/275, ✉ 721, www.jugendherberge-todtnauberg.de.

Almgasthaus Knöpflesbrunnen, eine Vesperstube mit Schwarzwaldgemütlichkeit in bester Südlage samt Alpensicht. Auch einfache Unterkunft, Bett im Achterzimmer mit Frühstück 25 €. Ostern–Nov. geöffnet, Fr Ruhetag. Am Wanderweg zwischen Todtnau und Wieden gelegen, ✆ 07673/888455, www.knoepflesbrunnen.de.

• *Camping* **Feriencamping Hochschwarzwald**, auch Wintercamping, Lifte und Loipen sind nur wenige Schritte entfernt. 2 Pers. plus Stellplatz ca. 17 €. Todtnau-Muggenbrunn, Oberhäuserstr. 6, ✆ 07671/1288, ✉ 9999943, www.camping-hochschwarzwald.de.

Am Marktplatz vor der Todtnauer Kirche

Wiesental Karte S. 206

Sehens- und Erlebenswertes

Hasenhorn: Ein Sessellift erschließt Todtnaus Hausberg. Oben warten Panorama und Bewirtung, man kann zum Gasthof Gisiboden (30 Min.) und von dort weiter zum Herzogenhorn (→ S. 179) wandern. Bis zum eigentlichen, 1158 m hohen Gipfel des Hasenhorns (der 15-minütige ausgeschilderte Weg beginnt am Ausgang der Bergstation des Lifts) mit seinem neuen *Aussichtsturm* gehen aber nur wenige Besucher. Von der Liftstation wieder ins Tal lässt sich's zu allen Jahreszeiten mit dem *Coaster* sausen, einem Zwitter zwischen Schlitten und Achterbahn, der fast 3 km auf Schienen durch Kreisel und Serpentinen den Berg hinunterkurvt. Oder man sprintet über eine der *Mountainbikeabfahrten* ins Tal hinab: Drei unterschiedlich anspruchsvolle Downhillkurse stehen zur Wahl, mancher Crack ist schneller wieder unten als sein Liftsessel. Zu Fuß kann man auf dem 1–1:30 Std. langen *Zauberweg* absteigen, an dem Spielstationen und geschnitzte Figuren ein Märchen der Todtnauer Kinderbuchautorin Sabine Steinebrunner erzählen. Höhepunkt ist eine begehbare Fledermaushöhle. Kindertragen verleiht die Tourist-Information, die fantasiereiche Geschichte vom verschwundenen Zauberstein ist dort oder in der Hasenhornhütte auch als Buch erhältlich (www.zauberweg.de).

Der Todtnauer Wasserfall

• *Sessellift* Einzelfahrt 4,50 €, 10er-Karte 41 €. April–Okt. und bei Schnee tägl. 10–17 Uhr, sonst Sa 12.30–16.30 Uhr, So ab 10 Uhr.

• *Coaster* Fahrt mit Lift 8,50 €, Kinder 7 €, gleiche Betriebszeiten wie der Sessellift. www.hasenhorn-rodelbahn.de.

• *MTB-Funpark* Verleih von Rädern und Protektoren, auch Kurse. April–Okt. Fr–So (in den Sommerferien tägl.) 9.30–17.30 Uhr. www.bikepark-todtnau.de.

• *Essen* Die **Hasenhornhütte** nennt sich inzwischen etwas vornehmer „Berggasthaus", hat aber Hüttencharakter. Kuchen, Vesper, Schnitzel und dergleichen. Di Ruhetag. ✆ 521, www.berggasthaus-hasenhorn.de.

Glasbläserhof Aftersteg: Für Busgesellschaften ein Muss. Glasbläser zeigen unter mehrsprachiger Erläuterung ihr Können, ein Museum dokumentiert Geschichte und Technik der handwerklichen Glasherstellung, die heute nach dem Siegeszug des billiger herzustellenden Industrieglases nur noch ein Nischendasein fristet. Natürlich gibt es auch einen Verkaufsraum für Kelche, Trinkgläser, Lampen, Mobiles und andere gläserne Blick- und Staubfänger, dazu eine Gastwirtschaft.

Todtnau-Aftersteg, Tal 6, www.glasblaeserhof.de. Tägl. 9.30–18 Uhr, Vorführungen Di–So um 11, 12, 14 und 14 Uhr.

Todtnauer Wasserfall: Neben der Straße von Todtnau nach Todtnauberg stürzt sich der Stübenbach über mehrere Felsklippen fast 100 m tief ins Wiesental. Von Todtnau aus erreicht man das Naturwunder in 30 Gehminuten, indem man neben der Kirche zum Panoramaweg (Obere Sonnhalde) aufsteigt und ab dort den Markierungen des Wasserfallsteigs folgt. Von Todtnauberg folgt man am Schwimmbad vorbei einfach dem Bach. Um den Fall selbst führt ein Rundweg, der sich über Serpentinen und Treppen hinauf- und hinunterschlängelt und an gefährlichen Stellen durch Geländer gesichert ist. Am unteren Ende kann man auf zinnoberroten Designliegen ruhend das Naturspektakel genießen. Besonders schön präsentiert sich der Wasserfall im Winter, wenn der Frost das Wasser zu Eiszapfen und anderen bizarren Skulpturen geformt hat.

Schatzstein: Der sagenumwobene Schatzstein mit seinen geheimnisvollen Zeichen gilt vielen noch immer als Schatzkarte. Was nicht ganz falsch ist, da hier ein Bergvermesser die Lage der Gruben und Reviere in der Umgebung festhielt, damit sich die einzelnen Stollensysteme unter Tage nicht in die Quere kamen.

- *Information* www.minifossi.pcom.de/Projekt-2.html.
- *Weg* Der kurze Abstecher zum Schatzstein (Geoposition N 47°50'38" O 7°56'28") ist von der oberen Wasserfallbrücke (Ostufer) ausgeschildert. Bei der Gabelung an einem Strommast wählt man den Weg bergab – er endet am Schatzstein.

Fahler Wasserfall: Der kleine Bruder des Todtnauer Wasserfalls befindet sich auf halber Strecke zwischen Todtnau und Feldberg und ist durch Stiegen und Brücken gut erschlossen. 50 Meter tief stürzt das Wasser des Rotenbaches zu Tal, wo es dann in die Wiese mündet. Der Wanderweg *Wasserfallsteig* (www.wasserfall-steig.de) verbindet die beiden knapp 2 Gehstunden voneinander entfernten Wasserfälle und führt in seinem schönsten Abschnitt von Fahl noch weiter 2 km weiter auf dem Hebelweg (→ S. 213) zum Feldberg hinauf.

Wandern

Tour 17: Martin-Heidegger-Weg

In der schneelosen Zeit bietet das sonnige Hochtal um Todtnauberg die Gelegenheit, auf den Spuren des Philosophen Martin Heidegger zu wandern. Dessen Frau Elfride ließ ihm 1922 oberhalb des Todtnauberger Ortsteils Rütte eine Hütte bauen, auf die er sich bis zu seinem Tod oft zurückzog. Mancher Gedanke über Sein und Zeit mag zuerst in Todtnau gedacht und notiert worden sein. Die Gemeinde ehrt Heidegger heute mit philosophischen Seminaren und hält seine Schriften in der Leihbücherei bereit (Elfriede Jelineks „Totenauberg“ habe ich dort allerdings nicht gefunden). Entlang dem 6,5 km langen Martin-Heidegger-Weg, einem Panoramarundweg mit vielen Aus- und Überblicken, skizzieren Tafeln Heideggers Lebensweg und erzählen von berühmten Besuchern sowie von den Begegnungen der Einheimischen mit dem Philosophen – alles nach dem Motto *de mortuis nil nisi bene,* über die Toten nur Gutes, als sei Heidegger nie ein Mann der Nazis gewesen und hätte es Hannah Arendt nicht gegeben.

„Landsitz Alpenblick“ am Martin-Heidegger-Weg

Wer mit dem Bus kommt, muss zunächst 15 Min. von der Haltestelle am **Dorfplatz (1)** auf der Radschertstraße an der **Schule (2)** vorbei zum **Parkplatz Radschert (3)** laufen – dort lässt die Gemeinde mit der hoch entwickelten Parkplatzkultur, wie die NZZ einmal launisch bemerkte, den Rundweg beginnen, der eigentlich kein Wanderweg,

Wiesental
Karte S. 206

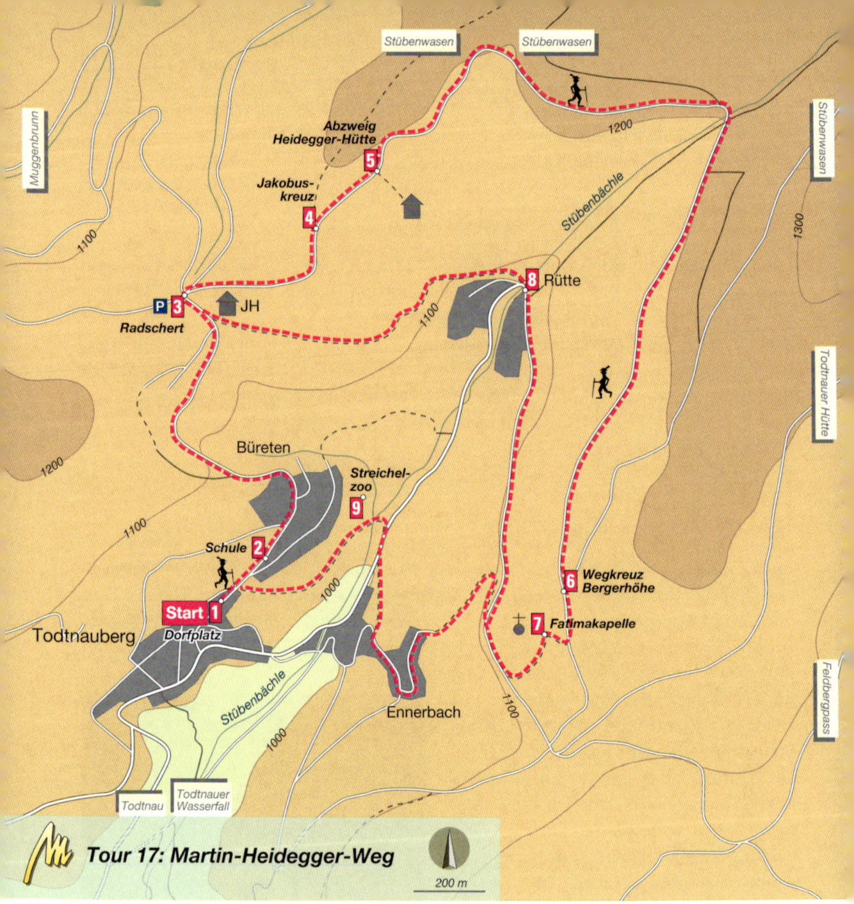

Tour 17: Martin-Heidegger-Weg

sondern eine breite Schotterpiste ist, ja im letzten Teil gar eine Asphaltdecke hat. Er führt zunächst zum **Jakobuskreuz (4)**, gewidmet dem Gemeindepatron und „Wegleiter Europas". 700 m weiter weist ein leicht zu übersehendes **Schild (5)** den Wald- und Wiesenpfad zu Heideggers Hütte. Noch immer im Besitz der Familie, bleibt sie der Öffentlichkeit vorenthalten, doch sehen wir auf einer Tafel immerhin Fotos vom Inneren. Wieder zurück am Fahrweg, hängen am Waldrand die „Landsitze Alpenblick", drei sich drehende und schwingende Sitze. Ihre Form erinnert an Kuckucksuhren und Vogelhäuschen. Sanft schaukelnd und sich drehend kann man die Landschaft von den Heidelbeeren bis zu den Alpen genießen und über den Kahlschlag der Lifttrassen schnell hinwegsehen. Die Talseite wechselnd, kommt man über das **Wegkreuz Bergerhöhe (6)** zum Aussichtsplatz an der **Fatimakapelle (7)**. Nun ein Wiesenweg, dann wieder Fahrwege über **Rütte (8)** zum Radschert. Das letzte Stück kann man abkürzen und über Ennerbach und am **Streichelzoo (9)** vorbei wieder nach Todtnauberg hinüberlaufen (zusammen 1:30 Std. Gehzeit).

Ski Heil – wie alles anfing

Als der Todtnauer Landarzt Dr. Tholus 1888 auf dem Weg zu einem Hausbesuch wieder einmal bis zu den Hüften im Schnee versank, mag er an die langen Bretter gedacht haben, die er als junger Schiffsarzt in Skandinavien gesehen hatte und mit denen man so schnell und sicher über den Schnee flitzen konnte. So ließ sich der Medicus ein Paar Skier aus Norwegen schicken – kam mit ihnen aber nicht zurecht, was an des Doktors Ungeduld und daran gelegen haben kann, dass ihm ein Skilehrer fehlte.

Drei Jahre später berichteten die Zeitungen, der Norweger Fridtjof Nansen habe in nur 42 Tagen Grönland durchquert – auf „Schneeschuhen", womit Skier gemeint waren, bevor sich mit diesen auch ihr norwegischer Name *ski* in Deutschland verbreitete. Die einen sagen, Tholus habe sich damals seiner Bretter erinnert und einen neuen Anlauf genommen – eine Winterbesteigung des Feldbergs. Oben angekommen, musste er allerdings zu seiner Enttäuschung feststellen, nicht der erste gewesen zu sein. Kurz vorher, der Eintrag im Gästebuch des Feldberghofs datiert vom 8. Februar 1891, hatte ein gewisser Dr. Pilet, französischer Konsulatsbeamter aus Heidelberg, den verschneiten Berg von Norden erwandert. Doch es gibt auch eine andere Version. Nach der hat Tholus seine Latten an neugierige und wagemutige Stammtischbrüder verschenkt, und die gewannen den Diplomaten als Skilehrer.

Unter den Gründungsmitgliedern von Deutschlands erstem Skiclub, zu dem sich eine Handvoll Todtnauer 1891 im Ochsen zusammenfand, war Dr. Tholus jedenfalls nicht. Die Skifahrer trugen denn auch nicht ihm, auch nicht ihrem Lehrer Pilet, sondern Fridtjof Nansen die Ehrenmitgliedschaft an. In seinem Dankesbrief vom 5. Januar 1892 zeigt sich der Polarforscher hocherfreut, „zu sehen, daß das Schneeschuhlaufen jetzt mit gutem Erfolge im Schwartzwald getrieben wird", und überzeugt von des Skifahrens „werthvollem Nutzen zur Bevörderung der Gesundheit und d. Geistesfrischheit".

Der Rest ist Erfolgsgeschichte. Furnierschneider Johann Bernauer spezialisierte sich auf die Herstellung von Skiern, Schneidermeister Fieger nähte die passende Kleidung. Der Feldberg wurde mit Wettrennen, Hindernisläufen und Skispringen zum Mekka des deutschen Skisports. Bei den ersten offenen Deutschen Skimeisterschaften im Jahre 1900 mussten die Teilnehmer vom Belchen über das Wiedener Eck und den Notschrei zum Feldberg laufen, was der norwegische Student Bjarne Nilsen in noch heute beachtlichen 3:10 Std. meisterte.

Und heute? Mit einem Netz von 80 km präparierten Loipen ist Todtnau Spitze unter den deutschen Mittelgebirgsorten. Mit dem Bau einer Sesselbahn wurde Todtnaus Hausberg Hasenhorn zu einer Hochburg des alpinen Skisports und sogar mit drei Weltcuprennen geadelt. Jedoch: Zum Skilauf braucht es Schnee, und die weiße Pracht macht sich mit dem Klimawandel im Schwarzwald immer rarer. Wenn alles schmilzt, helfen auch Schneekanonen nicht weiter.

Blick von Burg Rötteln über Lörrach

Markgräflerland

Das Markgräflerland schließt sich südlich an den Breisgau an und reicht bis zum Rheinknie bei Basel. Auch die südwestlichen Ausläufer des Schwarzwalds und das untere Wiesental gehören dazu. Durch die Burgundische Pforte findet milde, im Sommer manchmal gar heiße Mittelmeerluft aus dem Rhônetal den Weg in die Region und macht sie zu Deutschlands wärmster Ecke. So sind die Vorberge des Schwarzwalds mit Reben und Obstbäumen bepflanzt. Des warmen Klimas, der lieblichen Landschaft und des Weins wegen wird das Markgräflerland auch gerne als „deutsche Toskana" bezeichnet, muss sich dieses werbewirksame Etikett aber mit dem Kaiserstuhl teilen. Das an der geologischen Bruchlinie zwischen Oberrheingraben und Schwarzwald aufquellende Thermalwasser macht die Gegend auch zu einer Bäderlandschaft – und das seit den Römern.

Der Name „Markgräflerland" erinnert daran, dass hier einst die Markgrafen von Hachberg-Sausenberg und die Markgrafen von Baden herrschten. Anders als das benachbarte Frankreich und Vorderösterreich schloss sich der badische Markgraf mit seinen Untertanen der Reformation an. Einzelne Dörfer, so der zum Bistum Basel gehörende Weinort Schliengen, der Johanniterbesitz Heitersheim oder das habsburgische Bad Bellingen, blieben aber katholisch. Der letzte Markgraf und zugleich erste Großherzog, Karl Friedrich von Baden (1728–1811), schaffte nicht nur Folter und Leibeigenschaft ab, sondern brachte auch den Gutedel in die Region, eine Rebsorte, die angeblich schon die alten Ägypter kannten und die heute etwa ein Drittel der Markgräfler Weinerträge liefert.

Das Malteserschloss in Heitersheim

Heitersheim

6000 Einw., 254 m ü. d. M.

Der Weinort liegt zwischen Bad Krozingen und Müllheim in der Vorbergzone des Schwarzwalds. Sehenswert sind eine ausgegrabene römische Villa und das Malteserschloss.

1272 schenkte Gottfried von Staufen dem Johanniterorden seinen Heitersheimer Gutshof. Aus diesen bescheidenen Anfängen erweiterte der Orden Zug um Zug seine Rechte und seinen Besitz, der zeitweise bis in die Vororte Freiburgs reichte. 1428 wurde Heitersheim zum deutschen Hauptsitz der Johanniter oder Malteser, wie sie sich später nannten, und schließlich gar zum Reichsfürstentum erhoben. Die Herrlichkeit endete 1806 mit der Eingliederung ins neu gegründete Großherzogtum Baden, das Heitersheim zum Ausgleich immerhin das Stadtrecht gewährte.

- *Vorwahl* 07634
- *Information* **Tourist-Information**, im Rathaus, Hauptstr. 9, 79423 Heitersheim, ✆ 40212, www.heitersheim.de. Mo–Fr 8–12 und 14–16 Uhr, Do bis 18 Uhr.
- *Einkaufen* **Weingut Julius Zotz**, eine der größeren Privatkellereien am Ort. Hier können Sie edle Tropfen der Lage „Maltesergarten" kosten und erstehen. Mo–Fr 8–12 und 13–17.30 Uhr, Sa 9–13 Uhr. Staufener Str. 3, ✆ 1059, www.weingut-zotz.de.
- *Übernachten/Essen* **Landhotel Krone**, ein historisches Wirtshaus wurde Schritt für Schritt erweitert und ist mit Stammhaus, Stadthaus, Turmhaus, Gartenhaus und was sonst noch für Gebäuden heute beinahe ein eigenes Dorf. Von der Besitzerfamilie persönlich geführt, sehr unterschiedlich ausgestattete Zimmer, prämierte Küche, hübscher Garten mit Ententeich. DZ/Appartement (2 Pers.) 90–140 €, Hauptgericht 15–25 €. Di Ruhetag, Mi erst ab 15 Uhr. Hauptstr. 12, ✆ 07634/51070, 510766, www.landhotel-krone.de.

Markgräflerland
Karte S. 206

Sehens- und Erlebenswertes

Malteserschloss: Im 16. Jh. erweiterten die Ritter ihren zuvor bescheidenen Gutshof zu einem stattlichen Wasserschloss mit Ritter- und Gästehaus, Trakten für die

Bediensteten und die Verwaltung und mit allerlei Wirtschaftsgebäuden. Später im Barockstil umgebaut und ihrer Gräben und Befestigungen wieder entledigt, gehört die Anlage seit 1897 den Barmherzigen Schwestern vom heiligen Vinzenz von Paul. Neben dem Schwesternhaus gibt es Werkstätten und eine Schule für behinderte Menschen. In den Kellergewölben des barocken Kanzleibaus informiert das Johanniter- und Maltesermuseum über die Geschichte des Schlosses und des Ritterordens. In den Vitrinen sieht man seltene Exemplare aus der Hausbibliothek, alte Urkunden und Pläne. Lebensgroße Puppen stellen die Würdenträger des Ordens vor, und auch Ritterrüstungen fehlen nicht.

Sulzburger Straße. Museum April–Okt. Mi 14.30–17 Uhr, So auch 11–12.30 Uhr. Eintritt frei. www.museum-im-schloss.de.

Villa Urbana: Einige Hundert römische Landgüter *(villa rustica)* wurden im Südwesten Deutschlands lokalisiert, doch nur der Landsitz auf dem Heitersheimer „Scherbenacker" war mit Mosaikböden, Wandbildern, Säulenhallen, fließend Wasser und Thermen derart luxuriös ausgestattet, dass er *villa urbana* genannt werden durfte. Der Keller des Prachthauses wurde ausgegraben, ein Wasserbecken mit Brunnen rekonstruiert, Exponate und Tafeln erzählen von römischer Lebensart. Das über der Grabung errichtete Schutzhaus wird auch für Konzerte und Vorträge genutzt. In der Antike umfasste das Anwesen außer der Villa auch Gärten, Äcker und Wirtschaftsgebäude samt Töpfer- und Metallwerkstätten. Als der römische Adlige Lucius Julius Fontus die Stelle im Jahr 30 n. Chr. für seine Sommerresidenz auswählte, gehörte die Gegend noch gar nicht zum Römischen Reich. Die Nähe zu den Sulzburger Silbergruben mag ihn zu seinem mutigen Schritt veranlasst haben. Das Heitersheimer Weingut Julius Zotz hat dem Bauherrn mit dem roten Gutedel Marke „Fontus" einen Wein gewidmet.

Sulzburger Straße. April–Okt. Di–Sa 13–17 Uhr, So ab 11 Uhr. Eintritt frei.

> Der 15 km lange **Römerweg** führt von der Villa Urbana über Müllheim (Stadtmuseum, Römische Villa unter der Martinskirche) zum Römerbad in Badenweiler.

Sulzburg

2700 Einw., 337 m ü. d. M.

Friedlich und still liegt das Städtchen zwischen den grünen Hügeln. Ansehnliche Bürgerhäuser säumen den Marktplatz, auch das Rathaus und die ehemalige evangelische Stadtkirche (jetzt Bergbaumuseum) können sich sehen lassen.

Im 16. Jh. war das mit dem Bergbau reich gewordene Sulzburg für kurze Zeit sogar markgräfliche Residenz. Im Schloss ist nun ein Auktionshaus für hochkarätige Kunst zu Hause. Kunstsammler, die bereit sind, Millionenbeträge für Gemälde auf den Tisch zu legen, zahlen das Menü im Michelin-gesternten Gasthof Hirschen aus der Portokasse. In einer Seitengasse fällt zwischen den Wohnhäusern ein Gebäude mit dorischem Giebelportal auf: die Synagoge. Sulzburg war einst ein Zentrum des badischen Landjudentums. Schon Markgraf Ernst (reg. 1515–1553) gestattete Juden, sich in der Residenz- und Bergbaustadt niederzulassen. Ihre beste Zeit hatte die Glaubensgemeinschaft hier um die Mitte des 19. Jh., als etwa jeder dritte Einwohner Sulzburgs jüdischer Konfession war. Danach, als die badischen Juden mit der bürgerlichen Gleichstellung auch die Freizügigkeit erhielten und hinziehen konnten, wo sie wollten, verlor die Gemeinde zugunsten von Freiburg an Bedeutung. Die letzten Sulzburger Juden wurden 1940 ins Konzentrationslager Gurs deportiert.

- *Vorwahl* 07634
- *Information* **Tourist-Information**, Am Marktplatz, 79295 Sulzburg, ✆ 560040, www.sulzburg.de. Mo–Fr 9.30–12 und 14–16 Uhr, Do bis 18 Uhr, Freitagnachmittag geschlossen.
- *Baden* Das von einem kühlen Bach gespeiste **Naturfreibad** liegt an der Straße zum Waldhotel. Früher wurde hier das Wasser für die Erzverarbeitung gestaut. Schattige Liegewiese, Kiosk mit vielfältigem Fruchtgummiangebot.
- *Einkaufen* **Weingut Brugger**, einer der ersten Öko-Weinbaubetriebe in der Region. Laufen, Bachtelgasse 6, ✆ 8957, www.weingut-brugger.de.

Staudengärtnerei Gräfin von Zeppelin, die Kunden kommen von weit her, und es lohnt sich! Ein Angebot jenseits des Baumarkteinerleis. Spezialität sind Lilien und Pfingstrosen. Mo–Fr 8–18 Uhr, Sa 9–14 Uhr. Laufen, Weinstr. 2, ✆ 56050, www.graefin-v-zeppelin.com.

- *Veranstaltung* Am Sonntag *nach* Aschermittwoch findet die **Burefasnet** statt: nachmittags Narrenumzug, abends „Schiibefier", bei dem von den umliegenden Hängen brennende Holzscheiben ins Tal geschleudert werden.
- *Übernachten/Essen* **Waldhotel Bad Sulzburg**, ruhiges Hotel 3 km außerhalb am Talende mitten im Wald, großer Wellnessbereich mit eigener Quelle, beliebt für Tagungen. DZ 100–150 €. Badstr. 67, ✆ 07634/505490, ℻ 5054915, www.waldhotel4you.de.

Haus am Wald, eine Frühstückspension in Südhanglage. Die meisten Zimmer verfügen über einen Balkon, die im Anbau sind etwas moderner. Schöner Garten. DZ 60–70 €. Nahe St. Cyriak, Schlossbergstr. 6, ✆ 07634/8577, ℻ 592087, www.haus-amwald.de.

Hirschen, Douce Steiner und ihr Team kochen mit großem Aufwand, technisch perfekt und in originellen Kombinationen. Besondere Sorgfalt gilt den französisch inspirierten Desserts. Der „Guide Michelin" belohnt die „Gastronomie für gehobene Ansprüche" mit einem Stern. Immerhin wird man wohltuend freundlich bedient und gibt es werktags ein für diese Klasse relativ preiswertes Mittagsmenü (42 €). Neun Gästezimmer, ländlich-antik möbliert

Sulzburgs tausendjährige Pfeilerbasilika St. Cyriak

und bewusst ohne TV, DZ 120–145 €. Mo/Di Ruhetag. Hauptstr. 69, ✆ 07634/8208, ℻ 6717, www.douce-steiner.de.

Weinreich, eine Weinstube mit warmer Küche. Im Sommer sitzt man auf der schattigen Terrasse am Sulzbach, im Winter in der rustikalen Wirtsstube. Badische Hausmannskost, gute Weinauswahl und -beratung durch den unterhaltsamen Wirt. Hauptgericht bis 20 €. Di Ruhetag. Gustav-Weil-Str. 2, ✆ 8751.

La Vigna, Innenhofterrasse in Südlage mit gehobener italienischer Küche. Die reicht von kleinen Snacks zum Wein und hausgemachter Pasta über Hauptgänge vom Fisch oder Rind bis zum Menü (25–45 €). Ein Hit sind die gefüllten und gratinierten Zucchiniblüten, ein Traum ist der geeiste Latte macchiato. So/Mo Ruhetag. Laufen, Weinstr. 7, ✆ 8014, www.restaurant-la-vigna.de.

Markgräflerland
Karte S. 206

Sehens- und Erlebenswertes

Landesbergbaumuseum: Das Bergbaumuseum in der ehemaligen evangelischen Stadtkirche vermittelt einen Einblick in die Arbeitswelt der Bergleute. Schon in der Steinzeit wurde um Sulzburg Hämatit gewonnen, das man für die Höhlenzeichnungen oder das rituelle Make-up brauchte. Im Mittelalter war die Region ein Zentrum des Silberbergbaus, auch Blei, Kobalt und Salz wurden hier gewonnen. Neben schönen Mineralien sieht man allerlei Werkzeuge und Gerätschaften bis hin zu einer Grubenlok und „Waschmaschine" für die Suche nach Rheingold. Vom Museum führt ein 5 km langer Rundwanderweg zu den Spuren des Bergbaus im Sulzbachtal.
Hauptstr. 56, Auskünfte bei der Tourist-Information. Di–So 14–17 Uhr. Eintritt 1,50 €.

St. Cyriak: Die dreischiffige Pfeilerbasilika, eine der ältesten Kirchen am Oberrhein, wurde 993 vom Breisgaugrafen Birchtilo zu Ehren des Märtyrers und Nothelfers Cyriak gestiftet, der auch Schutzheiliger der Weinberge ist. Sie gehörte zu einem mit der Reformation aufgehobenen Kloster – ein Modell im Eingangsbereich zeigt die Anlage. Im 11. Jh. bekam die Kirche eine Krypta und ihren Turm, und noch kurz vor der Reformation wurde die Holzdecke eingezogen. Das Gotteshaus beeindruckt mit seiner ungeheuren Schlichtheit. Kein Heiligenbild, kein Seitenaltar, kein Schnitzwerk und keine Steinmetzarbeit lenkt vom Raumeindruck ab, die bescheidenen Reste alter Fresken und Ornamente bleiben unauffällig. Neben Gottesdiensten finden auch Konzerte statt, die weit über Sulzburg hinaus als musikalische Highlights gelten.
www.sankt-cyriak.de

Synagoge: Zur Plünderung und Verwüstung jüdischer Häuser und der Synagoge brachten die Nazis in der Kristallnacht ganze Omnibusse voll williger Helfer nach Sulzburg. Aus Angst, ein Feuer könne angesichts der engen Bebauung auf die Nachbarhäuser übergreifen, wurde die 1822 errichtete Synagoge jedoch nicht angezündet. So entging der klassizistische Bau des Architekten Johann Ludwig Weinbrenner (ein Neffe und Schüler des Karlsruher Landesbaudirektors Friedrich Weinbrenner) der Zerstörung. Die Synagoge dient heute als Gedenkstätte und Raum für Ausstellungen und Kulturveranstaltungen.
Am ersten und letzten Sonntag im Monat von 16 bis 18 Uhr und bei Veranstaltungen geöffnet.

Der jüdische Friedhof von Sulzburg

Jüdischer Friedhof: Der jüdische Friedhof liegt östlich der Stadt beim Campingplatz in einem Hangwald über dem Sulzbach. Angelegt um die Mitte des 16. Jh., verfiel er im Dreißigjährigen Krieg, wurde ab 1717 wieder in Betrieb genommen und 1938 neuerlich geschlossen. Danach gab es nur noch eine Beisetzung, nämlich die von Hugo Bloch (1898–1980), einem gebürtigen Sulzburger, der sich um den Erhalt der Synagoge verdient gemacht und den

Blick vom Castellberg auf die Rheinebene

Herzenswunsch geäußert hatte, hier begraben zu werden. Ein Mahnmal listet die Namen der aus Sulzburg deportierten und ermordeten Juden auf.

Castellberg: Er erhebt sich weithin sichtbar am Eingang zum Sulzburger Tal und gehört zur Gemeinde Ballrechten-Dottingen. Hier an einer der bekanntesten Reblagen des Markgräflerlands sieht die Kulturlandschaft noch ungefähr so aus, wie unsere Altvorderen die Weinberge in Steillagen anlegten. Kleine Parzellen mit Trockenmauern und Treppen, auf denen sich Blindschleichen sonnen und seltene Schmetterlinge tummeln. Mit viel Handarbeit wurden die Rebgärten des „Dottinger Kastelbergs", wie er im Volksmund heißt, saniert. Die Kuppe des Hügels bedeckt ein mediterraner Flaumeichenwald, am höchsten Punkt steht über den Mauerresten einer Burg ein stählerner Aussichtsturm.
Auf den Gipfel kommt man vom Wanderparkplatz Drei Eichen an der Nordostecke des Bergs.

Tipp für Radler: Wer kürzere Steigungen nicht scheut, kann statt des üblichen Radwegs von Sulzburg nach Staufen über Ballrechten auch den gut ausgebauten Weg auf der Ostseite von *Castellberg* und *Fohrenberg* nehmen. So kommt man, die letzten Meter zu Fuß, auf den Gipfel des Castellbergs und hat später vom Weingut Probst einen guten Blick auf Burg Staufen.

Müllheim

18300 Einw., 267 m ü. d. M.

Die frühere Kreisstadt im Tal des Klemmbachs ist das wirtschaftliche Herz des Markgräflerlands und mit 480 ha Rebfläche eine der größten deutschen Weinbaugemeinden.

Schon Johann Peter Hebel war dem hiesigen Rebensaft zugetan und textete beschwingt: „Z' Müllen an der Post / Tausigsappermost / Trink me nit e guete Wii / Goht er nit wie Baumöl ii / Z' Müllen an der Post". Der Name des ersten Müllheimer Weinbauern ist zwar nicht überliefert, aber immerhin beinhaltet die auf einer Urkunde des Jahres 758 notierte Schenkung des Königsfreien Strachfried an das Kloster

St. Gallen auch Weinberge in „Mulinhaimo“. 1250 Jahre später nahm Müllheim des Strachfrieds fromme Tat zum Anlass für ein großes Stadtjubiläum. Dabei reichen die Siedlungsspuren und sicher auch der Weinbau noch weiter zurück. Unter der gotischen **Martinskirche,** die heute als Konzert- und Veranstaltungssaal genutzt wird, brachten Ausgrabungen römische Mauern zutage. Im Mittelalter gehörte Müllheim zur Herrschaft Badenweiler und wurde nach der Zerstörung der dortigen Burg 1729 zum Sitz der markgräflichen Verwaltung – im noch erhaltenen **Amtshaus** residiert heute die Tourist-Information. Bei den revolutionären Umtrieben von 1848 fiel das markgräfliche Wappen über dem Hauptportal der Zerstörung anheim, doch wie man sieht, wurde es wieder ersetzt. In der Kaiserzeit bekam Müllheim dann eine Garnison. In der Kaserne ist nun die **Deutsch-Französische Brigade** zu Hause.

- *Vorwahl* 07631
- *Information* **Touristik-Information**, Wilhelmstr. 14, 79379 Müllheim, ✆ 801500, www.muellheim.de. Mo–Fr 9–12 und 14–17 Uhr, Mai–Okt. auch Sa 9.30–12.30 Uhr.
- *Übernachten/Essen* **Alte Post**. Die Posthalterei, deren Wein Johann Peter Hebel so mundete, bietet heute 50 Gästezimmer im Landhausstil oder auf japanische Art. Das am Ortsrand gelegene Hotel umschließt einen hübschen Innenhof mit Garten und schattigen Platanen. Gehobene Gastronomie in Bioqualität und mit Zutaten aus der Nachbarschaft, was sicher auch des Dichters Wohlgefallen gefunden hätte. DZ 110–120 €, Hauptgericht 15–25 €. Kein Ruhetag. An der B 3, ✆ 07631/17870, 📠 178787, www.alte-post.net.

Sehens- und Erlebenswertes

Markgräfler Museum: Mehr über die Stadt erfährt man im Markgräfler Museum, das in den stilsicher renovierten Räumen des ehemaligen Gasthofs Krone am Marktplatz eingerichtet wurde. Es geht z. B. um Weinbau und Lokalgeschichte, wobei die interaktive Präsentation den Besucher an vielen Stellen zum Mitdenken und Mitmachen einlädt. Auch Johann Peter Hebel kommt nicht zu kurz. Des Weiteren sind Werke regionaler Künstler von der klassischen Moderne bis zur Gegenwart ausgestellt und haben sich sogar in die ansonsten im Empire- und Biedermeierstil eingerichteten Repräsentationsräume der Beletage gemogelt, welche die Wohnkultur des Markgräfler Großbürgertums zeigt.

Wilhelmstr. 7, www.markgraefler-museum.de. Di–So 14–18 Uhr. Eintritt 1,50 €.

Frick-Mühle: Sie ist eine der sieben historischen Mühlen von Müllheim und nach Bartlin Frick benannt, der das Anwesen 1690 erwarb und dessen Familie es bis ins 20. Jh. besaß. 1993 übernahm die Stadt das Gebäude in der Gerbergasse und hat dort zusammen mit Ehrenamtlichen ein Mühlenmuseum eingerichtet.

Gerbergasse 74/76, www.markgraefler-museum.de. Erster Samstag und dritter Sonntag des Monats 15–17 Uhr. Eintritt frei.

Warme Füße

Wer Müllheim auf der Bundesstraße gen Süden verlässt, passiert am letzten von ziemlich vielen Verkehrskreiseln drei Olivenbäume. Die sorgen als Toskana-Zitat für ein mediterranes Image („Wo der Süden beginnt“) und sollen echte Schnäppchen aus der Freiburger Stadtgärtnerei gewesen sein. Doch allen Wünschen zum Trotz ist das Markgräflerland eben nicht die Toskana. Und so haben die cleveren Müllheimer, damit ihre eben nur ein bisschen winterfesten Olivenbäume keine frostigen Füße bekommen, im Wurzelbereich Heizschleifen verlegt. Tausigsappermost!

Grandhotel Römerberg in Badenweiler

Badenweiler

3900 Einw., 425 m ü. d. M.

Ein reizvoll gelegenes Kurstädtchen mit langer Badetradition. Schon die Römer erholten sich hier und hinterließen die größte Thermenanlage nördlich der Alpen.

Badenweiler liegt etwa auf halbem Weg von Freiburg nach Basel zwischen sanften, waldreichen Hügeln am Fuß des Blauen. Und ziemlich genau über der Rheintalverwerfung, einer in Nord-Süd-Richtung verlaufenden Bruchzone, die das ältere Grundgebirge des Schwarzwalds von den jüngeren Gesteinen des Oberrheingrabens trennt und mit der Absenkung des Grabens entstand. Bis heute tritt hier warmes, mineralhaltiges Wasser zutage, und so ist Badenweiler eine Kur und Badestadt mit dem Charme der Belle Époque. Es teilt mit anderen Kurstädten das Schicksal, dass immer weniger Leute bereit und in der Lage sind, über Wochen oder gar Monate hinweg zu kuren. Und die, die kommen, wollen mehr erleben als eine Retroatmosphäre mit Kurkapelle, Diätberatung und Diavorträgen. So geht der Trend zum Tagestourismus: einmal durch den Kurpark und ab in die Therme.

Geschichte: Schon die Römer kannten die Thermalquellen und gründeten hier unter Kaiser Vespasian (reg. 69–79) die Stadt *Aqua Villae*. Außer dem Badespaß war dafür sicher auch die günstige Lage entscheidend, hatte man von Badenweiler in guter Luft und Sonnenlage doch einen Überblick über das Rheintal, das damals ein versumpftes Stechmückenrevier war. Mit dem Abzug der Römer sprudelten zwar die Quellen weiter, doch das Badehaus wurde zum Steinbruch, und Badenweiler geriet in Vergessenheit. Dies änderte sich erst wieder im 11. Jh., als der Basler Bischof

Markgräflerland
Karte S. 206

vom Kaiser das Recht bekam, hier Silber und Blei abzubauen – Badenweiler war dann bis ins 20. Jh. auch ein Bergbauzentrum, was sich allerdings zuletzt mit der Kur nur noch schlecht vertrug, sodass man den Bergbau wieder einstellte. Über Zähringer und Staufer kam der Ort an die Grafen von Freiburg und von diesen über die Linie Hachberg-Sausenberg 1503 ans Haus Baden, das ja schon namentlich Wasserspaß assoziiert.

Man badete damals in großen Zubern, Männlein und Weiblein einträchtig zusammen, freilich von der Obrigkeit angehalten, „ihre Heimlichkeiten zuzudecken". Ein gewisser Hans Hod wurde 1408 als Betreiber eines Badwirtshauses aktenkundig, Mitte des 18. Jh. zählte Badenweiler vier solcher einfachen Badehotels mit zusammen 200 Gästebetten. Mit dem „Badpfennig", einem Vorläufer der Kurtaxe, wurden die Quellen unterhalten und der Wächter bezahlt. Nachdem 1784 das „Gmür" der römischen Thermen entdeckt und dank dem weitsichtigen Markgrafen Karl Friedrich auch erhalten worden war, gewann Badenweiler als Urlaubsort über die Region hinaus an Ansehen. Die adeligen Herrschaften wohnten im vornehmen Hotel Römerbad.

• *Vorwahl* 07632

• *Information* **Tourist-Information**, Ernst-Eisenlohr-Str. 4, 79410 Badenweiler, ✆ 799300, www.badenweiler.de. Mo–Fr 9–13 und 14–17 Uhr, April–Okt. zusätzlich Sa 10–13 Uhr. Hier gibt es u. a. Broschüren zum Wandern und mit einem kulturhistorischen Stadtrundgang.

• *Übernachten* **Römerbad**, das einzige Grandhotel zwischen Basel und Freiburg steht weiß und majestätisch in einem großen Park. Kaffeekannen aus getriebenem Silber, Muranoglas und Jugendstilbalustraden im achteckigen Kuppelsaal, aus Eiche und Wurzelholz geschnitzte und gedrechselte Stilmöbel, das unnachahmliche Knarzen der Dielen. Mit Events und der Terrazza Romana versucht sich das Hotel auch dem weniger distinguierten Laufpublikum zu öffnen. DZ 190–250 €. Schlossplatz 1, ✆ 07632/700, ℻ 70200, www.hotel-roemerbad.de.

Villa Hedwig, 40–100 m² große Appartements in einer hellen Jugendstilvilla mit modernen Akzenten. Schon Hermann Hesse, Karl Jaspers und die Präsidentengattin Elly Heuss-Knapp fühlten sich hier wohl. 2 Pers. 70–130 €. Römerstr. 10, ✆ 07632/82000, ℻ 828390, www.villa-hedwig.de.

Haus Burkart, kleines, für Badenweiler recht preisgünstiges Hotel am Kurpark, auch Halbpension möglich. DZ 65–100 €. Ernst-Eisenlohr-Str. 10, ✆ 07632/823890, ℻ 8238912, www.pro-badenweiler.de/Burkart.

• *Camping* **Kur- und Feriencamping**, am Südhang mit Burgblick und wenig Schatten, Minimarkt, recht gute Ausstattung, z. B. Kleinkinderspielecke und Geschirrspüler. 2 Pers. plus Stellplatz 30 €. Ganzjährig geöffnet. Weilertalstr. 73, ✆ 07632/1550, ℻ 5268, www.camping-badenweiler.de.

• *Essen* **Winzerstube**, gleich in mehreren rustikal bis altbacken eingerichteten Stuben, im Innenhof oder gar im Winzerkeller gibt's eine breite Palette Markgräfler Weine nebst zünftigen Vespertellern, Käseplatten und Salaten. Tägl. ab 17 Uhr. Luisenstr. 8, www.markgraefler-winzerstuben.de.

La Cantinella, der Weinkeller des Sonnenwirts ist eine der wenigen Adressen, wo auch abends noch etwas los ist. Mit italienischer Küche, im Sommer auch Bewirtung auf der Terrasse. Mo/Di Ruhetag, sonst ab 17 Uhr. Moltkestr. 5, ✆ 75080.

Klemmbachmühle, Kunst und Krempel – u. a. sogar eine alte Ritterrüstung – schmücken dieses bei Kurgästen wie Einheimischen beliebte Ausflugslokal. Im Sommer mit Gartenterrasse am Bach. Hausgemachte Kuchen, Vesper und (von 18 bis 21.30 Uhr) einfache warme Gerichte wie Schweinebraten mit Bratkartoffeln. Tägl. ab 14 Uhr. Niederweiler, Römerstr. 7, ✆ 07631/2800.

Sehens- und Erlebenswertes

Kurpark: Das gesegnete Klima des Markgräflerlands erlaubt im Kurpark viele mediterrane Akzente wie etwa Zedern, Pinien und Lorbeerbäume, Bananenstauden, Oleander und Hibiskus. Im Westen schließt sich ein Musterweinberg mit Gutedel-

Badefreuden und Stil in der Cassiopeia-Therme

reben und Neuzüchtungen in allerlei Variationen und Mutationen an. Ein Rundweg führt zum Aussichtskiosk „Belvedere" und zur *Burg Baden* hinauf, die 1678 von französischen Truppen ruiniert wurde.

Römerbad: Die gut erhaltenen Ruinen des Römerbades, wohl die größten nördlich der Alpen, liegen unter einer schützenden Glaskuppel mitten im Kurpark. Die Anlage ist in zwei symmetrische Hälften aufgeteilt, vermutlich war der Westteil den Männern, der Ostteil den Frauen vorbehalten. Eingang und Umkleideräume befanden sich in Seitenflügeln, von dort kam man in die Baderäume mit ihren flachen Becken. Heizung, Schwitzräume und Kaltbäder waren in der Mitte des Gebäudes. Man erkennt noch die Hypokaustenheizung, die mit warmer Luft Fußböden und Wände heizte, sowie tönerne Wasserröhren und den Abwasserkanal.

Im Kurpark. März–Okt. tägl. 10–19 Uhr, Nov.–Febr. bis 17 Uhr, Führungen ganzjährig Sa 11 Uhr, April–Okt. auch Di/Do 16 Uhr. Eintritt 2 €.

Cassiopeia-Therme: Die Badenweiler Badelandschaft gilt als eine der schönsten im Südwesten Deutschlands. Nicht mehr medizinische Anwendungen, sondern Erholung, Entspannung und die sanfte Verschönerung stehen im Mittelpunkt der Cassiopeia-Therme. Im Thermalbereich kann man in 32–36 °C warmem Wasser planschen, das große Kuppelbad wurde mit einem Architekturpreis ausgezeichnet. Die Saunalandschaft gefällt mit viel Licht, herrlicher Aussicht und einer kuriosen Steinsauna, in der eine Apparatur alle paar Minuten erhitzte Steine in einen Bottich mit Wasser taucht, das darauf mit empörtem Zischen verdampft. Spezialitäten wie das Lichtbad im Wüstensand, Heilschlammanwendungen oder gar das Cleopatra-Milchölbad sind begehrt und müssen deshalb vorab gebucht werden.

Im Kurpark, Reservierungen unter ✆ 799208, www.badenweiler.de → Cassiopeia-Therme. Tägl. 11–22 Uhr, Thermalbäder ab 9 Uhr. Eintritt 12 €, mit Sauna und römisch-irischem Bad 22 €, ab 18 Uhr ermäßigt.

Markgräflerland Karte S. 206

Großherzogliches Palais: Das alte Amtshaus wurde 1887/88 im Stil der Neorenaissance zur großherzoglichen Sommerresidenz umgebaut. Erst in den 1950er Jahren übergab das Haus Baden das Schlösschen und den umgebenden Park an die Gemeinde, die es einem Kulturverein als Galerie, Bühne und Café überlassen hat.

Im Schlosspark, www.kunstpalais-badenweiler.de. Fr–Mi 10–18 Uhr.

Tschechow-Salon: Ein kleines Museum im Kurhaus erinnert an den russischen Novellisten und Dramatiker Anton Tschechow (1860–1904), der, schwer lungenkrank, in Badenweiler starb. Der Rundgang beginnt mit Tschechows Aufenthalt und den Verbindungen zwischen dem kaiserlichen Deutschland und dem zaristischen Russland, die dem Dichter bereits 1908 ein Denkmal im Kurpark bescherten. Im Ersten Weltkrieg wurde die Büste eingeschmolzen. So ist die Tschechow-Rezeption auch ein Spiegel der deutsch-russischen Beziehungen. Neben Tschechow stellt das Museum weitere Schriftsteller vor, die Badenweiler besonders verbunden waren und sind, darunter Hermann Hesse, René Schickele und Gabriele Wohmann. Bequeme Sessel und Bücher machen den Salon auch zur Lesestube.

Im Kurhaus, www.literaturland-bw.de/museum/info/13/. Tägl. 10–18 Uhr. Eintritt frei.

Wandern

Tour 18: Von Badenweiler auf den Blauen

Vom Badenweiler Inhalatorium führt eine Wanderung auf den 1165 m hohen Hausberg Blauen, der im Unterschied zum Zeller Blauen auch „Hochblauen“ heißt. Beim Aussichtspunkt „Sophienruhe“ kreuzt der Weg die Bruchlinie zwischen Rheintal und Schwarzwald. Wer sich für Geologie und Mineralien interessiert, findet zwischen Sophienruhe, Altemannfelsen und Sehringen noch Abraumhalden, Verhaue und sogar die Mundlöcher alter Stollen. Oben auf dem Blauen gibt es einen Sendeturm, einen eisernen Aussichtsturm und das Blauenhaus, einen Gasthof mit Massenlager (✆ 07632/388, www.berghotel-hochblauen.de, kein Ruhetag). Besonders bei Inversionswetterlagen, wenn die Nebel das Tal in deprimierendes Grau hüllen, belohnt der Berg mit einem prächtigen Blick über den Südschwarzwald, die das Rheintal bedeckende Zuckerwattelandschaft, über die Vogesen und manchmal bis hin zur Schweizer Alpenkette.

Folgen Sie vom **Inhalatorium (1)** den Wegweisern die Moltkestraße bergauf zur **Pfarrwaldpromenade (2)** und **Sophienruhe (3).** Direkt unterhalb des Aussichtspavillons, wo auf einer Lichtung im mediterranen Pinienwald ein Schild das Entnehmen von Steinen verbietet, kreuzt ein bei Mineraliensammlern beliebtes Quarzriff, in das Schwerspat, Bleiglanz, Flussspat und andere Minerale eingelagert sind. Sie kreuzen die Blauenstraße, am **Wegkreuz Vor dem Lindengraben (4)** geht die kürzere Gipfelroute nach links zum **Prinzensitz (5),** einem inzwischen weitgehend zugewachsenen Aussichtspunkt. Hier habe ich mich für die etwas längere Variante mit gelegentlicher Aussicht aufs Rheintal entschieden. Nehmen Sie dazu die Forststraße, die an der Hütte vorbeiführt, bis der mit blauer Raute markierte Wanderpfad links abzweigt. Auf diesem geht es am **Musbachfelsen (6)** vorbei, an der **Gabelung Oberer Musbach (7)** links, am **Hirzmättle (8)** halb links und über die Straße. Am **Fischersbrunnsattel (9)** treffen Sie auf den Westweg. Hier rechts, dann eine Gabelung: Der rechte Weg bringt Sie zum **Aussichtsturm (10),** der linke zum **Blauenhaus (11)** und beide auf das Gipfelplateau.

Der Rückweg geht wieder über den Fischersbrunnsattel bis zur **Blauenstraße**

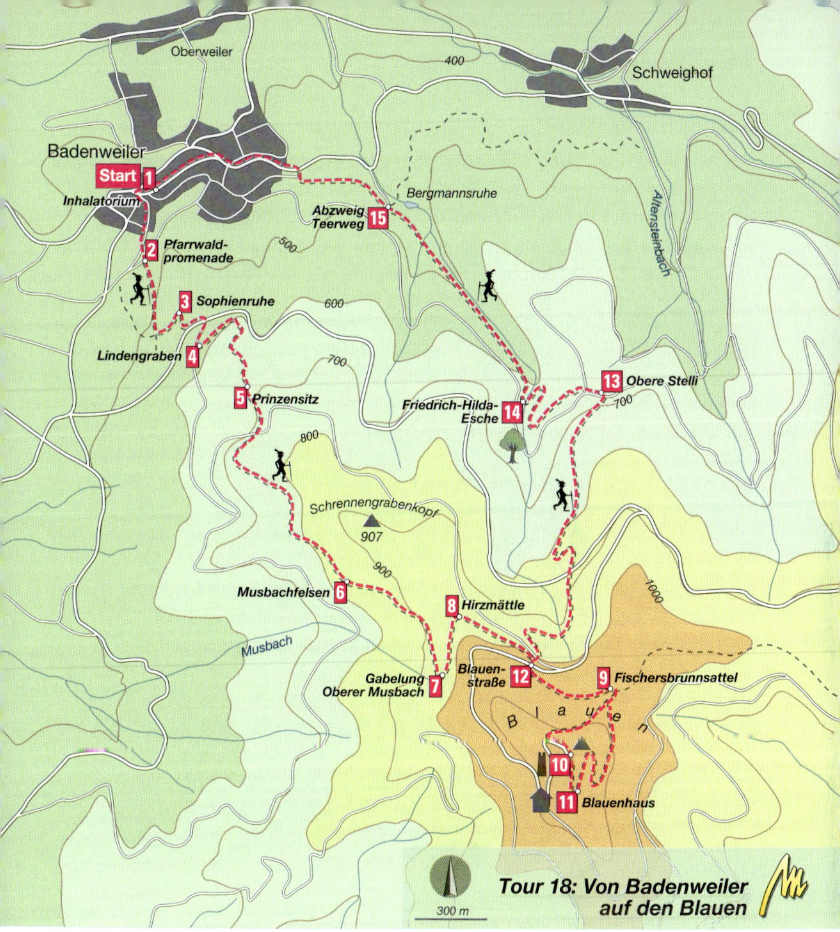

(12). Gleich nach Überqueren der Straße hinunter zum Forstweg, diesen etwa hundert Schritte nach links, bis eine gelbe Raute den Abzweig eines unscheinbaren Pfads markiert. In Zweifelsfällen muss man sich nun abwärts halten und an der Raute orientieren. Wieder wird die Straße gequert, an der Böschung wuchert das rosa blühende Drüsige Springkraut. Der nächste Wegweiser kommt erst wieder nach einer halben Stunde am **Holzlagerplatz Obere Stelli (13).** Gleich danach eine Kreuzung, an der Sie den Pfad bergab wählen. Er bringt Sie zur **Friedrich-Hilda-Esche (14),** die an den letzten badischen Großherzog Friedrich II. und seine Gattin Hilda erinnert. Nach einer Viertelstunde weitet sich das Vogelbachtal. Am *Schwanenteich Bergmannsruhe* stand in früheren Zeiten ein Schmelzofen. Beim Beginn der Teerdecke geht der **Fußweg (15)** noch einmal links in den Wald. Via Vogelbachstraße und Wilhelmstraße kommt man wieder zum **Inhalatorium (1)** zurück. Alles in allem 13,5 km, 750 m Anstieg, 3 Std. Gehzeit.

Bad Bellingen

3800 Einw., 257 m ü. d. M.

Am 28. November 1956 widerfuhr dem Winzerort Bellingen das große Glück: Bei Sondierbohrungen nach Erdöl stieß man zwar nicht auf das erhoffte schwarze Gold, doch immerhin auf 36 °C warmes, kristallklares Wasser.

Dies geschah ausgerechnet zu einer Zeit, da die Bellinger gerade die althergebrachte Rheinfischerei hatten aufgeben müssen, weil der Strom nur noch eine trübe, giftige Brühe war. Die neue Quelle war ein echter Geheimtipp, die ersten Kurgäste badeten in einem umgerüsteten Weinbottich. 1967 gab's dann ein ordentliches Hallenbad, zwei Jahre später den begehrten Titel „Bad", und bald wurden noch zwei weitere Quellen entdeckt. So ist der Ort heute zweigeteilt: hier etwas erhöht auf dem Hochgestade das alte Dorf mit Rathaus (1590 als Schloss der Grafen von Andlau erbaut), frühklassizistischer Pfarrkirche, Bahnhof und bescheidener Einkaufsstraße; dort in der Rheinebene das Kurgebiet mit den Hotels, Kliniken, dem Kurpark und den **Balinea-Thermen;** hier wie dort eher ältere Kundschaft, der hinter dem Rathaus sogar ein Lift den Auf- und Abstieg zwischen den Ortsteilen erleichtert. Vom nahen Rhein trennt Bad Bellingen leider die Autobahn, doch geht der Kurpark im Süden in eine dem Altrhein nachempfundene Auenlandschaft über.

Die Kulturgeschichte des Heilbadens erzählt das **Oberrheinische Bäder- und Heimatmuseum** im Ortsteil Bamlach (Weinstr. 25, www.bamlach.info, Mi/So 14–17 Uhr, Eintritt 2,50 €). Ein Modell rekonstruiert die römischen Thermen von Badenweiler, man erlebt eine mittelalterliche Badestube und die nicht immer heilsamen Aktivitäten des Baders. Alte Stiche, Postkarten, Prospekte und Badevorschriften erinnern an die Belle Époque der Kurorte im 19. Jh. Auch jener Zuber, mit dem die Bellinger Kur begann, ist ausgestellt. In der heimatkundlichen Abteilung findet man Deutschlands älteste Rebordnung und eine Schmiede, die ab und an auch angeheizt wird.

- *Vorwahl* 07635
- *Information* **Bade- und Kurverwaltung**, in der Therme, Badstr. 14, 79415 Bad Bellingen, ✆ 821100, www.bad-bellingen.de. Mo–Fr 8–12.30 und 13.30–17 Uhr, Sa 9–12 Uhr.
- *Baden* **Balinea-Thermen**, Eintritt Thermalbad 10,50 €, mit Sauna 16,50 €. Letzter Schrei unter den Kuranwendungen ist die *Totes-Meer-Salzgrotte* (10 € für 45 Min.), die sogar eine Kinderspielecke hat. Tägl. 9–22 Uhr. Badstr. 14, www.balinea.de.
- *Essen* **Berghofstüble**, 1,5 km oberhalb vom Ort in großartiger Panoramalage. Das Stüble selbst ist mit viel Holz einfach, doch elegant, die Terrasse wird von Tannen und Palmen eingerahmt. Solide Küche mit saisonalen Angeboten wie Spargel, Pilzen oder Wild und italienischem Einschlag bei den Vorspeisen und Desserts. Hauptgericht 10–25 €. Mo/Di Ruhetag. An der Römerstraße, ✆ 1293, www.berghof-stueble-bad-bellingen.de.

  Hirschen, Wirtschaftswundergemütlichkeit im Weinstubenstil mit grüngelben Fensterscheiben und Zimmerpflanzen. Essen der Schnitzelklasse, auch ein Fischteller (24 €) und Angebote der Saison (Spargel, Pilze, Wild u. Ä.). Mi Ruhetag, sonst ab 17 Uhr, So auch mittags. Bahnhofstr. 13, ✆ 1356, www.gasthof-hirschen.net.

Kandern

8100 Einw., 352 m ü. d. M.

Das Städtchen liegt geschützt zwischen waldreichen Hängen im Tal der Kander. Im Sommer dampft und pfeift das „Chanderli", wie die Museumsbahn liebevoll genannt wird, von Weil-Haltingen das Tal hinauf. In Kandern angekommen, findet man sich in biederer Beschaulichkeit wieder.

Dem Maler August Macke (1887–1914), dessen Schwester in der „Krone" wirtete, hat's gefallen. Er hat Kirche, Dorfstraße und idyllische Winkel in Bildern festgehal-

Ein Dieseltriebwagen der Kandertalbahn

ten – einige sind im Freiburger Kunstmuseum ausgestellt. Ein beschilderter Rundweg (ohne die Begleitbroschüre ist er leicht zu verfehlen) führt ab der Tourist-Information auf den Spuren von Mackes Motiven durchs Dorf.

Dank hochwertiger Tonvorkommen wird im Tal seit den Römern geziegelt und getöpfert. An die Tonwerke Kandern, einst der größte Arbeitgeber weit und breit, erinnert mitten im Ort noch eine großflächige Industriebrache. Heute erhalten Kunsthandwerker in Kleinbetrieben die Tradition aufrecht. So sind Ofenbau und Kunsttöpferei auch die zentralen Themen im **Heimat- und Keramikmuseum** (Ziegelstr. 30, April–Okt. Mi 15–17.30 Uhr, So 10–12.30/14–16 Uhr). Weitere Themen der Stadtgeschichte lernt man beim *Kanderner Stadtrundgang* kennen, wie eine ausführliche Broschüre der Tourist-Information heißt.

• *Vorwahl* 07626

• *Information* **Tourist-Information**, Hauptstr. 18, 79400 Kandern, ✆ 972356, www.kandern.de. April–Okt. Mo–Fr 9–12 und 14–18 Uhr, Sa 9–12 Uhr, Nov.–März nur bis 16 Uhr, Mittwochnachmittag und Sa geschlossen.

Die **Kandertalbahn** (www.kandertalbahn.de) fährt von Mai bis Okt. sonntags zwischen Haltingen, einem Ortsteil von Weil am Rhein, und Kandern. Auch Fahrräder werden transportiert, sodass man von Kandern auf dem Radweg im Tal nach Haltingen oder auf dem Schwarzwaldradweg via Egerten nach Lörrach (ca. 1 Std. Fahrzeit) zurückfahren kann.

• *Einkaufen* **Keramikwerkstatt Hakenjos**, Sabine Kluge, Hauptstr. 2. **Keramikwerkstatt Kerstan**, Beatrix Sturm-Kerstan, Böscherzenweg 3.

• *Übernachten/Essen* **Zur Weserei**, 1877 übernahmen die Vorfahren des heutigen Wirts das Amtshaus der markgräflichen Bergwerksverwaltung und richteten Brauerei und Schenke ein. Heute ist die Weserei ein gehobenes Restaurant mit Gästehaus. Wie so oft in der Region beeinflussen zahlungskräftige Schweizer das Preisniveau. DZ im Altbau 65–70 €, im Neubau 100–125 €, Hauptgericht 10–35 €. Restaurant Mo und Dienstagmittag geschlossen. Hauptstr. 81, ✆ 07626/7000, 6581, www.weserei.de.

Pfaffenkeller, das bald 400 Jahre alte Pfarrhaus von Wollbach wurde mit viel Sorgfalt und guten Ideen zu einem Bio-Restaurant mit Fremdenzimmern umgebaut. Die Karte verspricht saisonale Küche mit Pfiff, für den auch die Erzeugnisse aus dem Kräutergarten sorgen. Der Hofladen verkauft Konfitüren, Öle, Obstbrände, Dosenwürste und andere Delikatessen aus der hauseigenen Bio-Manufaktur. DZ im Altbau 65–70 €, im Neubau 100–125 €, Hauptgericht 18–35 €. Restaurant Mo Ruhetag, sonst ab 12 Uhr.

Markgräflerland Karte S. 206

Wollbach, Rathausstr. 81, ✆ 07626/9774290, ✆ 9774299, www.pfaffenkeller.de.

Jugendherberge, Kanderns Jugendherberge steht als Bauernhof in Alleinlage 6 km jenseits der Scheideck, einer Passhöhe auf dem Weg nach Steinen. Ab und an kommt der SBG-Bus 7305 vom Bahnhof Steinen vorbei. Wanderer und Durchreisende sind in der Minderheit. Die Jugendherberge ist nämlich zugleich ein Reiterhof mit Pferden und Ponys für Anfänger wie Könner. Bett 18–25 €, auch Halbpension und Vollpension möglich. Platzhof 1, ✆ 07626/484, ✆ 6809, www.jugendherberge-kandern.de.

Jägerhaus. Anderswo rennt sich das Servicepersonal die Hacken ab, hier sind es die Wirtsleute selbst. Christoph Wermuth und seine neuseeländische Frau Tiffany sind begeisterte Marathonläufer. Das um 1900 für einen Basler Kaufmann erbaute Jägerhaus war ab 1939 Wohnung des Malers Max Böhlen (1902–1971), und so ist das Restaurant zugleich Ausstellungsraum mit Werken aus Böhlers Nachlass. Die gehobene Küche ist dem Aral Schlemmer Atlas zwei Kochlöffel wert. Spezialitäten sind der Lammrücken und Grillsteaks in „Aussie-Größe" (auf Wunsch auch kleinere Portionen). Hauptgericht 25–35 €, Menü 65 €. Mi–Sa ab 18.30 Uhr, So auch über Mittag. Wollbach-Egerten, Wollbacher Str. 24–30, ✆ 8715, www.restaurant-jaegerhaus.de.

Das Rokokoschlösschen Bürgeln

Hirschen, Schäufele, Rösti und immer voll. Familie Geitlinger setzt auf Bewährtes und kommt damit besonders bei der Schweizer Kundschaft gut an. Begrüßung per Handschlag, Holzofenbrot, Hauswein vom Fass. Hauptgericht bis 20 €. Di–Do ab 18 Uhr, Fr–So ab 12 Uhr. Wollbach-Egerten, Am Neuweg 2, ✆ 388.

Kreiterhof, ein früherer Bauernhof, dessen Besitzer sich nun auf Weinbau, Erdbeeren, Weihnachtsbäume und das Sammeln von vielleicht irgendwann einmal nützlichen Dingen spezialisiert haben. Der Stall wurde zur Straußenwirtschaft umgebaut. Zu essen gibt's u. a. Wähen und Schlachtplatte. In der Saison Di–Fr ab 17 Uhr, Sa ab 14 Uhr, So ab 11 Uhr geöffnet. Wollbach-Egerten, Wollbacher Str. 1, ✆ 591, www.kreiterhof.de.

Engel, Landgasthof mit Charme, überwiegend einheimisches Publikum, einfache warme Gerichte, in der Saison Schlachtplatte und Wild. Freitags gibt's ab dem Spätnachmittag Wähen. Fr–Di ab 10 Uhr, Mi ab 16 Uhr. Sitzenkirch, Breitestr. 18, ✆ 388, www.engel-sitzenkirch.de.

> Beim Jägerhaus in Egerten hat der Schwarzwaldverein einen verfallenen **Kalkofen** restauriert, den zahlreiche Fledermäuse bezogen haben.

• *Camping* **Terrassencamping Kandern**, 2 Pers. plus Stellplatz 16–19 €. Mitte März bis Mitte Okt. geöffnet. Direkt beim Schwimmbad, Schwimmbadweg 2, ✆ 07626/7874, ✆ 1768, www.terrassen-camping-kandern.de.

Umgebung von Kandern

Storchengehege in Holzen: Hier leben zwei Dutzend Störche, bei deren täglicher Fütterung (im Sommer 17 Uhr, im Winter 16 Uhr, Eintritt frei) es manchmal recht wild zugeht. In den Monaten Mai und Juni kann man die ersten, noch unbeholfenen Flugversuche der Jungvögel beobachten. Auch viele der in der Umgebung auf Kirchtürmen und Kaminen frei nistenden Störche stammen aus der Station.

Schloss Bürgeln: Als Wanderziel bietet sich ab Kandern das 5 km entfernte Rokokoschlösschen Bürgeln an. Start ist am Schwimmbad, von wo der abschnittsweise mit drei schwarzen Balken auf gelbem Grund markierte Weg (Interregio-Wanderweg) in 1:15 Std. über den Weiler Sitzenkirch zum Schloss führt. Dieses wurde von Franz Anton Bagnato als Propstei des Klosters St. Blasien gebaut. Schon Johann Peter Hebel war von der Aussicht sehr angetan: „Z' Bürgeln uf der Höh / nei was cha me seh!" Heute sieht das vom Honoratiorenverein Bürgelnbund verwaltete Haus ab und an Hochzeiten, Seminare und Kulturveranstaltungen. Ansonsten sind die wieder im Stil der Zeit möblierten Innenräume zu besichtigen. Die Aussichtsterrasse ist bewirtschaftet, hinter dem Haus gibt es einen hübschen Rosengarten im Barockstil.

• *Führungen* März–Okt. tägl. 11, 14, 15, 16, 17 Uhr, Nov.–Febr. Fr–So 14, 15, 16 Uhr. Eintritt 6 €. Schliengen, ✆ 07626/237, www.schlossbuergeln.de.

• *Essen* **Schloss-Stüble Bürgeln**, als Ausflugslokal und Vesperstube voll in Ordnung, extra zum Essen anzufahren lohnt aber nicht. Hauptgericht bis 15 €. Do Ruhetag, sonst ab 11 Uhr. ✆ 293, www. ochsen-feldberg.de.

Sausenburg: Gut gestärkt? Dann gehen Sie vom Schloss Bürgeln wieder ein Stück abwärts und folgen Tour 19 (s. u.) nach Vogelbach und zur Sausenburg, dem mittelalterlichen Stammsitz der Sausenberger (→ S. 223, 5 km, 1:15 Std. Gehzeit). Von hier ist man auf dem Westweg (rote Raute) entlang dem Höhenrücken noch etwa 1 Std. unterwegs bis Kandern.

Zu Fuß durchs Sonnensystem – der Planetenweg

Was nach Science-Fiction klingt, ist eine 6 km lange Wanderstrecke von Egerten nach Kandern, die im Maßstab 1:1 Mrd. die Größen- und Entfernungsverhältnisse im Sonnensystem darstellt. Mit jedem Schritt legt man rund 700.000 km zurück. Auch ein durchschnittlicher Wanderer kommt so leicht auf dreifache Lichtgeschwindigkeit. Tafeln am Weg bringen Text und Bilder zu den Himmelsobjekten, und den *Kleinen Prinzen* trifft man auch. Der Planetenweg ist fahrradtauglich und mit nur geringen Steigungen auch für Kinder gut geeignet. Als Rückwegvariante kann man den mit drei schwarzen Balken auf gelbem Grund markierten Interregio-Wanderweg nehmen, der von der Kanderner Schule durch den Wald nach Egerten führt (5 km). Oder man dreht nach dem Saturn einfach um.

Radfahren

Tour 19: Von Kandern zur Sausenburg

Alternativ zur Wanderung bietet sich auch eine Radtour von Kandern nach Bürgeln und zur Sausenburg an. Kein Familienausflug, aber mit etwas Kondition und einem guten Tourenrad kommt man gut über die Runde.

Starten Sie wie die Wanderer am **Schwimmbad (1):** Ein Durchlass zwischen Schwimmbadzaun und Campingplatz bringt Sie auf einen geschotterten Waldweg. Diesen nach rechts, bis vor den ersten Häusern von Sitzenkirch eine Teerstraße links bergauf abzweigt **(2).** Mit schöner Aussicht führt sie um das Tal herum zum **Wanderparkplatz St. Johannes Breite (3).** Überqueren Sie

die Straße. Wo ein **Wegweiser (4)** die Wanderer in den Wald schickt, bleiben Radler besser auf dem Feldweg. Der macht eine Spitzkehre, nimmt den Wanderweg wieder auf und mündet direkt ins Hoftor von **Schloss Bürgeln (5).** Weiter geht's zum **Parkplatz (6)** und auf einem breiten Waldweg zum **Lippisbacher Hof (7),** wo Sie sich an Milch, Käse und Obst stärken können. Nun wird es steil: Die Straße schlängelt sich durch **Käsacker (8)** aufwärts, hinter Ihnen demontiert ein Steinbruch deutlich hörbar den Schwarzwald. Auf der **Passhöhe Vogelbach (9)** treffen Sie den Westweg und folgen seiner roten Raute nach rechts zur **Sausenburg (10).** Die letzten 50 m unmittelbar vor der Burg müssen Sie Ihr Rad vermutlich schieben oder gar tragen, doch danach wird der Weg wieder besser. An der nächsten Waldkreuzung mit mehreren Wegen wählen Sie die Abfahrt in Fahrtrichtung leicht links und kommen über den Ortsteil **Schmelzofen (11)** wieder nach Kandern. Alles in allem etwa 15 km Strecke und 500 m Anstieg.

Lörrach

48.000 Einw., 294 m ü. d. M.

Fast jeder kennt Lörrachs heimliches Wappentier, doch kaum einer verbindet es mit der Stadt. Die lila Milka-Kuh wirbt medienwirksam für die zarteste Versuchung, und die kommt aus Lörrach, wo sie in der 1880 von Philippe Suchard gegründeten Schokoladenfabrik hergestellt wird.

Mit 48.000 Einwohnern ist die Kreisstadt die größte Gemeinde im deutschen Teil der RegioTriRhena, wie der die Nordwestschweiz, das Oberelsass und Südbaden umfassende Ballungsraum am Rheinknie genannt wird. Dennoch ist Lörrach für Touristen weniger interessant, als man es von der Größe her erwarten könnte: Man trifft zwar quer durch die Stadt immer wieder auf originelle Brunnen und Plastiken, eine putzige Altstadt sucht man jedoch vergebens. Die Einkaufsmöglichkeiten sind v. a. für preisbewusste Schweizer interessant, und in Sachen Kultur steht Lörrach im Schatten von Basel.

Geschichte: Nachdem die Franzosen 1678 Burg Rötteln, den Sitz der markgräflichen Ämter, zerstört hatten, verlegte der Markgraf seine Verwaltung nach Lörrach ins Tal. Derart begünstigt, bekam der Ort das Stadtrecht und im 18. Jh. auch die erste Textilmanufaktur. Im September 1848 war Lörrach für wenige Tage Hauptstadt der hier von Gustav Struve ausgerufenen Deutschen Republik. Der Aufstand wurde allerdings schnell niedergeschlagen. Herausragende Figur der Stadtgeschichte ist deshalb kein Revoluzzer, sondern der Dichter *Johann Peter Hebel,* der hier als Vikar und Hilfslehrer am Pädagogium wirkte, dem Lörracher Progymnasium. Im protestantischen Markgräflerland spielte die Schulbildung eine größere Rolle als im katholischen Breisgau, denn das Volk sollte ja die Bibel selbst lesen und deuten können. 1862 brachte die Wiesentalbahn den schnellen Anschluss des Hinterlands und nach Basel. Den Zweiten Weltkrieg überstand Lörrach aufgrund der Nähe zur neutralen Schweiz mit nur geringen Schäden, doch die Planer und Lokalpolitiker der Nachkriegsjahre rissen dann umso mehr alte Bausubstanz nieder.

• *Vorwahl* 07621

• *Information* **Touristinformation**, im Burghof, Herrenstr. 5, 79539 Lörrach, ✆ 9408913, www.loerrach.de. Mo–Fr 10–18 Uhr, Sa 9–14 Uhr. Auch Tickets für Veranstaltungen.

• *Fahrradverleih* Bei **follow me**, Bahnhofstr. 1, ✆ 165551, www.fome.de.

• *Veranstaltungen* Alljährlich findet im Juli das **Festival der Stimmen** statt. Vier Wochen lang jeden Abend Konzerte in Lörrach, Riehen, Basel und anderen Orten im Dreiländereck. Die Hauptacts mit den großen internationalen Stars wie einst Bob Dylan oder Herbert Grönemeyer laufen auf Lörrachs Altem Marktplatz. www.stimmen.com.

Strossefescht: Das größte Straßenfest außerhalb der Fasnet findet am ersten Wochenende im Sept. in Alt-Stetten statt.

• *Übernachten* **Hotel Villa Elben (2)**, Jugendstilvilla mit unschönem Anbau in einem großen Park, Blick über die Stadt. Auch bei Besuchern der Basler Messen beliebt. Ruhig und nur ein paar Gehminuten vom Bahnhof gelegen. Die (wenigen) Zimmer im Haupthaus haben Charme, die im Anbau sind eher funktional. DZ 100–110 €. Hünerbergweg 26, ✆ 07621/2066, 📠 43280, www.villa-elben.de.

Hotel La Pergola am Burghof (4), kleines, doch feines Boutique-Hotel im Kulturzentrum. Acht Gästezimmer mit hochwertigem Interieur, Terrasse und extravaganten Bädern. DZ 130 €. Herrenstr. 3, ✆ 07621/940380, 📠 9403838, www.amburghof.de.

Gästehaus am Inzlinger Wasserschloss, das Wasserschloss Inzlingen ist einer der wenigen noch erhaltenen Adelssitze in der Region und heute v. a. als Feinschmeckerrestaurant bekannt (→ Essen). Das zugehörige Gästehaus, Ende der 1980er Jahre gebaut, hat zwölf ansprechende Zimmer mit WLAN. DZ 100–105 €, Inzlingen, Riehenstr. 5. ✆ 07621/2064, 📠 13555, www.inzlinger-wasserschloss.de.

Ferienwohnung Baumgartnerstraße (5), ganz in der Nähe der Casa Di Nunzio und

Markgräflerland Karte S. 206

ebenfalls ein älteres Einfamilienhaus, in dem Familie Gagelmann ein kleines DZ (65 €) mit separater Dusche und WC sowie eine Ferienwohnung (4–6 Pers., 100–130 €) im IKEA-Stil mit zwei Schlafzimmern und Küche samt Sitzecke vermietet. Baumgartnerstr. 35, ✆ 07621/1613232, www.gast-in-loerrach.de.

Jugendherberge, architektonisch eigenwillig, Zimmer mit zwei bis vier Betten. 3 km vom Zentrum am Waldrand zwischen Stetten und der Siedlung Salzert, Blick auf Basel. Bus 7 hält vor der Tür. Bett 20–25 €. Steinenweg 40, ✆ 07621/47040, 18156, www.jugendherberge-loerrach.de.

• *Camping* **Campingplatz Drei-Länder-Camp**, Streichelzoo, 10 Gehminuten vom Schwimmbad. Ganzjährig geöffnet, Restaurant außerhalb der Saison Mo Ruhetag. 2 Pers. plus Stellplatz ca. 25 €. Zwischen den Ortsteilen Tumringen und Stetten, Grüttweg 8, ✆ 07621/82588, 165034, www.dreilaendercamp.de.

• *Essen* **La Pergola am Burghof (4)**, sachlich und zugleich gediegen eingerichtet. Regelmäßig wechselnde Karte. Die Zutaten stammen weitgehend aus der Region, die Gäste aus der Schweiz. Hauptgericht 20–30 €. Cafébar ab 7 Uhr durchgehend, Restaurant 12–14 und ab 18 Uhr geöffnet, So/Mo Ruhetag. Herrenstr. 3, ✆ 940380, www.amburghof.de.

Zum Wilden Mann (3), eine historische Gaststätte in modernem Design. Frühstück, Snacks und einige einfache Gerichte, in der Hauptsache kommt der Gast zum „hogge, schnorre, Vierteli schlotze". Gute Auswahl regionaler und mediterraner Weine. Einige Freiluftplätze im Hof. Mo–Sa ab 9 Uhr, So ab 15 Uhr. Basler Str. 172/Ecke Am Alten Markt, ✆ 3729, www.zum-wilden-mann.com.

Osteria Mättle (1), Schon Bundespräsident Theodor Heuss, dessen Sohn Ernst Ludwig bis heute in Tumringen lebt, soll im Mättle manches Viertele geschlotzt haben. Das Traditionslokal im Gewölbekeller wird jetzt als Osteria mit ländlich-italienischer Küche geführt. Vor dem Essen werden selbst gebackene Focacce und Oliven gereicht. Frische und kreative Küche, sehr freundlicher, aufmerksamer, unaufdringlicher Service. Im Sommer mit Gartenwirtschaft. Hauptgericht bis 20 €. Di–Sa 11.30–14 und ab 18 Uhr, So nur abends, Mo Ruhetag. Tumringen, Freiburger Str. 314, ✆ 164616, www.osteria-maettle.de.

Hotel Inzlinger Wasserschloss, der Gourmettempel in historischem Ambiente ist das Lebenswerk von Sybille und Sepp Beha, die hier seit über 30 Jahren wirten. Der Aral Schlemmer Atlas würdigt ihre Arbeit mit vier Kochlöffeln. Die Küche verzichtet auf Konservierungsstoffe und stellt alle Speisen aus frischen Zutaten selbst her. Ein typisches Drei-Gänge-Menü könnte mit Carpaccio vom rosa Thunfisch mit bretonischem Hummer beginnen, dann als Hauptspeise Milchlammrücken in der Lavendelkruste mit Oliven-Gnocchi auf den Tisch bringen und mit raffinierten Zubereitungen vom Obst der Saison enden. Menü 40–95 €. Di/Mi Ruhetag. Inzlingen, Riehenstr. 5, ✆ 47057, www.inzlinger-wasserschloss.de.

Sehens- und Erlebenswertes

Gleich am Bahnhof wird der Besucher mit dem „Langen Egon" konfrontiert, dem 17-stöckigen **Rathaus,** mit dem sich der langjährige Oberbürgermeister (1960–1984) Egon Hugenschmidt ein Denkmal setzte. Vorbei am Hebelpark, wo der Dichter als überlebensgroße Bronzestatue den Tauben trotzt, kommt man über die Fußgängerzone Turmstraße zum **Alten Markt** mit Straßencafés und der Würfelskulptur „Granit Rosa Porrino" von Ulrich Rückriem. Kunstinteressierte können anhand einer bei der Tourist-Information erhältlichen Broschüre dem Lörracher **Skulpturenweg** folgen, der zu den etwa 20 Brunnen und Plastiken in Lörrachs Straßenraum führt. So steht auf dem Senser Platz Stephan Balkenhols „Große Säulenfigur" in Form eines unauffälligen Herrn auf einem Douglasienstamm. Am **Neuen Markt** blickt Michael Fischers „Lebensbaum" mit einem in einer Baumkrone verschlungenen Liebespaar über die Stände des Wochenmarkts (Di/Do/Sa jeweils vormittags). Am **Burghof** schließlich steht der monumentale und gewöhnungsbedürftige „Truncated Pyramid Room", eine gekappte Betonpyramide von Bruce Naumann, 7 m hoch, schwarz angestrichen und mit Durchgang, abends von innen gelb ausge-

leuchtet. Mit dem Burghof selbst hat sich Lörrach ein modernes Kultur- und Veranstaltungszentrum gegönnt. Die an ein Schiff erinnernde Konstruktion aus Stahl und Glas mit changierender Klinkerfassade wurde von den Basler Architekten Katharina und Wilfried Streib entworfen. Die Innenstadt endet im Süden mit der **Villa Aichele,** einem hübschen Palais im Neorokoko, das sich einst der Schweizer Textilfabrikant Koechlin bauen ließ. Heute bietet das Haus Raum für Konzerte, Lesungen und Ausstellungen. Auch der **Rosenfelspark** östlich der Villa auf der anderen Seite der Bahngleise geht auf die Koechlins zurück. Hier findet man einen kleinen Tierpark mit Zwergziegen, Schafen, diversen Vogelvolieren und als Highlight einem Trupp unterforderter Javaneraffen.

Museum am Burghof: Das Haus wurde 1755 als Tabakmanufaktur gebaut und beherbergte ab 1761 die Lateinschule der Stadt. Eine Tafel über dem alten Eingang in der Basler Straße erinnert daran, dass Johann Peter Hebel hier wirkte, nach dem die Schule später „Hebel-Gymnasium“ genannt wurde. Im Innenhof hängen alte Wirtshausschilder, ein Vordach schützt eine alte Schnapsdestille. Schwerpunkt des Museums ist die Kunst der Region. Neben Keramiken von Max Laeuger (1864–1952),

Bilderbuchburg Rötteln

spätgotischen Holzskulpturen und einer beachtlichen Porträtsammlung gibt es auch ein Kabinett mit Zinnfiguren zu sehen. Die Dauerausstellung „ExpoTri-Rhena“ widmet sich der Geschichte der Grenzregion. Neben der Entstehung der drei Nationalstaaten und ihren Gemeinsamkeiten wird auch der Alltag der Menschen im von Grenzen geprägten Dreiländereck beleuchtet. Die Wirtschafts- und Sozialgeschichte hat ebenfalls ihren Platz.

Basler Str. 143, www.museum-loerrach.de. Mi–Sa 14–17 Uhr, So ab 11 Uhr. Eintritt 2 €.

Burg Rötteln: Die Burgruine Rötteln thront 4 km nördlich des Stadtzentrums und in Hörweite der Autobahn auf einem Felssporn. Johann Peter Hebel verewigte das Gemäuer in seinen Gedichten, weniger bekannte Heimatdichter widmeten ihm ganze Romane, und im Sommer ist es Schauplatz gern besuchter Freilichtspiele (Termine unter www.burgfestspiele-roetteln.de). Ein *Biergarten* erfrischt mit Getränken und Snacks, gegenüber wirtet ein gediegenes *Restaurant* mit Schweizer Preisen (✆ 52141, www.burgschenke.de, So/Mo Ruhetag).

Einen ersten Eindruck der imposanten Festung erhält man beim Blick vom unteren Burgteil zur Oberburg. Mit mächtigen Mauern, Zinnen, Zugbrücke und Bergfried gibt es alle Zutaten, die man von einer Bilderbuchburg erwartet. Kinder spielen Ritter und Burgfräulein oder gruseln sich im Kerker. Der „Grüne Turm“, heute Aussichtsturm mit weitem Blick gen Lörrach und ins Wiesental, diente lange als Gefängnis. Die Geschichte der 1677 zerstörten Burg und noch viel mehr erfährt man im *Burgmuseum* in der Landschreiberei. Hier ist auch der Burggeist zu Hause – zum Glück sicher in einer Flasche verkorkt. Darüber bewahrt eine Vitrine den Nachlass der Hexe von Binzen. Mittelalter mit Augenzwinkern.

• *Anfahrt* Die nächste Bushaltestelle (Bus 16) ist Röttelnweiler. Mit dem Rad fährt man die Route Luisenstraße (Nordseite Rathaus) – Haager Straße – geradeaus durch den Park Grütt – über die Holzbrücke – rechts und gleich wieder links – Röttler

Straße, diese rechts und die nächste links – Schlosswegli, dort das Rad abstellen und 10 Min. zu Fuß aufsteigen.

• *Öffnungszeiten/Eintritt* April–Okt. tägl. 10–18 Uhr, Nov.–März nur So 11–16 Uhr. Eintritt 1,50 €. Bei Schnee und Eis bleibt die Burg geschlossen.

Wandern und Radfahren

Eine handliche und gut gemachte Broschüre der Tourist-Information schlägt 15 abwechslungsreiche Touren in die Umgebung von Lörrach vor. Darunter finden sich Klassiker wie die auch mit dem Mountainbike mögliche Umrundung des **Tüllinger Bergs** (13 km), die mit dem Weiler Weinweg (→ S. 259) kombiniert werden kann. Der 460 m hohe Tüllinger ist der letzte Ausläufer des Schwarzwalds im Südwesten. Von der Südwestflanke und besonders vom Lindenplatz in Obertüllingen hat man einen guten Blick bis nach Basel.

Tour 20: Grenzschlängeln von Lörrach über St. Chrischona nach Grenzach

Ein schöner Grenzgang führt von Lörrach über die Aussichtshöhe St. Chrischona und den Buchswald in die Rheinebene. Ich habe die 15 km lange Fahrt am Hinterausgang des **Bahnhofs Lörrach (1)** begonnen und bin über den **Rosenfelspark (2)** immer südwärts zum **Stettener Schlössli (3)** geradelt. Dieses wurde 1630 für die Ortsherrschaft, die Herren von Schönau, gebaut und ist mit seinem außen liegenden Treppenturm und dem hohen Wohnhaus typisch für die Residenzen des Landadels jener Zeit. Weiter geht's auf der Inzlinger Straße und am Ortsrand nach der **Waldorfschule (4)** links in den Maienbühlweg. Nach einem Aussichtspunkt mit **Wegkreuz (5)** durchschneidet der Weg am Hof Maienbühl die *Eiserne Hand.*

Grenzgänge an der Eisernen Hand

Keiner weiß so recht, woher dieser schmale Schlauch Schweizer Gebiets hinter dem Maienbühl seinen Namen hat. Mancher Flüchtling mag hier in der Nazizeit einen Weg durch den Wald in die Schweiz gesucht, mancher Schmuggler Kaffee und Zucker ins Reich geschleppt haben. Grenzsteine zeigen als Wappen noch die Ringe der Herren von Schönau oder die Speerspitze der Reichensteiner von Inzlingen. Wie überall im Südwesten kontrollieren Grenzer, Landvermesser und Gemeindebeamte beider Länder alle sechs Jahre, ob die Steine noch korrekt stehen, gereinigt oder gar repariert werden müssen. Auch im GPS-Zeitalter folgen diese Grenzbegehungen noch immer dem Reglement der badischen „Landesherrlichen Verordnung über die Erhaltung und Berichtigung der Landesgrenze“ vom 5. Mai 1894.

Nächste Etappe ist das **Inzlinger Wasserschloss (6),** das von erwähnten Reichensteinern gebaut wurde und heute zugleich Rathaus und Nobelrestaurant ist. Dann geht es an der Feuerwehr und am Friedhof vorbei durchs Langmatttal hinauf in Richtung St. Chrischona. Wieder passiert der Weg die Staatsgrenze, die sich als Trimm-dich-Pfad bergauf und bergab zieht. Die um die spätgotische Wallfahrtskirche **St. Chrischona** (**7,** Ausblick vom Turm) verstreute Siedlung ist das Zentrum der evangelikalen Pilgermission St. Chrischona, die hier Laien zu Missionaren ausbildet. Etwas unterhalb sieht man

Markgräflerland Karte S. 206

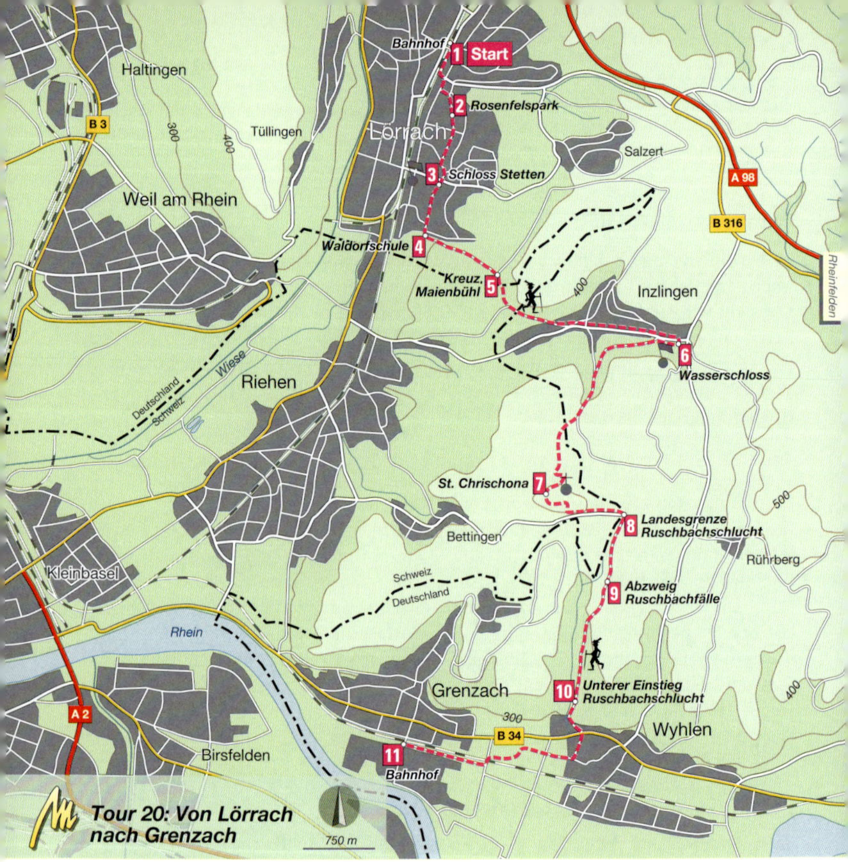

die Rehaklinik des Basler Bürgerspitals. Vorbei am Gasthof Waldrain (preiswert, Mo/Di Ruhetag) und am *Fernsehturm* folgen wir der roten Raute durch den Wald bis zur **Grenze (8).** Wieder auf deutschem Gebiet geht es rechts und auf der Ostflanke des *Ruschbachtals* hinunter Richtung Wyhlen. Wenn sich der Wald rechts zu einer Lichtung mit einem Haus öffnet, ist man im *Naturschutzgebiet Buchswald*.

Naturfreunde machen zu Fuß noch einen **Abstecher zu den Ruschbachfällen (9).** Zwar sind die vom Fahrweg auf den Talgrund führenden Pfade unbeschildert, doch eigentlich nicht zu verfehlen. Am Wasserfall sichern Geländer den Abstieg, später führen Bohlen über den Morast. Mal auf dieser, mal auf jener Seite des Ruschbachs geht es durch Gestrüpp und über umgestürzte Baumriesen. Die schwüle Luft und hungrige Schnaken trüben das Wandervergnügen. Nach einer halben Stunde erreicht man vor der **Brücke (10)** zum Tierheim wieder den Fahrweg, holt dort das Rad und ist bald bei den ersten Häusern von Wyhlen. Die letzten Kilometer sind schnell gefahren. Man quert die Bundesstraße, wendet sich vor der Bahn rechts und steuert den **Bahnhof Grenzach (11)** an. Wenn es zeitlich passt, kann man am Ende der vom Bahnhof zum Fluss führenden Rheinallee auch das Schiff nach Basel nehmen (Abfahrten im Sommer gegen 15 Uhr, www.bpg.ch).

Der Grenzacher Buchswald

Auf den nährstoffarmen Keuperböden am Rand des Grenzach-Wyhlener Rheintals gedeiht eine wärmeliebende Laubwaldgemeinschaft mit Buchen, Flaumeichen und mediterranen Gehölzen wie der Berberitze *(Berberis vulgaris)*, dem Liguster *(Ligustrum vulgare)* und dem giftigen Lorbeer-Seidelbast *(Daphne laureola)* mit seinen hübschen roten Beeren. Der Frühlingsahorn *(Acer opalus)* wächst hier an seiner nördlichen Verbreitungsgrenze. Star des Biotops waren bislang Deutschlands einzige wild wachsende Buchsbäume *(Buxus sempervirens)*. Seit die gefräßigen Raupen des wohl 2006 über einen Gartenfachmarkt in Kehl unerkannt ins Land eingereisten Buchsbaumzünslers *(Glyphodes perspectalis)* die Grenzacher Wälder erreicht haben, präsentieren sich die einst immergrünen Buchsbäume aber nur noch als kahles, gespenstisch graues Gestrüpp. Rettung ist nicht in Sicht, denn der Zünsler hat in Europa keine natürlichen Feinde.

Weil am Rhein

30.000 Einw., 281 m ü. d. M.

Hier, ganz im Südwesten Deutschlands in der Stadt der Stühle, scheint die Sonne besonders lang – und rückt modernste Architektur und den Landschaftspark DreiLänderGarten ins rechte Licht. Wenn es doch einmal regnen sollte, geht man ins Vitra Design Museum.

In Weil am Rhein sind wir nun wirklich am Dreiländereck. Im Nu ist man über die Fahrradbrücke in Frankreich oder über das Flüsschen Wiese in der Schweiz. Die vormalige Eisenbahnerstadt ist heute gleichermaßen durch ihr Autobahnzollamt wie durch den Sitzmöbelhersteller Vitra bekannt, der Weil am Rhein auch zu einem Schaufenster moderner Architektur gemacht hat. Als Werbesignet und Wahrzeichen von Weil haben die Stadtväter überdimensionale Stühle erkoren, die Dächer und Plätze schmücken.

Geschichte: Bis ins 19. Jh. blieb Weil ein bescheidenes Bauern- und Winzerdorf, dessen Zentrum in *Altweil* um die Pfarrkirche, das Stapflehus und den „Adler“ noch auszumachen ist. Den Wandel zur Stadt und die allmähliche Verschiebung der Ortsmitte gen Westen brachte die Eisenbahn. 1855 konnten die Reisenden bis Basel dampfen, 1913 wurde der Rangierbahnhof Basel auf Weiler Gemarkung in Betrieb genommen. Auch viele der in Basel tätigen Eisenbahner der Reichsbahn hatten ihre Betriebswohnungen in Weil. Für sie war 1915–1925 auf der *Leopoldshöhe* zwischen Hauptstraße und DreiLänderGarten eine noch heute lebenswerte und inzwischen unter Denkmalschutz stehende Gartenstadt errichtet worden, deren Planer einen Gegenentwurf zu den beengten Wohnverhältnissen in den Arme-Leute-Vierteln der Gründerzeit verwirklichten und viel Platz zwischen den Häusern ließen. Am Marktplatz erinnern noch das DB-Sozialwerk, der Eisenbahner-Sportverein und ein Büro der Gewerkschaft an die Bähnlerzeit.

- *Vorwahl* 07621
- *Information* **Tourist-Information**, Hauptstr. 290, 79576 Weil am Rhein, ✆ 4220440, www.w-wt.de. Mo–Fr 9.30–12.30 und 14–17 Uhr, Sa 10–12 Uhr.
- *Baden* **Laguna Badeland**, wenn die Füße nach langer Lauferei so richtig qualmen, ist hier der Ort, um sich zu erfrischen. Grüne Palmen und hohe Wellen simulieren Strandatmosphäre und tropisches Flair.

Markgräflerland
Karte S. 206

Kinder hangeln sich wie Piraten die Seile hoch, um dann die Wasserrutschen hinabzusausen. Höhepunkt ist der Wildwasserkanal, den man mal schneller, mal langsamer hinabgleitet. Das Becken wird alle halbe Stunde, wenn die Wellenmaschine anspringt, zum wilden Meer. Ältere relaxen auf den Sprudelliegen oder schwitzen in Dampfbad und Sauna. Tageskarte 12–13 €, mit Sauna 18–20,50 €. Mo–Do 10–21 Uhr, Fr 10–22 Uhr, Sa/So 9–22 Uhr. Sportplatz 1, www.laguna-badeland.de.

• *Fahrradverleih* **Veloshop**, Altweil, Hauptstr. 65, ✆ 78915, www.veloshopweil.de.

VeloZiped, Haltingen, Große Gass 13a, ✆ 61154, www.veloziped.com.

• *Kino und Kultur* **Kinopalast im Rheincenter**, Friedlingen, Hauptstr. 435, www.kino-weil.de.

Kulturzentrum Kesselhaus, in den denkmalgeschützten Hallen der ehemaligen Seidenstoffweberei Schwarzenbach hat die Stadt Weil ein lebendiges Kulturzentrum mit Künstlerateliers, Theater- und Konzertraum, Töpfer- und Bildhauerstudio, Café und Proberäumen für Rockgruppen eingerichtet. Ein Verein organisiert Konzerte und andere Events. Friedlingen, Am Kesselhaus 13, www.kulturzentrum-kesselhaus.de.

Weil am Rhein, Stadt der Stühle

• *Veranstaltung* Die **Burefasnacht** wird in Weil am Rhein wie im nahen Basel eine Woche verspätet gefeiert, nämlich am Wochenende nach dem Rosenmontag.

• *Übernachten/Essen* **Hotel-Restaurant Adler**, wer hinter der hübschen, doch bescheidenen Fassade des Adler einen soliden Dorfgasthof vermutet, der irrt – hier wirkt mit Hansjörg Wöhrle einer der besten Köche im Ländle. Der Gault Millau rechnet den Adler gar zu den hundert besten Restaurants auf dem Erdball. Der Meister, der in jungen Jahren den Betrieb vom Vater übernahm, trumpft nicht mit modischen Kreationen, sondern mit handwerklichem Können und Kontinuität. Frische Zutaten werden im Rhythmus der Jahreszeiten zu exzellenten Speisen ohne Schnickschnack veredelt. Luxuriös ausgestattete Zimmer mit Internetanschluss. DZ 80–150 €, Hauptgericht 20–35 €, Mittagsmenü bis 25 €, Gourmetmenü 65–95 €. So/Mo Ruhetag. Hauptstr. 139, ✆ 07621/98230, 📠 75676, www.adler-weil.de.

Neben dem Adler betreiben die Wöhrles das volkstümlichere und preiswertere Keller- und Gartenlokal **Spatz**.

Krone, früher kamen die Basler mit der Kutsche oder gar zu Fuß, um hier am Fluss Barben, Nasen und andere Rheinfische zu genießen. Dem Fisch blieb die Krone treu, nur gibt's heute eben Lachs, Zander und Eglifilet (Flussbarsch), und die Basler kommen mit Auto oder Fahrrad. Schöner Kastaniengarten, auch Gästezimmer. DZ 85 €, Hauptgericht 15–30 €. Mo/Di Ruhetag. Märkt, Rheinstr. 17, ✆ 07621/62304, 📠 65350, www.krone-maerkt.de.

Ochsen, das rustikale Wirtshaus ist seit Generationen im Besitz der Familie Marx. Die Gäste kommen v. a. wegen der Sonnenterrasse mit Weinberg- und Dreiländerblick. Vesper und warme Speisen wie Schnitzel, Cordon bleu und dergleichen, werktags preiswerter Mittagstisch. Auch Gästezimmer (DZ 55 €). Do/Fr Ruhetag. Ötlingen, Dorfstr. 82, ✆/📠 07621/62228, www.gasthaus-zum-ochsen.de.

Moderne Baukunst im Vitra Architekturpark

Cáfe Inka, die versteckte Hinterhofidylle hat ihren Namen von einer prächtigen Panoramatapete mit Motiven aus dem alten Peru, die 1819 in Paris gedruckt wurde. Vegetarische Küche, dünnbödige Kuchen. Mittagsgericht bis 10 €. Di–Sa 12–18 Uhr. Ötlingen, Dorfstr. 95, ✆ 65387.

Sehens- und Erlebenswertes

Vitra Campus: Das Firmengelände des Möbelherstellers Vitra versammelt auf engem Raum eine Werkschau der führenden Architekten unserer Zeit. Ausgangspunkt der Architekturführungen ist Frank O. Gehrys schneeweißes Museum. Im Vorfeld balancieren Werkzeuge, die Wände scheinen verrückt auf dem Rasen zu tanzen und die Statik jeder Vernunft zu widersprechen. Hier laufen auch die großen Wechselausstellungen zu Design und Wohnkultur.

Gleich nach der Pforte zum Firmengelände steht rechts sozusagen als Programm ein von Jean Prouvé (1901–1984), dem Großmeister der Verbindung von Industriearchitektur und Design, entworfenes Tankstellenhäuschen. Vorbei an den puristisch anmutenden Fabrikationshallen des Portugiesen Alvaro Siza und des Briten Nicholas Grimshaw fällt der Blick auf die schier auseinanderfallende Feuerwache von Zaha Hadid, die heute als Teil des Designmuseums Ausstellungsraum ist. Ob die Architektin in einem solchen Haus auch selbst wohnen würde? Die Führung endet mit dem strengen, auf wenige Materialien beschränkten Konferenzgebäude des Japaners Tadao Ando. Enge Gänge, ausgeklügelte Perspektiven, Einbeziehen der Natur, die freilich, einem Zen-Garten gleich, strengen Ordnungsmustern unterworfen ist – was umgekehrt ein zartes Unkraut zwischen den Bodenplatten im Hof zum subversiven Widerständler erhöht. Und wo sind die Vitra-Stühle, die ja selbst Designgeschichte geschrieben haben? Eine Auswahl finde man im VitraHaus

Markgräflerland Karte S. 206

von Herzog & de Meuron, das Wohnmöbel und Designklassiker versammelt und den Besuchern Anregungen zur Einrichtung der eigenen vier Wände gibt.

Charles-Earnes-Str. 1–3, www.design-museum.de. Tägl. 10–18 Uhr, Eintritt 8 €. Architekturführungen tägl. 11,13 und 15 Uhr, 9,50 €. Museum plus Führung 13,50 €.

DreiLänderGarten: Für die Landesgartenschau 1999 wurde am Südrand von Weil der DreiLänderGarten geschaffen. Der bequemste Zugang von der Stadt ist über den S-Bahnhof Gartenstadt und den spiralförmigen *Schlaichturm,* von dessen oberer Plattform man das Gelände gut überblicken kann. Den nach Riehen führenden *Regio-Kunstweg* säumen wetterfeste Plastiken von deutschen und Schweizer Künstlern. Außer mit Grünflächen prunkt der Landschaftspark mit einem alten, aus dem Sundgau hierher versetzten Fachwerkhaus und dem so ganz anderen, von Zaha Hadid konzipierten *Pavillon.* Der 140 m lange, aber gerade mal 6,30 m hohe Bau mit eigenwilligen Geometrien aus Beton und Glas kostete seinerzeit 3,4 Mio. Mark. Auf einem rampenartigen Flanierweg kann der Besucher auf dem Dach des Gebäudes die Architektur erlaufen, bis er am Ende über unbequeme Tritte wieder in den Garten hinabsteigt. Gegenüber hat sich die Branche Bau, Steine, Erden ein schräges *Kunsthaus* gebaut. Auf Kinder wartet die „Spiellandschaft Kies“.

Der Schlaichturm, transparenter Abstieg zum DreiLänderGarten

Städtische Museen und Galerien: Irgendwann in der Vergangenheit entschied sich Weil am Rhein für ein dezentrales Museumskonzept. So lassen sich die verschiedenen Sammlungen im passenden Kontext präsentieren, also z. B. die Landwirtschaft in einer Scheune und die Industriegeschichte in einer früheren Fabrik, und erhaltenswerte Baudenkmäler werden sinnvoll genutzt. Nachteile dieses Konzepts sind der höhere Betriebs- und Personalaufwand, was zur Folge hat, dass die Sammlungen nur am Wochenende für wenige Stunden geöffnet sind. Das *Museum am Lindenplatz* (Sa 15–18 Uhr, So ab 14 Uhr) in Altweil zeigt wechselnde Sonderausstellungen, die sich nicht nur mit lokalgeschichtlichen Themen befassen: Das Spektrum reicht von der Geschichte der Hexenverfolgungen bis zu Projekten wie „SteinZeit“, „Essen und Genießen“ oder „Alle Wetter“. Gegenüber der Altweiler Kirche präsentiert das *Stapflehus* zeitgenössische Kunst (www.stapflehus.de, Fr/Sa 15–18 Uhr, So ab 14 Uhr). Spätherbstlicher Höhepunkt im Ausstellungszyklus dieses als Amtssitz der Vögte von Rötteln erbauten Schlösschens ist die „Regionale“, eine im Verbund mit anderen Ausstellungsräumen veranstaltete Schau, auf der zuletzt 150 Künstlerinnen und Künstler der Region ihre Arbeiten präsentierten. Hinter dem Stapflehus lernt man im *Landwirtschaftsmuseum* (April–Okt. So 14–18 Uhr) das Landleben des ausgehenden 19. Jh. kennen. Das *Textilmuseum* in der früheren Seidenstoffweberei Robert Schwarzenbach in Friedlingen (Am Kesselhaus 23, jeden ersten So im Monat 14–17 Uhr) dokumentiert die „goldene Zeit“ der Weiler Textilindustrie.

www.museen-weil.de. Der Eintritt zu den städtischen Museen und Galerien ist frei.

Wanderung auf dem Weiler Weinweg nach Ötlingen

Der abendsonnige **Weinweg** führt von Altweil über 4 km durch die Rebgärten am Tüllinger Berg nach Ötlingen. Tafeln am Weg vermitteln Interessantes und Amüsantes rund um den Weinbau und die Landschaft samt Tier- und Pflanzenwelt. Im *Bammerthüsli* wacht während der Weinlese der Rebhüter, damit keiner die Trauben klaut. Man passiert einen Brunnen und kreuzt den Tüllinger Weg, der hinauf zum Waldrand und eben nach Tüllingen führt. An der Weinlage *Ötlinger Sonnhole* laden Bänke zur Rast mit Aussicht.

Wer durch den Anblick der Reben in weinseelige Laune versetzt nun auch den Rebensaft kosten möchte, kehrt in **Ötlingen** ein, z. B. im Ochsen mit seiner herrlichen Aussichtsterrasse. Wein- und Obstbau haben die Vergangenheit des Weiler Stadtteils Ötlingen geprägt. In der *Dorfstube* (leider nur April–Okt. So 15–17 Uhr, Eintritt frei) sehen wir Wohn- und Schlafgemächer mit Alltagsutensilien, so als hätten die Bewohner das alte Fachwerkhaus nur eben kurz verlassen. Im Nebengebäude ist eine Schmiede eingerichtet.

• *Rückweg* Wer das letzte Anrufsammeltaxi (Mo–Sa 18 Uhr, ✆ 3332) verpasst, muss zu Fuß (30 Min.) nach Haltingen absteigen.

• *Einkaufen* **Winzergenossenschaft Haltingen**, Mo–Fr 8–12 und 14–18 Uhr, Sa 9–13 Uhr. Winzerweg 8, www.wg-haltingen.de.

Die Inkas in Ötlingen

Anfang des 19. Jh., als es noch kein Fernsehen gab und Vergnügungs- und Bildungsreisen Privileg einer kleinen Elite waren, holte sich mancher die Exotik ins Haus. So auch der Wirt des Ochsen, der seine Gaststube mit einer Panoramatapete schmückte. 1823/24 von der Pariser Manufaktur Dufour & Leroy gedruckt, zeigt sie exotisch-bukolische Motive nach dem 1786 veröffentlichten Roman „Die Inkas und die Zerstörung des Reiches von Peru“ von Jean-François Marmontel. Die Szenen kreierte wahrscheinlich der Zeichner und Graveur Xavier Mader. Von den Entwürfen wurden mehr als 2000 hölzerne Druckstöcke geschnitzt und damit die Tapetenbahnen mit Leimfarben bedruckt. Für jeden Kunden kombinierte man entsprechend der Raumgröße verschiedene Motive zusammen mit Sockelzonen und Randbordüren zu einem individuellen Panorama. Alles in allem ein sehr aufwendiges und kostspieliges Verfahren. Es gleicht einem Wunder, dass die Ötlinger Inkabilder die Wechsel der Zeiten überlebt haben: Zwischendrin wurden sie überklebt, und der Ochsen zog auf die andere Straßenseite um, erst 1988 wurden die Bilder bei der Renovierung des Hauses wiederentdeckt und schmücken nun den Gastraum des Cafés Inka.

Markgräflerland
Karte S. 206

Basels Rathaus: Hier amten Parlament und Stadtregierung

Basel

170.000 Einw., 260 m ü. d. M.

Die kleine Großstadt am Rheinknie prunkt ebenso mit moderner Architektur wie mit einer geschichtsträchtigen Altstadt. Ratternde Trams, quietschende Kunst und ein Nachtleben für jeden Geschmack – da muss niemand nach Berlin jetten.

Wo der Rhein zwischen den Ausläufern des Schwarzwalds und des Jura einen scharfen Knick nordwärts macht, liegt die drittgrößte Stadt der Schweiz. Sie wird in Kleinbasel auf der rechten und Großbasel auf der linken Rheinseite unterteilt, deren Verhältnis, wen wundert's, nicht ohne Animositäten ist. Etwa wie die Stadtstaaten Hamburg oder Bremen ist Basel-Stadt zugleich einer von 26 Kantonen der Schweiz. An Fläche ist er der kleinste, denn außer dem Stadtgebiet gehören nur noch die Dörfer Riehen und Bettingen dazu. Wirtschaftlich ist er dagegen einer der stärksten: Messeort, Bankenplatz (Zentralen der Großbank UBS und der „Weltzentralbank" BIZ) und v. a. Heimat der Pharma- und Biotechkonzerne Syngenta, Novartis und Roche.

Die Doppelrolle, einerseits in der Weltliga mitzuspielen, gleichzeitig aber auch Provinz zu sein – Basel hat ungefähr so viele Einwohner wie Herne oder Hamm –, macht die Einheimischen tolerant und misstrauisch zugleich, nährt Bürgerstolz und das Gefühl, von den andern nicht recht gewürdigt zu werden. Vielleicht rührt daher das Bedürfnis nach moderner Architektur, die an vielen Stellen Kontraste zu den ehrwürdigen Gebäuden der Altstadt setzt. Nicht mehr das Münster, sondern der Messeturm ist nun das höchste Gebäude der Stadt. Und demnächst will Roche mit einem 175 m hohen Büroturm himmelwärts streben.

Wohl 30 Museen und ebenso viele Galerien sind für eine Stadt dieser Größe rekordverdächtig. Dazu ein Dreispartentheater, ein Dutzend weitere Bühnen, allerlei

Festivals – Basel leistet sich viel Kultur und lässt sich diese auch etwas kosten. Und einen Gutteil dieser Kultur finanziert der Basler „Daig". Wie bitte? Ja, Daig, wie Teig – so nennen die Basler ihre großbürgerliche Oberschicht, jene alteingesessenen Familien wie die Vischers, die Merians und die Sarasins, die sich von Neureichen ebenso abgrenzen wie von niederen Schichten. In pietistischer Tradition wird jede Zurschaustellung von Reichtum vermieden. Tue Gutes und sprich nicht drüber. Jene Damen, die das neue Schauspielhaus stifteten, bleiben bis heute anonym. Die Sarasins fördern seit jeher den Zoo. Die Merian-Stiftung und die Hoffmann-La-Roche-Erbin Maja Sacher-Stehlin spendierten das Museum für Gegenwartskunst. Naturgemäß fällt es den Familien Hoffmann und Oeri am leichtesten, freigebig zu sein, wird doch ihr Vermögen auf 15 Mrd. Schweizer Franken geschätzt. Sie stifteten das Schaulager, das Museum Tinguely, die große Tibet-Sammlung im Museum der Kulturen, und ohne Gigi Oeri wäre der FC Basel heute wohl nur drittklassig.

Die Basler und der Basilisk

War es ein Ungeheuer, ein anatolischer Kirchenvater, ein byzantinischer König oder ein Küchengewürz, dem Basel seinen Namen verdankt? Die Experten sind sich uneins. Den Baslern späterer Generationen hat es jedenfalls der Basilisk besonders angetan. Anderswo steht das durch Harry Potter zu neuem Ruhm gekommene Fabelwesen aus Schlange und eierlegendem Hahn für Tod, Teufel und Antichrist. Sein Blick versteinert, sein Hauch vergiftet. Noch 1474 hatte man in Basel einem Hahn den Prozess gemacht. Unter dem Vorwurf, ein Ei gelegt und sich so als Basilisk gezeigt oder einen solchen in die Welt gesetzt zu haben, wurden Tier und Ei vor großem Publikum verbrannt. Eine merkwürdige Begebenheit. Denn schon damals trug auf Bildern und Figuren ein Basilisk das Stadtwappen. Heute ist er auf Brunnen, Straßenschildern, Erkern und Brücken schier allgegenwärtig, ja selbst auf einer Bodenplatte des Münsters abgebildet.

Geschichte

Bereits die **Kelten** hatten eine beachtliche Siedlung am Rheinknie. Das unbefestigte, etwa von 150 bis 80 v. Chr. bewohnte Areal umfasste etwa 15 ha und wird nach seinem Fundort **Basel-Gasfabrik** genannt, wobei die Gasfabrik ihrerseits schon Geschichte ist und auf dem Gelände gerade der *Novartis Campus* geschaffen wird. Im Zuge der Bauarbeiten kommen immer wieder Überraschungen ans Licht. Nicht die Schädel ihrer Feinde, wie die antiken Schriftsteller berichten, sondern die der eigenen Ahnen trennten die Basler Kelten vom Rumpf und begruben sie zusammen mit den Resten eines üppigen Leichenschmauses, bei dem auch der aus Italien importierte Wein nicht fehlte.

Anders als Basel-Gasfabrik wurde die keltische Siedlung auf dem **Münsterhügel** um 50 v. Chr. nach strategischen Gesichtspunkten angelegt. Auf drei Seiten schützten der Rhein und die heute in unterirdische Röhren gezwängte Birsig den Felssporn, auf der vierten sicherte man sich durch einen Graben und Erdwall ab (zu sehen in der Rittergasse). Ob die Kolonie Augusta Raurica (→ S. 281) in Basel oder in Augst gegründet wurde, ist umstritten. Jedenfalls waren auf dem Münsterhügel Achtung Layout: hier in der alten Auflage fehlerhafter Seitenwechsel etwa ab

Basel
Karte S. 264/265

30 v. Chr. auch **römische Legionäre** stationiert. Mit der Unterwerfung des Neckarraums (74 n. Chr.) verlieren sich ihre Spuren zunächst. Erst als im 3. Jh. mit den Alamanneneinfällen die Zeiten wieder unsicher und die Grenze an den Rhein zurückverlegt wurde, kam das Militär erneut nach Basel. Der Sporn zwischen Rhein und Birsig wurde nun mit einen Kastell befestigt, dessen Reste unter dem Münster erhalten sind. 374 machte Kaiser Valentinian hier mit einem Heer Station – so berichtet es der spätantike Geschichtsschreiber Ammianus Marcellinus (um 330 bis 395) in seiner Chronik und erwähnt dabei erstmals den Namen **Basilia.**

Gepflegte Hinterhofidylle auf dem Münsterhügel

Auch nach dem Abzug der römischen Truppen gegen Ende des 4. Jh. blieb der Rhein eine Sprach- und Kulturgrenze: auf der Kleinbasler Seite die germanischen und heidnischen **Alamannen,** auf der Münsterseite die romanisierte und christianisierte Mischbevölkerung aus Kelten, Römern und später auch Franken. Vermutlich im 7. Jh. wurde Basel anstelle von Augusta Raurica Bischofssitz. Parallel zur auf dem Münsterhügel entstehenden **Bischofsstadt** entwickelte sich ab dem 10. Jh. unten im Birsigtal um den heutigen Marktplatz eine Handwerker- und Händlersiedlung.

Ende des 11. Jh. ließ Bischof Burkhard eine erste **Stadtmauer** errichten (Reste dieser Burkhard'schen Stadtbefestigung sind an der Ecke Steinenberg/Kohlenberg im Sockel des Lohnhof-Turms zu sehen), 1226 war die erste Rheinbrücke fertig. Das 14. Jh. blieb mit Beulenpest (1348/49) und einem schweren Erdbeben samt nachfolgendem Stadtbrand (1356) in schlechter Erinnerung. Schon bald nach dem Beben erfolgte 1362–1398 der Bau der äußeren Stadtmauer, die auch die Vorstädte mit einschloss. Noch erhalten sind das St. Johanns-Tor, das Spalentor, das St. Alban-Tor und ein Mauerabschnitt im St. Albaner Mühlegraben.

Dem wirtschaftlichen Aufstieg der Stadt steht der allmähliche Zerfall der auf das Feudalwesen gestützten bischöflichen Herrschaft gegenüber. Mehr und mehr Rechte gingen vom Bischof auf den Rat über. Das **Basler Konzil** (1431–1449) brachte den Aufenthalt von Kaiser, Reichstag und anderen Würdenträgern. Als Papst Eugen IV. die Kirchenversammlung ins ihm genehmere Ferrara verlegen wollte, setzte ihn eine Fraktion von Kardinälen kurzerhand ab und wählte den (bislang) letzten katholischen Gegenpapst. Als Spätfolge des Konzils wurde 1460 die Basler Universität gegründet.

1501 schloss sich die Stadt der **Schweizer Eidgenossenschaft** an, 1529 der **Reformation.** Aus Frankreich und Italien aufgenommene Glaubensflüchtlinge brachten die später so erfolgreiche **Textilindustrie.** Weil in der Stadt selbst noch die Zünfte das Sagen hatten und Produktion wie Handel reglementierten, ließen die Stadtbasler Kaufleute zunächst im Umland Färber und Weber Seidenbänder, -tuche und -strümpfe für den Export herstellen.

1815 löste der Wiener Kongress das Fürstbistum Basel auf und teilte seine Territorien den Kantonen Basel und Bern zu. Doch die Baselbieter, wie die Umlandbewohner heißen, fühlten sich von den Stadtbaslern benachteiligt und spalteten sich 1833 als **Halbkanton Basel-Landschaft** ab. 1844 erreichte, von Straßburg kommend, der erste Eisenbahnzug die Stadt, und 1859 eröffneten unabhängig voneinander Johann Rudolf Geigy-Merian (1830–1917) sowie Alexander Clavel (1805–1873) Fabriken zur Herstellung des Farbstoffs Fuchsin. Sie legten damit den Grundstein für die Basler **Chemie- und Pharmaindustrie,** die heute noch vor der Finanzbranche als Wachstumsmotor der Basler Wirtschaft gilt.

Anreise

• *Mit dem Auto* Von Deutschland über die **A 5**. Am Autobahnzollamt muss für umgerechnet 40 CHF eine **Jahresvignette** gekauft werden. Wer die Vignette sparen will, verlässt die A 5 an der Ausfahrt Weil am Rhein und fährt die letzten Kilometer über die B 3, die parallel zur Autobahn nach Basel führt.

> Das **Baden-Württemberg-Ticket** der DB gilt auch in der S-Bahn zwischen Basel-Bad und Basel-SBB.

• *Mit der Bahn* Fernzüge aus Richtung Freiburg oder vom Hochrhein erreichen zunächst den rechtsrheinischen **Badischen Bahnhof**, einen deutschen Bahnhof auf Schweizer Gebiet. Nicht alle Züge fahren von hier weiter zum linksrheinischen **Bahnhof SBB**. Die Fahrpläne des Bahnverkehrs in die Region rund um Basel finden Sie auf den Seiten der **Regio-S-Bahn**: www.regio-s-bahn.ch.

• *Mit dem Flugzeug* Der EuroAirport Basel-Mulhouse-Freiburg (www.euroairport.com) liegt nur 3 km außerhalb der Stadtgrenze Basels auf französischem Gebiet. Von Basel aus ist er über eine zollfreie Zufahrtsstraße erreichbar. Die Buslinie 50 verbindet den EuroAirport alle Viertelstunde mit dem Bahnhof SBB (Fahrzeit 13 Min.), ein Bahnanschluss ist im Bau.

Information

• *Vorwahl* 0041-(0)61

• *Information* **Basel Tourismus**, im Stadtcasino am Barfüsserplatz, Steinenberg 14, CH-4010 Basel, ✆ 2686868, www.baseltourismus.ch. Mo–Fr 9–18 Uhr, Sa 10–17 Uhr, So 10–15 Uhr. Verkauf der BaselCard sowie von diversen Broschüren, Führungen und Stadtrundfahrten, Tageskarten für Bus und Tram sowie Bahnfahrkarten. Auch Café.

Filiale im **Bahnhof SBB**: Mo–Fr 8.30–18 Uhr, Sa 9–17 Uhr, So 9–15 Uhr, hier auch Tickets für Veranstaltungen.

• *Basel im Internet* **www.altbasel.ch**: Die Seite für Fans von Geschichte und Brauchtum.

www.basel.ch: Die Seiten des Stadtkantons Basel. Mit virtuellem Rundgang und einem Film über die Stadt.

www.baseltourismus.ch: Die Seiten der Tourist-Information. Gehaltvoll und mit guter Suchmaschine, doch mit schwer zu durchschauender Struktur.

www.guide4me.ch: Kommerzielle Datenbank zu Veranstaltungen und Lokalitäten. Guter Partykalender, hilfreich, um Locations im Stadtplan zu verorten, weniger brauchbar zur Planung von Kino- und Theaterbesuchen.

www.museenbasel.ch: Wie der Name sagt, erhält man hier Infos zu den Basler Museen inkl. Öffnungszeiten und Sonderausstellungen.

www.basilisk.ch: Beim Basler Lokalradio können Sie sich im Verstehen der Mundart üben. Leider ist auch hier das ureigene „Baseldytsch" gegenüber dem hochalemannischen Mainstream („Baseldütsch") auf verlorenem Posten.

www.mybasel.ch: Das Portal ersetzt die Lokalzeitung. Hier finden Sie Apothekennotdienst, Fahrpläne, Gelbe Seiten, Nachrichten, Stadtplan u. v. m.

Basel
Karte S. 264/265

Übernachten
4 Easyhotel
5 Ramada Plaza
6 Swissôtel Le Plaza Basel
8 Les Troi Rois
9 Krafft am Rhein
16 Der Teufelhof
17 Au Violon
19 Jugendherberge St. Alban
24 Basel Back Pack
Essen & Trinken
2 Buvette Dreirosen
3 Parkrestaurant Lange Erlen
7 Buvette Kaserne
11 Fischerstube
12 Brauerei
13 Confiserie Schiesser
14 Hasenburg
15 Unternehmen Mitte
18 Zum Braunen Mutz
20 Restaurant Kunsthalle
21 tibits
24 Blindekuh und Eo Ipso
25 Stucki Bruderholz
Nachtleben
1 Das Schiff
5 Bar Rouge
10 Elle et Lui
18 Rio Bar
22 Atlantis
23 Kuppel
Dreirosenstraße
Horburgstraße
Karlsruhe
Lörrach
Museum Tinguely
Badischer Bahnhof
Schwarzwaldstraße
Riehenring
Riehenstraße
Wettsteinallee
Grenzacherstraße
Feldbergstraße
Johanniterbrücke
Mittlere Brücke
Wettsteinstr.
Schanzenstraße
St.Johanns-Vorstadt
Schönbeinstraße
Musical Theater Basel
Messe Basel
Kaserne
Peters Kirche
Petersplatz
Marktplatz
Andreasplatz
Spalentor
Fauteuil
Museum der Kulturen, Naturhistorisches Museum
St. Johanns-Fähre
Klingentalfähre
Unterer Rheinweg
Oberer Rheinweg
Klybeckstraße
Klingentalgraben
Claragraben
Clarastraße
Greifengasse
Rebgasse
Utengasse
Rheingasse
Lindenberg
Riehentorstraße
Theodorsgraben
Rheinfelderstr.
Peter-Rot-Straße
Erlenstraße
Schönaustraße
Maulbeerstraße
Mattenstraße
Rosentalstraße
Hammerstraße
Sperrstraße
Haltingerstraße
Kandererstr.
Florastraße
Leuengasse
Bärenfelserstr.
Breisacherstraße
Oetlingerstr.
Mülheimerstraße
Mörsbergerstr.
Erfringerstr.
Markgräflerstr.
Amerbachstr.
Offenburgerstr.
Zähringerstr.
Bläsiring
Isteinerstraße
Bleichestr.
Jägerstr.
Drahtzugstraße
Klingentalstraße
Clarahofweg
Turnerstr.
Vogelsangstraße
Kienbergstr.
Itelpfad
Schleifenbergstraße
Rührberger str.
Chrischonastr.
Burgweg
Alemannengasse
Römergasse
Fischerweg
Webergasse
Ochseng.
Spitalstr.
Rheinweg
Hebelstr.
Bernoullistr.
Spalengraben
Spalenvorstadt
Petersgraben
Petersg.
Blumenrain
Spiegelg.
Marktg.
Eiseng.
Schneiderg.
Martinsg.
Hutg.

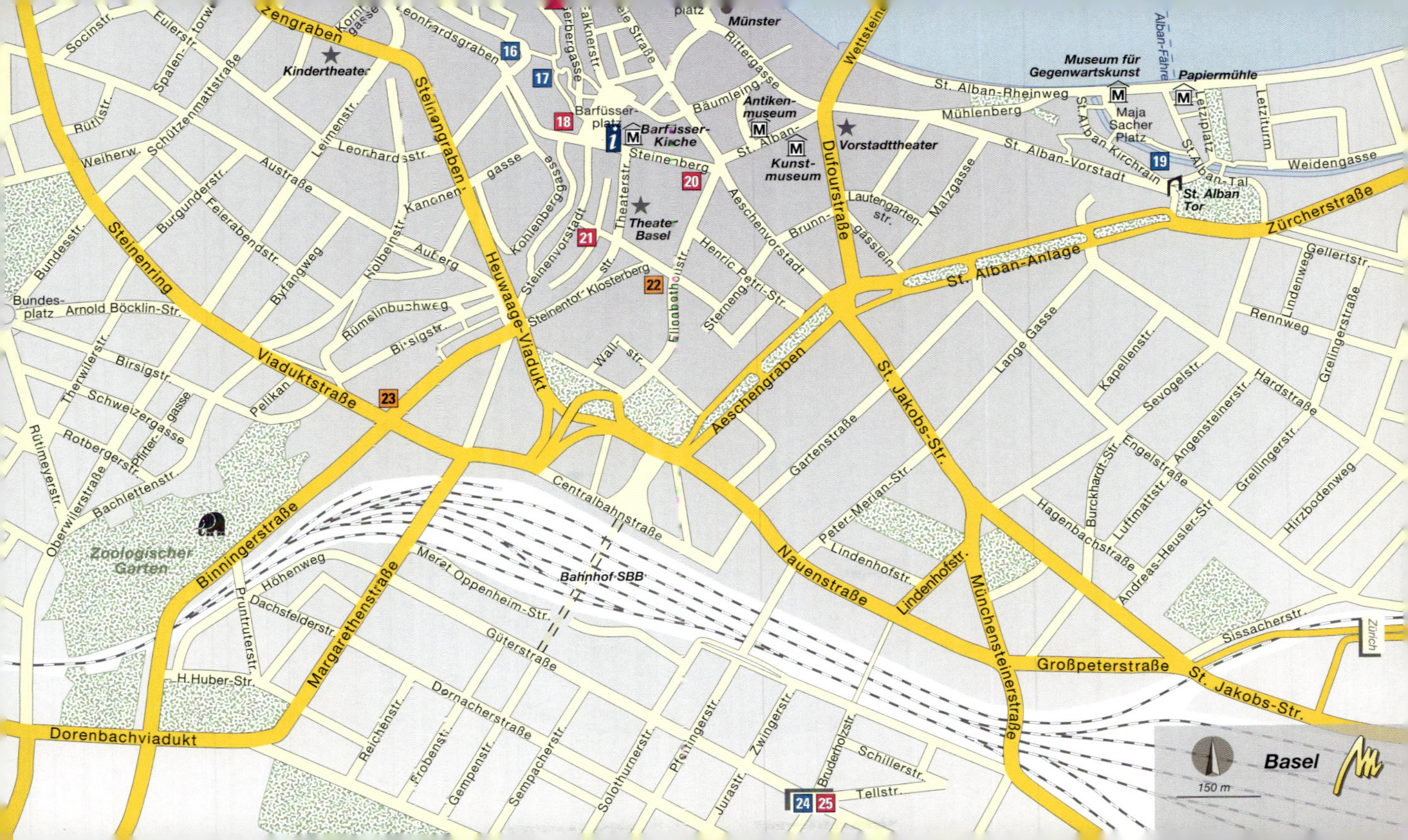

Basel
150 m
Zürich
Münster
Museum für Gegenwartskunst
Papiermühle
Alban-Fähre
St. Alban-Rheinweg
Mühlenberg
Maja Sacher Platz
St. Alban-Kirchrain
St. Alban-Vorstadt
St. Alban-Tal
St. Alban Tor
Letziplatz
Letziturm
Weidengasse
Zürcherstraße
St. Alban-Anlage
Antiken-museum
Kunst-museum
Vorstadttheater
Dufourstraße
Wettsteinbrücke
Rittergasse
Bäumleingasse
Barfüsser-platz
Barfüsser-Kirche
Steinenberg
Theaterstr.
Theater Basel
Aeschenvorstadt
Lautengarten-str.
Malzgasse
Brunn-gässlein
Henric Petri-Str.
Sternengasse
Elisabethenstr.
Wallstr.
Aeschengraben
St. Jakobs-Str.
Lange Gasse
Kapellenstr.
Sevogelstr.
Angensteinerstr.
Hardstraße
Grellingerstr.
Gellertstr.
Lindenweg
Rennweg
Hirzbodenweg
Engelstraße
Burckhardt-Str.
Luftmattstr.
Hagenbachstraße
Andreas-Heusler-Str.
Sissacherstr.
Großpeterstraße
Münchensteinerstraße
Lindenhofstr.
Peter-Merian-Str.
Gartenstraße
Nauenstraße
Centralbahnstraße
Bahnhof SBB
Meret Oppenheim-Str.
Güterstraße
Dornacherstraße
Reichenstr.
Frobenstr.
Gempenstr.
Sempacherstr.
Solothurnerstr.
Pfeffingerstr.
Jurastr.
Zwingerstr.
Bruderholzstr.
Schillerstr.
Tellstr.
Margarethenstraße
Binningerstraße
Zoologischer Garten
Höhenweg
Dachsfelderstr.
Pruntruterstr.
H.Huber-Str.
Dorenbachviadukt
Viaduktstraße
Heuwaage-Viadukt
Steinengraben
Zengraben
Kindertheater
Leonhardsgraben
Kohlenberg
Leonhardsstr.
Leimenstr.
Kanonengasse
Kohlenberggasse
Steinenvorstadt
Steinentor-Klosterberg
Holbeinstr.
Auberg
Rümelinbachweg
Birsigstr.
Pelikanweg
Steinenring
Socinstr.
Eulerstr.
Spalentorweg
Schützenmattstraße
Rütlistr.
Weiherw.
Burgunderstr.
Feierabendstr.
Austraße
Byfangweg
Bundesstr.
Bundesplatz
Arnold Böcklin-Str.
Therwilerstr.
Birsigstr.
Schweizergasse
Pfirtergasse
Rotbergerstr.
Bachlettenstr.
Oberwilerstraße
Rütimeyerstr.
Falknerstr.
Gerbergasse
16
17
18
19
20
21
22
23
24
25

Unterwegs in Basel

• *Mit dem Auto* Macht nicht wirklich Spaß. Die **Innenstadt** kann mit dem Auto nicht durchquert werden und ist ab 13 Uhr für den Autoverkehr generell gesperrt. Entsprechend schnell füllen sich die **Parkhäuser**. Dort zahlen Sie pro Stunde 1,50–3 CHF, für den ganzen Tag 25–35 CHF. Infos zu Anfahrt und freien Stellplätzen unter www.parkleitsystem-basel.ch. Erwähnenswert sind noch die „blauen Zonen" bzw. blauen Markierungen auf der Straße: Hier dürfen Sie (längstens 90 Min.) mit **Parkscheibe** parken.

• *Mit Bus und Tram* Das Tram, wie die Straßenbahn in der Schweiz genannt wird, ist neben dem Bus Basels beliebtestes Verkehrsmittel. Die Basler Verkehrsbetriebe BVB (www.bvb.ch) betreiben etwa 20 Tram- und Buslinien, dazu kommen die gelben Bahnen und Busse der Baselland Transport BLT (www.blt.ch). **Tickets** gibt's in den Kundenzentren oder am Automaten, wobei jene am Badischen Bahnhof auch Euromünzen akzeptieren. Für die Einzelfahrt in der Stadt zahlt man 2 (Kurzstrecke) bis 4 CHF, für die Mehrfachkarte mit sechs Fahrten 11 bzw. 22 CHF, für die Tageskarte 8,50 CHF. Von Fr auf Sa und von Sa auf So fahren **Nachtbusse** (3–5 CHF Zuschlag) jeweils zur halben Stunde ab dem Barfüsserplatz. Hotelgäste in Basel bekommen das **Mobility Ticket** und können damit die öffentlichen Verkehrsmittel in der Stadt und den Vororten gratis nutzen.

Stadtrundfahrten im Oldtimer-Tram gibt's von Mai bis Mitte Okt. So 10.30 und 11.30 Uhr ab der Haltestelle Bahnhof SBB. Ticket 20 CHF. www.tramoldtimer-basel.ch.

BVB-Kundenzentrum: Mo–Fr 8–18 Uhr (Do bis 19 Uhr), Sa 9–17 Uhr. Barfüsserplatz 24, ✆ 6851414 (Mo–Fr 8–17 Uhr).

• *Mit dem Fahrrad* In der Schweiz heißen die Fahrräder „Velos". Diese werden im Bahnhof SBB für 33 CHF pro Tag vermietet. Infos und Reservierung über www.sbb.ch → suche „Mietvelo". Bei der Tourist-Information gibt es einen „Velostadtplan" mit Radwegen und Routenvorschlägen.

• *Mit dem Schiff* Vier **Rheinfähren** (www.faehri.ch) verbinden tägl. von 9 bis 19 Uhr (Nov.–März 11–17 Uhr) die Stadtteile Kleinbasel und Großbasel. Erwachsene zahlen 1,60 CHF, Kinder, Kinderwagen und Fahrräder kosten die Hälfte. Als sog. Rollfähren hängen die Kähne an einem Stahlseil, das über eine Seilrolle mit einem weiteren, quer über den Fluss gespannten Seil verbunden ist. So können sie allein von der Strömung getrieben und ohne Motorkraft übersetzen. Die Fähren gehören einer Stiftung, die nur von einem Förderverein privater Gönner, nicht aber vom Stadtsäckel bezuschusst wird und die die Kähne an private Fährleute (neuerdings auch Frauen) verpachtet.

Die **Basler Personenschifffahrtsgesellschaft** BPG (www.bpg.ch) bietet im Sommer Kursfahrten auf dem Rhein: eine kleine Tour zwischen Hafen und St. Alban, eine längere flussauf bis Rheinfelden. Info und Tickets an der Schifflände, während der Saison tägl. geöffnet.

• *Mit dem Taxi* Für Taxifahrten dürfen maximal 6,50 CHF als Grundpreis sowie 3,80 CHF/km (nachts und sonntags 4,30 CHF/km) berechnet werden. Viele Anbieter, z. B. **mini-cab** (✆ 7777777) oder die **Taxi-Zentrale** (✆ 2222222), bleiben jedoch unter diesen Höchstpreisen.

• *Stadtführungen* Mai bis Okt. tägl. außer So (sonst nur Sa) 14.30 Uhr ab der **Tourist-Information** am Barfüsserplatz für 15 CHF.

Allerlei

• *Autovermietung* Die internationalen Ketten sind alle am Flughafen vertreten. In der Stadt gibt es z. B. Europcar, St. Alban-Anlage 72, ✆ 3789966, www.europcar.ch, oder **Sixt**, Badischer Bahnhof, Schwarzwaldallee 242, ✆ 6835989, ww.sixt.ch.

• *Einkaufen* **Läckerli Huus**, Basler Lebkuchen und andere Gebäckspezialitäten in hübschen Verpackungen. Mo–Mi 8–18.30 Uhr, Do/Fr bis 20 Uhr, Sa bis 18 Uhr. Gerbergasse 57, www.laeckerli-huus.ch.

Bei **Alex Wirth** kauft man Käsespezialitäten aus der Schweiz und besonders aus der Region. Die Einheimischen haben's da einfacher. In Basel kommt noch in guter Tradition und aller Herrgottsfrühe der Milchmann nach Hause und legt die Bestellungen ins Milchfach des Briefkastens. Auch ein Konzept regionaler Vermarktung. Colmarerstr. 10 und auf dem Wochenmarkt (Mo/Mi/Fr 6–19 Uhr, Di/Do/Sa bis 13.30 Uhr), www.basler-milchhandel.ch.

Weihnachtshaus Johann Wanner, „Den Laden betritt man als Kunde, hinaus schwebt man als Engel“, heißt es über Wanners Weihnachtshaus. Dieses beglückt nicht nur zur Weihnachtszeit, sondern rund ums Jahr Weihnachtsfreunde und Christbaumfetischisten aus aller Welt. Wanner hat den Weihnachtsbaum zum Kunstobjekt erhoben und gilt als Trendsetter in Sachen Christbaumschmuck. Zu den Stammkunden des Basler Weihnachtsmanns gehören der Papst und das monegassische Fürstenhaus, er dekoriert auch den Weihnachtsbaum im Weißen Haus. Di–Fr 10–18.30 Uhr, Mo ab 12.30 Uhr, Sa bis 17 Uhr. Spalenberg 14, www.johannwanner.ch.

Daniela Spillmann, die Boutique ist ein Traum. Das Interieur aus Jurakalk und handgedruckten Tapeten bildet den Rahmen für Daniela Spillmanns Couture-à-porter. Die Nichte des berühmten Basler Modezaren Fred Spillmann, der einst Marlene Dietrich und Grace Kelly einkleidete, verspricht, mit ihren Kreationen „die Schönheit und Eigenart moderner Frauen hervorzuheben“. Nichts wie hin! Di–Fr 10–18.30 Uhr, Sa bis 16 Uhr. Rheinsprung 1, www.danielaspillmann.ch.

Flohmarkt: Immer samstags auf dem Petersplatz im Universitätsviertel.

Wochenmarkt: Mit Lebensmitteln, montags bis samstags auf dem Marktplatz sowie samstagvormittags in Kleinbasel vor der Matthäuskirche.

• *Ermäßigungen* Die **BaselCard** gilt 24, 48 oder 72 Std. und kostet 20–35 €. Sie gewährt freien Eintritt in 25 Museen und in den Zoo sowie diverse andere Ermäßigungen. Die 24-Std. Karte gibt's für 25 € auch in der Version TNW, welche die Benutzung der öffentlichen Verkehrsmittel im Stadtbereich (Zone 10) erlaubt. Verkauft wird die BaselCard in der Tourist-Information und im Bahnhof SBB. www.baseltourismus.ch → Basel Info → Tourist Services.

• *Feste und Spektakel* Das größte Fest der Kleinbasler ist **Vogel Gryff**: Am 20.1.2012, 26.1.2013 und 13.1.2014 ziehen der *Vogel Gryff*, der *Wild Maa* und der *Leu* mit ihren Anhängern wild tanzend durch die Gassen. Das Volksfest geht auf die Waffenmusterungen der drei Kleinbasler „Ehrengesellschaften“ zurück, die im Mittelalter in ihrem Stadtteil den Wachdienst versahen.

Feiertage

1. Januar: Neujahr
6. Januar: Dreikönig
Karfreitag bis Ostermontag
1. Mai: Tag der Arbeit
Christi Himmelfahrt
Pfingstsonntag und -montag
1. August: Nationalfeiertag
25./26. Dezember: Weihnachten

Fasnacht: Die berühmteste Fasnacht der Schweiz beginnt am Montag nach Aschermittwoch Schlag vier in der Früh mit dem *Morgestraich* (27.2.2012, 18.2.2013, 10.3.2014) der Trommler und Pfeiffer und geht bis in die Nacht zum Donnerstag.

Basler Brotmarkt: Jeden zweiten Dienstag im Sept. bieten Basels Bäcker beim *Begge Brotmärt* auf dem Barfüsserplatz über hundert verschiedene Brotsorten feil.

Im Fluss: Musik im Rhein. Ein Floß dient bei diesem Festival im Juli und Aug. als Bühne, das Kleinbasler Ufer als Tribüne. www.imfluss.ch.

Dr Bach ab: Noch mal Rhein. Hautnah. Wohl tausend Teilnehmer stürzen sich beim großen Rheinschwimmen in den Fluss. Mitte August, am ersten Dienstag nach den Basler Sommerferien, bei schlechtem Wetter eine Woche später. Zur Vorbereitung gibt es ab Juli immer dienstags um 18 Uhr von der Wasserwacht begleitete Rheinschwimmen. Anmeldung unter ✆ 061/2675729.

Em Bebbi sy Jazz: Das für Nicht-Bebbis mit „Des Baslers Jazz“ zu übersetzende Festival bringt am vorletzten Freitag im Aug. Dutzende von Jazzbands auf die Plätze und in die Innenhöfe der Altstadt. www.embebbisyjazz.ch.

Tanzfestival: In ungeraden Jahren bringt das Tanzfestival Anfang Sept. renommierte Ensembles aus aller Welt in die Stadt. www.baseltanzt.ch.

Herbstmesse: Der älteste Jahrmarkt der Schweiz und der größte zwischen Bad Cannstatt und dem Alpenhauptkamm läuft gleichzeitig auf allen größeren Plätzen der Altstadt. Zwei Wochen ab dem letzten Samstag im Okt. www.herbschtwaremaess.ch.

Basel Karte S. 264/265

AVO Session: Zwei Novemberwochen mit Jazz, Pop, Blues und Weltmusik von Herbie Hancock und Status Quo bis Annett Louisan. www.avo.ch.

Basler Stadtlauf: Am letzten Novembersamstag rennen Jung und Alt durch die schon weihnachtlich beleuchtete Innenstadt. www.baslerstadtlauf.ch.

Auf zur Basler Herbstmesse

Weihnachtsmarkt: Vom ersten Advent bis zum 23.12. Budenzauber auf dem Barfüsserplatz.

• *Geld* In der Schweiz wird mit **Franken** und **Rappen** bezahlt, die offizielle Abkürzung des Frankens ist CHF (1 € = 1,26 CHF, 1 CHF = 0,76 €; Stand Frühjahr 2011). Es gibt Geldscheine zu 10, 20, 50, 100, 200 und 1000 Franken – seit die USA die großen Dollarnoten aus dem Verkehr gezogen haben, dürfte der Schweizer Tausender, Sammlerstücke ausgenommen, die teuerste Banknote des Planeten sein. Münzen gibt's zu 5, 2, 1 und 0,5 Franken sowie 20, 10 und 5 Rappen – und dabei noch einen Guinness-Rekord, denn die Zwei-Franken-Münze hat ein seit 1874 unverändertes Aussehen. Nur die Legierung wurde gewechselt, da der Materialwert der alten Silbermünzen irgendwann den Zahlwert überstieg.

Wechseln kann man in Banken und Postämtern, doch manche verlangen eine Gebühr. Zu einem besseren Kurs holt man sich die Franken mit der Geldkarte aus dem Automaten. Viele Läden und Lokale akzeptieren auch Euros – oft aber zu einem kundenunfreundlichen Umrechnungskurs.

• *Lesetipps* Titus Müller: *Die Todgeweihte*. Vor der Kulisse des mittelalterlichen Basel entspinnt sich ein Drama um Intoleranz und Liebe, um Verantwortung und Verrat ... Gut recherchierter Historienroman.

Hansjörg Schneider: *Hunkeler und der Fall Livius*. In seinem sechsten Fall wird der Basler Kommissär Peter Hunkeler mit einem länderübergreifenden Mord konfrontiert. In einer Schrebergartenanlage am Stadtrand von Basel, deren Grund auf französischem Hoheitsgebiet liegt, baumelt ein Erschossener an einem Fleischerhaken ...

Hans Rudolf Graf: *Kaffeeklatsch*. Ein harmloses Kaffeekränzchen? Nicht ganz, denn einer um den anderen scheiden die Angetrauten der Damen dahin. Kommissar Tanner ermittelt.

Übernachten (siehe Karte S. 264/265)

***** **Les Trois Rois (8)**, ein Grandhotel für die Reichen und Mächtigen, um das sich viele Legenden ranken. Gebaut wurde es 1844, doch eine Herberge gleichen Namens ist an dieser Stelle schon seit dem 17. Jh. belegt. Goethe wohnte hier, Napoleon, Theodor Herzl und die Rolling Stones. 2006 wurde das Haus nach umfassender Renovierung, ja eigentlich nach einem Wiederaufbau im Stil der Belle Époque, neu eröffnet. DZ ab 300 CHF. Blumenrain 8, ☎ 061/2605050, 📠 2605060, www.lestroisrois.com.

**** **Ramada Plaza (5)**, das Hotel residiert verkehrsgünstig im Messeturm. Die Zimmer reichen bis zum 12. Stock, darüber kommen dann Büros und ganz oben (30./31. Stock) schließlich Lounge und Disco mit tollem Ausblick. Das Hotel hat einen Wellnessbereich, doch ohne Schwimmbecken. Die Zimmer sind gut ausgestattet, im Bad ist gar der Fußboden beleuchtet. Mancher mag sich an der Vollklimatisierung stören – man kann die Fenster nicht öffnen. DZ ab 200 CHF. Messeplatz 12, ✆ 061/5604000, ✆ 878444, www.ramada.de.

**** **Swissôtel Le Plaza Basel (6)**, ebenfalls an der Messe und eine Alternative zum Ramada. Große Zimmer mit üppiger Ausstattung, sei's nun ein Bügelbrett oder in den etwas teureren Räumen der Advantage-Kategorie gar eine Espressomaschine. Happige Parkgebühren. DZ ab 200 CHF. Messeplatz 25, ✆ 061/5553333, www.baselswissotel.com.

*** **Krafft am Rhein (9)**, der gepflegte Altbau bezaubert durch seine Lage am Fluss und den Münsterblick. Hermann Hesse soll hier den „Steppenwolf" geschrieben haben. Helle, neu eingerichtete Nichtraucherzimmer, zur Rheinseite mit Balkon, Restaurant, Caféterrasse am Fluss. DZ ab 250 CHF. Rheingasse 12, ✆ 061/6909130, ✆ 6909131, www.hotelkrafft.ch.

*** **Der Teufelhof (16)**, das „Kultur- und Gasthaus", wie es sich nennt, vereint in mehreren zusammenhängenden Gebäuden ein kleines Theater, den Weinladen Falstaff, Café, Bar, Edelrestaurant und natürlich die Hotelzimmer. Einige dienen mit den Korridoren zugleich als Ausstellungsflächen, andere werden alle paar Jahre von Künstlern neu gestylt. DZ ab 265 CHF. Leonhardsgraben 49, ✆ 061/2611010, ✆ 2611004, www.teufelhof.com.

** **Au Violon (17)**, das Hotel mit Restaurant residiert auf einer Anhöhe über dem Barfüsserplatz in einem Flügel des Lohnhofs, der bis 1995 Untersuchungsgefängnis und Polizeiwache war. Natürlich sind die 14 „Zellenzimmer" nicht mehr auf dem Stand jener Tage, doch noch immer relativ klein und ohne TV. Komfortabler sind die aussichtsreichen Zimmer in der früheren Wache. DZ 195–240 CHF. Im Lohnhof 4, ✆ 061/2698711, www.au-violon.com.

* **Easyhotel (4)**, wer sich mit den Basics begnügt, spart Geld. Und wer frühzeitig und zu Terminen mit geringer Nachfrage bucht, spart noch mehr Geld. Diese Philosophie der Billigfluglinie easyJet gilt auch für die Hotels des Unternehmens. In Basel haben die Gäste die Wahl unter 24 Zimmern der Kategorien „klein ohne Fenster" (12 m²), „klein mit Fenster" (11 m²) und „Standard mit Fenster" (15 m²). Gebucht wird nur über die Website, bezahlt mit Kreditkarte. TV kostet extra, ebenso die Zimmerreinigung während des Aufenthalts. DZ ohne Frühstück 65–110 CHF. Riehenring 109, www.easyhotelbasel.ch.

Basel Back Pack (24), das rollstuhlgerechte Hostel ist in einer früheren Fabrik eingerichtet. 75 Betten, überwiegend als Stockbetten in Mehrbettzimmern. Abschließbare Gepäckfächer, ausreichend ausgestattete Küche, Freisitz im Hof, Thai-Restaurant mit Take-away im Haus. Bett 32 CHF, DZ ohne Frühstück 100 CHF. Dornacher Str. 192/Ecke Bruderholzstr. (Tram 15/16, Haltestelle Tellplatz), ✆ 061/3330037, ✆ 3330039, www.baselbackpack.ch.

Jugendherberge St. Alban (19), zentral und doch ruhig im Quartier St. Alban, mit viel Grün und einem Kanal hinter dem Haus. Dieses war einst eine Seidenbandweberei. Überwiegend Zweibettzimmer (mit Du/WC) und Vierbettzimmer (Du/WC auf der Etage). Kiosk, PCs mit Internetzugang, Gartenterrasse, Mo–Fr Mittagessen im Gewölbekeller. Bett ab 42 CHF, DZ 135 CHF. St. Alban-Kirchrain 10 (Tram 3, Haltestelle St. Alban-Tor), ✆ 061/2770572, ✆ 2720833, www.youthhostel.ch/basel.

Bed & Breakfast Agency, die erste B&B-Agentur der Schweiz vermittelt etwa 200 Zimmer und Ferienwohnungen in Basel und Umgebung. Die Website ist gut aufgebaut, man kann die Zimmer auch nach Lage auf einer Karte auswählen und erfährt beim Anklicken Details. Für ein DZ (Minimum zwei Nächte) rechne man 120–170 CHF zzgl. 22 CHF Vermittlungsprovision. Sonnenweg 3, 4144 Arlesheim, ✆ 061/7022151, ✆ 7039676, www.bbbasel.ch.

Messen und Kongresse

Zu Messezeiten sind die Zimmer oft teurer oder gar ausgebucht. Die wichtigsten Veranstaltungen sind:

Swissbau: Ende Jan., nur in geraden Jahren. www.swissbau.ch.

Baselworld: Ende März/Anfang April, Weltmesse für Uhren und Schmuck. www.baselworld.com.

Buch Basel: Mitte Nov., Buch- und Medienmesse mit Literaturfestival. www.buchbasel.ch.

Art Basel: Mitte Juni, internationale Kunstmesse. www.artbasel.ch.

Basel
Karte S. 264/265

Essen & Trinken (siehe Karte S. 264/265)

Stucki Bruderholz (25), in einem Vorort glänzt Basels Stern der Haute Cuisine. Küchenchefin Tanja Grandits begeistert mit ihrer Kombination ungewöhnlicher Aromen auf höchstem Niveau. Im Sommer wird auch im Garten serviert. Hauptgericht um 60 CHF, Menü 60–150 CHF. So/Mo Ruhetag, sonst 11.30–14.30/18–1 Uhr. Bruderholzallee 42 (Tram 15, Haltestelle Studio Basel), ✆ 3618222, www.stuckibasel.ch.

Parkrestaurant Lange Erlen (3), das Ausflugslokal am Tierpark wurde zu einem gediegenen Gastrotempel, in dem Andreas Cavegn und sein Team Gourmetküche zu vergleichsweise günstigen Preisen zelebrieren. Mir mundeten die Capuns, eine Bündner Spezialität aus Mangoldblättern und Spätzleteig. Wer's informeller mag, kann im Bistrobereich oder im Garten auch einfach nur ein Bier trinken. Hauptgericht 30–40 CHF. März–Okt. Mo–Sa 9–24 Uhr, So bis 21 Uhr, Nov.–Febr. Di–Sa 9–24 Uhr, So/Mo bis 18 Uhr. Erlenparkweg 55 (Bus 36, Haltestelle Lange Erlen), ✆ 6814022, www.restaurant-lange-erlen.ch.

Brauerei (12), im Schankhaus der früheren Warteck-Brauerei werden mediterrane Köstlichkeiten aufgetischt. Gutbürgerliches Ambiente alter Zeiten mit dunklem Täfer und Kugellampen. Ansprechender Hofgarten. Hauptgericht 20–60 CHF. So Ruhetag. Grenzacher Str. 60 (Tram 2/15, Haltestelle Wettsteinplatz), ✆ 6924936, www.brauerei-basel.ch.

Blindekuh (24), bei diesem ungewöhnlichen Projekt in der Halle 7 der früheren Maschinenfabrik Sulzer speist man in völliger Dunkelheit! Umso mehr sind alle anderen Sinne gefordert. Das Projekt wird von Blinden und Sehbehinderten getragen und soll das Verständnis für diese fördern. Blinde stellen einen Großteil des Personals. Es mag Sie beruhigen, dass die Küchencrew ihre Sache voll blickt und immerhin die Toiletten beleuchtet sind. Hauptgericht 30–40 CHF. Mi–So ab 18.30 Uhr. Dornacher Str. 192 (Tram 15/16, Haltestelle Tellplatz), ✆ 363300, www.blindekuh.ch.

Eo Ipso (24), ein Kulturrestaurant mit kleinem, doch feinem Food-Angebot und Cocktailbar. Wechselnde Speisekarte (Motto „frisch, frech, asymmetrisch"), Fleisch aus artgerechter Tierhaltung. Eingerichtet in einer 12 m hohen Kompressorenhalle mit Loftfeeling auf dem gleichen Gelände wie die Blindekuh. Mittags vier schnelle und unkomplizierte Gerichte um 20 CHF zur Auswahl, abends Hauptgericht 40–50 CHF. Mo–Fr Mittagessen, Di–Sa Abendessen. Dornacherstr. 192 (Tram 15/16, Haltestelle Tellplatz), ✆ 3331490, www.eoipso.ch.

Restaurant Kunsthalle (20), im 19. Jh. als Vereinslokal der Künstlergesellschaft gebaut, ist das Restaurant der Kunsthalle noch immer ein Treff von Bürgertum und Kulturszene. Die beiden Räume sind mit großformatigen Wandgemälden geschmückt. Französische Küche mit schweizerischem Einschlag, Garten mit Sommerbar. Hauptgericht 30–65 CHF. Tägl. ab 11.30 Uhr, das Restaurant im Weißen Saal ist nur mittags und abends geöffnet. Steinenberg 7, ✆ 2724233, www.restaurant-kunsthalle.ch.

Fischerstube (11), nach dem Weggang der Warteck-Brauerei ist dies Basels einzige Brauereischenke, in der tatsächlich noch selbst gebrautes Bier ausgeschenkt wird: das Ueli-Bier. Die Speisekarte bietet mit Biersuppe und Bierwurst Zubereitungen des Gerstensafts, aber auch Bierfreies wie z. B. Kohlrouladen. Hauptgericht 25–45 CHF. Mo–Fr ab 10 Uhr, Sa/So ab 14 Uhr. Rheingasse 45, ✆ 6929200, www.restaurant-fischerstube.ch.

Hasenburg (14), hätte die Stadt einen Zille, skizzierte er hier in dieser Hochburg der Basler Fasnacht seine Charaktere. Der museale Kachelofen dient im Winter auch als Bartresen. Rösti, Olma-Bratwurst und dergleichen Deftigkeiten isst man im Obergeschoss des „Château Lapin". Hauptgericht 20–50 CHF. Kneipe tägl. ab 10 Uhr, Restaurant Mo–Fr mittags und abends, Sa nur abends. Schneidergasse 20, ✆ 2613258.

Zum Braunen Mutz (18), ein Mutz ist ein Bär, und bärig geht's in der rustikalen Bierhalle am Barfüsserplatz zu. Zum Bier isst man „Währschaften" wie saure Leber, Schnitzel und Pommes, Siedfleisch, Kutteln, Schnecken, Würscht. Vegetarier bestellen Pilzrisotto oder Salat. Gediegener speist sich's mittags und abends „Au Premier", nämlich im Restaurant des Mutz. Hier kostet das Vier-Gänge-Menü mit Wein 70 CHF. Brasserie tägl. ab dem frühen Morgen geöffnet. Barfüsserplatz 10, ✆ 2613369, www.brauner-mutz-basel.ch.

tibits (21), der Name tibits, abgeleitet aus dem englischen Wort „titbits" (Leckerbissen), steht für hochwertige vegetarische Schnellgastronomie in schickem Ambiente und verspricht gleichermaßen gesunden wie ökologisch und sozial verträglichen Genuss. Man schöpft selbst am Buffet, lässt an der Theke wiegen, bezahlt und sucht sich einen Platz – hoffentlich ist das Essen bis dahin nicht kalt. Auch Frühstück, Kuchen Snacks und Takeaway. Mo–Fr ab 7 Uhr, Sa/So ab 9 Uhr. Keine Tischreservation. Stänzlergasse 4, www.tibits.ch.

Unternehmen Mitte (15), das imposante Gebäude gegenüber der Hauptpost wurde 1912 als Hauptsitz der Schweizerischen Volksbank gebaut. Nun, da die Volksbank in diversen Fusionen verdampft ist, dient der Palast als Kulturraum mit italienischem Flair, der die kunstvolle Synthese aus Wirtschaftlichkeit und Wertorientierung sucht. Die Schalterhalle zwischen den beiden Bars „fumare" und „non fumare" ist tagsüber Kaffeehaus (leider auch fumare) und urbane Lounge, an Sonntagen wird sie zum Tanzraum. Der vormalige Safe ist nun ein Kleintheater, im 1. Stock bittet die „Cantina Primo Piano" montags bis freitags von 12 bis 13.30 Uhr für 17 CHF zum Mittagstisch, darüber findet man Büros, Ateliers, Praxen, einen Meditationsraum – und sogar wieder eine Bank, die freilich nach anthroposophischen Grundsätzen wirtschaftet. Gerbergasse 30, ✆ 2633663, www.mitte.ch.

Confiserie Schiesser (13), im Erdgeschoss findet man die Konditorei mit Pralinen, Schokolade und anderen Leckereien aus eigener Herstellung, oben ein klassisches Café im Wiener Stil mit Blick auf den umtriebigen Markt und das Rathaus. Mo–Fr 8–18.30 Uhr, Sa bis 17 Uhr. Marktplatz 19, www.confiserie-schiesser.ch.

Buvette Kaserne (7) und **Dreirosen (2)**, „Buvette" klingt deutlich edler als die schnöde Übersetzung „Trinkhalle". Tische und Sonnenschirme laden zu einer Pause am Rhein. Zu trinken gibt's Kaffee, Limo, Bier, Wein und Cocktails, zu essen Salate, Sandwiches, Hotdogs und appetitliche Antipasti. März–Okt. bei gutem Wetter ab 10 Uhr. Unterer Rheinweg, am Anleger der Klingentalfähre (www.parterre.net) und der St.-Johanns-Fähre, www.buvettedreirosen.ch.

Lummelbraten und Brunsli – die Basler Küche

Die Basler legen Wert auf ihre eigenständige Küche. Bekannteste Spezialität ist die *Mehlsuppe* mit braun geröstetem Mehl, Zwiebeln und geriebenem Käse, gewürzt mit Lorbeer und Nelke. Der *Lummelbraten* ist gespicktes und mit Käse überbackenes Rinderfilet in Rotweinsoße, das *Schungebegräbnis* ein Makkaroniauflauf mit Beinschinken. Alemannisches Gemeingut ist dagegen die *Wähe*, ein (deftiger) Käse- oder Zwiebelkuchen. Basler *Leckerli* entpuppen sich als eine Art Lebkuchen. Überhaupt sind die Bäcker und Konditoren in Sachen Lokalkolorit besonders erfinderisch. Da gibt es das weihnachtliche Schokoladengebäck *Brunsli*, die *Schlumbergerli* als mit Mehl bestäubte Brötchen oder die zur Herbstmesse fabrizierten Zuckerstängel *Mässmogge*.

Lesetipps Amalie Schneider-Schloth: Basler Kochschule. Eine leichtfassliche Anleitung zur bürgerlichen und feineren Kochkunst. Andreas Morel: Basler Kost. So kochte Jacob Burckhardts Großmutter. Beide sind derzeit nur antiquarisch erhältlich.

Am Abend (siehe Karte S. 264/265)

Um ihrer Nachtruhe willen haben sich die Basler wieder eine Sperrstunde gegeben. Wochentags um 1 Uhr, wochenends um 2 Uhr müssen die Altstadtlokale schließen, die Freisitze noch früher. Nur einige Clubs und Diskotheken dürfen länger geöffnet haben. Zentren des Nachtlebens sind die Gassen zwischen Barfüsserplatz und Zoo sowie in Kleinbasel die Gegend rund um den Messeplatz.

Basel Karte S. 264/265

• *Bars* **Rio Bar (18)**, lang, schmal und amerikanisch, mit Neonschriften und bunt gemischtem Publikum. Seit Generationen im Geschäft. Mo–Sa ab dem Vormittag, So ab 17 Uhr. Barfüsserplatz 12.

Elle et Lui (10), Basels erste Gay-Bar. Tägl. ab 18 Uhr. Rebgasse 39.

Bar Rouge (5), 100 m über Grund in der Dachetage des Messeturms. Basel liegt Ihnen zu Füßen. Tägl. ab 17 Uhr. Do–Sa Programm (ab 21 Uhr) von der „New Lounge" über die „Salsa Night" bis zu „Mister and Miss Nordwestschweiz on Tour" – wir sind halt doch in der Provinz. Messeplatz 10, www.barrouge.ch.

• *Clubs* **Kuppel (23)**, außerirdisch? Von ferne sieht dieser Melting Pot verschiedenster Musikstile jedenfalls aus wie ein beleuchtetes UFO. Gute Cocktails, angesagter Sound, Konzerte und internationale DJ-Acts. Bei Events (meistens Mo, Di, Do–Sa ab 22 Uhr) geöffnet. Binningerstr. 14, www.kuppel.ch.

Gleich um die Ecke ist mit dem **Annex** Basels exklusivste Garage des Electronic Sounds. Do–Sa ab 21 Uhr. Binningerstr. 14, www.theannex.ch.

Das Schiff (1), nicht nur Dining und Clubbing, sondern auch Konzert- und Ausstellungskultur versprechen die sinnigerweise „Tiefgang AG" heißenden Betreiber des Schiffs im Kleinhüninger Rheinhafen. Do–Sa ab 17 Uhr. Westquaistr. 19, www.dasschiff.ch.

• *Musikkneipe* **Atlantis (22)**, Basels berühmtestes Musiklokal ist so legendär wie die geheimnisvolle Insel und in die Jahre gekommen. Rauchfreier Mittagstisch (nur Di–Fr, Menü 25 CHF; abends Hauptgericht bis 50 CHF), am Wochenende mixen DJs Clubmusik. Klosterberg 13, www.atlantis.ch (sic!).

• *Kinos* **Programme** auf den Litfasssäulen, in der Basler Zeitung oder unter www.mybasel.ch/freizeit_kino.cfm.

Neues Kino, kultiges Programmkino im Nirgendwo einer alten Fabrik zwischen Ciba und Novartis. Im Sommer Open-Air-Kino. Vorführungen Do/Fr 21 Uhr. Klybeckstr. 247 (Tram 8, Haltestelle Ciba), www.neueskinobasel.ch.

Kult.kino, versucht an drei Spielstätten in der Stadt unter dem Motto „Brainstream statt Mainstream" die Gratwanderung zwischen Kunst und Massengeschmack. www.kultkino.ch.

Stadtkino, getragen von „Le Bon Film", dem ältesten Filmclub der Schweiz. Im ehemaligen Skulpturensaal der Kunsthalle. Klostergasse 5. www.stadtkinobasel.ch.

Open-Air-Kino im Juli/Aug. auf dem Münsterplatz. www.orangecinema.ch.

• *Bühnen* **Kaserne**, aus einer alternativen Kulturwerkstatt auf dem Kasernenareal entwickelte sich ein respektables Dreispartenhaus mit Musik-, Theater- und Tanzdarbietungen verschiedenster Stilrichtungen, die v. a. auf ein jüngeres Publikum abzielen. Klybeckstr. 1b (Tram 8, Haltestelle Kaserne), ✆ 6666000, www.kaserne-basel.ch.

Musical Theater Basel, nicht nur Musicals, sondern auch das Ballett der Staatsoper Kasan oder die südafrikanische Drummershow Stomp gastierten in dieser Halle für internationale Großproduktionen. Feldbergstr. 151 (Tram 14, Haltestelle Musical Theater), www.musicaltheaterbasel.ch.

Theater Basel, das größte Dreispartentheater der Schweiz verfügt über drei Spielstätten. Die Grosse Bühne an der Theaterstrasse wird hauptsächlich für Oper und Ballett genutzt, die musikalisch vom Sinfonieorchester Basel betreut werden. Im gleichen Haus ist die Kleine Bühne (mit immerhin noch 320 Plätzen) untergebracht. Das Schauspiel ist im Neubau an der Steinentorstrasse zu Hause. Theaterstr. 7/ Steinentorstr. 7, ✆ 2951133, www.theaterbasel.ch.

Fauteuil, zur Eröffnung bat der Prinzipal Alfred Rasser alias HD Soldat Läppli das Publikum, statt des Eintrittspreises einen Stuhl mitzubringen. Längst gibt es hauseigene Sitzgelegenheiten und führen Rassers Enkel das Kleintheater, doch der Name soll von dieser Episode stammen. Auf die Bühne kommen Comedy, Boulevardkomödien, Dialektschwänke und Märchen. Spalenberg 12, ✆ 2612610, www.fauteuil.ch.

Basler Kindertheater, das älteste Kindertheater Europas, in dem nur Kinder und Jugendliche aktiv auf der Bühne stehen. Mit Bastelschule. Vorführungen Mi/Sa/So 15 Uhr, Eintritt 12–14 CHF. Schützengraben 9, ✆ 2612887, www.baslerkindertheater.ch.

Vorstadt-Theater, Kleintheater mit anspruchsvollen Eigenproduktionen und Gastspielen, So 11 Uhr Matinee mit Kinderprogramm. St. Alban-Vorstadt 12, ✆ 2722343, www.vorstadt-theater.ch.

Sehens- und Erlebenswertes

Basels **Altstadt** entdeckt man am besten zu Fuß. Die Stadt hat ab dem Marktplatz (Ecke Sattelgasse) fünf Rundgänge markiert, die jeweils eine halbe bis eineinhalb Stunden lang und an den einzelnen Stationen mit Tafeln erläutert sind. Diese nach berühmten Persönlichkeiten Basels benannten Stadtspaziergänge sind auch im Flyer *Basel erleben* beschrieben. Für 15 bzw. 22 CHF kann man sich bei der Tourist-Information für einen halben oder ganzen Tag einen iGuide ausleihen, der die Rundgänge und markanten Punkte der Altstadt mit Bild und Ton kommentiert.

Münster: Das weithin sichtbare Gotteshaus aus rotbraunem Sandstein thront auf einer Anhöhe über dem Rheinknie. Mit der heutigen Kirche anstelle eines verfallenen Vorgängers begann man im späten 12. Jh. zunächst im spätromanischen Stil. Wie bei den großen Gotteshäusern üblich, zogen sich die Arbeiten über mehrere Generationen hin und wurden erst im Jahr 1500 mit der Spitze des (südlichen) Martinsturms abgeschlossen. Viel Zeit hatte der Bischof dann nicht mehr, sich an seiner Kirche zu erfreuen, denn 1529 führte der Rat die Reformation ein und vertrieb den katholischen Klerus. Das Münster, von Bilderstürmern verwüstet, wurde nun eine protestantische Pfarrkirche.

In der Altstadt kennt man seine Nachbarn

Wer Details zu Architektur und Kunst wissen will, kann sich an einem Kiosk im südlichen Seitenschiff mit einschlägigen Broschüren und Büchern eindecken. Alle anderen sollten wenigstens einen Blick auf die *Galluspforte* (um 1180) werfen. Ihr romanischer Skulpturenschmuck gilt als künstlerisches Highlight des Münsters und erzählt die Predigt vom Weltende (Matthäus 25) in Stein. Links und rechts stehen die vier Evangelisten und zeigen die Werke der christlichen Barmherzigkeit, mit denen man Pluspunkte fürs Jüngste Gericht sammeln kann. Im Portalsturz die klugen und törichten Jungfrauen, im Bogenfeld darüber Christus als Weltenrichter zwischen Petrus und Paulus, die ihm ein Stifterpaar vorstellen. Ganz oben blasen zwei Engel zum Jüngsten Gericht, und die Toten steigen aus ihren Gräbern, um dort zu erscheinen. Im *Kirchenschiff* und dem Kreuzgang sind Bischöfe und andere Honoratioren bestattet, darunter der Humanist Erasmus von Rotterdam. Unten in der *Krypta* (im Winter geschlossen) zeigen romanische Pfeilerfriese Jagdszenen und die Äsop'sche Fabel vom kranken Löwen, der auf Anraten des Fuchses dem Wolf das Fell abzieht. Auch auf den Kapitellen im

Basel
Karte S. 264/265

Sonnenbaden an der Basler Riviera

Langhaus und im *Chorumgang* sind allerlei (Fabel-)Tiere zu entdecken. Mit Kindern oder als Fitnessübung mag man auf die beiden *Türme* steigen, von denen samstags um 17 Uhr Turmbläser mit einer Fanfare den Sonntag ankündigen.

Im Sommer Mo–Sa 10–17 Uhr, So 11.30–17 Uhr, im Winter Mo–Fr 11–16 Uhr, Sa bis 17 Uhr, So ab 11.30 Uhr zu besichtigen. Turmbesteigung 4 CHF. www.baslermuenster.ch und www.muensterbasel.ch.

Pfalz und Basler Riviera: Hinter der Kirche blickt man von einer Terrasse auf Kleinbasel und den Fluss. Im Sommer ist diese von Kastanien beschattete „Pfalz", wie die Plattform nach einem längst verschwundenen Bischofspalast heißt, Treffpunkt für hochzeitliche und andere Sektempfänge. Informeller geht es gegenüber an der Basler Riviera zu, jenen Stufen auf der Kleinbasler Sonnenseite des Ufers, wo sich bei schönem Wetter mehr Jung als Alt zum Klönen, Musizieren, Lesen, Sonnen oder Dösen trifft. Im Hochsommer kann man hier zudem das Schauspiel der Brückenspringer erleben, junge Burschen, die sich mannhaft in die Fluten des Stroms stürzen.

Rathaus: Weitab vom Sitz der früheren Stadtherren und Fürstbischöfe auf dem Münsterhügel gönnte sich die Basler Bürgerschaft bald nach ihrem Eintritt in die Eidgenossenschaft ein neues, repräsentatives Rathaus, das 1504–1514 im spätgotischen Stil erbaut wurde. Hier tagen und amten seither das Parlament *(Grossrat)* und die Regierung des Kantons Basel-Stadt und damit auch der Stadt selbst. Im 17. Jh. wurde dem scharlachroten Bau im Hof rechts die Vordere Kanzlei angefügt, 1899–1904 der Turm und das Erkergebäude auf der Marktseite. An der Fassade, im Hof und in der Eingangshalle gefallen die restaurierten *Wandmalereien* aus der Hand von Hans Bock (um 1550 bis 1624), der auch im Kunstmuseum vertreten ist. Themen sind vorrangig Recht und Gerechtigkeit sowie Basels Aufnahme in die Schweizer Eidgenossenschaft. Im Hof erkennt man auch antike Motive wie die Götter Hermes und Diana oder den armen Prometheus, an dessen Leber sich gleich der Adler laben wird. Ein Affe schleicht über die Fassade, neben einer Tür wacht ein Leu, und gegenüber schauen zwei Köpfe aus dem Kerker. Am Fuß der Treppe grüßt die Statue des legendären Stadtgründers Lucius Munatius Plancus (→ S. 281). Die Wandbilder der Galerie, ebenfalls von Bock, zeigen das Jüngste Gericht und die Susanna des biblischen Buchs Daniel einmal nicht im Bade, sondern im Kreuzverhör: „Daniel bringt Susannas Unschuld ans Licht".

Marktplatz 9, www.bs.ch/Rathaus. Das Gebäude ist zu den Bürozeiten Mo–Fr 7–12 und 13.30–18 Uhr zugänglich. Führungen Do 18 Uhr (kostenfrei), Di/Sa 15.30 und 16.30 Uhr (5 CHF).

Tinguely-Brunnen: Auch Theater- oder Fasnachtsbrunnen genannt, lockt Jean Tinguelys (1925–1991) ratternde, quietschende, blubbernde und spritzende Maschinenplastik nicht nur neugierige Touristen auf den Platz vor dem Stadttheater. An schönen Tagen verbringen Berufstätige hier gern ihre Mittagspause, treffen sich Mütter zum Plausch und Jugendcliquen zum Balzritual.

Zoo: Der „Zolli", wie die Basler ihren Tierpark liebevoll nennen, ist nach dem Rheinfall die meistbesuchte Touristenattraktion der Schweiz. An Fläche ist er mittelgroß und dem Frankfurter Zoo vergleichbar. Einen besonderen Status unter den etwa 6000 registrierten Zootieren genießen Panzernashörner, Zwergflusspferde und Somali-Wildesel, für deren Nachzucht der Basler Zoo im Rahmen der Arbeitsteilung unter den europäischen Tierparks verantwortlich ist. Mehr und mehr fallen die Gitter, und die bloße Zurschaustellung gesammelter Tiere wird durch eine didaktisch aufbereitete Präsentation ersetzt. Im Haus Gamgoas, dem „Ort, wo die Löwen zu Hause sind", reißen auch Krokodile ihr furchterregendes Maul auf und macht ein Monitor das sonst verborgene Treiben der Termiten öffentlich. Das mit einer dicken Lehmschicht gegen Wärmeverluste isolierte Etoscha-Haus erläutert den Nahrungskreislauf aus Fressen und Gefressenwerden in der afrikanischen Savanne. Im Affenhaus trifft man vielleicht den Primatenexperten Jörg Hess, der seit vielen Jahren das faszinierende Verhalten der Basler Gorillas beobachtet und in wunderbaren Büchern dokumentiert. Diese gibt's neben anderen Souvenirs im Zolli-Laden.

Binningerstr. 40 (Tram 10/17, Haltestelle Zoo, oder 10 Gehminuten von Bahnhof SBB), www.zoobasel.ch. Mai–Aug. tägl. 8–18.30 Uhr, März/April/Sept./Okt. bis 18 Uhr, Nov.–Febr. bis 17.30 Uhr. Eintritt 18 CHF, Kinder 6 CHF, Mo ermäßigt.

Tierpark Lange Erlen: Der Grüne Weg verbindet den DreiLänderGarten (→ S. 258) mit dem Stadtbasler Erholungsgebiet Lange Erlen. Hauptattraktionen des Tierparks sind die zehn verschiedenen Hirscharten, denen ein am Kiosk erhältliches Büchlein gewidmet ist. Dazu posieren Kapuzineräffchen, grasen Esel und Ziegen, wühlen Schweine im Schlamm und mümmeln Kleinsäuger vom Typ Kaninchen & Co. Auch allerlei Vögel beleben den Park.

Erlenparkweg 110 (Bus 36, Haltestelle Lange Erlen), www.erlen-verein.ch. März–Okt. 8–18 Uhr, Nov.–Febr. 8–17 Uhr. Eintritt frei.

Tinguelys Wasserspiele am Theaterplatz

Basel
Karte S. 264/265

Die großen Museen

In den meisten Museen oder bei der Tourist-Information bekommen Sie den „Museen Basel Plan", einen Stadtplan von Basel und Umgebung, auf dem stolze 41 Museen verzeichnet sind. Einen Überblick über Sonderausstellungen und Veranstaltungen der Basler Museen geben die Website www.museenbasel.ch und die mehrmals im Jahr erscheinenden Gratismagazine „Museen Basel" und „Artinside".

Historisches Museum Basel (HMB): Wohl nirgendwo sonst gibt es auf so kleinem Raum so viele Museen wie in Basel. Ihre Geschichte reicht bis ins 17. Jh. zurück, als Rat und Universität die schon damals legendäre Privatsammlung des humanistischen Gelehrten Basilius Amerbach (1533–1591) aufkauften, um deren drohenden Abgang nach Amsterdam zu verhindern. Das Amerbach'sche Kabinett (Teile der Sammlung sind in der *Barfüsserkirche* ausgestellt) fußte seinerseits auf dem Erblass des Erasmus von Rotterdam und umfasste Gemälde, Zeichnungen, Grafiken, Frühdrucke, dazu naturhistorische und ethnografische Objekte, eben alles, „was der Menschengeist Interessantes hervorgebracht hat". Seither wurde die Sammlung des Historischen Museums beständig erweitert und auf vier Standorte verteilt, von denen die Barfüsserkirche am sehenswertesten ist. Diese frühere Kirche der Franziskaner zeigt einen Querschnitt der mittelalterlichen und frühneuzeitlichen Kostbarkeiten des Museums, allen voran den Münsterschatz und die verbliebenen Fragmente des Basler Totentanzes. Dieser um 1440 an die Friedhofsmauer der Predigerkirche gemalte Reigen lebensgroßer, mit Gevatter Tod tanzender Figuren wurde dereinst viel beachtet, im 19. Jh. aber beim Abriss der Mauer zerstört.

Barfüsserplatz, www.hmb.ch. Di–So 10–17 Uhr. Eintritt 7 CHF. Am ersten Sonntag im Monat ist der Eintritt ins HMB frei, ebenso in der letzten Stunde vor Schließung. Ein Kombiticket für alle Häuser des HMB kostet 14 CHF.

Antikenmuseum und Sammlung Ludwig: Das einzige Museum der Schweiz, das ausschließlich der antiken Kunst und Kultur des Mittelmeerraums gewidmet ist. Neben Griechenland und Rom hat jüngst auch das alte Ägypten Platz gefunden. Im Mittelpunkt stehen Skulpturen und Keramiken, aber z. B. auch Goldschmuck wird gezeigt. Die angeschlossene *Skulpturhalle* versammelt Gipsabgüsse berühmter griechischer und römischer Plastiken, darunter die verkleinerte Nachbildung des Athener Parthenons. Publikumsmagnet sind die regelmäßigen Sonderausstellungen wie z. B. jene über die Reisen von Agatha Christie oder die Grabschätze Tutanchamuns.

Antikenmuseum und Sammlung Ludwig: St. Alban-Graben 5, www.antikenmuseum.ch. Di–So 10–17 Uhr. Eintritt 7 CHF. **Skulpturhalle**: Mittlere Str. 17, www.skulpturhalle.ch. Di–Fr 10–17 Uhr, Sa/So ab 11 Uhr. Eintritt 7 CHF.

Kunstmuseum: Die bedeutendste öffentliche Kunstsammlung der Schweiz ist in einem mächtigen, übermächtigen Bau der 1930er Jahre zu Hause. Das von Rudolf Christ und dem durch den Stuttgarter Hauptbahnhof berühmt gewordenen Paul Bonatz entworfene Museumsgebäude war damals stark umstritten und wurde v. a. von den Anhängern der Neuen Sachlichkeit und des Bauhausstils geschmäht. Die Kollektion spannt einen weiten Bogen vom späten Mittelalter bis in die Gegenwart, ein Schwerpunkt sind oberrheinische Tafelbilder. Manche Werke von Lucas Cranach, Matthias Grünewald, Martin Schongauer oder Konrad Witz, auf die das Museum so stolz ist, entstammen dem Amerbach-Kabinett. Auch die Arbeiten Hans

Holbeins d. J., der mit Amerbachs Vater befreundet war, kamen auf diesem Weg in die Sammlung. Gut vertreten ist der Basler Arnold Böcklin (1827–1901), von dem man wenigstens „Die Toteninsel“ anschauen sollte. Er leitet ins 20. Jh. über, aus dem alle große Namen der Malerei mit Werken vertreten sind. Im Hof steht Auguste Rodins „Die Bürger von Calais“, ein Frauentorso stammt vom rumänisch-französischen Bildhauer Constantin Brancusi.

St. Alban-Graben 16, www.kunstmuseumbasel.ch. Tägl. außer So 10–18 Uhr. Eintritt 15 CHF.

Museum für Gegenwartskunst: Dieses Museum im idyllischen St. Alban-Tal widmet sich ausschließlich dem zeitgenössischen Kunstschaffen und zeigt Werke aus den Beständen des Kunstmuseums Basel und der Emanuel Hoffmann-Stiftung. Es wurde 1980 in einem Ensemble aus alter Fabrik und lichtem Neubau eröffnet. Wie es in Basel so geht, verdanken wir das Museum dem kunstsinnigen Bürgertum. Den Grund stellte die Christoph Merian Stiftung zur Verfügung, den Bau spendierte die Künstlerin, Mäzenin und Hoffmann-La-Roche-Erbin Maja Sacher-Stehlin (1896–1989). Neben den wechselnden Präsentationen gibt es regelmäßig Vorträge und Diskussionen zu Themen aktueller Kunst.

St. Alban-Rheinweg 60, www.mgkbasel.ch. Di–So 11–17 Uhr. Eintritt 15 CHF.

Museum der Kulturen: Hier im Volks- und Völkerkundemuseum sind die europäischen und außereuropäischen Kulturen zu Hause. Nachdem der klassizistische Museumsbau des 19. Jh. zuletzt 1917 erweitert worden ist, bekommt er nun nach den Entwürfen von Herzog & de Meuron ein neues Dachgeschoss aufgesetzt, und auch sonst wird das Haus gründlich umgekrempelt – mit Einschränkungen ist während der Bauphase zu rechnen. Ein Sammlungsschwerpunkt ist die Kultur Balis, 1998 bekam das Museum außerdem eine herausragende Tibet-Kollektion geschenkt. Unter Fachleuten ist das Haus auch für seine Textilien berühmt. Als die kostbarsten Stücke gelten jedoch die Tikal-Tafeln, nämlich mit Maya-Glyphen beschriftete Holztafeln. Auch die Basler Kultur hat ihren Platz: Eine Dauerausstellung präsentiert in stimmungsvollen historischen Räumen mit Figuren, Larven, Dokumenten und einer dekorierten Gastwirtschaft einen Querschnitt durch die Basler Fasnacht.

Augustinergasse 2 (Eingang Münsterplatz), www.mkb.ch. Di–So 10–17 Uhr. Eintritt 7 CHF.

Naturhistorisches Museum: Auch die Basler „Archive des Lebens“ haben ihren Ursprung im Amerbach'schen Kabinett. Heute deckt das Museum mit der unvorstellbaren Menge von 7,7 Mio. Objekten die üblichen Bereiche naturgeschichtlicher Sammlungen ab, zeigt also Mineralien, Fossilien, aufgespießte Insekten (darunter allein 1,7 Mio. Käfer!), ausgestopfte oder in Alkohol konservierte Wirbeltiere und menschliche Skelette. Berühmt ist der umstrittene *Oreopithecus bamboli*, ein aufrecht gehendes Wesen aus der Toskana, in dem man lange einen frühen Vorfahren der Gattung Homo sapiens sah. Einem Bauern und fleißigen Hobbypaläontologen aus dem französischen Senèze verdankt das Museum die Skelette von Säbelzahntiger, Urpferd, Urschwein und anderen Veteranen. Als einsam-traurige Präparate begegnen uns der Vogel Dodo und das Zebrapferd Quagga, zwei in der Neuzeit ausgerottete Arten.

Augustinergasse 2, www.nmb.bs.ch. Di–So 10–17 Uhr. Eintritt 7 CHF.

Museum Tinguely: Es rattert und quietscht, blinkt und rotiert. Mit seinen kinetischen Apparaturen brachte der in Basel aufgewachsene Jean Tinguely Bewegung in die Kunstszene. Das vom Roche-Konzern gestiftete und getragene Museum zeigt die Entwicklung von Tinguelys Kunstmaschinen von den motorgetriebenen Reliefs der 1950er Jahre bis hin zum ächzend-gierenden „Mengele-Totentanz“, der 1986

Basel Karte S. 264/265

aus den Überresten eines abgebrannten Bauernhofes entstand. Abgerundet wird die Ausstellung mit Zeichnungen und Dokumentationen über Aktionen des mit Niki de Saint Phalle verheirateten Künstlers. Dazu finden Sonderausstellungen statt. Den mit rotem Sandstein verkleideten Museumsbau am Rheinufer plante der Tessiner Architekt Mario Botta.

Paul-Sacher-Anlage 1 (Bus 31/36, Haltestelle Tinguely-Museum), www.tinguely.ch. Di–So 11–19 Uhr. Eintritt 15 CHF.

Basler Papiermühle: Dereinst klapperten hier zwölf Mühlen – nicht am rauschenden Bach, sondern am St. Alban-Kanal, den fleißige Mönche bereits im Mittelalter anlegten. In zwei dieser Mühlen wurde bis 1924 Papier hergestellt. Heute geht es hier um die Entwicklung von Papier, Schrift und Druck. Die alten Handwerkstechniken werden noch gepflegt, und die mehr oder weniger musealen Geräte und Maschinen sind allesamt noch in Gebrauch. Unter Anleitung kann sich der Besucher selbst in der weißen oder schwarzen Kunst versuchen, ob beim Papierschöpfen, in der gotischen Schreibstube oder in der Druckerwerkstatt à la Gutenberg. Typografen bekommen angesichts der historischen Schätze aus der Haas'schen Schriftgießerei feuchte Augen. Nebenan steht die Zeilensetzmaschine „Linotype" des schwäbisch-amerikanischen Tüftlers Ottmar Mergenthaler, ein Meisterwerk mechanischer Präzision und von Thomas Alva Edison einst als achtes Weltwunder gelobt. Kurz gesagt: Für Autoren ist der Besuch der Papiermühle ein Muss; Lesern wird er dringend empfohlen!

St. Alban-Tal 37, www.papiermuseum.ch. Di–So 14–17 Uhr. Eintritt 12 CHF.

Weitere Museen und Ausstellungsräume

Anatomisches Museum: Zugegeben, mit den Hagen'schen Körperwelten kann diese Ausstellung nicht mithalten. Als Lehrsammlung der Universität dient sie vorrangig der Ausbildung von Medizinstudenten. Und das schon seit 1824. Aus der Gründungszeit datiert eine große Sammlung von Wachsmodellen. Noch älter ist ein von Andreas Vesalius (1514–1564), dem Begründer der neuzeitlichen Anatomie, präpariertes Skelett. Thema sind auch künstliche Ersatzteile für den menschlichen Körper. Im jährlichen Wechsel werden Sonderausstellungen wie „Mit Haut und Haaren" oder „Aus vollem Herzen" präsentiert. Mo–Fr 14–17 Uhr, Sa 10–16 Uhr. Eintritt 5 CHF. Pestalozzistr. 20 (Bus 36/38, Haltestelle Metzerstrasse), http://anatomie.unibas.ch/museum.

Architekturmuseum (SAM): Gemeinsam mit den Ausstellungsräumen des Kunstvereins residiert das Schweizerische Architekturmuseum in der von Johann Jakob Stehlin (1826–1894) konzipierten Kunsthalle. Wechelnde Ausstellungen zeigen Architektur von der klassischen Moderne bis zur Gegenwart. Di–Fr 11–18 Uhr, Do bis 20.30 Uhr, Sa/So bis 17 Uhr. Eintritt mit Kunsthalle (s. u.) 10 CHF. Steinenberg 7, www.sam-basel.org.

HMB – Haus zum Kirschgarten: Das prächtige, 1775–1780 erbaute Haus des Seidenbandfabrikanten Johann Rudolf Burckhardt zeigt auf zwei Etagen die Wohnkultur des Basler Bürgertums im 18. und 19. Jh. Außer den etwa 30 eingerichteten Wohnstuben sind auch Spezialsammlungen zu sehen: historisches Spielzeug, Meissner Porzellan, Straßburger Fayencen, alte Stand-, Sand-, Sonnen- und Taschenuhren und allerlei wissenschaftliche Instrumente, die irgendwann von den Physikern und Meteorologen der Universität ausrangiert wurden. Di–Fr, So 10–17 Uhr, Sa ab 13 Uhr. Eintritt 7 CHF. Elisabethenstr. 27/29 (Tram 2, Haltestelle Kirschgarten), www.hmb.ch.

HMB – Kutschenmuseum: Für eine Gartenbauausstellung wurde 1980 der ehemalige Kuhstall des Merian'schen Landgutes Brüglingen zum Ausstellungsgebäude umgestaltet. Danach übernahm ihn das Historische Museum für seine Kutschen- und Schlittensammlung. Ausgestellt sind Postwagen, eine Pferdedroschke, wie sie bis 1936 in der Stadt verkehrten, Kutschen wohlhabender Privatleute, Fuhrwerke für den Warentransport und schließlich einige Schlitten samt Pelzumhängen als Erinnerung an jene Zeit, da auch in Basel noch Schnee lag. Mi/Sa/So

14–17 Uhr. Eintritt frei. Im Botanischen Garten Brüglingen/St. Jakob (Tram 14/Bus 36, Haltestelle St. Jakob), www.hmb.ch.

HMB – Musikmuseum: Das Museum ist über dem Barfüsserplatz im Lohnhof eingerichtet, dem man seine Vergangenheit als Gefängnis noch ansieht, nicht aber den Ursprung (um 1070) als Kloster der Augustiner-Chorherren. In den ehemaligen Zellen kann man über Touchscreens Musikbeispiele und Informationen abrufen. Jedes Stockwerk hat seinen eigenen Schwerpunkt. Unten werden unter dem Motto „Musik in Basel" Instrumente aus fünf Jahrhunderten vorgestellt, in der Mitte „Konzert, Choral und Tanz" und oben „Feier, Parade und Signale". Mi–Sa 14–18 Uhr, So 11–17 Uhr. Eintritt 7 CHF. Im Lohnhof 9, www.hmb.ch.

Karikatur & Cartoon Museum: Die satirische Kunst hat ihren Platz in einem spätgotischen, von Herzog & de Meuron umgebauten Altstadthaus. Neben der ständigen Sammlung mit ihrer repräsentativen Auswahl an Cartoons und Karikaturen aus der ganzen Welt laden auch Wechselausstellungen zum Schmunzeln ein. Di–Sa 14–17 Uhr, So ab 10 Uhr. Eintritt 9 CHF. St. Alban-Vorstadt 28 (Tram 1/2/15, Haltestelle Kunstmuseum), www.cartoonmuseum.ch.

Museum Kleines Klingental: Wind, Wetter und schlechte Luft nagen an den romanischen und gotischen Sandsteinskulpturen des Basler Münsters, die deshalb schon seit langer Zeit mehr und mehr durch Kopien ersetzt werden. Die restaurierten Originale sind im ehemaligen Nonnenkloster Klingental ausgestellt. Auch ein Modell der Stadt im 17. Jh. ist zu sehen. Mi/Sa 14–17 Uhr, So ab 10 Uhr. Eintritt frei. Unterer Rheinweg 26, www.mkk.ch.

Kunsthalle: Die Konservatoren des Basler Kunstvereins hatten schon früh ein gutes Gespür für den Trend. Noch zu deren Lebzeiten präsentierten sie einst Edvard Munch, Emil Nolde, Ernst Ludwig Kirchner und andere heute etablierte Klassiker der Moderne. In den 50ern konfrontierten sie das nicht rundum begeisterte Publikum mit abstrakter Malerei. In dieser Tradition gehört die Kunsthalle bis heute zu den führenden Ausstellungsräumen für Gegenwartskunst. Di–Fr 11–18 Uhr, Do bis 20.30 Uhr, Sa/So bis 17 Uhr. Eintritt mit Architekturmuseum (s. o.) 10 CHF. Steinenberg 7, www.kunsthallebasel.ch.

Jüdisches Museum: Von der Geschichte der Basler Juden zeugen Grabsteine und Dokumente aus dem Mittelalter, hebräische Drucke (ein schöner Talmud aus dem 16. Jh.) sowie Objekte vom Ersten Zionistenkongress (1897). Rituelle Gegenstände veranschaulichen das jüdische Leben. Ein Ausstellungsraum ist der jüdischen Hochzeit gewidmet. Mo/Mi 14–17 Uhr, So ab 11 Uhr. Eintritt frei. Kornhausgasse 8 (Tram 3, Haltestelle Universität), www.juedisches-museum.ch.

Pharmazie-Historisches Museum: Hier sehen wir Alraunen, Korallen, Kugelfische und dergleichen heimische wie exotische Zutaten für Mittelchen, mit denen unsere Vorväter die Gebrechen zu heilen suchten. Gleich mehrere historische Apotheken sind eingerichtet, in der gotischen Hauskapelle gar ein Alchemistenlabor. Man muss nur dran glauben – besonders in einem Haus des Totengässleins. Di–Fr 10–18 Uhr, Sa bis 17 Uhr. Eintritt 5 CHF. Totengässlein 3, www.pharmaziemuseum.ch.

Puppenhausmuseum: Puppen, Puppenhäuser, Kaufläden, 2500 Teddybären und was das Kinderherz sonst so alles einst begehrte. Wohl für den blaublütigen Nachwuchs war die Nachbildung en miniature des Bernsteinzimmers gedacht. Das Museum erwuchs aus dem privaten Hobby seiner Besitzerin Gigi Oeri, Ehefrau eines Hoffmann-La-Roche-Erben. Tägl. 10–18 Uhr. Eintritt 7 CHF, Kinder frei. Steinenvorstadt 1, www.puppenhausmuseum.ch.

Schaulager: In diesem architektonisch bemerkenswerten Bau, zugleich Lagerhaus und Ausstellungsfläche, bewahrt die Emanuel Hoffmann-Stiftung ihre Kunstsammlung auf. Öffentlich zugänglich ist nur die jährlich wechselnde Sonderausstellung zu einem Künstler der Gegenwart. Während Ausstellungen Di–Fr 12–18 Uhr, Do bis 19 Uhr, Sa/So 10–17 Uhr. Eintritt 14 CHF. Münchenstein, Ruchfeldstr. 19 (Tram 11, Haltestelle Schaulager), www.schaulager.ch.

Schweizerisches Feuerwehrmuseum: Wie der Name sagt. Und es sei verraten, dass Feuer in der Schweiz nicht anders gelöscht werden als jenseits der Grenze. So 14–17 Uhr. Eintritt frei. Auf dem Areal der Feuerwehr, Spalenvorstadt 11 (Tram 3, Haltestelle Universität), www.rettung-bs.ch/museum.html.

Verkehrsdrehscheibe Schweiz: Rheinschiffe? Na klar. Doch wer hätte gedacht, dass das Binnenland Schweiz auch eine eigene Hochseeflotte hat? Heimathafen der rund 30 Schiffe ist Basel. Mehr dazu erfährt man

Basel Karte S. 264/265

im Verkehrsmuseum im Kleinhüninger Rheinhafen, wo man im Simulator auch das Manövrieren der großen Pötte üben kann. März–Nov. Di–So 10–17 Uhr, Dez.–Febr. nur Di/Sa/So. Eintritt 6 CHF. Westquaistr. 2 (Tram 8, Haltestelle Kleinhüningen), www.verkehrsdrehscheibe.ch.

Umgebung von Basel

Riehen

20.600 Einw., 278 m ü. d. M.

Das inzwischen mit Lörrach wie mit Basel nahezu zusammengewachsene Riehen ist eines der beiden zum Kanton Basel-Stadt gehörenden Dörfer. Am Haus neben der gotischen Pfarrkirche erinnert eine Plakette an den Physiker und Mathematiker Leonhard Euler (1707–1783), der hier seine Jugend verbrachte. Gegenüber der Kirche beherbergt das Wettsteinhaus (17. Jh.) gleich drei Museen: Das **Dorfmuseum** widmet sich dem Riehener Alltag um 1900; unten im Gewölbe zeigt das **Rebbaumuseum** die Bedeutung des Weinbaus für Ort und Region; und schließlich residiert im Haus ein **Spielzeugmuseum.** Seine Dauerausstellung versetzt uns in eine bürgerliche Kinderstube vor gut hundert Jahren, die wechselnden Sonderausstellungen greifen auch aktuelle Trends auf.

Über die Region hinaus wurde Riehen mit der **Fondation Beyeler** bekannt. Eine lange Mauer schirmt den englischen Landschaftsgarten des Berowerguts vom Straßenlärm ab. Dort stellt die von den Basler Galeristen Hildy und Ernst Beyeler gegründete Stiftung in einem zwischen Rosen und Froschteichen eingebetteten Bau des Stararchitekten Renzo Piano etwa 180 hochkarätige Gemälde der klassischen Moderne aus, darunter Werke von Monet, Picasso, Newman und Lichtenstein. Ihnen stehen zwei Dutzend Objekte der Stammeskunst aus Afrika, Alaska und der Südsee gegenüber. Zum Publikumsmagneten haben sich die großen Wechselausstellungen moderner Kunst entwickelt. An der Südseite des Parks hat die Gemeinde im alten Gutshof mit dem **Kunst Raum Riehen** ihre Galerie eingerichtet. Präsentiert werden meist zeitgenössische Künstler aus der Region oder Kunstschätze aus dem reich bestückten Magazin des Städtchens. Peter Keils *Kunstglasbläserei,* das einladende Gartenrestaurant „Berower Park" und das etwas schlichtere Bistro „Treibhaus" geben Gelegenheit, sich als spendabler Konsument zu zeigen.

Im Garten der Fondation Beyeler

Dorf-, Rebbau- und Spielzeugmuseum: Baselstr. 34, www.spielzeugmuseumriehen.ch. Tägl. außer Di 11–17 Uhr. Eintritt 7 CHF.

Fondation Beyeler: Baselstr. 101, www.beyeler.com. Tägl. 10–18 Uhr, Mi bis 20 Uhr. Eintritt 25 CHF, Mo ermäßigt.

Kunst Raum Riehen: Baselstr. 71, www.kunstraumriehen.ch. Mi–Fr 13–18 Uhr, Sa/So ab 11 Uhr. Eintritt frei.

Anfahrt von Basel jeweils mit der Tram 6, Haltestelle Riehen-Dorf.

Das Theater der Römerstadt Augusta Raurica

Augusta Raurica

Die einstige Römerstadt und heute größte archäologische Freilichtanlage der Schweiz liegt am linken Rheinufer knapp 15 km östlich von Basel auf dem Gebiet der Gemeinden Augst und Kaiseraugst. Über 30 der ausgegrabenen **Monumente** sind zu besichtigen: So kann man die Akustik im antiken Theater testen, einen Abwasserkanal erkunden oder nach Voranmeldung gar selbst zum Archäologen werden. Die Funde, allen voran ein wertvoller Silberschatz, sind vor Ort im **Römermuseum** zu bewundern, zu dem auch eine rekonstruierte und originalgetreu ausgestattete Römervilla gehört. Im Keller des antiken Rathauses *(curia)* sind **Mosaikbilder** ausgestellt. Ein kleiner **Tierpark** hält Wollschweine, Nera-Verzasca-Ziegen und andere Tiere, die in der Antike als Fleischlieferanten dienten. Ein besonderer Anziehungspunkt ist immer Ende August das **Römerfest,** bei dem Hunderte von Statisten als Handwerker, Markthändler, Schankwirte, Gladiatoren, Legionäre und in was noch alles für Rollen die Römerstadt zum Leben erwecken und die Gäste zum Mitmachen einladen.

Der General und spätere Konsul Lucius Munatius Plancus rühmt sich auf seinem in Italien gefundenen Grabstein, Augusta Raurica im Jahre 44 v. Chr. gegründet zu haben. Da die archäologischen Funde aber erst 30 Jahre später einsetzen, nimmt man an, dass die **Gründung** wegen der Bürgerkriege nach Cäsars Ermordung zunächst auf Eis gelegt wurde oder sich anfangs auf dem militärisch sichereren Basler Münsterhügel befand. In ihrer Blütezeit (2./3. Jh.) umfasste die Kolonie rund 50 Häuserblöcke *(insulae)* in der Oberstadt (heute südlich der Bahnlinie) mit Tempeln und dem Forum, dazu die Unterstadt am Rheinufer, wo auch eine **Brücke** den Fluss überquerte. Mit rund 15.000 Einwohnern war Augusta Raurica zwar keine Weltstadt wie Trier, aber doch eine der größeren Siedlungen in der Provinz Germania Superior. Fast der gesamte Verkehr zwischen dem Süden und den Siedlungen und

Basel
Karte S. 264/265

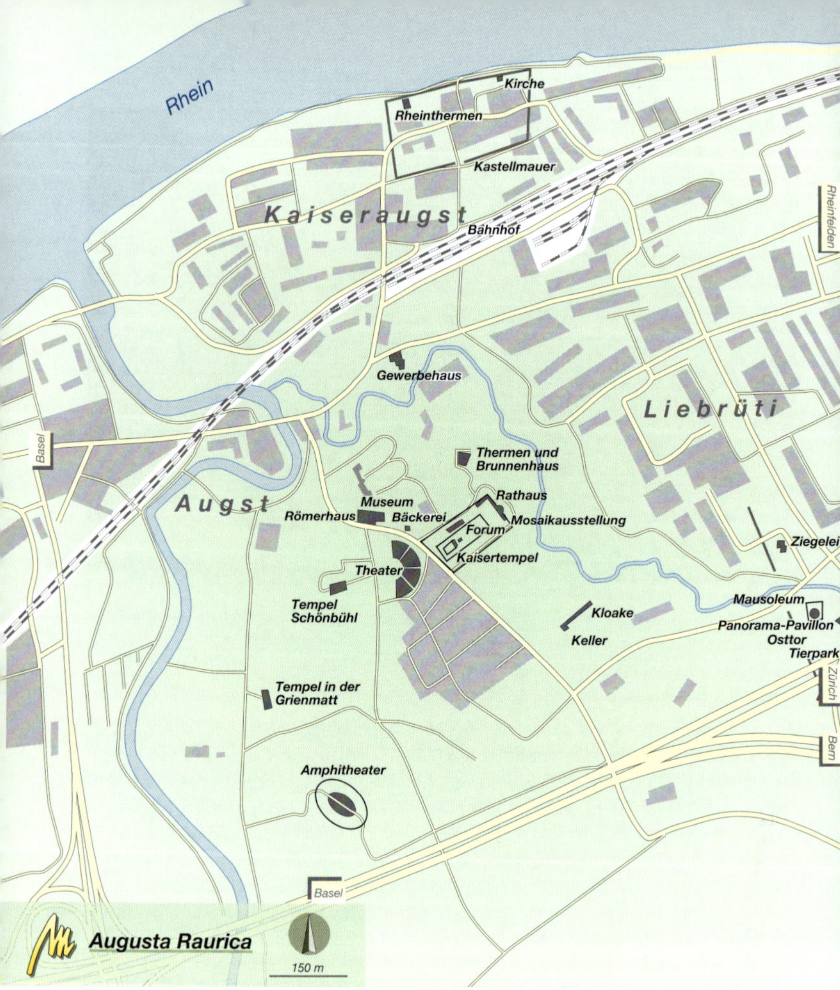

Garnisonen weiter rheinab kam hier vorbei. Nachdem die Römer um 260 das Gebiet zwischen Rhein und Limes aufgegeben hatten und Augusta Raurica so zum Grenzort geworden war, mehrten sich die Zeichen des Niedergangs. Unter Kaiser Diokletian (reg. 284–305) befestigte man die Unterstadt zum **Militärlager.** Als *Castrum Rauracense* war es das Hauptquartier der Legion Prima Martia. Nach dem finalen Abzug der römischen Truppen wurde es zum neuen Mittelpunkt der spätantiken Stadt, die aber gegenüber Basel mehr und mehr an Bedeutung verlor.

- *Anfahrt/Information* Die Römerstadt ist von der Bushaltestelle Augst (Linie 70 ab Aescherplatz) und vom Bahnhof Kaiseraugst (S 1) ausgeschildert. www.augusta-raurica.ch.
- *Öffnungszeiten/Eintritt* **Museum** Di–So 10–17 Uhr (Nov.–Febr. ab 11 Uhr), Mo ab 13 Uhr, Eintritt 7 CHF. **Ausgrabungen** und **Tierpark** tägl. 10–17 Uhr, Eintritt frei.
- *Essen* **Pizzeria Al Gusto**, Pizza, Pasta und ein paar mediterrane Fleisch- und Fischgerichte. Große Portionen, für Schweizer Verhältnisse preiswert. Garten. Kein Ruhetag. Augst, Rheinstr. 20.

Verlagsprogramm

• Abruzzen • Ägypten • Algarve • Allgäu • Allgäuer Alpen *MM-Wandern* • Altmühltal & Fränk. Seenland • Amsterdam *MM-City* • Andalusien • Andalusien *MM-Wandern* • Apulien • Athen & Attika • Australien – der Osten • Azoren • Bali & Lombok • Baltische Länder • Barcelona *MM-City* • Bayerischer Wald • Bayerischer Wald *MM-Wandern* • Berlin *MM-City* • Berlin & Umgebung • Bodensee • Bretagne • Brüssel *MM-City* • Budapest *MM-City* • Bulgarien – Schwarzmeerküste • Chalkidiki • Chianti – Florenz, Siena • Cilento • Cornwall & Devon • Dublin *MM-City* • Costa Brava • Costa de la Luz • Côte d'Azur • Cuba • Dolomiten – Südtirol Ost • Dominikanische Republik • Dresden *MM-City* • Ecuador • Elba • Elsass • Elsass *MM-Wandern* • England • Fehmarn • Franken • Fränkische Schweiz • Friaul-Julisch Venetien • Gardasee • Genferseeregion • Golf von Neapel • Gomera *MM-Wandern* • Gran Canaria • Graubünden • Griechenland • Griechische Inseln • Hamburg *MM-City* • Harz • Haute-Provence • Havanna *MM-City* • Ibiza • Irland • Island • Istanbul *MM-City* • Istrien • Italien • Italienische Adriaküste • Kalabrien & Basilikata • Kanada – der Osten • Kanada – der Westen • Karpathos • Katalonien • Kefalonia & Ithaka • Köln *MM-City* • Kopenhagen *MM-City* • Korfu • Korsika • Korsika Fernwanderwege *MM-Wandern* • Korsika *MM-Wandern* • Kos • Krakau *MM-City* • Kreta • Kreta *MM-Wandern* • Kroatische Inseln & Küstenstädte • Kykladen • Lago Maggiore • La Palma • La Palma *MM-Wandern* • Languedoc-Roussillon • Lanzarote • Lesbos • Ligurien – Italienische Riviera, Genua, Cinque Terre • Ligurien & Cinque Terre *MM-Wandern* • Liparische Inseln • Lissabon & Umgebung • Lissabon *MM-City* • London *MM-City* • Lübeck *MM-City* • Madeira • Madeira *MM-Wandern* • Madrid *MM-City* • Mainfranken • Mallorca • Mallorca *MM-Wandern* • Malta, Gozo, Comino • Marken • Mecklenburgische Seenplatte • Mecklenburg-Vorpommern • Menorca • Mittel- und Süddalmatien • Mittelitalien • Montenegro • Moskau *MM-City* • München *MM-City* • Münchner Ausflugsberge *MM-Wandern* • Naxos • Neuseeland • New York *MM-City* • Niederlande • Niltal • Nord- u. Mittelgriechenland • Nordkroatien – Zagreb & Kvarner Bucht • Nördliche Sporaden – Skiathos, Skopelos, Alonnisos, Skyros • Nordportugal • Nordspanien • Normandie • Norwegen • Nürnberg, Fürth, Erlangen • Oberbayerische Seen • Oberitalien • Oberitalienische Seen • Ostfriesland & Ostfriesische Inseln • Ostseeküste – Mecklenburg-Vorpommern • Ostseeküste – von Lübeck bis Kiel • Östliche Allgäuer Alpen *MM-Wandern* • Paris *MM-City* • Peloponnes • Pfalz • Piemont & Aostatal • Piemont *MM-Wandern* • Polnische Ostseeküste • Portugal • Prag *MM-City* • Provence & Côte d'Azur • Provence *MM-Wandern* • Rhodos • Rom & Latium • Rom *MM-City* • Rügen, Stralsund, Hiddensee • Rund um Meran *MM-Wandern* • Salzburg & Salzkammergut • Samos • Santorini • Sardinien • Sardinien *MM-Wandern* • Schleswig Holstein – Nordseeküste • Schottland • Schwarzwald Mitte/Nord *MM-Wandern* • Schwäbische Alb • Shanghai *MM City* • Sinai & Rotes Meer • Sizilien • Sizilien *MM-Wandern* • Slowakei • Slowenien • Spanien • St. Petersburg *MM-City* • Südböhmen • Südengland • Südfrankreich • Südmarokko • Südnorwegen • Südschwarzwald • Südschweden • Südtirol • Südtoscana • Südwestfrankreich • Sylt • Teneriffa • Teneriffa *MM-Wandern* • Thassos & Samothraki • Toscana • Toscana *MM-Wandern* • Tschechien • Tunesien • Türkei • Türkei – Lykische Küste • Türkei – Mittelmeerküste • Türkei – Südägäis • Türkische Riviera – Kappadokien • Umbrien • Usedom • Venedig *MM-City* • Venetien • Wachau, Wald- u. Weinviertel • Westböhmen & Bäderdreieck • Warschau *MM-City* • Westliche Allgäuer Alpen und Kleinwalsertal *MM-Wandern* • Westungarn, Budapest, Pécs, Plattensee • Wien *MM-City* • Zakynthos • Zentrale Allgäuer Alpen *MM-Wandern* • Zypern

www.michael-mueller-verlag.de

Michael Müller Verlag GmbH, Gerberei 19, 91054 Erlangen

Tel. 0 91 31 / 81 28 08-0   Fax 0 91 31 / 20 75 41

info@michael-mueller-verlag.de

FERIENLAND
Schwarzwald
URLAUB
im Herzen des Schwarzwalds
Triberg
Schonach
Schönwald
Furtwangen
St. Georgen
Genießen Sie Ihren Urlaub im herrlichen Zentrum des Schwarzwalds!
Ferienland Schwarzwald
Hauptstr. 6
78136 Schonach
Tel. 07722/964810
Hier ist der ganze Schwarzwald zum Greifen nahe!
Europapark Rust: 60 Min
Titisee: 30 Min
Freudenstadt: 60 Min
Freiburg: 50 Min
2 Bahnhöfe direkt an der Schwarzwaldbahn
Dank KONUS gesamter ÖPNV im Schwarzwald kostenlos
www.ferienland-schwarzwald.de

KAISERLICH genießen
Kaiserstuhl-Tuniberg
Sonnenterrasse zwischen Schwarzwald und Elsass
Exzellente badische Weine
Kulinarische Genüsse
Heimelige Winzerdörfer
Geschichtsträchtige Städte
Wandern auf Themenpfaden
Gemütliches Velofahren
Weinfeste von Ende April bis Ende Oktober
Attraktive Pauschalarrangements
Kaiserstuhl-Tuniberg Info • www.kaiserstuhlurlaub.de • Tel. 07667 940155

Register